LEARN IT

누구나 쉽게

자료구조와 알고리즘 with 파이썬

김현정, 황숙희 지음

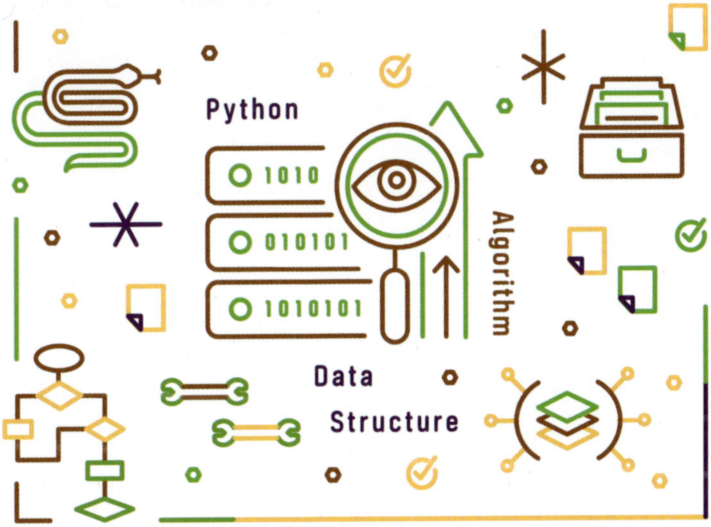

길벗캠퍼스

김현정 교수

건국대학교 컴퓨터공학 석사 · 박사, 現 건국대학교 상허교양대학 조교수, (주)정보보호기술 R&D 근무 & 포스데이타 근무
주요 연구분야 : 인공지능, 알고리즘, 정보보안, AI 교육

황숙희 교수

건국대학교 컴퓨터공학 박사, 現 건국대학교 상허교양대 컴퓨팅 사고 담당 강사, 성균관대학교 소프트웨어 융합대학 초빙교수
주요 연구분야 : 컴퓨터 기초교양 교육, 인공지능

누구나 쉽게
자료구조와 알고리즘 with 파이썬

초판 1쇄 발행 • 2023년 1월 10일

지은이 • 김현정, 황숙희
발행인 • 이종원
발행처 • (주)도서출판 길벗
출판사 등록일 • 1990년 12월 24일
주소 • 서울시 마포구 월드컵로 10길 56(서교동)

대표 전화 • 02)332-0931 | 팩스 • 02)323-0586
홈페이지 • www.gilbut.co.kr | 이메일 • gilbut@gilbut.co.kr

책임편집 • 신유진(backdoosan@gilbut.co.kr) | **디자인** • 강은경 | **제작** • 이준호, 손일순
영업마케팅 및 교재 문의 • 박성용(psy1010@gilbut.co.kr) | **영업관리** • 김명자 | **독자지원** • 윤정아, 최희창

전산편집 • 앤미디어 | **CTP 출력 및 인쇄** • 예림인쇄 | **제본** • 예림바인딩

ISBN 979-11-407-0268-8
(길벗 도서번호 060084)

정가 28,000원

머리말

자료구조는 전공자나 비전공자를 떠나 컴퓨터 기초교육에 반드시 포함되어야 하는 내용입니다. 컴퓨터 프로그래밍 언어를 학습하고, 컴퓨터 프로그래밍 언어를 이용하여 소프트웨어를 개발하고자 한다면 자료구조에 대한 이해는 꼭 필요하다.

자료구조는 문제를 컴퓨터로 해결하기 위하여 정의하는 입력, 출력, 연산의 기초가 됩니다. 컴퓨터로 문제를 해결한다는 것은 컴퓨터의 구성요소인 주기억장치와 중앙처리장치를 이용하여 문제를 해결한다는 의미이며, 이는 곧 모든 문제의 해결을 위해서는 데이터의 저장이 가장 중요한 요소라고 볼 수 있습니다.

컴퓨터 프로그래밍이 보편화되고, 코딩 교육이 확산하면서 교육용 고급언어로 다양한 스크립트 언어들이 개발되고 있습니다. 스크립트 언어는 기존의 프로그래밍 언어들보다 문법이 간단하고, 자료구조를 쉽게 표현할 수 있어 데이터를 처리하는 데 유용합니다. 그러나, 이러한 편리성이 오히려 컴퓨터에 대한 이해를 어렵게 하고 있습니다. 따라서 컴퓨터 프로그래밍 교육에 있어 문제의 확장과 다양성이 떨어질 수 있습니다. 문제가 조금만 복잡해져도 해결하기 힘들어하는 문제가 발생합니다.

자료구조를 이해하기 위해서는 컴퓨터 주기억장치를 잘 이해하고 있어야 합니다. 주기억장치의 이해를 토대로 자료형, 자료구조, 알고리즘에 대해 명확하게 구분하고, 문제 해결을 위해 각각 어떻게 사용되는지 잘 이해해야 합니다. 즉, 자료구조와 자료형의 차이, 자료구조와 알고리즘의 차이를 이해해야 합니다. 현재 고급언어로 알려진 여러 가지 프로그래밍 언어에서 정의하는 자료구조는 무엇인지도 알아야 합니다.

자료구조는 컴퓨터 프로그래밍 언어 학습자에게는 다소 어렵게 인식되는 주제입니다. 그러나 자료구조에 대한 이해는 컴퓨터 프로그래밍 언어 학습자에게 필요한 요소임이 틀림없습니다. 이에 본 교재에서는 자료구조의 이해를 돕기 위해 주기억장치의 구성과 동작에 대한 설명을 포함하고 있습니다. 또, 자료구조를 좀 더 쉽게 이해할 수 있도록 자료형, 자료구조, 알고리즘에 대한 기본 정의와 비교에 대한 설명을 담았습니다. 지금까지 알려진 다양한 자료구조들을 실제 데이터에 적용하여 문제를 해결하는 방법을 습득할 수 있도록 다양한 문제를 다루고 충분히 이해하고 학습할 수 있도록 원리를 자세하게 설명하였습니다. 또한 모든 코드를 이해하기 쉽게 접근할 수 있도록 완전한 형태의 코드를 통해서 직접 수행해볼 수 있도록 했고, 주석을 통해 설명하는 방식 등 최대한 자료구조에 대한 지식을 쉽게 전달하고자 노력했습니다.

본 교재와 강의를 통하여 여러분이 자료구조의 중요성을 다시 한번 깨닫길 바라며, '자료구조는 어렵다'라는 인식이 달라지길 바랍니다. 자료구조에 따라 프로그램이 얼마나 많이 달라질 수 있는지 이해하길 바랍니다.

저자 일동

차례

9장 | 문제 중심의 알고리즘 구현

10장 | 문제 해결 방식의 알고리즘 구현

- 책 내용을 따라할 수 있는 실습 파일은 길벗 홈페이지를 통해 제공됩니다.

길벗 출판사 홈페이지(www.gilbut.co.kr) 검색란에 '**자료구조**', '**알고리즘**'을 검색 → 해당 도서 자료실의 '**실습예제**' 항목 → **실습에 필요한 예제 소스** 내려받기

주차별(15주) 학습 진도표

주차별	챕터	주제	주차별 내용
1주	Part 1. 1장	오리엔테이션 자료구조와 알고리즘	오리엔테이션 자료구조와 알고리즘의 개념과 자료구조 알고리즘에 대해 이해한다.
2주	Part 1. 2장	데이터의 표현 자료형과 자료구조	컴퓨터로 문제를 해결하기 위한 정보와 데이터 정의를 이해한다. 컴퓨터 기억장치와 구조를 이해한다. 데이터 변환과 단위에 대해 이해한다. 자료형과 자료구조의 의미를 이해한다.
3주	Part 2. 7장	파이썬 기본 문법과 실습	파이썬 자료형, 연산자, 제어문, 함수, 모듈을 포함한 실습 예제로 점검해 보는 시간을 가진다.
4주	Part 1. 3장 Part 2. 8장	기본 자료구조 – 배열, 연결 리스트	기본 자료구조와 확장형 자료구조의 개념을 이해한다. 기본 자료구조인 배열과 연결 리스트를 이해한다.
5주	Part 1. 3장 Part 2. 8장	확장형 자료구조 (1) – 스택, 큐	확장형 자료구조 중 선형 자료구조인 스택과 큐에 대해 이해하고 실습하면서 정리한다.
6주	Part 1. 3장 Part 2. 8장	확장형 자료구조 (2) – 트리, 그래프	확장형 자료구조 중 비선형 자료구조인 그래프와 트리에 대해 이해하고 실습하면서 정리한다.
7주	중간고사		
8주	Part 1. 4장	알고리즘 성능 문제의 정의	컴퓨터 알고리즘 성능 개념과 시간 복잡도를 이해한다. 컴퓨터과학 분야에서 정의하는 P와 NP–문제에 대해 이해한다.
9주	Part 1. 5장 Part 2. 9장	탐색 문제 검색 알고리즘	탐색 문제와 탐색 문제 알고리즘을 이해한다. 데이터 검색 문제인 선형 검색 알고리즘과 이진 검색 알고리즘에 대해 이해하고 실습하면서 정리한다.
10주	Part 1. 5장 Part 2. 9장	정렬 문제 (1) – 선택 정렬, 버블 정렬, 삽입 정렬	정렬 문제와 정렬 문제 알고리즘을 이해한다. 문제 중심 해결 정렬 알고리즘인 선택 정렬 알고리즘, 버블 정렬 알고리즘, 삽입 정렬 알고리즘을 이해하고 실습하면서 정리한다.
11주	Part 1. 5장 Part 2. 9장	정렬 문제 (2) – 힙 정렬	자료구조(트리) 중심 해결 정렬 알고리즘인 힙 정렬 알고리즘에 대해 이해하고 실습하면서 정리한다.
12주	Part 1. 6장 Part 2. 10장	문제 해결 방식과 알고리즘 (1) – 여러 가지 P/NP/NP 완전 문제 – 그리디 방법	NP 완전 문제에 대해 이해한다. NP 완전 문제를 해결하는 방법 중 하나인 그리디 방법(동전 거스름돈 문제, 최소 신장 트리, 크러스컬 알고리즘, 프림 알고리즘, 배낭 문제)에 대해 이해하고 실습하면서 정리한다.
13주	Part 1. 6장 Part 2. 10장	문제 해결 방식과 알고리즘 (2) – 분할 정복 방법 – 합병 정렬, 퀵 정렬	분할 정복 방법에 대해 이해한다. 문제 해결 방식 적용 해결 알고리즘을 이용한 합병 정렬 알고리즘과 퀵 정렬 알고리즘에 대해 이해하고 실습하며 정리한다.
14주	Part 1. 6장 Part 2. 10장	문제 해결 방식과 알고리즘 (3) – 동적 방법	동적 문제 해결 방식에 대해 이해한다. 재귀 방법과 동적 방법(플로이드 워셜 알고리즘)에 대해 이해하고 실습하면서 정리한다.
15주	기말고사		

Part 1은 자료형, 자료구조, 알고리즘을 이론 중심으로 설명합니다.
자료형, 자료구조, 알고리즘에 대한 이해의 바탕이 되는 주기억장치의 구조에 대한 내용과 컴퓨터로 해결하고자 하는 문제와 알고리즘의 성능에 대한 내용을 포함합니다.

<Part 1>

자료구조와 알고리즘의 이해

| 1장 |

자료구조와 알고리즘

학습 목표

- 자료구조의 개념을 이해한다.
- 자료구조와 알고리즘의 정의를 이해한다.
- 자료구조의 필요성을 이해한다.

1 〉 자료구조와 알고리즘 개요

'컴퓨터를 배운다'를 일반적으로 '소프트웨어 사용법을 배운다'라고 할 수 있다. 우리는 윈도우 사용법을 배우고, 워드 사용법을 배우고, 엑셀 사용법을 배우고, 포토샵 사용법을 배운다. 사용법을 배운 소프트웨어를 통하여 컴퓨터를 문서 작성, 사진 편집, 표 작성 등의 도구로 사용할 수 있다.

프로그램 사용법을 배운 사람들에게 '컴퓨터를 잘하는가?', '컴퓨터를 잘 아는가?'라고 질문하면, 모두 '아니요'라고 대답한다. 왜 컴퓨터를 배웠는데 컴퓨터를 잘 모르고 잘 못 한다고 생각할까?

'컴퓨터를 배운다'는 이야기를 다른 관점에서 보면, '소프트웨어 개발을 위한 코딩을 배운다'라고 할 수도 있다. C, C++, JAVA, Python 등 프로그래밍 언어의 문법을 배우고, 코딩하는 방법을 배운다. 컴퓨터를 배우는 이유는 컴퓨터를 사용하기 위해서인데, 코딩을 배운 일반인(비전공자)이 과연 컴퓨터를 코딩하는 도구로 잘 사용할까? 얼마나 많은 프로그래머가 필요한 기능을 직접 코딩하여 사용할까?

소프트웨어 개발을 위한 코딩을 배운 사람들에게 '컴퓨터를 잘하는가?', '컴퓨터를 잘 아는가?'라고 질문하면 몇몇 사람들만이 어느 정도 알고, 잘 다룰 수 있다고 대답한다. 컴퓨터를 코딩하는 도구로 사용하지 않으면서 왜 컴퓨터를 잘 알고 잘 다룰 수 있다고 생각할까?

소프트웨어 사용법에 대한 학습은 컴퓨터에 대한 이해가 필요하지 않지만, 소프트웨어 개발을 위한 코딩 학습은 컴퓨터에 대한 이해가 필요하다. 소프트웨어 개발을 위해 코딩을 학습하기 위해서는 컴퓨터 하드웨어 구성 요소인 주기억장치, 중앙처리장치, 입출력장치, 데이터에 대한 개념을 잘 이해하고 있어야 한다.

컴퓨터과학자에게 있어서 컴퓨터 교육은 컴퓨터를 이해하기 위하여 무엇을 배워야 하는지 명확하다. 하지만 비전공자인 일반인에게 있어서 컴퓨터 교육은 무엇이 아닌 필요성과 이유가 중요하다. 워드, 엑셀, 포토샵 등의 소프트웨어 사용법만 배우는 것이 아니라, 소프트웨어 개발을 위한 코딩을 배우는 이유가 명확해야 한다.

컴퓨터 비전공자들이 대학 컴퓨터 교양으로 소프트웨어 개발을 위한 코딩을 배워야 하는 이유는 다음과 같다.

- 각자 전공 분야에서 컴퓨터의 역할을 명확하게 판단할 수 있다.
- 컴퓨터의 한계를 이해한다.
- 컴퓨터과학자들의 연구 방향을 이해할 수 있다.
- 컴퓨터에 의존하는 것이 아니라, 컴퓨터를 주체적으로 잘 사용할 수 있다.
- 컴퓨팅 사고력으로 문제 해결 능력을 향상시킨다.

각자의 전공 분야에서 컴퓨터의 역할을 명확하게 판단하지 못하면, 큰 비용을 들였음에도 좋은 결과를 얻지 못하거나 컴퓨터를 이용해서 훨씬 쉽게 해결될 문제에 컴퓨터를 사용할 수 없다고 판단하여 문제를 어렵게 해결할 수 있다.

컴퓨터의 한계를 이해하지 못하면 무작정 컴퓨터로 모든 것을 해결하고자 한다. 물론 앞으로 컴퓨터가 얼마나 더 발전할지는 상상할 수 없지만, 현재 컴퓨터에는 한계가 있다. 따라서 컴퓨터로 해결할 수 있는 문제와 해결할 수 없는 문제가 명확함을 이해해야 한다.

컴퓨터과학자들의 연구 방향을 이해하지 못하면 새로운 기술이나 연구 결과가 나왔을 때, 실제로 얼마나 중요하고 얼마나 도움을 주는 기술이나 연구 결과인지 알지 못한다. 이것은 별것 아닌 것에 열광하고 대단한 것처럼 느낄 수 있다.

우리는 컴퓨터가 다칠까 봐, 고장 날까 봐, 오류가 발생할까 봐 보물 다루듯 한다. 그러나 컴퓨터의 간단한 구조를 이해하면 컴퓨터를 훨씬 편하게 다룰 수 있다.

컴퓨팅 사고력은 새로운 이론으로 주장되어 최근 컴퓨터 교육의 방향성을 제시하고 있다. 또한 문제 해결을 위하여 문제를 체계적으로 분석하고, 절차를 정의할 수 있도록 돕는다.

비전공자의 소프트웨어 개발을 위한 코딩 학습에는 다음과 같은 내용이 포함된다.

- 프로그래밍 언어의 문법
- 자료구조와 알고리즘
- 응용 테크닉(네트워크, 사용자 인터페이스, 입출력 처리 등)

프로그래밍 언어의 문법과 응용 테크닉은 기술적인 부분으로, 코딩하기 위해 사용되는 프로그래밍 언어의 표현 방법에 대한 학습이다.

응용 테크닉은 컴퓨터를 특정 분야 문제를 해결하거나 특정 목적에 맞게 사용하기 위한 특별한 방법이다. 따라서 응용 테크닉은 필요할 때 학습하여 사용할 수 있다.

소프트웨어 개발을 위한 코딩을 배우면 꼭 배우고 이해해야 하는 내용으로 자료구조와 알고리즘을 포함한다. 특히 자료구조는 컴퓨터 하드웨어에 대한 이해가 필요하며, 컴퓨터에서 데이터를 하드웨어적으로 처리되는 과정과 방법을 명확하게 이해하지 않으면 잘 사용하기 힘들다. 자료구조가 왜 필요한지, 무엇인지, 알고리즘과는 어떤 관계가 있는지 잘 이해하지 못하고, 자료구조를 구현하는 기술만 배워서는 소프트웨어 개발을 위한 코딩을 잘할 수 없다.

컴퓨터과학자들 특히 소프트웨어를 개발하는 전문 프로그래머는 자료구조를 아주 잘 다룬다. 자료구조와 알고리즘은 컴퓨터 프로그래밍에서 가장 중요한 핵심임은 분명하다.

자료구조와 알고리즘을 잘 이해하면 컴퓨터의 한계와 컴퓨터의 역할, 컴퓨터과학자들의 연구 방향을 이해할 수 있으며, 컴퓨팅 사고력이 향상될 수 있고, 컴퓨터에 대한 두려움이 없어질 수 있다.

2 〉 자료구조의 이해

자료구조를 이해하기 위해 먼저 자료구조의 정의를 살펴보자. 자료구조에 대한 필요성을 정리하여 자료구조가 왜 중요한지 이해하자.

2.1 자료구조에 관한 오해

자료구조를 처음 학습하면 모두 다음과 같은 오해를 한다.

자료구조는 어렵다?

어떤 관점으로 보느냐에 따라 어려울 수 있고 그렇지 않을 수도 있지만, 전에는 어려웠는데 지금은 훨씬 쉬워졌다. 파이썬 프로그래밍 언어가 자료구조를 쉽게 만들어준 것이다.

자료구조는 개념과 실제 코딩으로 표현하는 방법에 차이가 크다. 개념적으로는 아주 쉽게 이해하는데, 이것을 프로그래밍 언어로 표현하는 것이 어려워 자료구조를 어렵게 생각한다. 그러나 실제 구현이 쉽도록 도와주는 파이썬 프로그래밍 언어를 이용하면 자료구조에 좀 더 쉽게 접근할 수 있다.

자료형과 자료구조는 같은 말이다?

이러한 오해는 프로그래밍 언어마다 자료구조를 최대한 쉽게 제공하기 위하여 자료구조를 만들어서 자료형처럼 쓰도록 하기 때문에 생기는 오해다. 이 두 가지는 그 목적이 완전히 다르다는 것을 이해하면 쉽게 구분할 수 있다. 먼저 자료형은 데이터를 메모리에 표현해서 0과 1로 변환하여 저장하기 위한 방법이고, 자료구조는 0과 1로 변환된 자료들을 메모리에 어떻게 저장할지에 대한 방법이다. 1개의 데이터는 변수를 이용하여 저장하는 방법이 있고, 변수를 이용하여 저장된 데이터에 쉽고 빠르게 접근할 수 있다. 하지만, 여러 개의 데이터는 어떻게 저장할 것인가? 물론 여러 개의 변수를 정의하여 각각 저장할 수 있지만, 하나의 변수를 이용해 여러 개의 데이터를 저장하려면 어떻게 할 것인가? 또 저장된 데이터에 접근하려면 어떻게 할 것인가? 데이터를 메모리에 저장하기 위해서는 자료형과 자료구조가 모두 필요하다. 자료형으로 변환된 자료들을 특정 자료구조로 메모리에 저장하는 것이다. 예를 들면, '숫자형 데이터 10개를 배열 자료구조로 메모리에 저장한다.'라고 말할 수 있다.

자료구조는 전문 프로그래머만 알아야 하는 전문 지식이다?

그렇지 않다. 이것은 프로그래밍 언어를 배우는 목적과도 관계가 있다. 자료구조를 알기 위해서는 컴퓨터 처리 방식을 잘 이해해야 한다. 자료구조를 잘 알아야 프로그래밍할 때 데이터를 어떻게 다루어야 하는지, 어떤 데이터를 어떻게 저장해야 하는지, 또 저장할 수 있는지를 알 수 있다.

자료구조와 알고리즘은 같은 의미다?

가장 많이 하는 오해이며, 가장 이해하기 어려운 부분이다. 자료구조라고 하면 항상 알고리즘이 함께 따라온다. 컴퓨터과학자들이 가장 열심히 오랫동안 연구하여 여러 가지 방법을 찾아낸 분야이기 때문에 생긴 오해다.

알고리즘은 문제 해결의 결과다. 컴퓨터로 여러 가지 문제를 해결하기 위해서 가장 먼저 해결해야 했던 문제는 '저장' 문제이다. 이것을 해결한 결과가 변수(주소), 자료형, 자료구조이다. 따라서 컴퓨터과학자 입장에서 살펴보면 자료구조 자체도 문제 해결의 결과이므로 알고리즘이 포함되어 있다고 할 수 있다. 저장 문제를 해결한 자료구조를 이용하여 또 다른 문제들을 해결하기 위해서 자료구조에서 파생된 알고리즘들이 실제 문제 해결에 영향을 미치면서, 문제 해결 알고리즘인지, 자료구조인지 명확하게 구분하기 힘들어졌다. 본 교재에서는 이 부분을 명확하게 이해하기 위해서 구분하여 설명하였다. 또 자료구조에서 시작된 알고리즘과 문제 해결 알고리즘의 차이도 잘 이해하며, 이 부분도 자세히 다루었다.

이와 같은 자료구조에 대한 오해를 바로잡기 위해 다음과 같은 내용을 중심으로 정리하였다.

- 자료구조의 정의
- 자료구조의 필요성
- 자료구조의 중요성
- 자료구조와 알고리즘의 차이
- 자료구조 문제를 해결하고자 한 알고리즘과 문제 해결을 위한 알고리즘

자료구조가 무엇인지 명확하게 이해하고, 자료구조가 왜 필요하며, 왜 중요한지 알아야 한다. 자료구조와 알고리즘은 어떤 관계가 있는지, 자료구조에서 파생된 알고리즘과 문제를 해결하는 관점에서 연구되는 알고리즘은 무엇이 다른지 이해하면 자료구조에 관해서는 오해하지 않을 것이다.

2.2 자료구조의 정의

자료구조(Data Structure)는 영문 그대로 번역하면 '데이터 구조'이다. 컴퓨터 프로그래밍에서 데이터 구조란 무엇일까?

컴퓨터로 문제를 해결한다는 말은 컴퓨터에서 데이터를 처리한다는 말로도 표현할 수 있다. 컴퓨터에서 데이터를 처리하기 위해 모든 데이터는 메모리에 저장

되어야 한다. 이것을 우리는 현실 세계의 정보가 데이터로 변환된다고 말한다. 이때 데이터를 어떻게 저장하느냐에 따라 문제 해결 알고리즘과 프로그래밍 방법이 달라질 수 있다.

함께 간단한 더하기 문제를 살펴보자. '더하기 문제를 해결한다'는 것은 더하기 알고리즘이 만들어졌다는 것이고, 이를 더하기 프로그램이라고 한다. 알고리즘은 '두 데이터를 입력받는다. 두 데이터를 더한다. 더한 결과값을 출력한다.'로 표현할 수 있다.

더하기 문제(더하기 알고리즘, 더하기 프로그램)

1. 두 데이터(정수, 실수, 문자, 이미지, 소리)를 입력 받는다.
2. 두 데이터를 더한다.
3. 결과를 출력한다.

자료형 / 자료구조

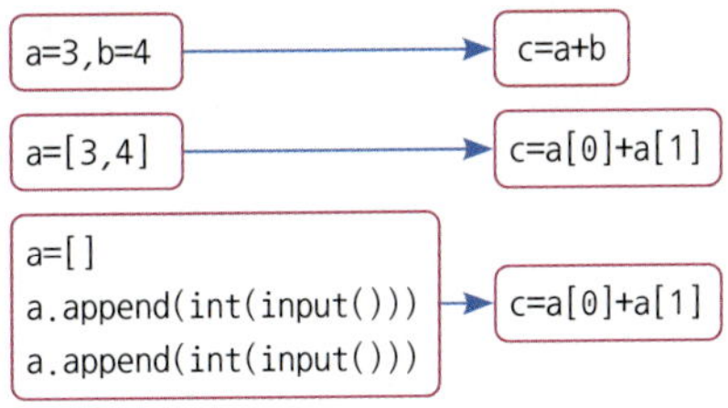

여기서는 데이터라는 표현을 사용하였다. 더하는 것은 숫자뿐만 아니라 문자 또는 이미지를 합칠 수 있고, 소리를 합칠 수도 있다. 지금까지 더하기 프로그램은 모두 숫자를 중심으로 하였지만, 사실 더하는 것은 어떠한 데이터가 입력되어도 합하는 결과를 출력한 것이 맞다. 이때 정수, 실수, 문자, 이미지, 소리 등이 바로 '자료형'이다. 어떤 자료형으로 입력된 데이터를 어떻게 처리할지 프로그램에서 정의하는 것이 바로 컴퓨터로 해결한 컴퓨터 알고리즘이다. 두 데이터를 입력받는다는 것은 다시 '두 데이터를 메모리에 저장한다'로 표현할 수 있고, 메모리에 저장하기 위해서는 0과 1로 변환할 수 있는 자료형이어야 하며, 변환된 데이터를 어떻게 저장할지 결정해야 하는 것이 바로 자료구조다. 다음 그림에서는 세 가지 방법의 자료구조를 파이썬 코드로 표현하였다.

자료형 / 자료구조

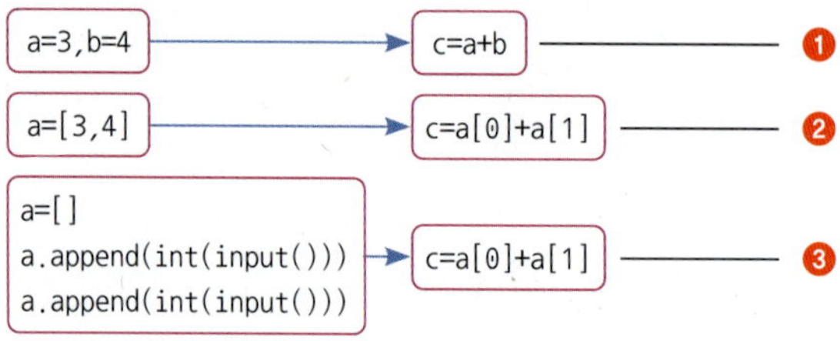

첫 번째 방법은 정수형 데이터 두 개를 a와 b라는 변수에 각각 하나씩 저장하였다. 이렇게 저장하면 두 데이터를 더할 때 변수 이름으로 저장된 데이터에 접근하여 더하도록 프로그래밍할 수 있다.

두 번째 방법은 a라는 변수에 두 개의 정수 데이터를 같이 저장할 수 있다. 이때 자료구조가 필요하다. 즉, 여러 개의 데이터를 하나의 변수 이름으로 저장할 때 특별한 구조 방법을 가지며 저장할 수 있다. 여기서는 파이썬에서 제공하는 리스트라는 자료형을 이용하였는데, 자료형이라 정의하고 자료형처럼 쓸 수 있도록 했지만, 사실 리스트는 자료구조를 포함하여 여러 개의 데이터를 메모리에 특정한 규칙, 즉 순서를 가지며 저장할 수 있도록 한다. 규칙을 가지고 저장했으므로 데이터를 메모리에서 불러올 때 규칙에 따라 쉽게 불러올 수 있는 것이다. 인덱스를 사용해서 메모리에 저장된 데이터에 접근하여 불러올 수 있다. 따라서 이렇게 저장하였다면 두 데이터를 더하는 코딩은 바뀌어야 한다. 저장된 데이터를 불러와 더하기 연산을 해야 하는데, 두 데이터가 저장된 방법이 다르니 당연히 불러오는 방법도 달라져야 하는 것이다.

두 번째와 세 번째 방법은 사실 메모리 입장에서 보면 같은 자료구조다. 두 개의 정수를 같은 구조로 저장하지만, 두 번째는 데이터를 프로그래머가 특정하여 직접 저장할지, 임의의 외부 입력을 받아서 저장할지의 차이다. 따라서 두 번째와 세 번째 방법은 다르게 보이지만, 메모리 입장에서는 같은 자료구조를 갖기 때문에 두 데이터에 접근하여 가져오는 방법은 같다.

자료구조는 한정된 메모리에서 처리에 필요한 데이터에 효율적으로 접근하기 위한 자료의 조직, 관리, 저장 방법이다. 프로그래밍의 기본 처리는 메모리에 데이터를 저장하고, 저장된 데이터를 불러와 연산한 후 다시 저장하고, 다시 불러와서 연산하고, 다시 저장하는 것을 반복하는 것이다.

```
a=3            저장한다.
b=4            저장한다.
c=a+b          불러와서 연산하고 저장한다.
print(c)       불러와서 연산(출력)한다.
```

```
hap=0                      저장한다.
for i in range(1,11):      불러와서 연산하고 저장한다.
        hap=hap+i          (10번 반복한다.)
print(hap)                 불러와서 연산(출력)한다.
```

위의 코드에서 위쪽은 두 정수의 합을 구하는 프로그램이고, 아래쪽은 1부터 10까지 정수를 모두 더하는 프로그램이다. 다른 문제, 다른 알고리즘, 다른 코드지만 메모리와 CPU 입장에서 보면 '저장한다'와 '불러와서 연산하고 저장한다'만 실행하는 것을 알 수 있다. 이 예가 간단하기 때문이 아니라 실제 윈도우, 워드, 크롬 등 모든 프로그램이 이렇게 작동한다. 따라서 컴퓨터로 문제를 해결하는 것의 시작과 끝은 모두 메모리 저장이다.

2.3 자료구조의 필요성

자료구조의 필요성은 다음과 같이 세 가지로 정리할 수 있다.

- 메모리 효율성
- 알고리즘 성능
- 데이터 관리

메모리 효율성

자료구조는 제한된 메모리에 많은 데이터를 저장하기 위해 꼭 필요하다. 메모리를 효율적으로 사용하기 위해서는 데이터에 맞는 자료구조 선택이 아주 중요하다. 문제 해결 방법에 따라 자료구조 선택이 달라질 수 있는데, 앞서 살펴본 것처럼 어떤 자료구조를 선택하느냐에 따라 반대로 문제 해결 방법이 달라질 수도 있다. 그러므로 자료구조는 프로그램을 설계할 때 가장 먼저 고려해야 한다. 당연히 컴퓨터로 문제를 해결하는 것의 시작은 데이터 저장이기 때문에 가장 중요하고, 가장 먼저 고려해야 하는 부분이다.

알고리즘 성능

자료구조는 프로그램 성능에 직접적인 영향을 미친다. 알고리즘도 중요하지만, 데이터 연산을 위해 데이터를 가져오는 작업이 꼭 필요하므로 데이터를 어떻게 저장하느냐에 따라 프로그램 성능이 달라질 수 있다.

데이터 관리

잘 저장하는 이유는 잘 찾기 위해서다. 연산하기 위해서도 찾아야 하지만, 메모리에 저장된 데이터를 수정하거나 삭제하기 위해서도 찾아야 한다.

자료구조는 데이터의 효율적인 접근, 즉 잘 찾기 위한 저장 방식을 연구한 분야다. 자료구조는 데이터값의 모임이라고 추상적으로 말하기도 하며, 데이터 간의 관계를 의미하기도 한다. 구조에 순서나 규칙을 정하여 저장하기도 하는데 이것은 자료를 저장하기 위한 알고리즘이라고 할 수 있다.

3 〉 알고리즘의 이해

자료구조와 알고리즘을 구분하기 위해 알고리즘에 대해서 살펴보자. 컴퓨터 프로그래밍에서 알고리즘의 역할과 자료구조의 역할을 구분하여 이해하고, 컴퓨터 알고리즘의 정의와 컴퓨터 알고리즘의 요건을 알아보자.

3.1 알고리즘의 정의

알고리즘에 대하여 체계적으로 살펴보기 위해 알고리즘의 원론부터 살펴보자. 알고리즘이라는 말은 컴퓨터에서만 사용하는 것은 아니며 수학, 언어학, 컴퓨터과학 분야에서 어떤 문제를 해결하기 위해 정해진 일련의 절차라고 정의한다. 계산을 실행하기 위한 단계적 절차, 처리 과정의 순서, 프로그램 명령어의 집합 등으로 정의하고 있다.

알고리즘이라는 단어는 페르시아의 수학자 알 콰리즈미(Al-Khwarizmi)의 이름에서 유래하였다. 현재 알려진 알고리즘 중에서 가장 오래된 알고리즘은 기원전 300년경에 만들어진 유클리드(Euclid)의 최대공약수 알고리즘이다.

유클리드의 최대공약수 알고리즘은 '두 수의 최대공약수는 두 수 중 큰 수를 작은 수로 나눈 나머지와 작은 수의 최대공약수와 같다.'라는 성질을 이용해 최대공약수를 구하는 문제 해결 알고리즘이다.

- 두 수를 비교하여 큰 수를 찾는다.
- 큰 수를 작은 수로 나누어 나머지를 구한다.
- 만약 나머지가 0이면 작은 수가 최대공약수
- 만약 나머지가 0이 아니면, 다시 나누기 반복
- 27과 12의 최대공약수 찾기

```
27 > 12
27/12 … 나머지 3
3 ≠ 0
12/3 … 나머지 0
따라서 최대공약수는 3
```

유클리드의 최대공약수 알고리즘을 순서대로 표현하면 '두 수를 비교하여 큰 수를 찾는다. 다음 큰 수를 작은 수로 나누어 나머지를 구한다. 만약에 나머지가 0이면 작은 수가 최대공약수이고, 0이 아니면 다시 나누기를 반복한다.'이다. 이 순서대로 하면 어떤 수라도 쉽게 최대공약수를 구할 수 있다. 알고리즘에 따라 27과 12의 최대공약수를 찾으면 다음과 같다. 27이 12보다 크므로 27을 12로 나누고, 그 나머지가 3, 즉 0이 아니므로 다시 작은 수인 12를 나머지로 나누고, 이때 나머지가 0이므로 12와 3 중 작은 수가 3이기 때문에 3이 27과 12의 최대공약수가 된다.

이처럼 알고리즘은 문제 해결을 순서대로 정의한 것이며, 순서대로만 따라 하면 문제가 해결되는 것을 말한다.

3.2 컴퓨터 알고리즘

컴퓨터 알고리즘은 컴퓨터를 통하여 문제를 해결하고자 할 때 컴퓨터가 처리할 일 또는 명령어 순서라고 정의할 수 있다. 즉, 추상적으로 문제 해결 알고리즘을 표현하는 것이 아니라 컴퓨터가 수행할 수 있는 방식으로 표현하여 컴퓨터가 수행할 수 있도록 하는 것이다. '컴퓨터가 수행할 수 있도록 한다.'라는 조건을 만족시키기 위하여 컴퓨터 알고리즘은 일반 문제 해결 알고리즘보다 훨씬 더 자세하고, 단순하게 알고리즘을 표현해야 한다는 사실을 이해해야 한다.

- 두 수를 비교하여 큰 수를 찾는다.
- 큰 수를 작은 수로 나누어 나머지를 구한다.
- 만약 나머지가 0이면 작은 수가 최대공약수
- 만약 나머지가 0이 아니면, 다시 나누기 반복
- 27과 12의 최대공약수 찾기

```
a=int(input())
b=int(input())
min_num=0
max_num=0
if a>b:
    min_num=b
    max_num=a
else:
    min_num=a
    max_num=b

while True:
    c=max_num%min_num
    if c==0:
        print("최대공약수:",min_num)
        break
    else:
        max_num=min_num
        min_num=c
```

위와 같이 최대공약수 알고리즘을 다시 컴퓨터 알고리즘으로 표현할 수 있다. '두 수를 비교하여 큰 수를 찾는다.'는 인간에게는 아주 간단한 문제다. 누구나 27과 12 중 27이 크다고 판단하지만, 컴퓨터가 이것을 판단하고 기억하게 하기 위해서는 위의 오른쪽처럼 파이썬 코드와 같은 절차로 표현해야 한다.

컴퓨터 프로그래밍을 중심으로 다시 알고리즘을 살펴보면 변수 a에 임의의 값을 입력받아 정수 데이터형으로 저장하고, 변수 b에 임의의 값을 입력받아 정수 데이터형으로 저장한다. 변수 a와 b에 저장된 정수 데이터를 비교하여 큰 값은 max_num 변수에 다시 저장하고, 작은 값은 min_num 변수에 다시 저장한다.

이 컴퓨터 알고리즘을 통해 두 수를 비교하여 큰 수와 작은 수를 구분하고, 메모리에 각각 다시 저장할 수 있다. 이렇듯 일반 알고리즘을 컴퓨터로 처리할 수 있는 컴퓨터 알고리즘으로 재정의해야 하며, 컴퓨터 알고리즘은 일반 문제 해결의 알고리즘과 차이가 있음을 알 수 있다.

컴퓨터과학 분야에서 문제가 해결되었다는 의미는 알고리즘을 찾았거나 알고리즘이 있다는 의미이고, 컴퓨터가 수행하는 방법으로 표현할 수 있으면, 컴퓨터가 수행하면 컴퓨터에 의해 원하는 답을 얻을 수 있다는 의미이다.

컴퓨터 알고리즘은 자료구조를 기반으로 한 알고리즘과 문제 해결을 중심으로 한 알고리즘의 두 분야로 발전되고 있다. 컴퓨터로 수행하기 위해서는 데이터를 메모리에 저장하는 방식인 자료구조와 아주 밀접한 관계가 있지만, 특정 자료구조에 의존하지 않고 문제 해결을 중심으로 하는 알고리즘도 또 다른 문제 해결 맥락에서 발전하고 있다.

본 교재에서는 이 두 분야에 대하여 구분 지어 지속해서 설명할 예정이다. 최대공약수 알고리즘을 컴퓨터 알고리즘으로 재정의하여 표현한 것을 다시 살펴보면 큰 수를 찾고, 나누고, 다시 비교하는 연산 중에도 지속해서 메모리에 데이터를 저장하는 것을 알 수 있다. 최대공약수를 구하는 알고리즘은 대표적인 문제 해결 알고리즘이다. 데이터를 메모리에 저장하는 구조는 신경 쓰지 않고, 단순히 연산을 위한 자료형만 정의하여 저장하고, 최대공약수를 구하는 순서에 집중된 것을 알 수 있다.

컴퓨터 알고리즘의 요건

컴퓨터 알고리즘은 다음과 같은 요건을 갖고 있다.

- 0개 이상의 입력
- 1개 이상의 출력
- 정확성
- 유한성
- 수행성

일반적인 문제에 대한 모든 알고리즘에도 포함되는 요건과 함께 컴퓨터 알고리즘에 포함되는 요건이 몇 가지 더 있다.

입력/출력

컴퓨터 알고리즘은 0개 이상의 외부 입력과 1개 이상의 출력이 필요하다. 이것은 모든 알고리즘에 포함되는 내용이다. 예를 들어, 라면 끓이기 알고리즘은 '물과 라면'이 입력되면 '완성된 라면'이 출력되고, 비상 탈출 알고리즘은 '비상 상황인 인간'이 입력되면 '탈출한 인간'이 출력이 된다.

정확성

컴퓨터 알고리즘이 갖추어야 하는 '정확성'은 주어진 입력에 대해 반드시 올바른 해답을 주어야 하는 요건이다. 컴퓨터는 기계이므로 알고리즘이 정확하다면 반드시 정확한 답을 내야 하는 것이 맞다. 만약 답이 맞지 않으면 알고리즘이 잘못되었거나 알고리즘 명령어를 잘못 표현했을 것이다.

유한성

컴퓨터 알고리즘이 갖추어야 하는 '유한성'은 유한 시간 내에 반드시 종료되어야 하는 요건이다. 컴퓨터로 문제를 해결했다는 것은 유한 시간 내에 컴퓨터가 명령 수행을 마치고 결과값을 낸 것을 말한다. 알고리즘에 오류가 없는 것을 확인하고 컴퓨터로 수행시켰는데 1달, 1시간이 아니라 10분 후에도 결과값이 나오지 않으면 알고리즘이나 프로그램 코드에 문제가 있는지 다시 확인해야 하므로 컴퓨터 알고리즘은 반드시 유한성을 가져야 한다.

수행성

컴퓨터 알고리즘이 갖추어야 하는 '수행성'은 모든 명령은 컴퓨터에서 반드시 수행할 수 있어야 한다는 요건이다. 아무리 훌륭한 알고리즘이라도 컴퓨터에서 수행할 수 없는, 즉 컴퓨터가 수행할 수 있도록 프로그래밍할 수 없다면 문제가 해결되었다고 할 수 없다.

컴퓨터 알고리즘은 입출력 외에 이 세 가지의 '정확성', '유한성', '수행성' 요건을 반드시 갖추어야 한다. 이러한 요건은 컴퓨터 알고리즘을 평가하고, 문제가 해결되었는지, 해결될 수 있는 문제인지를 확인하는 데 사용한다.

컴퓨터 알고리즘의 요건과 함께 컴퓨터 알고리즘을 다시 정의하면 '모든 입력값에 대하여 유한 시간 내에 정확한 결과를 낸 것'이 바로 컴퓨터로 문제를 해결했다고 할 수 있다. 이것이 바로 컴퓨터 알고리즘이다.

컴퓨터 알고리즘의 한계

여러분의 컴퓨터로 해결된 문제, 즉 모든 입력값에 대해 유한 시간 내에 정확한 결과를 내는 알고리즘이 있을까? 있다. 정렬 문제에 대한 정렬 알고리즘과 검색 문제에 대한 검색 알고리즘이다. 알려진 정렬 알고리즘은 모든 입력값, 즉 100만 개, 1000만 개의 데이터값을 입력해도 유한 시간 내에 정확한 순서대로 정렬된 값을 출력한다. 검색도 마찬가지다. 모든 입력값, 즉 1000만 개 이상의 데이터를 입력하고 원하는 값을 찾도록 하면 유한 시간 내에 원하는 값을 정확하게 찾아 준다.

컴퓨터는 지금까지 얼마나 많은 문제를 해결하고, 알고리즘을 찾았을까? 믿기지 않겠지만, 이 두 가지 문제뿐이다. 이것만 해결했는데도 우리는 컴퓨터로 많은 일을 하고 있으며, 컴퓨터에 열광하고 있다.

컴퓨터과학 분야에서는 더 많은 문제를 해결하기 위해, 즉 알고리즘을 찾기 위해 노력하고 있다. 까다로운 컴퓨터 알고리즘 요건에 맞추는 알고리즘을 찾으려 애써왔지만, 지금도 찾지 못하고 있다.

이 까다로운 요건을 조금 바꾸어 보자. 모든 입력값이 아닌, 현실적인 입력값에 대해 유한 시간 내에 꼭 정답은 아니지만, 비슷한 근사값을 찾는 알고리즘은 어떨까? 이 결과는 아주 효과적이다. 현재 우리가 사용하고 있는 대부분의 알고리즘은 완화된 요건 속에서 결과값을 내는 알고리즘이다. 내비게이션, 구매 추천, 주식 동향, 의학, 건축, 화학, 생물, 우주과학 등 모든 분야에서 엄청난 결과를 보이고 있다.

따라서 현실적인 입력값에 대해 유한 시간 내에 인간의 경험치를 도입하여 근사값을 결과로 내는 알고리즘을 휴리스틱 알고리즘, 학습 알고리즘, 더 나아가서는 인공지능 알고리즘이라고 말한다. 물론 각각 약간의 차이가 있지만, 컴퓨터 알고리즘이라는 큰 틀 안에서 문제를 해결하는 알고리즘이다.

여기서 꼭 알아두어야 할 것은 지금은 성능을 보이고 엄청난 결과로써 마치 문제가 해결된 것처럼 보이지만, 실제 컴퓨터과학에서는 해결된 문제가 아니며, 정확한 알고리즘이 아니라는 사실이다.

4 〉 자료구조와 알고리즘

앞서 설명한 내용을 토대로 자료구조와 알고리즘에는 다음과 같은 관계가 성립된다.

알고리즘을 컴퓨터로 수행하고자 할 때 데이터를 메모리에 저장해야 하며, 이때 자료구조가 필요하다. 자료구조를 이용해서 데이터를 메모리에 저장할 때 특정 규칙을 포함해 저장할 수 있는데, 이러한 규칙을 알고리즘이라고 부르며 데이터 저장에 필요한 알고리즘으로 본 교재에서는 자료구조 알고리즘이라고 새롭게 명명하여 설명한다. 앞서 간략하게 설명했듯이 처음 컴퓨터과학에서 컴퓨터로 문제를 해결하기 위해 데이터를 메모리에 저장해야 했고, 제한된 메모리 공간을 효율적으로 활용하는 것은 가장 큰 문제 중 하나였다. 따라서 컴퓨터과학 분야에서 데이터 저장에 관한 문제를 해결하기 위해 여러 가지 방법, 즉 알고리즘이 만들어진 것이다. 이러한 자료구조 알고리즘을 이용하여 데이터를 저장하고 나니 다른 일반 문제 중에 몇 가지가 쉽게 해결되었고, 이러한 자료구조 알고리즘이 마치 문제 해결 알고리즘인 것처럼 인식되어 자료구조와 알고리즘을 구분하는 데 어려움이 생겼다.

가장 쉽게 설명하면 자료구조에 해당하는 알고리즘은 데이터를 메모리에 저장하는 문제를 해결한 알고리즘이라는 것이다. 자료구조 알고리즘은 데이터의 효율적인 삽입, 삭제, 수정을 목적으로 만들어졌으며, 일반적인 문제를 해결하는 알고리즘으로도 사용되고 있다. 따라서 문제를 해결하기 위해 데이터를 저장하는 자료구조를 선택하는데, 이때 자료구조 알고리즘을 포함한 자료구조를 선택할 것인지, 일반 자료구조만 이용하여 데이터를 저장하고 문제를 해결할 것인지 잘 결정해야 한다.

알고리즘

1. 입력한 숫자들을 저장한다.
2. 가장 큰 숫자에 0을 저장한다.
3. 숫자를 읽어와 저장한다.
4. 저장된 숫자와 가장 큰 숫자를 비교하여 큰 숫자를 다시 가장 큰 숫자로 저장한다.
5. 입력 숫자의 개수만큼 3, 4를 반복한다.
6. 가장 큰 숫자를 출력한다.

```
#입력
num=[37,29,69,30,15,55,90,87,73,20]
largest_num=0

#가장 큰 숫자 찾기

for i in num:
    if largest_num<i:
        largest_num = i

#출력
print(largest_num)
```

자료구조

문제 해결 알고리즘

몇 가지 예를 살펴보면서 자료구조와 알고리즘을 구분해 보자.

먼저 가장 큰 숫자 찾기 문제를 살펴보자. 0개의 정수에서 가장 큰 숫자를 찾는 문제다. 알고리즘을 이용하여 문제 해결 알고리즘을 표현하면 위의 왼쪽 내용과 같다. 이 문제의 알고리즘을 살펴보면 10개의 정수 입력값을 갖고, 가장 큰 숫자인 1개의 정수값을 출력하는 알고리즘이다.

입력 숫자들을 저장한다. 가장 큰 숫자에 0을 저장한다. 나중에 이 값이 바로 출력값이 된다. 저장된 숫자를 읽어 와서 새로운 변수에 저장하고, 저장된 숫자와 가장 큰 숫자가 저장된 변숫값을 비교하여 큰 숫자를 다시 가장 큰 숫자를 저장하는 변수에 저장한다. 저장된 입력 숫자의 개수만큼 세 번째와 네 번째 과정을 반복하고, 마지막으로 가장 큰 숫자가 저장된 변수 데이터를 출력한다.

이것을 파이썬 코드로 표현하면 위의 오른쪽 코드와 같다. 코드를 살펴보면 입력값을 저장하고, 가장 큰 수를 저장할 변수를 largest_num이라 정의한 후 0 값을 저장한다. 입력된 숫자만큼 반복해야 하므로 반복문으로 표현했고, 저장된 숫자를 하나씩 불러와 i 변수에 저장한 다음 largest_num 변수에 저장된 값과 비교한다. 만약 불러온 숫자가 largest_num에 저장된 숫자보다 크면 largest_num 값을 불러온 숫자로 바꾼다. 이 과정을 저장된 모든 숫자에 적용한 다음 largest_num 변수에 저장된 값을 출력하면 가장 큰 숫자가 출력된다.

파이썬 코드에서 num이라는 변수에 10개의 정수형 데이터를 리스트 자료구조로 저장하였고, 숫자를 불러와서 비교한 다음 largest_num 변수를 갱신하는 것으로 문제를 해결했다. 이때 이 세 가지 명령이 바로 가장 큰 숫자 찾기의 문제 해결 알고리즘이다. 여기서는 특정 자료구조 알고리즘을 사용하지 않았으며, 일반 자료구조 알고리즘을 사용하고, 문제 해결 알고리즘으로 문제를 해결했다.

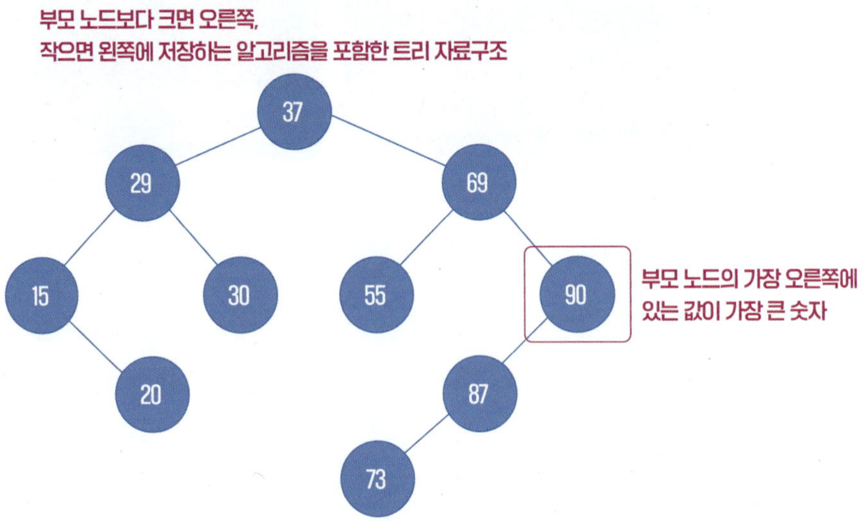

그럼 같은 문제를 특정 규칙으로 저장하는 자료구조 알고리즘을 이용해서 해결해 보자. 입력값과 출력값 조건은 같다. 이때 다음과 같은 대표적인 자료구조 알고리즘인 트리 자료구조를 이용해 보자. 트리 자료구조는 특정 규칙, 즉 알고리즘을 갖는다. 부모 노드와 자식 노드를 정의하여 새로 저장되는 값이 부모 노드보다 크면 오른쪽 자식 노드, 작으면 왼쪽 자식 노드로 저장하는 규칙, 즉 알고리즘을 포함한 자료구조다.

입력값을 순서대로 저장하면 가장 먼저 37이 저장되고, 이것이 맨 처음 부모 노드가 된다. 그다음 29를 저장할 때 37과 비교하여 작으므로 37의 왼쪽 노드에 저장되며, 다시 부모 노드가 된다. 69를 저장할 때 먼저 37 부모 노드와 비교해 크므로 오른쪽 자식 노드로 저장되며, 새로운 부모 노드가 된다. 30을 저장하기 위해서는 37과 비교하여 작으므로 왼쪽에 있는 29와 다시 비교해서 크기 때문에 29의 오른쪽 자식 노드로 저장된다. 이러한 규칙, 즉 알고리즘을 가지고 입력 데이터를 메모리에 저장한 다음 부모 노드 맨 오른쪽에 저장된 값만 찾으면 가장 큰 숫자가 된다. 이 방법을 자료구조 알고리즘을 이용한 문제 해결이라고 할 수 있다.

알고리즘

1. 첫 번째 숫자를 저장한다.
2. 저장된 숫자(부모 노드)와 비교한다.
3. 부모 노드보다 크면 오른쪽 노드, 작으면 왼쪽 노드에 저장한다.
4. 2, 3을 반복한다.
5. 가장 오른쪽에 저장된 값을 출력한다.

트리 자료구조 알고리즘

```
def make_tree():
    num=[37,29,69,30,15,55,90,87,73,20]

    in_d=0

    root=Node(num[0])

    for i in range(1,len(num)):
        v = num[i]
        w_node = root


        while w_node != None:
            if w_node.data < v: # right
                if w_node.right == None: #끝이면 추가
                    child = Node(v)
                    w_node.right =child
                    w_node=None
                else:
                    w_node = w_node.right

            else: # left
                if w_node.left == None: #끝이면 추가 아니면 다음
                                         노드로
                    child = Node(v)
                    w_node.left =child
                    w_node = None
                else:
                    w_node = w_node.left
```

문제 해결

```
def search_right_only(node,level,ans):
    ans.append(node.data)

    if node.right != None:
        search_right_only(node.right,level+1,ans)
```

이것을 컴퓨터 알고리즘으로 표현하면 위의 왼쪽 코드와 같다. 첫 번째 숫자를 저장한다. 저장된 숫자와 비교한다. 크면 오른쪽, 작으면 왼쪽에 저장한다. 두세 번째 과정을 반복해 모든 숫자를 저장하면 맨 오른쪽에 저장된 값을 출력한다.

다시 파이썬 코드로 표현하면 위의 오른쪽 코드처럼 앞서 소개한 문제 해결 알고리즘보다 훨씬 복잡한 것을 알 수 있다. 두 개의 함수로 정의하였으며, 첫 번째 함수는 트리 자료구조를 만들어 숫자를 저장하는 함수이고, 두 번째 함수는

맨 오른쪽 노드를 찾는 함수이다. 이 코드는 트리 자료구조에서 자세히 설명하기로 하고, 이번 장에서는 자료구조 알고리즘을 이용한 문제 해결의 예로, 이전 알고리즘과 비교하여 살펴본다. 트리 자료구조를 이용하여 데이터를 저장하는 것은 알고리즘도 복잡하지만, 프로그래밍 언어로 표현하기도 쉽지 않다. 노드를 정의하고, 각 노드의 오른쪽과 왼쪽을 정의하고, 이것을 다시 오른쪽과 왼쪽 자식을 갖는 부모 노드로 생성하는 것을 반복한다.

자료구조 알고리즘은 데이터를 저장하는 데 중심을 두는 것을 알 수 있으며, 그 규칙에 따라 저장하면 큰 숫자 찾기 문제가 쉽게 해결되는 것을 볼 수 있다.

그렇다면 두 가지 방법 중 어느 것이 더 좋을까? 각각의 방법에는 장단점이 있다. 첫 번째 방법인 문제 해결 중심의 알고리즘으로 만들어진 프로그램은 구현이 쉽지만, 한 가지 문제만 해결한다. 가장 큰 숫자 찾기 프로그램은 가장 큰 숫자를 찾는 문제만 해결해서 작은 숫자를 찾거나 두 번째로 큰 수 또는 네 번째로 작은 수 등 조건이 바뀌면 그때마다 전체 프로그램을 다시 해야 한다.

하지만 두 번째 해결 방법처럼 자료구조 알고리즘을 이용하여 데이터를 규칙에 맞게 저장하면 조건이 바뀌어도 쉽게 찾을 수 있다. 가장 큰 수는 가장 오른쪽 노드, 가장 작은 수는 가장 왼쪽 노드처럼 쉽게 정렬할 수도 있다. 노드들을 순서대로 불러오면 정렬도 되고, 세 번째로 작은 수, 네 번째로 큰 수 등 노드만 잘 설계하면 쉽게 찾을 수 있다.

여기서 우리는 자료구조의 중요성을 다시 한번 인식해야 한다. 문제 해결에만 집중하다 보면 알고리즘의 확장이나 활용성이 떨어질 수 있어 적절한 자료구조 알고리즘을 이용하여 데이터를 저장하면 의외로 문제가 쉽게 해결되고, 다른 문제에 적용할 수 있으며, 알고리즘을 확장할 수도 있다.

이처럼 컴퓨터로 문제를 해결하고자 할 때 데이터와 알고리즘의 특징에 따라 자료구조를 중심으로 알고리즘을 설계할지, 문제 중심으로 알고리즘을 설계할지를 잘 결정해야 한다. 또 자료구조를 문제 해결에 잘 사용하기 위해서는 지금까지 연구되어 알려진 자료구조, 자료구조 알고리즘이 무엇인지 알아야 하며, 자료구조 알고리즘을 사용하는 방법을 익혀야 할 것이다.

| 2장 |

데이터 표현

학습 목표

- 컴퓨터로 문제를 해결하기 위한 정보와 데이터의 정의를 이해한다.
- 컴퓨터 기억장치를 이해한다.
- 컴퓨터 기억장치의 구조를 이해한다.
- 데이터 변환을 이해한다.
- 데이터 단위를 이해한다.

1 〉 정보와 데이터

컴퓨터로 문제를 해결하기 위한 정보와 데이터에 대해 재정의하고, 컴퓨터에서 처리하고자 하는 정보와 처리하기 위해 변환되어야 하는 데이터 형태를 설명한다.

컴퓨터와 문제 해결

컴퓨터로 문제를 해결한다는 것은 컴퓨터 알고리즘이 만들어졌다는 것이며, 컴퓨터 알고리즘은 특정 입력값에 대해 처리 과정을 거쳐 원하는 답을 출력한다는 것이다. 이때 입력은 컴퓨터에서 처리할 수 있는 방식으로 컴퓨터 기억장치에 저장한다는 의미이고, 처리는 알고리즘 순서대로 수행하는 과정을 말하며, 출력은 저장된 결과를 출력장치 방식으로 출력하는 것을 말한다.

잠깐만요

컴퓨터 기억장치에는 주기억장치와 보조기억장치가 있다. 본 교재에서 설명하는 컴퓨터 기억장치는 주기억장치를 의미한다.

**** 주기억장치(메인메모리, Main Memory)**

컴퓨터에서 처리하는 데이터가 저장되는 기억장치이다. 휘발성 기억장치라고 하며 데이터를 영구적으로 보관하지 못하는 특징을 가진다. 컴퓨터에서 처리되는 데이터만 일시적으로 저장하는 기억장치이다.

**** 보조기억장치**

하드디스크(HDD, SDD), USB 등을 말한다. 비휘발성 기억장치라고 하며 파일이나 프로그램, 정보를 지속해서 보관할 수 있는 기억장치이다. 보조기억장치에 저장된 파일이나 프로그램, 정보는 직접 컴퓨터에서 처리할 수 없으며 반드시 주기억장치에 다시 저장되어야만 실행될 수 있다.

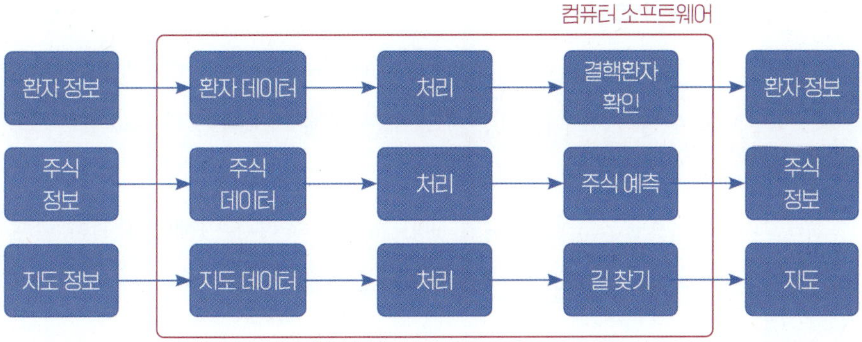

위의 그림은 몇 가지 문제가 컴퓨터로 해결되는 예를 표현한 것이다. 결핵환자를 판단하는 문제, 주식 동향을 예측하거나 추천하는 문제, 길을 찾는 문제 등을 컴퓨터를 이용해서 해결했다고 가정해 보자. 각각의 문제가 해결되었다는 것은 결핵환자 확인 소프트웨어, 주식 예측 소프트웨어, 길 찾기 소프트웨어가 각각 개발되었다는 것을 말한다.

결핵환자 문제

결핵환자 확인 소프트웨어에서 정보와 데이터의 관계를 살펴보자. 환자 정보를 이용해서 결핵환자를 확인하는 소프트웨어를 실행한다는 것은 결핵환자 확인이라는 문제를 컴퓨터를 이용하여 해결한 것이다. 이때 환자 정보는 엑스레이 환자 정보, 혈액검사 결과 환자 정보 등 다양할 수 있지만, 이러한 환자 정보를 이용해 결핵환자를 확인하는 소프트웨어로 처리하기 위하여 엑스레이 정보나 혈액검사 결과 정보를 데이터 형태로 변환해 주어야 한다. 컴퓨터로 처리된 결과는 다시 인간이 해석할 수 있고, 이해하는 방법으로 모니터나 프린터 등의 출력장치에 표현할 수 있는 형식으로 바꾸어 주어야 한다.

주식 예측 문제

주식 예측 소프트웨어에서 정보와 데이터의 관계를 살펴보자. 주식 정보가 어떤 식든 주식 예측 소프트웨어로 처리하기 위해 주식 데이터로 변환해야 하며, 예측 결과를 다시 우리가 이해할 수 있는 형태로 변환해 정해진 출력장치로 출력한다.

길 찾기 문제

길 찾기 소프트웨어에서 정보와 데이터의 관계를 살펴보자. 길 찾기 소프트웨어도 위성사진이나, 위성정보, 또는 실제 지도책이 가지고 있는 모든 지도 정보를 길 찾기 소프트웨어로 처리하기 위하여 지도 데이터로 변환해야 하며, 길 찾기 프로그램으로 찾은 길에 대한 정보를 우리가 이해하기 쉬운 출력형식, 즉 화면에 그림으로 보이거나 음성으로 전달할 수 있는 출력형식으로 변환해야 한다.

정보와 데이터

앞서 살펴본 세 가지 문제 해결 예처럼 컴퓨터 알고리즘으로 문제를 해결하고자 할 때 우리는 모든 문제에 적용되는 정보를 데이터로 변환하고, 다시 데이터 형태로 저장된 결과를 출력 정보로 변환해야 한다. 이처럼 문제 해결을 위한 정보와 데이터를 정의하면 다음과 같다.

정보

엑스레이 정보, 혈액 정보, 주식 정보, 지도 정보는 문제 해결 목적에 맞게 정리된 자료라고 정의할 수 있다. 이들은 문자, 이미지, 신호, 소리, 빛, 동영상 등 다양한 형태로 표현될 수 있다.

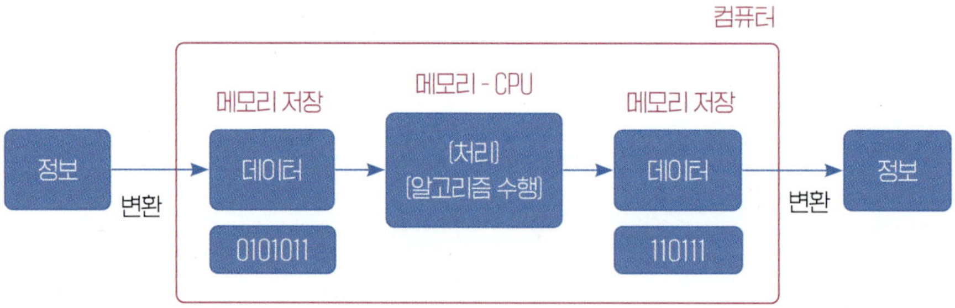

데이터

이러한 정보가 컴퓨터 저장 방식에 맞추어 변환된 자료를 데이터라고 정의할 수 있다. 정보가 데이터로 변환되어 메모리에 저장된다는 것은 0과 1로 변환되어 저장된다는 것이고, 처리는 메모리와 CPU를 통해서 알고리즘을 수행하는 것을 말한다. 이러한 처리를 거쳐 생성된 0과 1로 구성된 결과 데이터를 다시 정보로 변환해야 우리가 문제 해결의 결과를 알 수 있는 것이다.

컴퓨터 실행 과정과 '정보와 데이터'

컴퓨터에서 실행되는 과정과 함께 '정보와 데이터'를 다시 한번 살펴보자.

우리가 만든 파이썬 코드나 C 또는 JAVA로 만든 프로그램 코드, 운영체제 응용 프로그램 모두 보조기억장치에 저장된다. 우리가 가지고 있는, 즉 설치된 모든 프로그램은 보조기억장치에 저장되어 있다. 이때 보조기억장치의 역할은 우리가 설치한 프로그램을 지속적으로 저장하여 보관하는 것이다. 보조기억장치는 컴퓨터 전원을 꺼도 컴퓨터에 프로그램들과 파일들이 남아있을 수 있고, 원할 때 프로그램과 파일을 사용할 수 있도록 한다.

컴퓨터 전원을 켜면 부팅 작업 즉, 시스템 프로그램인 운영체제 소프트웨어가 실행된다. 이때 실행된다는 것은 주기억장치로 데이터를 옮겨 저장해서 처리하는 과정이다. 보조기억장치에 저장된 운영체제 파일, 즉 C로 만들어진 운영체제 코드가 주기억장치로 옮겨 저장되고 운영체제 명령어에 따라 실행된다.

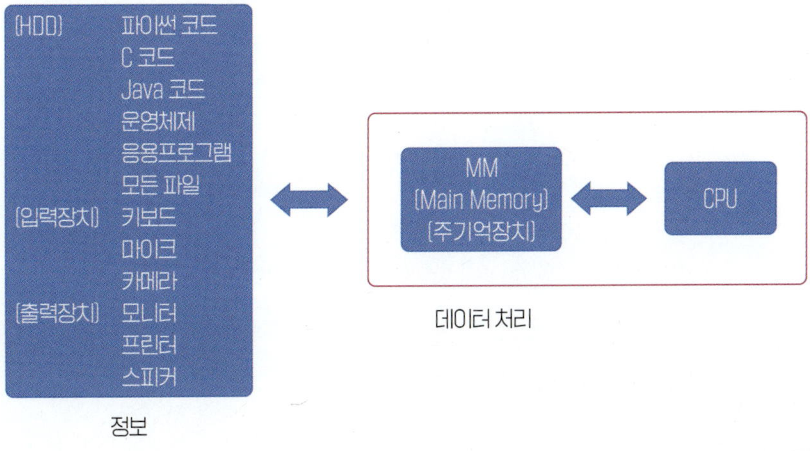

모든 프로그램은 주기억장치로 다시 저장되어야 처리될 수 있고, 처리된다는 것은 소프트웨어가 실행된다는 의미이다. 보조기억장치에 있는 모든 파일을 모니터를 통해 보는 것도 데이터 처리를 통해 이루어지며, 그러기 위해서는 모든 파일도 주기억장치에 저장할 수 있는 데이터로 변환되어야 한다.

이처럼 입력장치를 통해 입력된 정보, 키보드로 입력되는 모든 정보, 마이크나 카메라같이 소리나 이미지도 다른 출력장치로 결과를 확인하고 싶을 때 컴퓨터 처리를 통해 출력될 수 있으며, 그러기 위해서는 데이터 변환이 필요하다. 이때 모든 정보는 주기억장치에 저장할 수 있는 데이터로 변환되어야 한다. 그럼 어떤 데이터로 변환되어서 어떻게 저장되는지 알아보기 위해 컴퓨터의 주기억장치를 이해해 보자.

2 〉 컴퓨터 기억장치

주기억장치란 무엇인지 알아보고, 주기억장치의 하드웨어 구조에 대해 이해해 보자.

2.1 주기억장치

주기억장치는 메인메모리(Main Memory), RAM(Random Access Memory)이라고 하며 컴퓨터에서 처리되는 데이터가 저장되는 기억장치이다. 휘발성 기억장치라고도 하며, 데이터를 영구적으로 보관하지 못하는 특징을 가진다. 즉 컴퓨터에서 처리되는 데이터만 일시적으로 저장하는 기억장치이다.

보조기억장치는 하드디스크(HDD, SDD)나 USB 등을 말한다. 비휘발성 기억장치라고 하며, 파일이나 프로그램, 정보를 지속해서 보관할 수 있는 기억장치이다. 보조기억장치에 저장된 파일이나 프로그램, 정보는 컴퓨터에서 직접 처리할 수 없으며, 반드시 주기억장치에 다시 저장되어야만 실행될 수 있다.

정보를 데이터로 변환한다는 것은 주기억장치에 저장할 수 있도록 바꾸어 주는 것을 말한다. 이때 주기억장치에는 0과 1만 저장할 수 있어 데이터로 변환한다는 것은 결국 모든 데이터를 0과 1로 바꾸어 주는 것을 말한다. 그렇다면 왜 주기억장치에는 0과 1만 저장할 수 있을까? 지금부터 함께 알아보자.

전기회로

주기억장치는 전기회로로 구성되어 있으므로 전기회로에 대한 이해가 필요하다.

전류가 흐르는 전선을 간단하게 표현하면 위의 그림과 같다. 첫 번째 그림을 보면 중간에 전선이 끊어져 있고, 이와 같은 전선은 왼쪽에서 아무리 전류를 흘려 보내도 오른쪽 전선 끝으로 전류를 전달하지 못한다. 이러한 전선 상태를 오프 상태, 0 상태, 꺼진 상태, 전류가 흐르지 않는 상태, 아무런 힘이 가해지지 않은 상태 등으로 표현한다. 두 번째 그림은 중간에 끊어져 있던 전선이 연결되도록 어떠한 힘이 작용한 것을 볼 수 있다. 따라서 왼쪽에서 전류를 흘려보내면 오른쪽 끝에도 전류가 흐르는데 이러한 모양을 우리는 온 상태, 1 상태, 켜짐 상태, 전류가 흐르는 상태, 힘이 가해진 상태로 표현한다. 여기서 우리는 외부의 어떠한 힘을 작용하여 전류의 흐름을 조절할 수 있다는 사실을 알 수 있다.

컴퓨터 저장장치는 이러한 전기회로로 구성되어 있어 전류가 흐르거나 흐르지 않는 두 가지 상태만 표현할 수 있다. 따라서 0과 1의 두 가지 기호로 그 상태를 표현하는 것이고, 두 상태만 저장할 수 있다.

병렬회로와 직렬회로

다음의 첫 번째 그림처럼 병렬회로는 두 개의 전류가 흐르는 선으로 구성되어 있어, 왼쪽 두 개의 전선 중 하나만 전류가 흐르도록 해도 오른쪽 전선에 전류가 흐를 수 있도록 만든 회로이다. 즉 두 가지 외부 힘을 통해 전류의 흐름 상태를 조절할 수 있으며, 이것을 OR 회로라고 한다.

OR 회로는 왼쪽의 그림처럼 두 개의 외부 힘 중 하나만 전류가 통할 수 있도록 조절하면 오른쪽으로 전류가 흐르는 특징을 갖는다. 이러한 외부의 힘을 '조건'이라 하고, 둘 중 하나의 조건만 1 또는 참의 조건을 갖도록 하면 오른쪽으로 전류가 흐르는 1, 참의 회로를 표현할 수 있다. 다시 표현하면 '조건식 둘 중 하나만 참이면 무조건 참이 되는 규칙을 갖는다.'라고 할 수 있다.

오른쪽 그림과 같이 직렬회로는 두 가지 외부 힘을 순차적으로 연결해 두 개의 조건, 즉 두 개의 끊어진 부분이 모두 연결되도록 해야만 왼쪽 전류가 오른쪽으로 전달된다. 이것을 AND 회로라고 한다. AND 회로는 두 개의 조건이 모두 1 또는 참이 될 때만 전류가 오른쪽 끝으로 흐르는 1의 상태를 갖는 회로가 된다.

전기회로 규칙

AND 회로와 OR 회로 규칙을 표를 통해서 다시 살펴보자. 표에서 사용하는 0과 1은 전선이 닫혀있는지 열려있는지를 0과 1의 기호로 표현한 것이다.

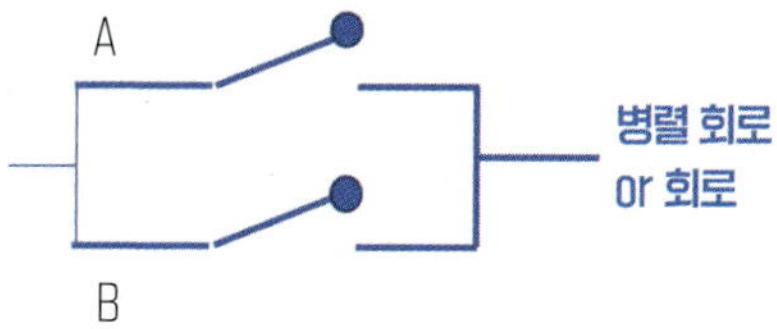

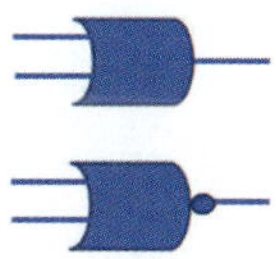

공학 기호로 표현한 OR 회로

A	B	or	nor(or+not)
0	0	0	1
0	1	1	0
1	0	1	0
1	1	1	0

0과 1로 표현한 OR 회로 규칙

먼저 OR 회로를 살펴보자. 병렬회로인 OR 회로는 A와 B 전선이 모두 열려있으면, 즉 입력값이 둘 다 0이면 오른쪽 전선에 전류가 흐르지 않으므로 0의 결과를 보인다. A나 B 중 하나만 닫혀도 둘 중 닫혀있는 전선을 이용하여 오른쪽 전선에 전류가 흐르므로 1의 결과를 보이고, A와 B 모두 닫혀있으면 오른쪽 끝에 전류가 흘러 1의 결과를 보인다. 앞쪽에서 두 번째 그림의 기호는 OR 회로의 공학기호이며, 세 번째 그림의 표는 OR 회로의 규칙을 0과 1로 표현한 것이다.

직렬 회로
and 회로

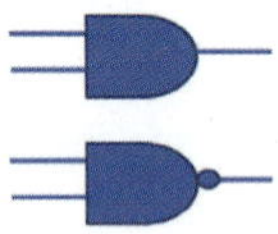

공학 기호로 표현한 AND 회로

A	B	or	nand(and+not)
0	0	0	1
0	1	0	1
1	0	0	1
1	1	1	0

0과 1로 표현한 AND 회로 규칙

이번에는 AND 회로를 살펴보자. 직렬회로인 AND 회로는 A와 B가 모두 열려있으면 왼쪽 전류가 오른쪽까지 흐르지 못하므로 0의 결과를 보인다. 이때 A나 B 중 하나가 닫혀있어도 왼쪽 전류가 오른쪽까지 흐르지 못하는 규칙을 갖는다. 위의 두 번째 그림의 기호는 AND 회로의 공학기호이며, 세 번째 그림의 표는 AND 회로의 규칙을 0과 1로 표현한 것이다.

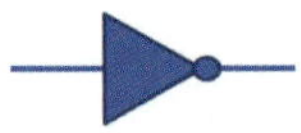

공학 기호로 표현한 NOT 회로

A	not
0	1
1	0

0과 1로 표현한 NOT 회로

또 하나의 회로는 NOT 회로이다. NOT 회로는 전류가 흐를 때는 반대로 흐르지 않도록 하고, 전류가 흐르지 않을 때는 반대로 흐르도록 만드는 회로이다. 왼쪽 첫 번째 그림의 기호는 NOT 회로의 공학기호이며, 왼쪽 두 번째 표는 NOT 회로의 규칙을 0과 1로 표현한 것이다.

앞에서 설명한 OR 회로의 규칙표와 AND 회로의 규칙표를 살펴보면 NOR 회로의 규칙 결과와 NAND 회로의 규칙 결과가 있다. NOR 회로는 OR 회로에 NOT 회로를 접목시켜 만든 회로이므로 규칙표의 결과도 OR 회로 규칙 결과의 반대가 된다. NAND 회로는 AND 회로에 NOT 회로를 접목시켜 만든 회로이다. 따라서 규칙표의 결과도 AND 회로 결과의 반대가 된다. 각각의 회로를 공학 기호로 표현하면 OR 회로의 공학 기호에 동그라미를 붙여서 NOR 공학 기호로 표현하고, AND 공학 기호에 동그라미를 붙여서 NAND 공학 기호로 사용한다.

주기억장치는 이러한 특징을 갖는 전자회로로 만들어졌다. '0이 저장되어 있다'라는 의미는 전선에 전류가 흐르지 않도록 전기회로의 상태를 만든다는 것이고, '1이 저장되어 있다'라는 의미는 전선에 전류가 흐르도록 전기회로 상태를 만든다는 것이다.

여기서 우리는 '저장'이라는 단어에 관심을 가져야 한다. 전류는 저장되는 것이 아니라 왼쪽의 흐름을 오른쪽으로 전달하므로 지속적으로 전달하기 위해서는 계속 왼쪽에서 전류를 흘려보내야 한다. 이것은 저장이라고 할 수 없다. 저장은 한 번만 전류를 보내도 오른쪽의 전달 상태를 유지하는 것을 말하기 때문이다.

되먹임 회로

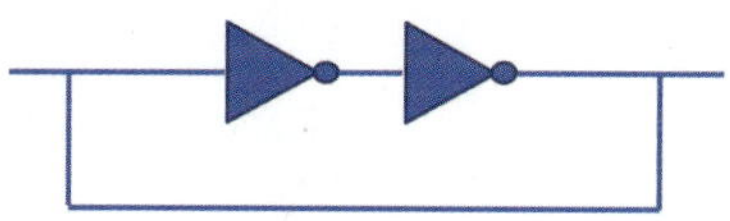

어떠한 상태를 지속해서 유지하는 회로는 어떻게 구성될까? 전류의 전달 상태를 유지하기 위하여 앞서 살펴본 NOT 회로 두 개를 이용하면 된다. 위의 그림은 NOT 회로 두 개를 가지고 0과 1의 상태를 유지하는 회로이다. 회로의 왼쪽에서 전류를 한 번만 흘려보내면, 즉 1의 값을 한 번만 입력하면 첫 번째 NOT 회로를 거치면서 0으로 변환되고, 다시 두 번째 NOT 회로를 거치면서 결과값은 1이 된다. 이 결과를 다시 왼쪽 NOT 회로의 입력으로 가도록 연결해 주면 이 회로의 결과값은 처음 입력된 1의 값이 다시 입력되므로 지속해서 오른쪽 전류 상태를 1로 유지할 수 있다. 이와 같이 NOT 회로 두 개를 연결시키고 회로의 결과를 다시 입력하도록 하는 회로를 '되먹임 회로'라고 한다. 되먹임 회로는 다시 말해 전류의 상태를 유지하는 회로로서 '저장'할 수 있는 회로이다. 회전하도록 만들어 특정 값, 즉 특정 전류의 흐름 상태를 유지하도록 하는 아이디어가 바로 신호, 전류의 흐름 상태 등을 유지할 수 있게 된 기초 아이디어다.

이 기호를 직렬이 아닌 병렬 형태로 다시 표현하면 다음과 같다. 한번 전류의 상태인 0이나 1을 입력해 주면 이 회로는 지속해서 0과 1의 결과를 유지한다.

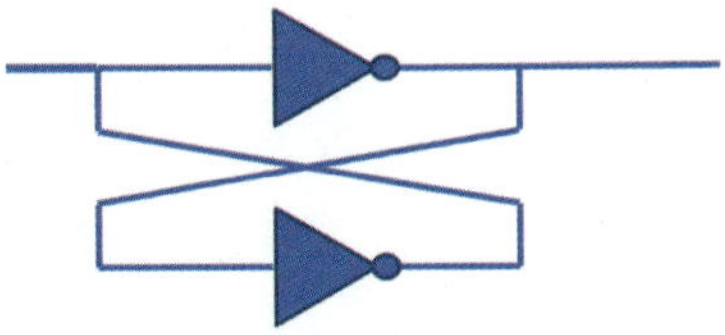

A	회로 결과	상태
0	0	유지
1	1	

2.2 래치 회로

래치(LATCH) 회로는 두 개의 전기회로를 회전하도록 연결하여 만든 메모리 기억장치 회로로, 두 개의 NAND 회로나 NOR 회로로 구성된다.

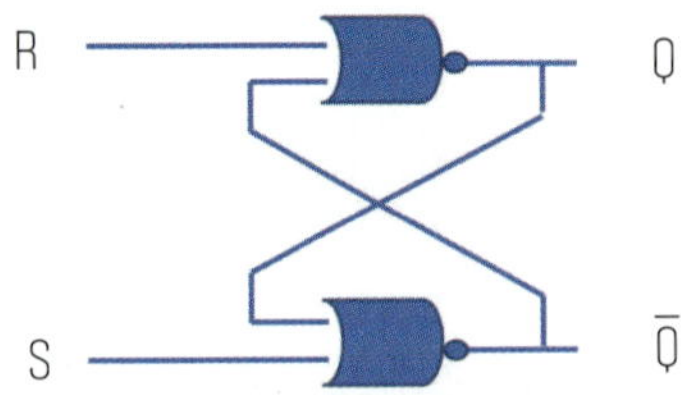

위쪽 그림에서 래치 회로는 두 개의 NOR 회로로 구성되어 있는데, 이때 각각 NOR 회로의 입력단자를 두 개씩 갖는다. 첫 번째 NOR 회로의 입력단자는 S 입

력과 다른 NOR 회로의 출력을 입력단자로 가지고, 두 번째 NOR 회로의 입력단자는 R 입력과 다른 NOR 회로의 출력을 입력단자로 가지도록 구성되어 있다. 이때 각각의 NOR 회로에 입력되는 S는 SET을 의미하고, R은 RESET을 의미한다. 이렇게 구성된 NOR 회로는 각각 Q와 $\overline{Q}$ 상태를 출력값으로 갖는다. 이때 첫 번째 NOR 회로의 출력 상태인 Q와 두 번째 NOR 회로의 출력 상태인 $\overline{Q}$는 서로 반대 상태를 결과값으로 갖도록 구성된 회로이다. Q가 0이면 $\overline{Q}$는 1, Q가 1이면 $\overline{Q}$는 0이 각각의 결과 상태가 된다.

래치 회로의 동작을 살펴보자. 다음의 표는 래치 회로의 동작에 따른 결과 상태를 규칙표로 정리한 것이다. 래치 회로 규칙표에서 S는 SET 입력, R은 RESET 입력을 의미하며, Q(n)는 현재 래치 회로의 결과값 즉 현재 저장된 상태를 말하고, Q(n+1)는 S와 R의 입력신호를 받은 후 변화되는 래치 회로 결과 상태를 의미한다. 지금부터 Q(n)는 현재값으로, Q(n+1)는 다음값으로 재정의하여 설명한다.

Nor 규칙표

A	B	nor
0	0	1
0	1	0
1	0	0
1	1	0

래치 회로 규칙표

R	S	Q(n)	Q(n+1)	
0	0	0	0	변화없음(유지)
0	0	1	1	
0	1	0	1	Set (1)
0	1	1	1	
1	0	0	0	Reset (0)
1	0	1	0	
1	1			사용 안 함

R: RESET
S: SET
Q(n): 현재 저장된 신호(현재값)
Q(n+1): R, S 신호 입력 후 저장될 신호(다음값)

래치 회로 규칙표를 보면서 S와 R의 입력값 변화에 따라 현재값이 어떻게 변하는지 살펴보자. NOR 회로를 사용한 래치 회로이므로 NOR 회로의 규칙표를 참고해서 결과 상태를 확인해 본다.

현재값이 0일 때 S와 R의 입력값이 둘 다 0이면, $\overline{Q}$의 값은 현재값인 Q의 값이 0과 S 입력값인 0을 입력받은 NOR 회로의 결과값이므로 1이 된다. $\overline{Q}$의 값이 다시 Q를 결과로 내보내는 NOR 회로의 입력값이 되므로, R 입력인 0과 $\overline{Q}$의 값인 1의 입력을 받은 NOR 회로의 결과로 0이 되어 다음값인 Q(n+1)의 값은 0이 된다. 이번에는 현재값이 1일 때 어떻게 작동하는지 살펴보자. 현재값이 1일 때 S와 R의 입력값이 둘 다 0이면, $\overline{Q}$의 값은 현재값인 Q의 값인 1과 S 입력값인 0을 입력받은 NOR 회로의 결과값이므로 0이 된다. $\overline{Q}$의 신호가 다시 Q를 결과로 내보내는 NOR 회로의 입력이 되므로, R 입력인 0과 $\overline{Q}$의 값인 0의 입력을 받은 NOR 회로의 결과로 1이 되어 다음값인 Q(n+1)의 값은 1이 된다. 이러한 규칙을 정리해 보면 R과 S의 입력이 둘 다 0일 때는 현재값이 0이면 0으로, 1이면 1로 유지된다고 할 수 있다.

R	S	Q(n)	Q(n+1)	
0	0	0	0	변화없음(유지)
0	0	1	1	

R과 S 입력값이 변할 때를 살펴보자. 현재값이 0일 때 S의 입력값이 1이고 R의 입력값이 0이면, $\overline{Q}$의 값은 현재값인 Q의 값이 0과 S 입력값인 1을 입력받은 NOR 회로의 결과값이므로 0이 된다. $\overline{Q}$의 값이 다시 Q를 결과로 내보내는 NOR 회로의 입력값이 되므로, R 입력인 0과 $\overline{Q}$의 값인 0의 입력을 받은 NOR 회로의 결과로 1이 되어 다음값인 Q(n+1)의 값은 1이 된다. 현재값이 0이고 S는 1, R은 0으로 입력되었을 때 다음값이 1로 변하는 것을 알 수 있다.

R	S	Q(n)	Q(n+1)	
0	1	0	1	Set (1)
0	1	1	1	

현재값이 1일 때 S의 입력값이 1이고 R의 입력값이 0이면, $\overline{Q}$의 값은 현재값인 Q의 값이 1과 S 입력값인 1을 입력받은 NOR 회로의 결과값이므로 0이 된다. $\overline{Q}$

의 값이 다시 Q를 결과로 내보내는 NOR 회로의 입력값이 되므로, R 입력인 0과 $\overline{Q}$의 값인 0의 입력을 받은 NOR 회로의 결과로 1이 되어 다음값인 Q(n+1)의 값은 1이 된다. 현재값이 1이고 S는 1, R은 0으로 입력되었을 때 다음값이 1로 변하지 않고 유지되는 것을 알 수 있다. 이와 같이 S 입력값이 1이 되면 현재값에 상관없이 무조건 1의 결과 신호를 갖고, 1의 신호를 저장하게 된다는 것이다. 이러한 상태를 'SET 되었다'라고 한다.

R의 입력값이 변할 때를 살펴보자. 현재값이 0일 때 S의 입력값이 0이고 R의 입력값이 1이면, $\overline{Q}$의 값은 현재값인 Q의 값이 0과 S 입력값인 0을 입력받은 NOR 회로의 결과값이므로 1이 된다. $\overline{Q}$의 값이 다시 Q를 결과로 내보내는 NOR 회로의 입력값이 되므로, R 입력인 1과 $\overline{Q}$의 값인 1의 입력을 받은 NOR 회로의 결과로 0이 되어 다음값인 Q(n+1)의 값은 0이 된다. 현재값이 0이고 S는 0, R은 1로 입력되었을 때 다음값이 0으로 변하지 않고 유지되는 것을 알 수 있다.

R	S	Q(n)	Q(n+1)	
1	0	0	0	Reset (0)
1	0	1	0	

현재값이 1일 때 S의 입력값이 0이고 R의 입력값이 1이면, $\overline{Q}$의 값은 현재값인 Q의 값이 1과 S 입력값인 0을 입력받은 NOR 회로의 결과값이므로 0이 된다. $\overline{Q}$의 값이 다시 Q를 결과로 내보내는 NOR 회로의 입력값이 되므로, R 입력인 1과 $\overline{Q}$의 값인 0의 입력을 받은 NOR 회로의 결과로 0이 되어 다음값인 Q(n+1)의 값은 0이 된다. 현재값이 1이고 S는 0, R은 1로 입력되었을 때 다음값이 0으로 변하는 것을 알 수 있다. 이와 같이 R 입력값이 1이 되면 현재값에 상관없이 무조건 0의 결과값을 갖고, 0의 신호를 저장하게 된다는 것이다. 이러한 상태를 'RESET 되었다'라고 한다.

이때 래치 회로 규칙표를 살펴보면 R과 S의 입력값이 모두 1일 때는 사용하지 않는다. S 입력값이 1이고, R 입력값이 1일 때 현재값이 0이면, $\overline{Q}$의 값은 현재값인 0과 S 입력값인 1을 입력받은 NOR 회로의 결과값이므로 0이 된다. $\overline{Q}$의 값이 다시 Q를 결과로 내보내는 NOR 회로의 입력값이 되므로, R 입력인 1과 $\overline{Q}$의 값인 0의 입력을 받은 NOR 회로의 결과로써 0이 되어 다음값인 Q(n+1)의 값은 0이 된다. 이때 지속해서 값의 변화를 살펴보면, Q와 $\overline{Q}$의 값이 동시에 0이 되어 Q와 $\overline{Q}$가 반대 값을 가져야 한다는 규칙에 위배 되는 결과 상태가 되는 것이다. 따라서 RS 래치에서는 입력이 둘 다 1이 되었을 경우는 고려하지 않는다.

2.3 플립플롭 회로

실제 메인메모리 회로는 래치 회로에 기반한 플립플롭(FLIP-FLOP) 회로이다. 플립플롭 회로는 래치 회로에 클럭 입력을 추가한 회로이다. 클럭(CK)이라는 새로운 입력값을 추가하기 위해 두 개의 NOR 회로 또는 두 개의 NAND 회로, 두 개의 AND 회로 또는 OR 회로를 추가한다. 클럭 입력값의 역할은 일정 시간을 정하여 메모리에 저장된 값을 바꾸거나 유지하는 것이다. 클럭 신호가 변함에 따라 현재값을 얼마나 유지할지, 얼마나 유지되고 있는지 알 수 있고, 저장된 값을 변화시킬 때도 클럭(CK) 입력에 맞춰 변화시킬 수 있도록 메모리를 조절하는 역할을 한다.

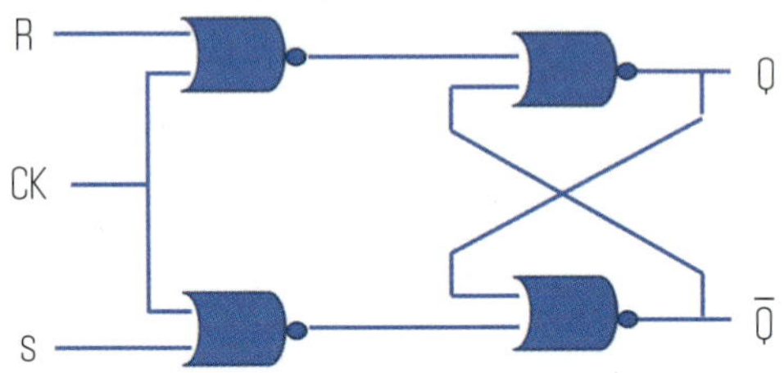

RS 플립플롭

플립플롭 회로의 구성을 살펴보면 S와 R, 클럭(CK) 세 개의 입력값을 받아 Q와 출력신호를 갖고, 네 개의 회로로 구성되어 있다. 이때 회로의 종류는 여러 가지로 사용될 수 있다. NAND-NAND 회로 조합의 플립플롭, OR-NAND 회로 조합의 플립플롭, NOR-NOR 회로 조합의 플립플롭, AND-NOR 회로 조합의 플립플롭 등으로 만들 수 있다. 플립플롭 회로에는 여러 가지가 있는데 대표적으로 RS 플립플롭, D 플립플롭, JK 플립플롭 등이 있다. 각각의 플립플립 회로는 특징에 따라 회로 구성에 조금씩 차이가 있지만, 모두 래치 회로를 기반으로 한 주기억장치 회로이다.

3 〉 데이터의 변환

컴퓨터에서 정보를 처리하기 위해 데이터로 변환하는 방법에 대해 설명하고, 컴퓨터에서 데이터를 표현하는 데이터 단위에 대하여 알아본다.

3.1 데이터 변환

지금까지 컴퓨터 저장장치가 하드웨어적으로 어떻게 만들어졌는지 살펴보았다. 왜 0과 1만 저장할 수 있는지, 이때 0과 1은 수의 의미가 아니라 상태의 의미라는 것도 알 수 있었다. 우리가 알고 있는, 사용하는 정보를 0과 1의 신호로 바꾼 것을 데이터라 하고, 0과 1의 신호로 바꾸는 것을 데이터 변환이라고 한다. 이번에는 정보가 어떻게 데이터로 변환되는지 알아보자.

컴퓨터를 이용하여 문제를 해결하고자 할 때 정보에 대한 변환은 두 번 이루어진다. 정보를 메인메모리에 저장할 때와 처리 후 메모리에 저장된 결과를 원하는 정보의 형식으로 다시 표현할 때 우리는 데이터 변환을 해야 한다. 이 두 번의 변환은 각각 변환하는 형식과 방법이 다르다. 저장할 때는 저장된 결과가 무조건 0과 1의 신호로 변환되어야 하지만, 출력할 때는 출력 방식에 따라 다르기 때문이다. 모니터, 프린터, 스피커로 출력할 때 같은 데이터라도 각각의 출력형식에 따라 달라진다. 현재 일반적으로 모니터 출력이나 프린터 출력은 모두 이미지 형태로 출력한다.

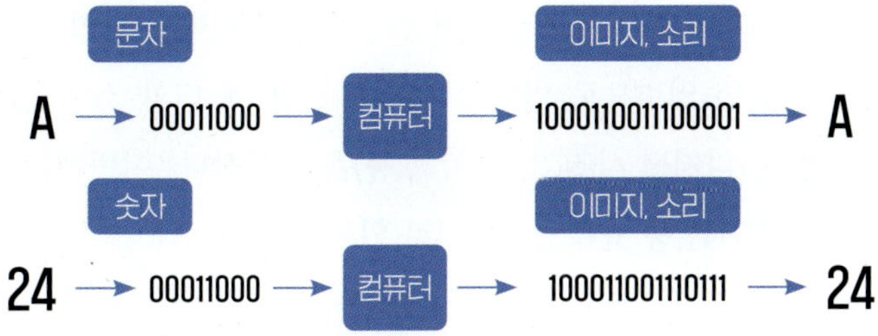

'A'라는 문자 데이터가 모니터에 출력될 때, 모니터에 출력되는 'A'는 문자로서의 A가 아니라 컴퓨터에서는 모두 이미지로 처리하여 출력하는 것이다. '24'도 마찬가지다. 우리는 24를 숫자로 인식하여 읽고 이해하지만, 컴퓨터 입장에서 '24'를 출력하는 것은 숫자를 출력하는 것이 아니라 24라고 그려주는 것이다. 프린터나 스피커 출력을 생각해 보면 좀 더 이해하기 쉽다. 종이에 '24'나 'A'가 숫자나 문자로 구분 지어 프린트되는가? 프린터, 종이와 잉크 입장에서는 그냥 이미지로 그리는 것이다. 스피커도 마찬가지다. '에이'라는 소리가 들리고, '이십사'라는 소리가 들리면 우리는 인간이기 때문에 문자 A와 숫자 24를 연상하지만, 스피커에 소리로 나올 때는 그저 전파로 인식되어 지정된 전파를 내보내는 것이다.

우리가 데이터 변환에서 관심을 가져야 할 부분은 바로 메모리에 저장할 때 하는 변환이다. 컴퓨터로 정보를 처리하기 위해서는 반드시 메모리에 정보를 저장해야 하고, 저장하기 위해서는 0과 1의 신호로 변환되어야 한다. 또한 변환되어 저장된 데이터는 여러 가지 연산(산술, 비교, 논리)을 해야 하고, 메인메모리에 저장된 데이터 형식에 따라 연산 결과가 달라질 수 있으므로 입력 데이터 변환은 매우 중요하다.

현재 컴퓨터로 처리할 수 있는 정보는 숫자 정보, 문자 정보, 이미지 정보, 소리 정보다. 그중에서도 숫자와 문자는 키보드를 통해서 입력 가능한 정보들만 처리할 수 있다. 이것을 표준 입력이라고 한다. 우리는 파이썬 프로그래밍을 통해 표준 입력과 표준 출력 함수에 대해서 배웠다. 여기서 표준이라는 것은 컴퓨터에서 일반적으로 사용하는 입력과 출력 방법을 말한다. 일반 컴퓨터는 모두 키보드와 모니터를 기본 입력과 출력장치로 가지고 있어 키보드로 입력되는 숫자와 문자를 기반으로 메모리에 저장하는 데이터 변환 방법을 사용한다. 이미지와 소리는 표준 입력으로 입력할 수 없기 때문에 변환 소프트웨어나 변환 하드웨어(스캐너, 디지털 사진기, 마이크 등)를 이용한다. 이번에는 컴퓨터로 처리하기 위한 입력 변환 중 표준입력장치로 입력하는 숫자와 문자 변환에 대해 알아본다.

3.2 숫자 변환

숫자 변환은 키보드에서 제공하는 숫자들을 기반으로 입력받고, 그 숫자들을 0과 1의 신호로 변환하는 것이다. 컴퓨터는 두 가지 상태만 저장할 수 있기 때문에 두 가지 기호로 모든 것을 표현할 수 있는, 수학에서 정의하는 '2진법'을 사용한다.

수학에서는 각 진법 규칙에 따라 크기를 표현할 때 진법마다 사용할 수 있는 수의 종류와 개수를 정의하는데 이것을 '진수'라고 한다. 2진법으로 크기를 표현할 때 0과 1 두 개의 수만 사용하며, 이 두 수를 '2진수'라고 한다. '수'의 체계에서 정의하는 '진법'과 '진수'를 이해해 보자. 우리가 사용하는 모든 숫자는 수학에서 정의한 2진법으로, 모두 0과 1의 숫자로 변환이 가능하기 때문에 컴퓨터에서도 숫자 변환에 2진법을 사용하여 변환할 수 있다.

진법

진법은 수를 셀 때 자릿수가 올라가는 단위를 기준으로 하는 셈법을 말한다. 이 셈법을 이용하여 숫자 정보 변환과 연산을 할 수 있다. 수를 셀 때 수를 세는 수의 개수와 종류가 정해져 있으므로 정해진 수를 세는 개수를 넘어서면 자릿수가 올라간다. 이렇게 자릿수가 변화하면서 큰 수를 표현하는 방법, 그리고 이렇게 표현된 수들의 연산을 정의한 것이 진법이다.

$$10^3 10^2 10^1 10^0$$

10진법은 모든 수를 0부터 9까지 10개의 수로 표현하는 수 법칙이다. 큰 수를 표현하거나 수들의 연산을 10진법에서 정의한 대로 한다. 10진법에서 자릿수의 기준 수는 10이며, 10이 넘어가는 순간 자릿수가 증가한다. 한 자리로는 0부터 9까지 10개만 표현할 수 있고, 두 자리로는 0부터 99까지 100가지 수를 표현할 수 있다. 세 자리로는 0부터 999까지 1000가지 수를 표현할 수 있다.

$$16^3 16^2 16^1 16^0$$

16진법은 수를 표현하는 수가 0부터 15까지다. 이때 10을 넘어가면 두 자리가 되므로 10진수의 두 자리와 구분하기 위하여 16진법으로 표현한 10은 문자 A로 지정하고 있다. 16진법은 모든 수를 1부터 9까지의 자연수와 문자 A, B, C, D, E, F의 5개 알파벳 문자를 사용해 표현한다. 이때 자릿수를 넘어가는 수가 16이며, 16부터는 한 자릿수로 표현할 수 없고 두 자리로 표현해야 한다. 이때 한 자리로 표현할 수 있는 수의 개수는 0부터 15까지 16개이며, 두 자리로 표현할 수 있는 수의 개수는 0부터 255까지 256가지 수이다. 16진법을 사용하여 세 자리로 표현할 수 있는 수의 개수는 4096개다.

$$8^3 8^2 8^1 8^0$$

8진법은 수를 표현하는 수가 0부터 7까지의 8가지로 모든 수를 표현한다. 따라서 8 이상을 표현하기 위해서는 자릿수가 하나 더 늘어나야 한다. 8진법에서 8 이상의 수를 표현하기 위해서는 자릿수가 하나 증가함을 알 수 있다. 8진법으로 수를 표현하면 한 자리로 표현할 수 있는 수의 개수는 8가지, 두 자리로 표현할 수 있는 수의 개수는 64가지, 세 자리로 표현할 수 있는 수의 개수는 512가지다.

$$2^3 2^2 2^1 2^0$$

2진법은 수를 표현하는 수가 0과 1 두 가지다. 한 자리에서 표현할 수 있는 수는 두 가지밖에 없다. 따라서 2 이상이 되는 순간 자릿수 하나가 더 필요하게 된다. 2진법으로 수를 표현하면 한 자리로 2개의 수만, 두 자리로는 4개의 수만, 세 자리로는 8가지 수만 표현할 수 있다. 이러한 규칙으로 엄청나게 큰 수를 2진법을 이용하여 표현하기 위해서는 더 많은 자릿수가 필요한 것을 알 수 있다.

10진수와 16진수, 2진수의 자릿수별로 표현할 수 있는 수의 크기를 비교해 보면 4개의 자릿수로 표현할 수 있는 수의 크기가 크게 차이 나는 것을 알 수 있다. 10진수는 4개의 자릿수로 1000단위까지 크기를 표현할 수 있고, 16진수는 4개의 자릿수로 10000단위까지 크기를 표현할 수 있으며, 2진수는 5개의 자릿수로 10단위까지 크기를 표현할 수 있다.

같은 크기의 수를 표현할 때 2진수로 표현하면 훨씬 많은 자릿수가 필요하다는 것을 알 수 있다. 큰 수를 표현할 때 2진수로 표현하면 많은 자릿수가 필요하여 비효율적으로 보일 수 있지만, 자리마다 표현할 수 있는 기호가 2가지이므로 사용하는 기호를 정의할 때 더욱 간단할 수 있다. 16진수는 작은 자릿수로 큰 수를 표현할 수 있지만, 16개의 기호를 정의하여 사용해야 하므로 기호 사용에서는 좀 더 복잡해질 수 있다.

따라서 용도에 따라 더 효율적인 진법 체계를 사용하는 것이 중요하다.

진법끼리는 모두 변환이 가능하다. 10진법으로 표현된 수를 16진법, 8진법, 2진법 또는 16진법이나 8진법, 2진법으로 표현된 수를 10진법으로 변환하는 방법이 있다. 또한 16진법으로 표현된 수를 8진법이나 2진법으로도 표현 가능하고, 8진법이나 2진법으로 표현된 수를 16진법으로 표현할 수 있다. 이러한 진법끼리의 변환 연산은 수학의 진법 이론을 통해 배웠다.

일반적으로 인간이 사용하는 10진법을 이용해 127이라는 수를 표현하면 127이다. 16진법으로 변환하면 7F, 8진법으로 변환하면 177로 표현할 수 있다. 2진법으로 변환하면 총 7자릿수가 필요하고, 1111111로 표현할 수 있다.

예) 127 (10진법)
7F (16진법)
177 (8진법)
1111111 (2진법)

10진수를 각각의 진법으로 표현하는 방법을 진법 변환이라고 한다. 간단한 변환 방법을 보면 10진법으로 표현된 127을 다른 진법으로 표현할 때 표현하고자 하는 진법에서 약속한 수로 계속 나눈다. 각각 나머지 숫자를 각 자릿수에 표현하면 쉽게 진법 변환을 할 수 있다.

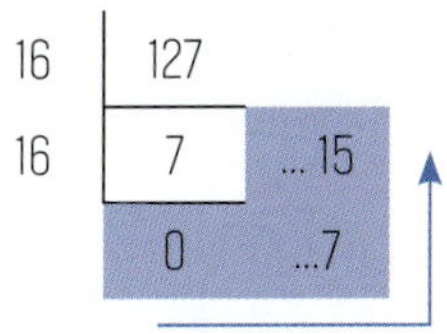

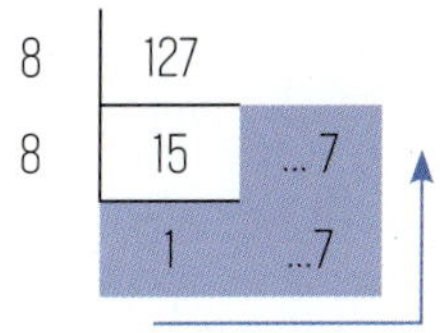

컴퓨터에서 사용하는 2진법을 좀 더 살펴보자. 2진법을 이용하여 세상의 모든 수를 표현할 수 있다. 2진법 규칙을 살펴보면 한 자리에는 0과 1 두 가지 수만 표현할 수 있고, 2라는 수를 표현하기 위해서는 두 자리가 필요하다. 이렇게 자리별 표현이 가능한 가장 큰 수는 다음 표와 같이 나타낼 수 있다. 1개의 자릿수에는 숫자 크기로는 1까지, 0은 아무런 크기가 없으므로 숫자 개수에는 포함시키지 않는다. 2진법 규칙에 따라 네 자리로 수를 표현한다고 생각해 보자. 표현할 수 있는 가장 큰 수가 8이고, 이렇게 자릿수별 가장 큰 수를 표현하면 1111이 될 것이며, 이것은 10진수 15가 된다. 따라서 15까지 수만 4자리로 표현할 수 있고, 즉 1부터 15까지 15가지 수를 표현할 수 있다는 의미이다. 예를 들어, 사과가 2개 있다고 가정해 보자. 사과 2개를 10진법으로 표현하면 2라고 하겠지만,

2진법으로 표현하면 10이 된다. 사과 3개면 11, 사과 4개면 100으로 표현할 수 있다. 그러면 10진수와 2진수의 변환 방법에 대해 알아보자.

2^7	2^6	2^5	2^4	2^3	2^2	2^1	2^0
128	64	32	16	8	4	2	1

10진수를 2진수로 바꾸는 변환 방법은 원래 2로 계속 나누어 나머지를 각 자리에 표현하는 것이다. 큰 수를 2로 계속 나누는 것은 아주 번거로운 일이며, 너무 많은 나누기를 해야 한다. 이때 쉽게 변환하는 방법이 있다.

88 → 88-64 → 24-16 → 8-8 → 0 (뺄 수 있는 가장 큰 수를 뺀다.) → 01011000

01011000 → 64+16+8=88 (1이 있는 자리의 10진수 숫자를 더한다.) → 88

10진법으로 표현한 88을 2진법으로 표현하는 방법은 먼저 위의 자리별로 표현할 수 있는 가장 큰 수를 빼고 그 자리를 1로 한다. 즉, 88에서 뺄 수 있는 가장 큰 수는 64이므로 64를 빼고 그 자리를 1로 한다. 나머지 24에서 또 뺄 수 있는 가장 큰 수인 16을 빼고, 16을 가장 큰 수로 표현할 수 있는 자리를 1로 한다. 그리고 나머지 8에서 다시 가장 큰 수인 8을 빼고 그 자리를 1로 한다. 이렇게 하고 나면 총 7자리가 필요하며, 뺀 숫자인 6의 자리와 4의 자리, 3의 자리만 1로 바꾸고 나머지는 0으로 표현하면 쉽게 2진법으로 변환할 수 있다. 2진법으로 표현된 수를 10진법으로 표현할 때는 반대로 하면 쉽게 계산할 수 있다. 1로 표현된 자리에서 표현할 수 있는 가장 큰 수들을 모두 더하면 10진법으로 표현한 수가 결과로 나온다.

2진수는 앞서 설명했지만, 수의 체계에서 정의하는 진수 중 하나다. 2진법으로 수를 표현하기 위해 사용되는 수를 말하며, 2진수는 0과 1을 말한다. 변환 규칙에 따라 컴퓨터 메모리에 저장되는 숫자 정보를 변환하고, 2진법 연산 법칙에 따라 연산할 수 있다.

3.3 문자 변환

문자 변환 방법을 알아보자. 컴퓨터에서 자주 사용하는 문자에 대해 정해진 0과 1로 변환하는 규칙을 정의해서 코드표로 제공하고 있다. 현재 사용하는 코드표로는 아스키(ASCII) 변환코드표와 유니코드(Unicode) 변환코드표가 있다. 문자 변환도 표준입력장치인 키보드를 통하여 입력되는 문자들의 변환을 말하며, 모든 처리가 끝난 뒤 결과를 다시 정보화하는 것은 출력장치에 따라 달라질 수 있다. 이때 출력 변환에는 사용되지 않는다.

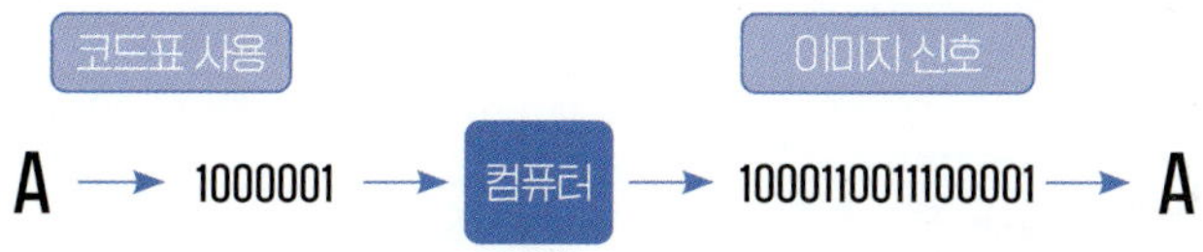

아스키코드

아스키(ASCII)는 미국정보교환표준부호(American Standard Code for Information Interchange)의 약자로, 영문 알파벳을 사용하는 대표적인 문자 변환 코드이다. 아스키는 7비트로 변환하며, 33개의 제어 문자들과 공백을 비롯한 95개 문자를 2진 데이터로 변환한다. 아스키는 각 문자를 10진수, 16진수, 8진수, 85진수로 각각 정의하고 있으며, 7비트의 2진수로 표현하는 규칙을 정하고 있다.

다음 표를 살펴보면 특수문자 '#'은 8진수로 '043', 10진수로 '35', 85진수로는 '2'로 각각 변환된다. 이때 특수문자 '#'은 10진수로는 35이므로 간단한 진법 계산 방법을 통해 '100011'로 변환할 수 있다. 하지만 모든 문자는 지정된 크기인 7비트로 변환하기 위하여 2진수 변환 규칙을 따른다. 아스키코드에서 문자를 2진수로 변환할 때 7비트로 표현하는데, 7비트를 각각 3비트는 '상위비트', 4비트는 '하위비트'로 나누어 다음과 같은 2진수 변환표를 제공하고 있다.

이진법	팔진법	십진법	십육진법	모양	85 진법 (아스키 85)	이진법	팔진법	십진법	십육진법	모양	85 진법 (아스키 85)
0100000	040	32	20	sp		1000000	100	64	40	@	31
0100001	041	33	21	!	0	1000001	101	65	41	A	32
0100010	042	34	22	"	1	1000010	102	66	42	B	33
0100011	043	35	23	#	2	1000011	103	67	43	S	34
0100100	044	36	24	$	3	1000100	104	68	44	D	35
0100101	045	37	25	%	4	1000101	105	69	45	E	36
0100110	046	38	26	&	5	1000110	106	70	46	F	37
0100111	047	39	27	'	6	1000111	107	71	47	G	38
0101000	050	40	28	(	7	1001000	110	72	48	H	39
0101001	051	41	29	)	8	1001001	111	73	49	I	40
0101010	052	42	2A	*	9	1001010	112	74	4A	J	41
0101011	053	43	2B	+	10	1001011	113	75	4B	K	42
0101100	054	44	2C	,	11	1001100	114	76	4C	L	43
0101101	055	45	2D	−	12	1001101	115	77	4D	M	44
0101110	056	46	2E	.	13	1001110	116	78	4E	N	45

ASCII Table					000	001	010	011	100	101	110	111
b4	b3	b2	b1	상위 3비트 / 하위 4비트	0	1	2	3	4	5	6	7
0	0	0	0	0	NUL 0	DKE 16	SP 32	0 48	@ 64	P 80	` 96	p 112
0	0	0	1	1	SOH 1	DC1 17	! 33	1 49	A 65	Q 81	a 97	q 113
0	0	1	0	2	STX 2	DC2 18	" 34	2 50	B 66	R 82	b 98	r 114
0	0	1	1	3	ETX 3	DC3 19	# 35	3 51	C 67	S 83	c 99	s 115
0	1	0	0	4	EOT 4	DC4 20	$ 36	4 52	D 68	T 84	d 100	t 116
0	1	0	1	5	ENQ 5	NAK 21	% 37	5 53	E 69	U 85	e 101	u 117
0	1	1	0	6	ACK 6	SYN 22	& 38	6 54	F 70	V 86	f 102	v 118
0	1	1	1	7	BEL 7	ETB 23	' 39	7 55	G 71	W 87	g 103	w 119
1	0	0	0	8	BS 8	CAN 24	(40	8 56	H 72	X 88	h 104	x 120
1	0	0	1	9	HT 9	EM 25	) 41	9 57	I 73	Y 89	i 105	y 121
1	0	1	0	A	LF 10	SUB 26	* 42	: 58	J 74	Z 90	j 106	z 122
1	0	1	1	B	VT 11	ESC 27	+ 43	; 59	K 75	[91	k 107	{ 123
1	1	0	0	C	FF 12	FS 28	, 44	〈 60	L 76	\ 92	l 108	| 124
1	1	0	1	D	CR 13	GS 29	− 45	= 61	M 77	] 93	m 109	} 125
1	1	1	0	E	SO 14	RS 30	. 46	〉 62	N 78	^ 94	n 110	~ 126
1	1	1	1	F	SI 15	US 31	/ 47	? 63	O 79	_ 95	o 111	DEL 127

ASCII

변환표에서 '#'을 찾아보면 상위비트 010과 하위비트 0011에 있다. 따라서 특수 문자 '#'는 7비트 2진수 '0100011'로 변환된다.

아스키코드 변환표에서는 0부터 9까지 숫자도 포함된 것을 볼 수 있다. 이때 0부터 9까지는 숫자가 아니라 문자로 수를 표현한 것이므로, 숫자를 문자 형태로 저장하면 일반적인 수치 연산의 결과를 얻을 수 없다.

예를 들어, 1+2를 수로 표현하여 더하기 연산을 하면 0000001+0000010=

0000011로 연산되어 결과값인 2진수 0000011을 10진수로 변환한 3을 결과값으로 출력한다.

1+2를 문자로 표현해 더하기 연산을 하면, 아스키코드에 기반한 2진수 더하기 결과를 나타낼 수 있어 각 언어에서 제공하는 문자형 데이터 연산 결과값으로 출력된다. 파이썬에서 문자형 데이터의 연산 결과는 두 문자 데이터를 결합하는 결과를 보인다. 따라서 문자 1과 문자 2의 더하기 결과는 문자 12로 출력된다.

유니코드

유니코드(Unicode)는 유니코드협회(Unicode Consortium)가 제정한 표준 부호 변환표이다. 유니코드에는 문자뿐만 아니라 문자 정보 데이터베이스, 문자를 다루는 알고리즘 등을 포함하고 있다. 유니코드의 목적은 더 많은 문자를 정의하고 표현하고자 하며 다국어 표현을 유연하게 하도록 설계되었다. 유니코드는 현재 사용되는 대부분 문자를 정의하고 있고, 언어를 표기할 때 사용하는 문제 외에도 악보 기호, 이모지, 태그, 마작 기호 등도 포함된다. 유니코드는 문자를 표현할 수 있는 준비된 비트 수가 아스키코드보다 훨씬 많고, 앞으로 새로운 문자를 정의할 때 사용할 수 있는 공간이 많아 새로운 문자 정의에 유연하다. 다음 표를 보면 유니코드의 문자 정의 비트를 플랜 0부터 플랜 16까지로 정의하고 있으며, 현재는 플랜 3까지만 사용하고 있어 플랜 4부터 13까지 정의된 문자가 없음을 알 수 있다. 따라서 앞으로 새로운 문자를 공식적으로 코드화할 수 있기 때문에 데이터 변환의 유연성을 가진다.

유니코드 문자 집합의 문자 평면										
기본		보조								
Plane 0 0000~FFFF		Plane 1 10000~1FFFF		Plane 2 20000~2FFFF		Plane 3 30000~3FFFF		Plane 4–13 40000~DFFFF	Plane 14 E0000~EFFFF	Plane 15–16 F0000~10FFFF
기본 다국어 평면 BMP		보조 다국어 평면 SMP		보조 표의문자 평면 SIP		3차 표의문자 평면 TIP		(사용 안 함)	보조 특수 목적 평면 SSP	사용자 자유 영역 PUA
0XXX	8XXX	10XXX	18XXX	20XXX	28XXX	30XXX	~~38XXX~~	문자 없음	E0XXX	15: PUA–A
1XXX	9XXX	11XXX	19XXX	21XXX	29XXX	31XXX	~~39XXX~~			F0000–FFFFF
2XXX	AXXX	12XXX	1AXXX	22XXX	2AXXX	~~32XXX~~	~~3AXXX~~			
3XXX	BXXX	13XXX	1BXXX	23XXX	2BXXX	~~33XXX~~	~~3BXXX~~			16: PUA–B
4XXX	CXXX	14XXX	1CXXX	24XXX	2CXXX	~~34XXX~~	~~3CXXX~~			100000–10FFFF
5XXX	DXXX	15XXX	1DXXX	25XXX	2DXXX	~~35XXX~~	~~3DXXX~~			
6XXX	EXXX	16XXX	1EXXX	26XXX	2EXXX	~~36XXX~~	~~3EXXX~~			
7XXX	FXXX	17XXX	1FXXX	27XXX	2FXXX	~~37XXX~~	~~3FXXX~~			

유니코드

3.4 데이터 단위

앞서 정보가 데이터로 변환되어 저장되는 규칙을 알아보았다. 이때 각 데이터는 일정 크기로 변환되는데, 컴퓨터에서 사용되는 데이터 크기를 표현하는 데이터 단위를 살펴보자.

24 → 변환 11000 → 저장

78 → 변환 1001110 → 저장

24 → 변환 00011000 → 저장

78 → 변환 01001110 → 저장

위의 예에서 24라는 수 정보를 데이터로 표현하면 5자리의 11000 2진수로 변환되어 메모리에 저장할 수 있다. 78이라는 수 정보를 데이터로 표현하면 다음과 같이 7자리의 1001110 2진수로 변환하여 저장할 수 있다. 이렇게 변환하여 저장하면 메모리 관리에 어려움이 있어 컴퓨터에서는 다음과 같이 같은 크기의 자릿수로 표현하여 변환한다. 24와 78을 8자리로 똑같이 변환하여 저장하면 메모리 관리가 쉬울 수 있다. 이렇게 변환하는 데이터 크기를 일정하게 정했는데, 이것이 바로 컴퓨터에서 사용되는 데이터 단위이다. 2진수의 각 자리를 1비트로 표현하며, 플립플롭 회로 하나라고 생각할 수 있다. 이러한 비트 8개를 묶으면 8비트가 되는데 컴퓨터 데이터 단위로 8비트를 1바이트라고 한다.

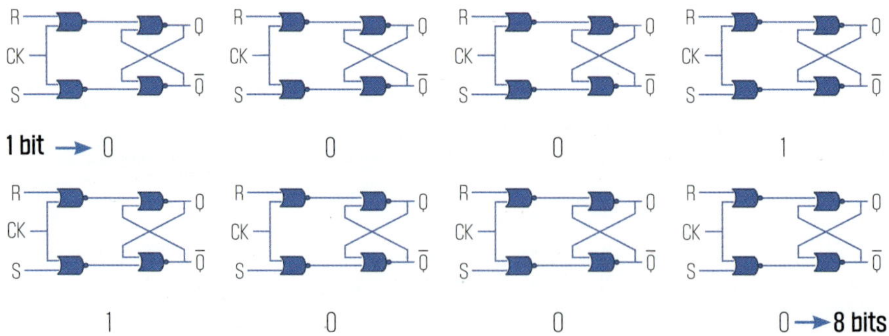

비트에 대한 정의를 정리해 보면, 비트는 0 또는 1을 하나로 저장하는 단위이다. 이때 비트가 많아질 때마다 우리가 표현할 수 있는 데이터 개수가 많아지는데, 2비트는 다음 그림과 같이 2개의 플립플롭 회로이므로, 두 개의 회로로 표현할 수 있는 상태는 총 4가지임을 알 수 있다. 따라서 2비트로 표현할 수 있는 데이터 개수는 4가지라고 표현한다. 4는 2의 2승으로 표현할 수 있고, 2의 비트 수 승의 데이터 종류를 표현하는 규칙을 알 수 있다. 이 규칙을 3비트에 적용시키면 3개의 비트로는 2의 3승인 8가지 데이터를 저장할 수 있다는 의미가 된다.

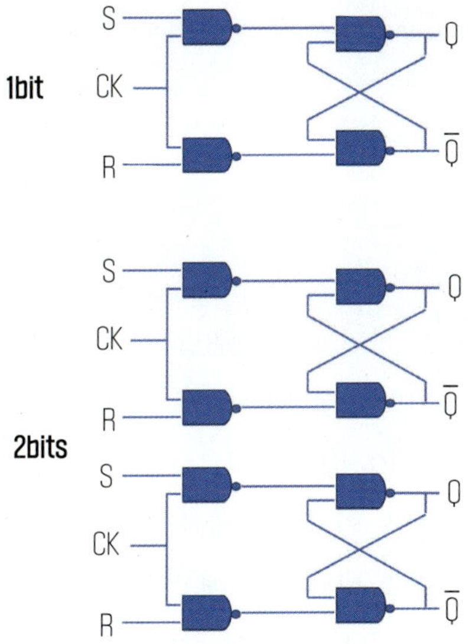

상태
0
1

상태	
0	0
0	1
1	0
1	1

8bit	
2진수	10진수
0000 0000	0
0000 1111	15
1111 1111	255

바이트에 대한 정의를 정리해 보면, 바이트는 데이터를 8비트로 저장하는 단위이다. 8비트로 데이터를 저장하므로, 8비트로는 총 256 상태를 표현할 수 있고 이것은 총 256가지 데이터를 표현할 수 있다는 의미이다. 이때 8비트는 1바이트 단위로 표현한다.

컴퓨터에서 사용하는 데이터 표현 단위에는 워드가 있다. 워드는 정해진 비트가 있는 것이 아니라, 컴퓨터 설계 시 컴퓨터마다 다르게 정해지는 데이터 처리 단위이다. 예를 들어, 8비트 단위로 데이터를 처리하는 컴퓨터는 8비트가 1워드이며, 이것은 1바이트는 1워드가 된다고도 할 수 있다. 또 처리를 16비트 단위로 하는 컴퓨터에서는 16비트, 즉 2바이트가 1워드가 되며, 64비트 단위로 처리하는 컴퓨터에서는 64비트, 즉 8바이트가 1워드가 된다. 이와 같이 워드 단위는 컴퓨터에서 데이터를 처리하는 단위이고, 이 단위는 컴퓨터마다 다르게 설계될 수 있다.

여러 가지 데이터 단위	
1Byte	8bit
1KB	1024byte /1024*8bit
1MB	1024KB / 1024*1024*8bit
1GB	1024MB / 1024*1024*1024*8bit
1TB	1024GB / 1024*1024*1024*1024*8bit

단위	저장 예
Bit	True/False
Byte	1개 문자, 1개 숫자
KB	몇 개의 문단
MB	1분 길이 MP3 노래
GB	30분 길이의 HD 영화
TB	약 200편의 FHD 영화

여러 가지 데이터 단위

여러 가지 데이터 단위에 대해서 살펴보자. 단위별 크기를 보면 1바이트, 1킬로바이트, 1메가바이트, 1기가바이트, 1테라바이트로 표시하며, 각각의 크기를 살펴보면 1바이트는 8비트, 1kb는 1024바이트이므로 1024*8인 8192비트임을 알 수 있다. 이렇게 단위가 1024배씩 커지고, 1테라바이트는 1기가바이트이므로 1024를 4번 곱한 후 8을 곱하면 총 비트 수를 예상할 수 있다. 앞서 살펴본 1비트는 플립플롭 회로 하나이므로, 메모리에 저장하기 위해서는 얼마나 많은 플립플롭이 있어야 하는지 상상할 수 있다.

그 크기를 현실 세계의 정보와 함께 예를 들면 다음 표와 같다. 비트는 당연히 0과 1 데이터 하나를 저장하지만, 1바이트에는 1개 문자나 1개 숫자를, 1킬로바이트에는 몇 개의 문단이 포함된 파일 크기이다. 메가바이트는 1분 길이의 MP3 노래 정도의 정보를 저장하기 위하여 필요하고, 기가바이트는 30분 길이의 HD 영화를 표현할 수 있는 크기이다. 테라바이트는 약 200편의 FHD 영화를 표현할 수 있는 크기가 된다. 정확한 데이터 크기가 아니라 대략적인 크기지만, 우리는 각각의 정보가 얼마나 큰 데이터로 변환되는지 알 수 있다.

explorer.exe	2022-05-16 오전 10:31	응용 프로그램	4,995KB
HelpPane.exe	2021-12-10 오전 9:29	응용 프로그램	1,051KB
hh.exe	2019-12-07 오후 6:09	응용 프로그램	18KB
mib.bin	2019-12-07 오후 6:08	BIN 파일	43KB
MSetCaller.exe	2012-08-06 오후 2:14	응용 프로그램	1,691KB
notepad.exe	2022-03-21 오전 9:47	응용 프로그램	197KB
PFRO.log	2022-06-09 오전 10:34	텍스트 문서	103KB
py.exe	2021-10-04 오후 7:12	응용 프로그램	704KB
pyshellext.amd64.dll	2021-10-04 오후 7:12	응용 프로그램 확장	45KB
pyw.exe	2021-10-04 오후 7:12	응용 프로그램	704KB
regedit.exe	2021-03-07 오후 4:42	응용 프로그램	362KB
RmAgent2.logs	2020-05-26 오후 2:56	LOGS 파일	12KB
RtlExUpd.dll	2018-01-15 오후 3:40	응용 프로그램 확장	2,790KB
Samsung.png	2010-08-06 오후 5:09	PNG 파일	16KB
setuperr.log	2021-03-07 오후 5:03	텍스트 문서	0KB
SPD.ico	2018-07-02 오후 9:18	아이콘	8KB
splwow64.exe	2022-04-18 오전 10:14	응용 프로그램	133KB
system.ini	2019-03-19 오후 1:49	구성 설정	1KB
twain_32.dll	2019-12-07 오후 6:10	응용 프로그램 확장	64KB
win.ini	2021-12-02 오후 1:24	구성 설정	1KB

우리가 사용하는 컴퓨터의 파일 크기를 한번 살펴보자. 위의 사진은 윈도우 시스템에 포함된 프로그램 실행 파일과 시스템 파일들이다. 이 파일들은 모두 하드디스크에 저장된 파일들이고, 이 파일이 실행되려면 반드시 메인메모리로 옮겨서 저장되어야 한다. 각 파일이 실행되려면 옆에 적힌 크기만큼의 메인메모리 크기가 필요하다. 파일 크기가 클수록 메인메모리에 이동하여 저장하는 시간이 오래 걸려 실행 시간에 차이가 있을 수 있다. 익스플로러 실행 파일 크기를 살펴보면 4995킬로바이트나 되는 것을 볼 수 있다. 이 아주 큰 실행 파일을 실행시키면 4995킬로바이트 데이터가 메인메모리에 저장되고 처리되어 실행된다. 따라서 다른 파일을 실행할 때보다 시간이 좀 더 걸릴 수 있다.

아나콘다환경.png	2021-11-21 오후 8:14	PNG 파일	51KB
아타콘다.jpg	2021-11-21 오후 8:10	JPG 파일	20KB
알고리즘의 생성단계.png	2021-03-22 오후 8:37	PNG 파일	69KB
알고리즘의 생성단계_황숙희.PNG	2021-03-23 오후 10:17	PNG 파일	7KB
앨런튜링논문번역.hwp	2021-12-13 오후 4:07	한컴오피스 한글 ...	67KB
앨런튜링논문초록.hwp	2021-12-13 오전 11:58	한컴오피스 한글 ...	17KB
앨런튜링정리.hwp	2021-12-13 오후 12:23	한컴오피스 한글 ...	623KB
어셈블러.png	2022-01-19 오후 2:26	PNG 파일	26KB
오일러경로.png	2022-04-28 오후 12:26	PNG 파일	186KB
운영체제.png	2022-01-19 오후 2:27	PNG 파일	11KB
인공지능의역사정리.hwp	2021-12-13 오전 11:57	한컴오피스 한글 ...	69KB
인지과학의 논리.hwp	2021-12-13 오후 12:00	한컴오피스 한글 ...	45KB

위의 사진은 필자가 개인적으로 저장한 파일들의 예다. 7개의 이미지 데이터와 5개의 한글 파일이 포함되어 있고, 각각 몇십 킬로바이트의 크기를 가지는 것을 볼 수 있다. '앨런튜링정리' 한글 파일이 623킬로바이트로 가장 크게 저장되어 있다. 마찬가지로 이러한 파일들을 더블클릭하여 실행시키면 모두 메인메모리로 먼저 복사되어 저장되고, 모니터로 출력되도록 처리되어 우리는 실행된 결과로 파일을 볼 수 있다.

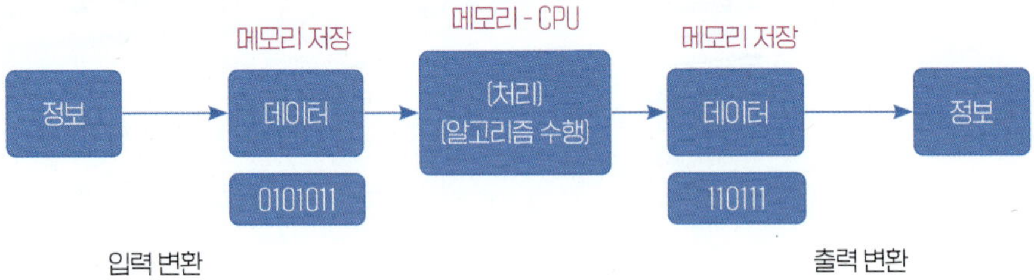

지금까지 컴퓨터에서 처리되는 데이터에 대해서 살펴보았다. 컴퓨터를 이용하여 문제를 해결한다는 것은 컴퓨터를 이용해서 정보를 처리하고자 하는 것이다. 이때 정보를 컴퓨터로 처리하기 위해서는 반드시 메인메모리에 저장되어야 하며, 저장되도록 변환되어야 한다. 메인메모리에 저장할 수 있는 상태를 데이터라 정의하였고, 그 데이터는 반드시 0과 1 두 개의 상태여야 한다는 것을 설명하였다. 그 이유를 다시 설명하면 메인메모리가 0과 1 두 가지 상태만 저장할 수 있기 때문이다. 본 교재에서는 입력 변환을 기준으로 숫자 변환과 문자 변환에 대해서 설명하였다. 이와 같이 숫자와 문자 정보가 각각 데이터로 변환된 것을 프로그래밍 언어에서는 '자료형'으로 정의한다.

4 〉 자료형과 자료구조

모든 프로그래밍 언어는 문자 정보와 숫자 정보를 원하는 방식으로 변환하여 저장하는 방법을 제공한다. 이때 메모리에 저장 가능한 데이터 종류를 정의할 수 있는 자료형과 여러 개의 데이터를 저장하는 방법인 자료구조 방법을 제공한다. 자료형과 자료구조에 대해 알아보자.

4.1 자료형

자료형(Data Type)은 영문 그대로 번역하면 데이터 형태라고 할 수 있다. 즉, 앞서 살펴본 데이터 변환을 통해 변환된 데이터의 형태를 말한다.

주기억장치에 데이터를 저장하려면 저장하라는 명령어를 사용한다. 이러한 명령어를 제공하는 것이 프로그래밍 언어이며, 우리는 프로그래밍 언어를 통하여 컴퓨터에 데이터를 저장하라 명령하고, 저장한 데이터를 이용하여 연산하라고 명령한다. 이러한 명령어들의 집합을 프로그램이라고 하며, 프로그램들이 모여 여러 가지 기능을 하는 소프트웨어가 만들어진다. 따라서 우리는 프로그램을 만들고 소프트웨어를 개발하기 위해 프로그래밍 언어를 사용한다. 프로그램의 형태를 간단하게 살펴보면 다음과 같이 단순하게 표현할 수 있다.

a=3	저장한다.
b=4	저장한다.
c=a+b	불러와서 연산하고 저장한다.
print(c)	불러와서 연산(출력)한다.

```
hap=0
for i in range(1,11):
        hap=hap+i
print(hap)
```

저장한다.
불러와서 연산하고 저장한다.
(10번 반복한다)
불러와서 연산(출력)한다.

위와 같이 모든 프로그램은 저장과 연산을 반복 수행하도록 명령어를 작성하며, 이러한 간단한 동작으로 프로그램이 수행된다.

이처럼 프로그램의 시작은 '저장한다'이며, 여기서 저장은 주기억장치에 정보를 저장하는 것을 말한다. 이때 앞서 설명한 방법처럼 정보를 0과 1로 구성된 데이터로 변환하여 저장하는데, 모든 프로그래밍 언어들은 프로그래머가 특정 데이터 형태로 변환하여 저장할 수 있도록 '자료형'을 제공한다. 우리는 언어마다 제공되는 자료형만 사용할 수 있으며, 각 언어에서 지정한 대로 주기억장치에 저장할 수 있다.

프로그래밍 언어들은 자료형을 통하여 기억장소 크기를 효율적으로 사용할 수 있도록 정의한다. 프로그래밍 언어마다 제공하는 자료형이 조금씩 다르고 저장하는 형태와 방식, 표현할 수 있는 값의 범위가 다르기 때문에 프로그래밍할 때 알맞은 자료형을 잘 정의하여 데이터를 저장해야 한다. 프로그래밍 언어마다 제공하는 자료형이 다르지만, 모두 숫자와 문자에 대한 자료형만 제공하고 있다. 언어별로 제공하는 자료형을 예를 들어 살펴보자.

C 자료형

종류	자료형	메모리 크기	값의 범위
문자형	char	1byte	−128~+127
정수형	int	4byte	−2,147,483,648~+2,147,483,647
	unsigned int	4byte	0~4,294,967,295
	long long int	8byte	−9,223,372,036,854,775,808 ~9,223,372,036,854,775,807
	short	2byte	−32,768~32,767
실수형	float	4byte	3.4*e−38~3.4*e38
	double	8byte	1.7*e−308~1.7*e308

C++ 자료형

종류	자료형	메모리 크기	값의 범위
문자형	char	1byte	−128~127
	unsigned char	1byte	0~255
정수형	__int8	1byte	−128~127
	__int16	2byte	−32,768~32,767
	unsigned int	2byte	−32,768~32,767
	(singned) short(int)	2byte	−32,768~32,767
	unsingned short(int)	2byte	0~65,535
	__int32	4byte	−2,147,483,648~+2,147,483,647
	(singned) int	4byte	−2,147,483,648~+2,147,483,647
	unsingned int	4byte	0~4,294,967,295
	(singned) long(int)	4byte	−2,147,483,648~+2,147,483,647
	unsingned long(int)	4byte	−2,147,483,648~+2,147,483,647
	__int64	8byte	−9,223,372,036,854,775,808 ~9,223,372,036,854,775,807
실수형	float	4byte	3.4*e−38~3.4*e38
	double	8byte	1.7*e−308~1.7*e308
	Long double	8byte	1.2*e−4,932~1.2*e4932

JAVA 자료형

종류	자료형	메모리 크기	값의 범위
문자형	char	4byte	16비트 유니코드 문자 데이터
정수형	byte	1byte	−128~127
	short	2byte	−32,768~32,767
	int	4byte	−2,147,483,648~+2,147,483,647
	long	8byte	−9,223,372,036,854,775,808 ~9,223,372,036,854,775,807
실수형	float	4byte	3.4*e−38~3.4*e38
	double	8byte	1.7*e−308~1.7*e308
불린형	boolean	1byte	0,1

파이썬 자료형

종류	자료형	메모리 크기	값의 범위
문자형	str	거의 무제한	정의되는 모든 문자 - 자료구조형
정수형	int	거의 무제한	정의되는 모든 수
실수형	float	8byte	1.7*e-308~1.7*e308
복소수형	complex	시스템에서 정의	정의되는 복소수
불린형	boolean	1byte	0,1

프로그래밍 언어별 자료형을 선언하는 방법은 각 언어의 문법에 따라 다르다.

C 프로그래밍 언어의 자료형과 각 자료형에 할당되는 메모리 크기를 살펴보면 문자형으로 저장되는 데이터에는 1바이트 즉, 8비트가 할당되는 것을 알 수 있다. 따라서 저장할 수 있는 문자형 종류는 -128부터 +127까지이므로 256가지 문자를 저장할 수 있다는 의미이다. 일반 정수형인 INT형은 4바이트가 할당되어 표현할 수 있는 정수값은 값의 범위에서 나타나는 숫자들이다. 즉, 3이라는 정수를 저장해도 4바이트, 다시 말해 32비트가 할당된다는 의미이다. 더 큰 수를 표현하기 위해서는 LONGLONG INT로 자료형을 정의하여 저장해야 하는 것을 표를 통해 알 수 있다. 실수형은 소수점 표현이 기본으로 포함되어 기본 FLOAT형도 4바이트 즉, 32비트가 할당되고, DOUBLE형은 8바이트 즉, 64비트가 할당되어 좀 더 큰 수를 메모리에 저장할 수 있도록 한다.

그렇다면 우리가 아는 모든 수를 C 프로그래밍 언어에서 제공하는 자료형으로 모두 표현할 수 있을까? 그렇지 않다. 값의 범위를 벗어나는 수는 메모리에 저장할 수 없으며, 저장할 수 없다는 의미는 곧 연산이 불가능하다는 것이다. 연산 결과가 지정된 자료형의 값 범위를 벗어나면 결과값이 틀리게 출력될 수 있다.

C++ 프로그래밍 언어의 자료형을 보면 C 프로그래밍 언어보다 훨씬 다양한 종류의 자료형을 제공하고 있는 것을 알 수 있다. 문자형도 두 가지 방법으로 정의할 수 있으며, 정수형도 C 프로그래밍 언어보다는 좀 더 다양한 자료형을 제공하여 메모리 크기와 저장할 수 있는 값의 범위가 다양함을 알 수 있다.

JAVA 프로그래밍 언어의 자료형을 보면 C++ 프로그래밍 언어보다는 다양하지 않지만, 저장할 수 있는 값의 범위는 같다. JAVA 프로그래밍 언어에서는 불린형 자료형이 추가되어 있는 것을 알 수 있다. 불린형 데이터는 TRUE/FLASE 값을 의미하며, 불린형 데이터를 저장하기 위하여 1바이트가 할당되고, TRUE는 1, FALSE는 0으로 저장된다.

파이썬 프로그래밍 언어의 자료형은 훨씬 간단하지만, 값의 범위를 보면 거의 모든 문자라고 표현할 만큼 원하는 모든 데이터를 저장할 수 있도록 자료형을 제공한다. 메모리 크기도 거의 무제한으로 제공하고 있다. 파이썬에서도 불린형 자료형을 제공하며, 복소수형 데이터도 저장할 수 있는 자료형을 제공한다.

C, C++, JAVA, 파이썬의 4개 언어가 제공하는 자료형을 비교해 보면 C, C++, JAVA는 숫자형 데이터를 정의하는 자료형을 메모리 크기와 표현할 수 있는 값의 범위에 따라 여러 가지로 제공하고 있다. 파이썬 언어의 자료형은 메모리 크기와 값의 범위에 따라 자료형을 따로 정의하여 제공하지 않아 자료형을 이용하여 데이터를 저장하는 방법이 간단하다.

파이썬 언어에서 제공하는 자료형을 이용하여 데이터를 저장하면 다음과 같이 명령어로 표현할 수 있다.

```
a=3
b='3'
c=3.0
d=True

print("변수 a의 자료형:", type(a))
print("변수 b의 자료형:", type(b))
print("변수 c의 자료형:", type(c))
print("변수 d의 자료형:", type(d))
```

데이터 저장과 자료형 확인 코드

```
print("변수 a의 자료형:", type(a))
print("변수 b의 자료형:", type(b))
print("변수 c의 자료형:", type(c))
print("변수 d의 자료형:", type(d))
```

데이터 저장과 자료형 확인 결과

각 명령어를 살펴보면, 첫 번째 명령어를 수행하면 a 변수를 이용하여 3을 정수형으로 저장하고, 두 번째 명령어를 수행하면 b 변수를 이용하여 3을 문자형으로 저장하며, 세 번째 명령어를 수행하면 c 변수를 이용하여 3을 실수형으로 저장한다. 마지막으로 d 변수는 True 값이 불린형으로 저장되므로 1이 저장된다.

직접 파이썬 코드로 저장하고 확인해 보면 다음과 같이 결과를 확인할 수 있다.

프로그래밍 언어에서 제공하는 자료형을 이용하면, 앞서 살펴본 것처럼 3이라는 숫자 정보를 주기억장치에 정수형으로 변환하여 저장할 수 있으며, '3'이라는 문자 정보를 주기억장치에 문자형으로 변환하여 저장할 수 있고, 3이라는 숫자 정보를 소수형으로 변환하여 저장할 수 있다.

정수형으로 저장된 3과 문자형으로 저장된 '3', 소수형으로 저장된 3은 각각 연산 결과가 다르다. 다음 코드는 각각의 데이터에 3을 곱한 결과를 알아보기 위한 코드와 수행 결과다. 마지막 d 변수에는 True 값을 저장했으므로 결과적으로 1 값이 저장되어 있기 때문에 3을 곱한 결과값으로 3을 출력하고 있다. 이와 같이 정보를 어떠한 자료형 데이터로 변환하여 저장하는지에 따라 연산 결과값도 달라지고 메모리에 저장되는 비트 수도 달라질 수 있다.

```
print("a*3=", a*3)
print("b*3=", b*3)
print("c*3=", c*3)
print("d*3=", d*3)
```

자료형별 연산 코드

```
a*3= 9
b*3= 333
c*3= 9.0
d*3= 3
```

자료형별 연산 결과

4.2 자료구조

저장

자료형은 정보를 데이터로 변환하여 저장할 때 저장 방식을 정의하는 것을 말한다.

저장을 좀 더 살펴보자. 컴퓨터로 문제를 해결한다는 것은 컴퓨터가 수행할 수 있는 알고리즘을 만들고, 그 알고리즘을 컴퓨터가 수행할 수 있도록 프로그래밍 언어로 표현하여 컴퓨터가 수행한 후 컴퓨터로부터 문제 해결 결과를 확인하는 것을 말한다. 이 과정에서 컴퓨터가 수행한다는 것은 컴퓨터가 처리한다는 의미이며, 컴퓨터에서 처리한다는 말은 다시 말해 처리할 데이터를 메모리에 저장하고 저장된 데이터를 연산하는 것을 말한다. 컴퓨터에서 저장과 연산은 문제 해결의 핵심이며, 프로그래밍의 가장 중요한 부분이다.

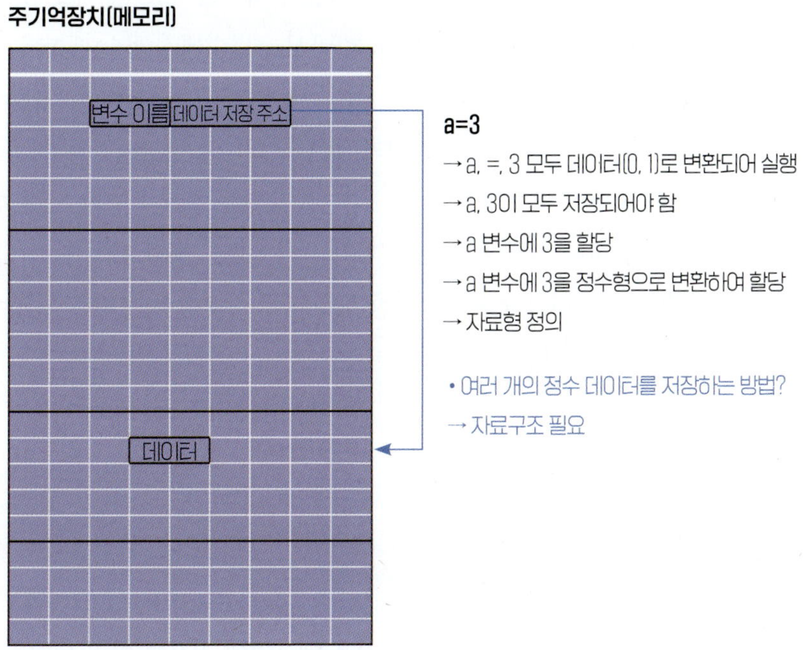

저장한다는 것은 정보를 데이터로 변형하여 주기억장치에 0과 1의 신호 상태를 유지시키는 것을 말한다. 이것은 저장의 물리적 형태이다.

100% 실제는 아니지만 최대한 메모리에 저장하는 방법을 이해해 보자. 우리는 파이썬 프로그래밍 언어를 통해 3이라는 정보를 메모리에 저장하는 방법을 알고 있다. a=3이라는 명령어를 작성하여 실행시키면 3이라는 정보를 정수형으로 변환하여 메모리에 저장한다. 이때 3만 변환되어 저장될까? 변수 이름인 'a'와 할당연산자인 '='도 모두 변환되어야 실행된다. 실행된다는 것은 메모리에 저장되었다는 것이고, 저장되었다는 것은 결국 0과 1로 변환되었다는 말이다. 변수는 데이터를 저장할 때와 3이라는 저장된 데이터를 메모리에서 찾을 때 사용되는 방법인 것은 알고 있다. 그렇다면 정의된 변수와 데이터는 메모리에 실제로 어떻게 저장되는지 살펴보자.

프로그래밍 언어에 따라 저장하는 방식이 약간 다를 수는 있지만, 변수와 데이터가 한곳에 저장되지 않는다. 주로 변수 이름은 변수 이름끼리, 데이터는 데이터끼리 저장되도록 한다. 변수 이름이 저장된 바로 옆 메모리 공간에 데이터가 저장된 주소가 함께 저장된다. 따라서 a 변수에 3 정수 데이터가 저장되어 있다는 말은 a 변수에 3 정수 데이터를 할당했다고 말하며, 여기에서 = 연산자는 같다 또는 저장의 의미가 아니라 할당의 의미로 할당연산자라고 하는 것이다. 이렇게 하나의 변수에 하나의 데이터를 할당하면 변수 이름 옆에 데이터가 저장된 주소를 하나 가진다. 이것이 저장 명령어를 수행한 결과다. 결국 a 변수에 여러 개의 정수 데이터를 할당하면 메모리에 어떻게 저장되는지 고민하여 만들어진 방법이 자료구조다.

자료구조

자료구조는 프로그래밍에서 여러 개의 데이터를 구조적으로 저장하는 방식이며, 저장된 여러 개의 데이터를 효율적으로 관리하기 위하여 만들어진 방법이다. 이때 효율적인 관리라는 것은 메모리에 저장된 여러 데이터 중에 원하는 데이터를 찾는 검색인데, 기존의 저장된 데이터들에 새로운 데이터를 추가하는 삽입, 저장된 데이터를 삭제하거나 수정할 때도 항상 데이터를 잘 찾아야만 가능한 기능이라는 것을 알 수 있다. 이렇게 검색하거나, 삽입, 삭제, 수정 기능을 효율적으로 하기 위하여 처음 데이터를 저장할 때 데이터 간의 관계를 정의해서 저장하는 것을 구조라고 표현하며, 이것이 바로 자료구조이다.

'a_st=3'은 3 정보를 정수형으로 변형하여 저장하는 명령어다. 이때 주기억장치에 저장된 3을 어떻게 찾아올 수 있을까? 우리는 a_st가 3이 저장된 주기억장치 위치를 가지는 변수이며, 주기억장치에 저장된 3을 읽어오거나 연산하고 싶을 때 변수 a를 사용할 수 있다.

저장된 3에 3을 곱하는 연산을 하고 싶으면 '3*3'이라 명령하지 않고 'a_st*3'이라고 명령어를 작성한다.

우리는 파이썬에서 리스트라는 자료형을 학습하였다. 이때 리스트는 자료형으로 제공되지만, 실제로는 자료구조를 포함한 자료형이라고 말할 수 있다.

예를 들어, 정보 3과 5 두 개가 있고, 이 두 개의 정보를 정수형으로 저장하고 싶다면 다음과 같이 명령어를 작성할 수 있다.

```
a_st=3
a2_st=5
```

각각의 정보에 각각의 변수를 정의하면 데이터로 저장된 3과 5를 변수 a_st와 a2_st를 통해 접근할 수 있다. 그렇다면 정보가 10개일 때 어떻게 저장할 것인가? 10개의 정보마다 각각 변수를 지정해 저장하는 것은 아주 번거롭고, 변수 이름을 모두 기억해야 하는 번거로움도 있다. 이때 우리는 자료구조를 이용해 하나의 변수 이름으로 2개 이상 데이터를 저장하고, 각 데이터에 접근할 수 있다.

```
b_st=[3,5]
```

파이썬에서 제공하는 자료구조를 포함한 자료형인 리스트 자료형을 이용하면 두 개의 데이터를 하나의 변수 이름으로 저장할 수 있다. 이때 3은 b_st[0]로 접근하고, 5는 b_st[1]로 접근하는 규칙이 있다는 것을 알고 있다. 이때 0과 1은 3과 5 데이터가 저장된 순서를 말하며, 인덱스라고 정의한다. 여기서 인덱스와 저장된 순서 등을 정의하는 것이 바로 구조적 저장 방법이라고 정의할 수 있으며, 이것을 자료구조라고 한다.

튜플 자료형으로 저장된 3과 5 두 개의 데이터도 마찬가지로 인덱스로 메모리에 저장된 데이터를 찾아올 수 있으며, 딕셔너리에 저장된 3과 5는 각각 정의된 킷값으로 메모리에 저장된 데이터를 찾아올 수 있다.

이와 같이 구조적으로 저장된 데이터는 인덱스를 통해서 쉽게 접근하여 찾아올 수 있고, 쉽게 찾아오므로 쉽게 수정 및 삭제할 수 있다.

파이썬 언어에서 제공하는 자료구조를 포함한 자료형에는 리스트, 튜플, 세트, 딕셔너리 등이 있다. 다음은 3 정보를 각 자료구조를 포함한 자료형 형태로 저장한 코드와 결과다.

```
a_st=3
b_st=[3]
c_st=(3)
d_st={3}
e_st={"num" :3}

print("a_st 구조:",type(a_st))
print("b_st 구조:",type(b_st))
print("c_st 구조:",type(c_st))
print("d_st 구조:",type(d_st))
print("e_st 구조:",type(e_st))
```

자료구조를 이용한 데이터 저장 코드

```
a_st 구조: <class 'int'>
b_st 구조: <class 'list'>
c_st 구조: <class 'int'>
d_st 구조: <class 'set'>
e_st 구조: <class 'dict'>
```

자료구조를 이용한 데이터 저장 결과

파이썬 언어뿐만 아니라 다른 언어에서도 이와 같이 여러 개의 데이터를 저장할 수 있도록 자료구조를 제공하고 있다. 언어별 자료구조는 다음 표와 같다.

프로그래밍 언어	자료구조
C	배열, 연결 리스트
C++	List, stack, queue, vector, deque, set, multiset, map, multimap
JAVA	List, set, queue, map
파이썬	List, set, tuple, dictionary

프로그래밍 언어별 자료구조를 살펴보면 C 프로그래밍 언어는 기본 자료구조인 배열과 연결 리스트 자료구조를 표현할 방법을 제공한다. 여기서 프로그래밍 언어의 관계를 살펴보자. C는 프로그래밍 언어 중 가장 기본적인 언어라고 할 수 있다.

C 이전에 코볼, 포트란, 베이직 등 여러 가지 언어들이 있었지만, C 언어가 만들어져서 발표된 이후로 운영체제를 포함한 대부분 시스템 프로그램과 응용프로그램을 C 언어로 개발하였다. 물론 프로그래밍 언어인 C, C++, JAVA, 파이썬 등

도 모두 C로 프로그래밍되어 있다. 여기서 C가 C로 만들어져 있다는 것은 처음 기계어 수준의 언어로 개발된 C 언어를 다시 C로 재작성하였다는 의미이다.

따라서 모든 언어의 기본 자료구조는 C 언어의 자료구조 방식을 따른다. 메모리에 최종 저장되는 방식은 배열과 연결 리스트라는 것이다.

그렇다면 다른 프로그래밍 언어에서 제공하는 자료구조는 무엇일까? C로 만들어진 자료구조를 생성해주는 함수들이라고 말할 수 있다. 즉, 여러 가지 자료구조를 통해 데이터를 저장할 때 기본적으로 배열과 연결 리스트를 생성해주는 이미 만들어진 함수를 이용하여 데이터를 쉽게 저장할 수 있도록 도와준다. 따라서 결국 메모리에 저장되는 방법은 배열과 연결 리스트임을 이해해야 한다.

파이썬에서 제공하는 리스트, 튜플, 딕셔너리, 세트 등의 자료형은 여러 개의 데이터를 저장할 수 있도록 제공되는 자료형이라고 말하는 이유이며, 파이썬에서 제공하는 여러 개의 데이터를 저장하는 자료형을 이용하여 데이터를 저장하면 우리는 실제 배열 형태로 저장되는지, 연결 리스트의 형태로 저장되는지 알 수 없다. 하지만 둘 중 하나의 방법으로 저장된다는 사실은 알 수 있다.

| 3장 |

기본 자료구조와 확장형 자료구조

학습 목표

- 기본 자료구조와 확장형 자료구조의 의미를 이해한다.
- 기본 자료구조인 배열과 연결 리스트를 이해한다.
- 확장형 자료구조인 스택과 큐를 이해한다.
- 확장형 자료구조인 그래프와 트리를 이해한다.

1 〉 기본 자료구조와 확장형 자료구조

자료구조는 데이터를 주기억장치에 저장하는 것에 중점을 두고 만들어진 방법이다.

컴퓨터가 발명되고 컴퓨터과학자들이 컴퓨터로 문제를 해결하고자 할 때, 가장 큰 문제는 데이터를 주기억장치에 저장하는 것이었다. 데이터를 어떻게 주기억장치에 저장해야 주기억장치를 효율적으로 사용하고, 저장된 데이터를 빨리 찾을 수 있을까 하는 문제였다.

주기억장치에 어떤 데이터를 저장할지 연구하여 정의된 것이 자료형이며, 데이터를 어떻게 저장할까를 연구하여 정의된 것이 자료구조이다. 정의된 자료구조를 그림으로 정리해 보면 다음과 같다.

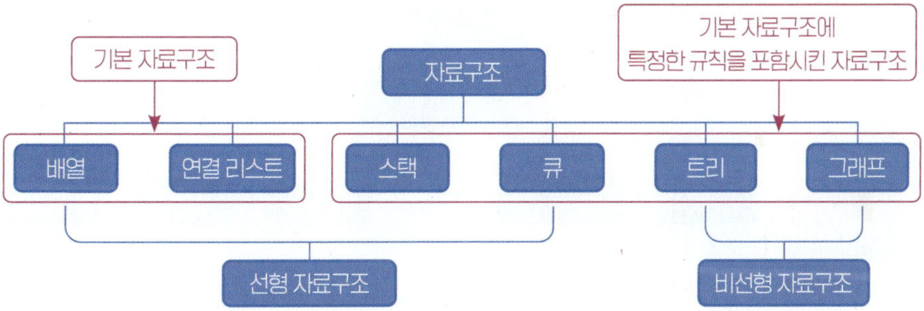

지금까지 정의된 자료구조에는 배열, 연결 리스트, 스택, 큐, 트리, 그래프가 있다. 정의된 자료구조들은 함께 저장하는 방식에 따라 선형 자료구조와 비선형 자료구조로 나누어진다.

선형 자료구조

선형 자료구조에 포함되는 배열, 연결 리스트, 스택, 큐는 순서가 정해져 있는 자료구조이다. 데이터를 정해진 자료형으로 순서대로 저장하는 것을 말하며, 저장된 여러 개의 데이터 중에서 특정 데이터에 순차적으로 접근할 수 있고, 접근하는 방법을 제시한다.

비선형 자료구조

비선형 자료구조에 포함되는 트리와 그래프는 순서가 정해지지 않은 자료구조로, 데이터를 정해진 자료형으로 순서와 상관없이 저장한다. 기본 자료구조를 하나가 아닌 다양하게 적용하여 표현한다. 또한 저장된 여러 개의 데이터 중에 특정 데이터에 접근하려면 저장된 규칙을 잘 이해하고 알아야 접근할 수 있다.

기본 자료구조는 실제 주기억장치에 저장되는 방법을 말한다. 스택, 큐, 트리, 그래프는 추상적 자료구조로, 기본 자료구조에 추상적으로 특정한 규칙을 포함시킨 자료구조이다. 특정한 규칙을 가지고 저장하였으므로, 저장된 데이터를 찾아올 때도 특정한 규칙에 맞추어 찾아올 수 있다.

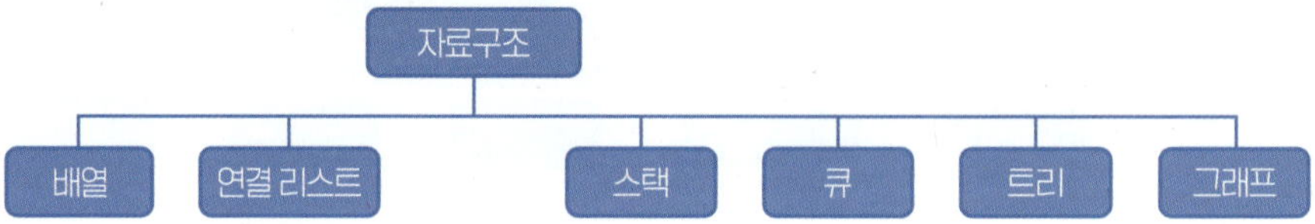

기본 자료구조에 특정한 규칙을 포함시켰다는 것은 다음과 같이 설명할 수 있다. 스택, 큐, 트리, 그래프를 실제 구현할 때는 다음과 같이 각각의 자료 규칙에 맞게 기본 자료구조로 저장하는 것을 말한다. 즉, 기본 자료구조를 바탕으로 특정한 규칙을 프로그래밍으로 구현할 수 있다.

- 배열로 구현한 스택 / 연결 리스트로 구현한 스택
- 배열로 구현한 큐 / 연결 리스트로 구현한 큐
- 배열과 연결 리스트로 구현한 트리
- 배열과 연결 리스트로 구현한 그래프

배열로 구현한 스택은 스택 자료구조가 갖는 특정한 규칙으로 데이터를 저장하는데, 이때 배열 기본 자료구조로 저장하는 것을 말한다.

특정한 규칙이라고 하는 것은 그 규칙에 맞게 저장하도록 프로그래밍하는 것이다. 이때 특정한 규칙을 다시 알고리즘이라 표현할 수 있고, 자료구조를 학습하면 알고리즘과 자연스럽게 맞물린다. 많은 교재에서는 스택을 알고리즘처럼 설명하기도 하는데, 틀린 것은 아니지만 문제 해결을 위한 알고리즘과 헛갈릴 수 있으므로, 자료구조와 알고리즘으로 명확하게 나누어 설명하고자 한다.

데이터를 저장하는 것에 중점을 둔 규칙은 자료구조로, 일반 문제를 해결하는 것에 중점을 둔 규칙은 알고리즘이라고 할 수 있다.

큐 자료구조도 마찬가지로 실제 프로그래밍 언어로 구현할 때 배열로 구현할 수 있고, 연결 리스트로 구현할 수도 있다. 트리 자료구조와 그래프 자료구조도 마찬가지로 데이터를 저장할 때는 기본 자료구조로 저장한다. 여기서 트리 자료구조와 그래프 자료구조는 실제 구현할 때 한 가지 기본 자료구조로 구현하지 않고, 배열과 연결 리스트를 함께 사용하여 구현한다.

2 〉 기본 자료구조

기본 자료구조인 배열과 연결 리스트에 대해 알아보자. 배열과 연결 리스트 자료구조는 C 언어에서 제공하는 자료구조이다. 배열과 연결 리스트 자료구조의 특징을 알아보자.

2.1 배열

주기억장치(메모리)

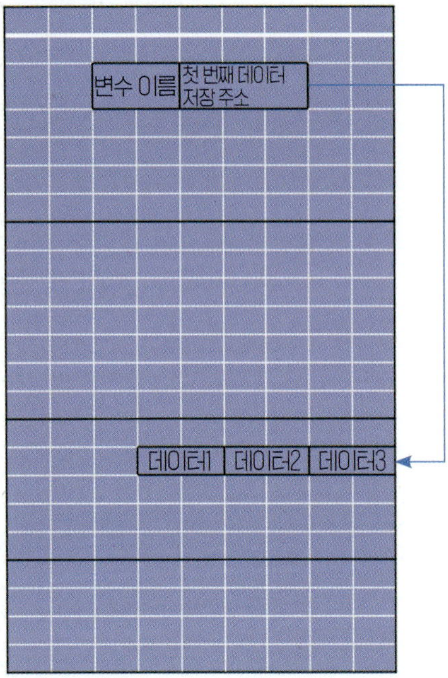

배열(Array)은 번호와 번호에 대응하는 데이터들로 이루어진 자료구조이다. 데이터를 순차적으로 저장하며, 개념이 쉽고, 사용하기 편하지만 메모리 사용 효율성이 낮다. 배열의 가장 큰 장점은 개념이 단순하고 쉬워 사용하기 쉽고, 저장된 데이터에 빨리 접근할 수 있다는 것이다.

배열을 주기억장치에 실제로 저장하는 방법과 함께 살펴보자. 변수에 데이터를 저장하면 실제 메모리에 다음과 같이 저장된다.

변수도 데이터형으로 변형되어 주기억장치에 저장되는데, 이때 변수는 변수 이름 데이터가 저장되는 공간 이외에 주소 저장 공간까지 할당된다. 이 주소 공간에는 데이터가 저장된 주소가 저장된다. 실제 우리가 저장하고자 하는 데이터는 자기 자신이 저장된 위치를 알지 못하며 알 필요도 없다. 따라서 주기억장치에 저장된 데이터에 접근하려면 반드시 변수로 접근해야 한다.

하나의 변수에 여러 개의 데이터를 배열 자료구조 방식으로 저장하면, 데이터 개수만큼 주기억장치 공간이 확보된 상태에서 데이터를 연달아 저장하게 된다. 이것은 첫 번째 데이터가 저장된 주소의 다음 주소에 두 번째 데이터가 저장된다는 의미이며, 그다음 데이터는 이전 데이터가 저장된 주소의 다음 주소에 저장된다는 의미이다.

데이터가 저장된 위치인 주소를 살펴보면, 변수 이름 옆에 저장된 주소는 첫 번째 데이터가 저장된 주소이므로 첫 번째 데이터가 저장된 위치의 주소는 변수로 접근했을 때 주소 변동이 없다. 하지만 두 번째 데이터는 첫 번째 데이터가 저장된 주소의 다음 주소이므로 1 증가된 주소인 것을 알 수 있다. 세 번째 데이터는 첫 번째 데이터가 저장된 주소의 2 증가된 주소에 저장되는 것을 알 수 있다.

따라서 첫 번째 데이터가 저장된 주소는 변수 이름과 함께 저장된 주소에 변화를 주지 않으므로 변화값이 0이 된다고 할 수 있고, 이때 주소 변화값을 인덱스라고 정의한다. 두 번째 데이터의 주소는 첫 번째 데이터의 주소에 1 변화된 값이므로 인덱스값이 1이 되어 변수와 함께 인덱스값을 표현하면 저장된 데이터에 바로 접근하여 찾을 수 있다.

배열 자료구조는 주기억장치에 데이터가 일정 공간 확보된 상태에서 주소값이 일정하게 변화되는 형태로 연달아 저장되는 구조이다.

배열 자료구조를 이용하여 데이터를 저장하면, 저장된 데이터를 찾을 때 인덱스값으로 바로 위치에 접근할 수 있기 때문에 빨리 찾을 수 있다. 하지만 데이터 삽입 또는 삭제 시 효율적이지 않다. 주기억장치 공간을 미리 확보하지 않으면 새로운 데이터를 삽입하기 위하여 공간을 다시 확보해야 하며, 삭제되었을 때도 사용하지 않는 공간이 지속적으로 할당될 수 있어 주기억장치의 효율성이 떨어질 수 있다. 또한 새로운 데이터를 두 번째에 삽입하기 위해서는 두 번째 주소 위치를 확보하기 위하여 데이터 2와 데이터 3의 위치를 모두 변화시켜야 한다. 또 두 번째 데이터를 삭제하고자 하면, 삽입과 마찬가지로 다음 위치에 저장된 모든 데이터 위치를 변화시켜야 한다. 이처럼 배열 자료구조는 저장된 데이터를 찾기 쉽지만, 삽입 또는 삭제 연산의 효율성이 떨어지는 것을 알 수 있다.

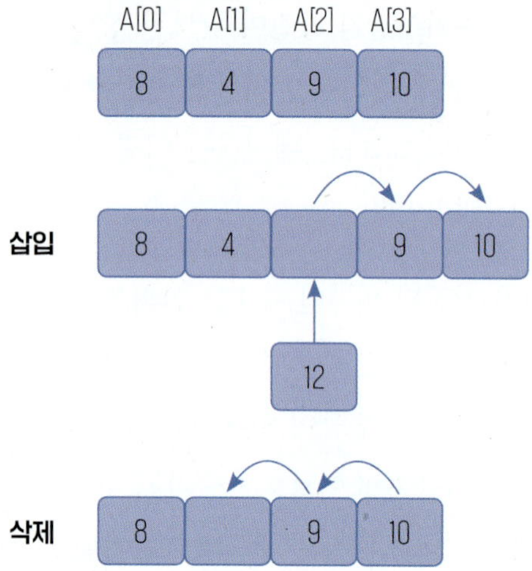

1만 개의 데이터를 배열로 저장한다고 가정해 보자. 1만 개가 순서대로 저장될 공간을 미리 마련해야 하며, 만약 주기억장치에 연달아 저장할 수 있는 공간이 없다면 문제가 발생할 수 있다.

C로 구현한 배열을 보면 정수값을 저장할 배열로 변수 a를 선언하고, 그 크기를 5로 지정한다. 그다음 인덱스를 이용하여 해당 위치에 데이터를 하나씩 저장해야 한다.

파이썬으로 구현한 배열로 정수 데이터 3개를 저장하는 명령어는 다음과 같다.

C로 구현한 배열

```
int a;
a=new int[5];
a[0]=8;
a[1]=4;
a[2]=9;
```

파이썬의 리스트형은 여러 개의 데이터를 특정 규칙과 구조로 저장하는 방법이다. 자료형처럼 선언해서 사용하지만 여러 개의 데이터를 특정 규칙과 구조로 저장하고, 해당 데이터에 접근하는 방법을 제공하고 있다. 여러 개의 데이터에 규칙을 포함시켜 저장했으므로 자료구조라고 할 수 있지만, 실제 데이터를 저장하는 기본 자료가 어떤 것으로 구현되었는지 알 수 없다. 또한 리스트형은 파이썬에서만 제공하는 특 자료구조로 실제 주기억장치에 배열로 저장되는지 알 수 없다. 하지만 저장된 데이터 접근을 인덱스로 사용하는 방법이 배열과 비슷하여, 배열 개념을 이해하는 데 도움을 얻기 위해서 파이썬의 리스트 자료형을 이용할 수 있다.

파이썬으로 구현한 정수 데이터 3개 저장(리스트형)

```
a=[8, 4, 9]
```

리스트형으로 8, 4, 9를 저장하면, 우리는 인덱스값을 이용하여 각각 저장된 데이터인 8, 4, 9에 접근할 수 있다. 또한 저장된 데이터에 접근하여 산술 연산을 할 수 있고, 자료구조를 만들어 데이터를 저장하면 새로운 데이터로 삽입, 수정, 삭제 연산을 할 수 있다. 다음 코드는 파이썬에서 리스트에 10을 삽입하는 명령이고, a에 저장된 두 번째 데이터를 5로 수정하는 명령, 세 번째 데이터를 삭제하는 명령을 각각의 예로 작성하였다.

리스트형으로 저장된 정수 데이터에 접근

```
a[0]=8
a[1]=4
a[2]=9
```

리스트형으로 저장된 정수 데이터에 접근하여 산술 연산

```
a[0]+a[1]=12
a[1]/2=2
a[2]*3=27
```

리스트형으로 저장된 데이터에 새로운 데이터 삽입 / 기존 데이터 수정 / 기존 데이터 삭제 연산

```
a.append(10) 10 삽입
a.[1]=5      두 번째 데이터를 5로 수정
del a[2]     세 번째 데이터 삭제
```

다음은 배열을 그림으로 간단하게 설명한 그림이다. 문자형 데이터 7개를 배열 자료구조로 저장하는 명령어는 다음과 같이 작성할 수 있고, 이렇게 작성된 명령어 수행 결과를 개념적인 그림으로 표현한 것이다.

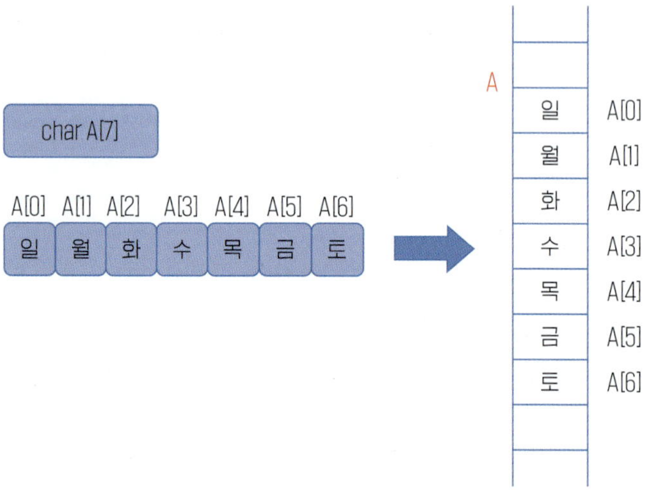

그림에서 하나의 칸은 주기억장치 하나의 주소 영역을 말하고, 각 영역에 저장하고자 하는 문자형 데이터인 일, 월, 화, 수, 목, 금, 토가 각각 순서대로 저장된다. 이때 A 변수에는 첫 번째 문자인 '일'이 저장된 주소값이 저장되어 있으므로, 주소값 변화 없이 바로 접근할 수 있기 때문에 인덱스는 0이 된다. 이와 같이 각각의 문자형 데이터가 저장된 주소 위치를 인덱스로 표현하면 A[0], A[1], A[2], A[3], A[4], A[5], A[6]으로 표현할 수 있으며, 추상화된 주기억장치는 위의 오른쪽 그림과 같이 표현할 수 있다.

2.2 연결 리스트

연결 리스트(Linked List)는 영문 그대로 번역하면 연결된 리스트를 말한다. 리스트들이 연결되어 있다는 의미를 용어에서도 알 수 있듯이, 리스트가 한 줄로 연결된 방식의 자료구조이다.

리스트는 데이터 저장 공간과 주소 저장 공간으로 구성되는데, 이것을 C 프로그래밍 언어에서는 노드라고 한다. 이때 주소 저장 공간에는 다음에 저장되는 데이터가 저장되는 주소를 저장한다. C 프로그래밍 언어에서 이 주소 저장 공간을 포인터라고 명명하여, 연결 리스트를 공부하다 보면 노드와 포인터라는 단어를 많이 사용하게 된다.

[리스트-노드]

연결 리스트는 개념이 배열보다 복잡하고, C 프로그래밍 언어를 이용하여 구현할 때 포인터를 함께 정의하여야 하기 때문에 배열보다 구현이 까다롭다는 생각을 많이 한다. 하지만 의미를 잘 파악하고, 주기억장치에 저장되는 모습을 잘 이해하면 어렵지 않다.

연결 리스트는 메모리 사용 효율성이 높아 많은 데이터를 저장할 때 유리하다. 또한 삽입 및 삭제 연산이 효율적인 장점을 가지고 있지만, 데이터 접근이 느린 단점을 가지고 있다. 단일 연결 리스트, 이중 연결 리스트, 원형 연결 리스트 등으로 다양하게 구현되어 사용되고 있다.

연결 리스트의 특징과 장단점에 대하여 주기억장치를 기반으로 다시 알아보자.

앞서 수에 데이터를 할당하면, 변수는 데이터가 저장된 주소 저장 공간을 함께 할당받아 저장되는 것을 살펴보았다. 이때 여러 개의 데이터가 하나의 변수에 저장할 때 연결 리스트 자료구조로 어떻게 저장되는지 살펴보자.

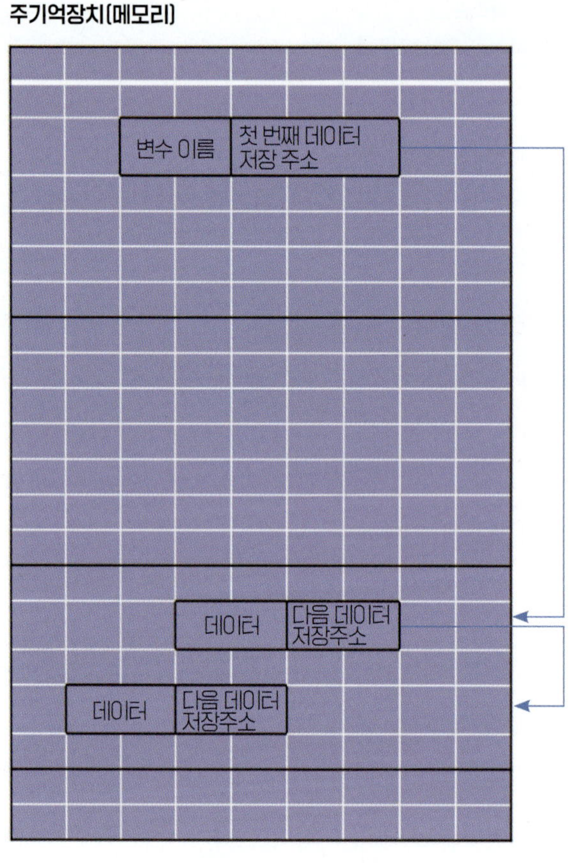

연결 리스트 자료구조로 저장되는 데이터는 변수처럼 각각 다른 데이터가 저장된 주소를 저장할 공간을 함께 할당받아 저장된다. 따라서 주기억장치에서 하나의 변수 이름에 저장될 때도 데이터들이 주기억장치의 여러 주소 공간에 독립적으로 저장되고, 각각 연결되어 있다는 것을 저장된 주소값으로 정의한다.

C로 구현한 연결 리스트 노드(Node) 정의

```
typedef struct Node {

  int data;
  struct Node* next;

} Node;
```

C 프로그래밍 언어에서는 다음 데이터의 주소를 저장하는 위치를 포인터로 정의하기 때문에 항상 데이터와 포인터가 함께 정의된다. C로 구현한 연결 리스트에서 노드(Node)를 정의한 코드를 살펴보면, 정수형 데이터와 별을 표시하여 next라는 값은 다음 데이터 주소를 저장한 공간으로 정의되는 것을 알 수 있다.

데이터들을 연결 리스트로 저장했을 때 데이터에 접근하는 방식과 데이터 삽입, 삭제 연산을 살펴보자. 데이터 100개가 연결 리스트로 저장되어 있고, 90번째 데이터에 접근하여 찾아오고 싶을 때는 어떻게 할까? 90번째 데이터가 저장된 주소를 알기 위해서는 첫 번째 데이터부터 차례대로 89번째까지 찾아 들어가야 한다. 즉, 90번째 데이터 위치를 알기 위해서는 앞서 저장된 89개 데이터를 모두 검색해야 한다는 의미이다. 배열은 인덱스값 자체가 저장된 주소의 위치를 의미하므로 바로 찾을 수 있지만, 연결 리스트는 그렇지 않다. 따라서 연결 리스트 자료구조는 데이터 접근 효율성이 떨어진다고 한다.

삽입과 삭제 연산을 알아보자. 지정된 곳에 새로운 데이터를 삽입하고자 하면, 연결 리스트는 지정된 위치의 이전 데이터와 함께 저장된 주소를 새로운 데이터가 저장된 주소로 바꾸고, 새로 저장되는 데이터와 함께 저장되는 주소는 이전 데이터와 저장되어 있던 주소를 저장하면 다음 데이터 주소가 저장되므로 연결된다고 할 수 있다. 이와 같은 방식은 모든 리스트의 주소를 변경할 필요가 없어 배열보다 삽입 연산이 효율적임을 알 수 있다. 삭제도 마찬가지로 삭제될 위치의 이전 데이터가 가지고 있는 주소를 삭제되는 데이터가 가지고 있었던 주소로 바꾸어 주기만 하면 된다. 삭제 연산도 배열처럼 모든 데이터의 주소를 바꿀 필요가 없어 효율적이라고 할 수 있다.

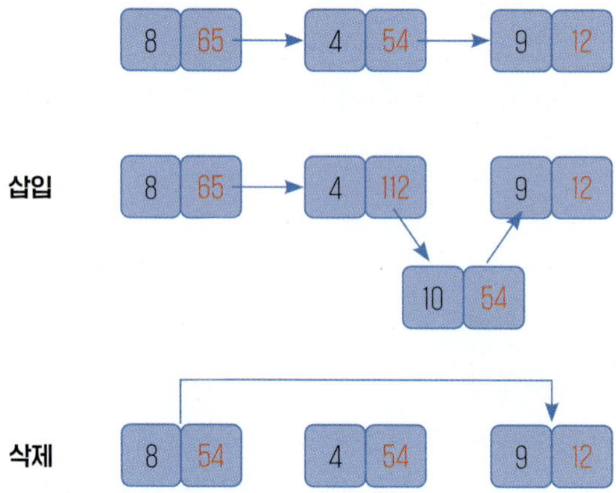

메모리 사용 효율성을 살펴보면, 모든 데이터는 따로 저장되기 때문에 많은 데이터를 저장할 때도 주기억장치의 작은 공간들만 있으면 저장할 수 있어 메모리 효율성이 높다.

연결 리스트에 파이썬의 딕셔너리 자료형을 이용하면 다음과 같이 간단하게 구현해 볼 수 있다. 물론 딕셔너리 자료구조를 포함한 자료형으로 저장한다는 것이 주기억장치에 연결 리스트로 직접 저장하는 방식을 정의하는 것은 아니지만, 연결 리스트의 개념을 이해하는 데 도움이 될 수 있다. 파이썬 프로그래밍 언어에서 딕셔너리 자료구조를 포함한 자료형은 저장된 데이터를 키값으로 접근할 수 있도록 정의하는 자료형이다.

딕셔너리 자료형을 이용하여 정수 데이터 3개를 연결 리스트 자료구조로 저장

```
a= {'h':[8, 't'], 't':[4, 'u'], 'u':[9, null] }
```

다음은 정수 데이터 8, 4, 9를 딕셔너리형으로 저장하는 명령문이다. 딕셔너리형은 중괄호({ })로 정의하며, 키와 데이터를 콜론(:)으로 구분하여 함께 정의한다. 명령어를 보면 's' 문자 데이터를 키로 정의하여 첫 번째 정수 데이터인 8을 저장하였다. 이때 데이터는 정수 데이터 8만 있는 것이 아니라, 8과 문자 1개가 함께 저장된 리스트 형태로 정의한 것을 알 수 있다. 이것은 연결 리스트의 노드를 구현한 것이다. 이때 두 번째 데이터가 포인터 역할을 한다고 할 수 있다. 따라서 딕셔너리형으로 저장된 데이터인 리스트는 실제 저장하고자 하는 데이터와 다른 데이터를 찾을 수 있는 주소값처럼 사용되는 키를 함께 저장한 것이다. 정수 데이터 8과 다음 정수 데이터 4에 접근할 수 있는 키인 문자 't'를 함께 저장하였고, 키 's'로 정수 데이터 8과 다음 데이터에 접근할 수 있는 키를 함께 찾을 수 있다.

이것을 다시 연결 리스트의 리스트로 정의하면 현재 데이터가 다음 데이터 주소와 함께 정의된다고 할 수 있다. 위에서 정의된 딕셔너리에서 데이터와 키에 각각 접근하는 명령어를 살펴보자. a 변수의 첫 번째 키인 'a'로 찾은 데이터 중에서 첫 번째 데이터를 찾으면 그 값이 저장한 데이터임을 알 수 있고, 두 번째 데이터를 찾으면 그 값은 다음 데이터의 키로 정의된 것을 알 수 있다.

현재 데이터가 다음 데이터의 주소를 함께 정의

```
a['h'][0]=8
a['h'][1]='t' → 다음 데이터의 키
a['t'][0]=4
a['t'][1]='u' → 다음 데이터의 키
a['u'][0]=4
a['u'][1]=null → 다음 데이터의 키
```

연결 리스트를 개념적으로 간단하게 설명하면 다음 그림과 같다. 문자형 데이터 7개를 연결 리스트 자료구조로 저장하는 명령어를 파이썬 프로그래밍 언어로 다음과 같이 작성할 수 있고, 이렇게 작성된 명령어를 수행한 결과이다. 그림에서 두 개의 칸으로 표현된 것은 실제 저장하고자 하는 데이터와 다음 데이터가 저장된 주소가 함께 저장된 하나의 리스트이며, 각 주소는 다음 저장된 데이터의 위치를 저장하고 있어 화살표를 이용하여 연결된 모습으로 표현하였다. 이때도 배열 자료구조와 같이 문자형 데이터인 일, 월, 화, 수, 목, 금, 토가 각각 순서대로 저장된다. 이러한 형태를 추상화된 주기억장치로 오른쪽 그림처럼 표현할 수 있다. 각각의 데이터는 주소값과 함께 저장되는 것을 알 수 있다.

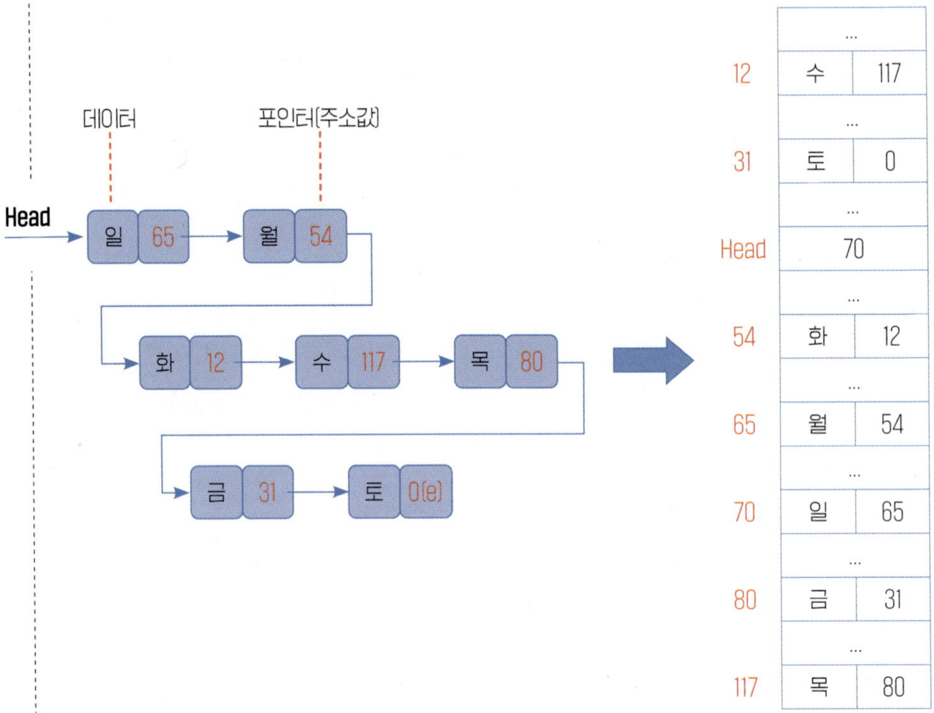

3 〉 확장형 자료구조

기본 자료구조와 확장형 자료구조는 본 교재에서 특별한 기준을 가지고 설명하는 분류이다. 여러 가지 자료구조에 대한 이론이나 서적에서 엇갈리는 설명이 많아 이해를 돕기 위해 새로운 기준으로 나누어 설명하고자 한다.

자료구조는 주기억장치에 데이터를 저장하는 방식을 구조적으로 정의하는 것을 말하고, 알고리즘은 문제를 해결하는 방식을 말한다. 이때 자료구조인 데이터를 저장하는 방식에 특별한 문제를 해결하기 위하여 문제 해결의 절차, 즉 알고리즘을 포함한 자료구조가 있다. 이것을 본 교재에서는 기본 자료구조에 문제 해결을 위한 특정한 규칙을 포함시킨 자료구조로써 확장형 자료구조라 정의하였으며, 여기에 스택, 큐, 트리, 그래프를 포함시켜 설명하고자 한다. 특정한 규칙을 포함하고 있어 어떤 자료에서는 스택과 큐를 알고리즘처럼 설명하기도 하지만, 정확하게 스택, 큐는 자료구조에 포함되며, 스택과 큐는 데이터를 저장하는 방식인 기본 자료구조에 특정한 규칙 즉 알고리즘을 갖도록 하여 데이터를 저장하도록 정의한다.

스택과 큐는 선형 자료구조에 속해 데이터가 저장될 때 순서를 가지고 저장되도록 구조를 가지므로, 순서에 맞추어 데이터에 접근하고 수정, 삭제할 수 있다. 스택과 큐는 아주 간단한 규칙을 가지고 있고, 이 규칙을 알고리즘이라고 표현하면 스택과 큐는 알고리즘을 포함한 자료구조라고 정의할 수 있으며, 이때 알고리즘은 데이터 저장을 중심으로 하는 알고리즘이라는 사실을 이해해야 한다.

3.1 스택

스택(Stack)은 기본 자료구조에 규칙을 포함한 확장형 자료구조이며, 여기서 규칙은 데이터를 저장하는 규칙을 말한다. 스택의 규칙은 아주 간단하다.

새로운 데이터를 저장할 때 항상 가장 마지막에 저장하며, 이러한 저장 동작을 우리는 push 동작이라고 한다. 스택은 저장된 데이터를 불러올 때 가장 마지막에 저장된 데이터를 읽어오며, 이러한 불러오기 동작을 pop 동작이라고 한다.

스택은 이와 같은 규칙을 갖고 있어서 데이터가 들어가고 나오는 출구가 하나인 자료구조라 하기도 하고, 가장 늦게 저장된 데이터를 가장 빨리 불러올 수 있는 의미로 LIFO(Last In First Out) 구조라고도 한다.

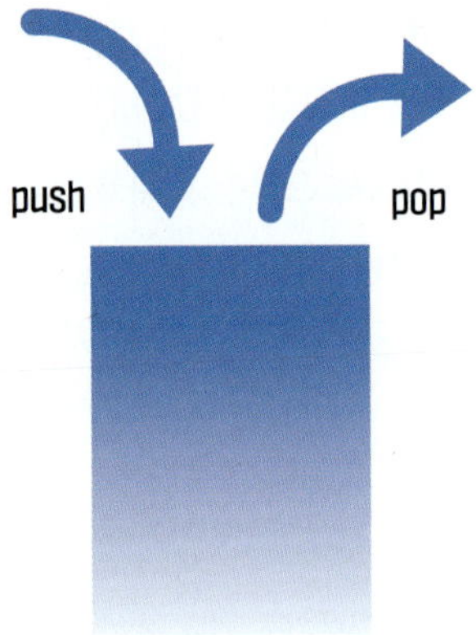

스택

기본 자료구조를 생각하면서 차이를 살펴보면 기본 자료구조는 반드시 지켜야 하는 순서나 규칙이 없고, 배열과 연결 리스트로 저장된 데이터를 읽어오려면 배열은 반드시 인덱스를 알아야 하며, 연결 리스트는 저장된 모든 데이터를 순차적으로 확인해야만 불러올 수 있다. 하지만 스택은 LIFO 규칙을 갖도록 데이터를 저장하기 때문에 무조건 읽어오면 가장 마지막에 저장한 데이터를 무조건 불러오는 것이다.

스택은 기본 자료구조에 규칙을 포함시킨 자료구조이므로, 실질적으로 주기억장치에 데이터가 저장되는 구조는 기본 자료구조로 저장된다. 따라서 스택은 배열 자료구조를 이용하여 구현할 수도 있고, 연결 리스트 자료구조를 이용하여 구현할 수도 있다. 배열 자료구조를 이용하여 스택을 구현하려면, 배열의 특징에 따라 스택의 크기를 미리 정해놓고, 미리 정해놓은 크기를 주기억장치에 확보해야 한다.

배열을 이용한 스택의 구조를 그림으로 살펴보면 다음과 같다. A, B, C 세 개의 문자 데이터를 저장할 때 저장한 순서대로 스택에 저장되며, 데이터를 읽어오면 C부터 무조건 읽어오는 것을 알 수 있다. 이것을 push와 pop 동작으로 설명하면 push A, push B, push C 동작으로 저장하고, pop을 실행하면 C 데이터를 읽어오고, A 데이터를 읽어오려면 pop 동작을 3번 해야 읽어올 수 있는 것을 알 수 있다.

연결 리스트 자료구조를 이용하여 스택을 구현하면 스택의 크기가 한정되지 않아 삽입, 삭제가 쉬우며, 주기억장치의 일정 공간을 할당하지 않으므로 효율적으로 데이터를 저장할 수 있다. 연결 리스트 자료구조를 이용한 스택의 구조를 그림으로 살펴보면 가장 처음에 저장된 데이터가 연결 리스트의 가장 마지막 노드가 되는 것을 알 수 있다. 따라서 새로 저장되는 데이터와 이전에 저장된 데이터 주소를 함께 저장하는 것이다.

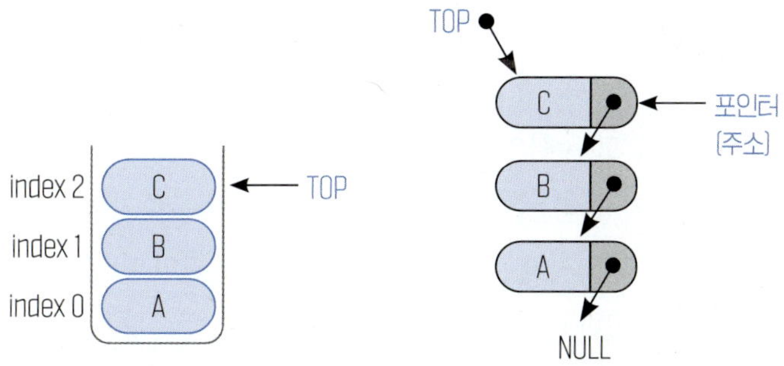

배열을 이용한 스택 　　 연결 리스트를 이용한 스택

스택을 이용한 문제 해결 예

이러한 규칙을 이용하여 데이터를 저장하면 특별한 문제들을 해결하는 데 도움이 된다.

괄호 확인 문제

괄호 확인 문제는 스택을 이용하여 해결되는 문제 중 하나이다. 프로그래밍할 때 열린 괄호의 수와 닫힌 괄호의 수가 다르면 프로그램 오류가 발생한다. 이때 오류 발생 프로그램은 괄호 확인 문제를 해결한 프로그램이다.

```
print(" 계산결과는{0}입니다. ".format((int(a)+int(b))))
```

print 문 예를 살펴보면 열린 괄호 수는 5개이고, 닫힌 괄호 수도 5개이다. 이처럼 열린 괄호 수와 닫힌 괄호 수가 맞아야 프로그램은 오류 없이 실행된다. 열린 괄호의 수와 닫힌 괄호의 수를 확인하는 프로그램은 스택 자료구조를 이용하면 쉽게 프로그래밍할 수 있다.

프로그래밍은 문제를 해결하는 알고리즘을 컴퓨터로 수행시켜 결과를 얻기 위한 것이고, 괄호 확인 문제를 해결하기 위하여 다음과 같은 알고리즘을 생각할 수 있다.

알고리즘을 이용하여 문제를 해결하는 방법을 살펴보자. 괄호의 개수를 저장하는 변수를 하나 정의한 후 왼쪽 괄호를 만나면 괄호 개수 저장변수를 하나 증가시키고, 오른쪽 괄호를 만나면 괄호 개수 저장변수를 하나 감소시킨다. 입력된 문자열을 모두 확인하고 난 후 괄호 개수 저장변수의 값을 확인하면, 괄호 개수가 맞는지 틀리는지를 확인할 수 있다. 이때 주기억장치에 저장되는 것들을 살펴보자. 괄호 자체는 저장되지 않고, 괄호 확인 후 결과값만 개수로 저장되는 것을 알 수 있다.

- 왼쪽 괄호를 만나면 괄호 카운트를 하나 증가시킨다.
- 오른쪽 괄호를 만나면 괄호 카운트를 하나 감소시킨다.
- 괄호 카운트가 0이면 괄호 개수가 맞는 것이다.

```python
a=input()
open_count=0
for i in a:
    if i =='(':
        open_count+=1
    elif i == ')' :
        open_count-=1

if open_count==0:
    print('ok')
else:
    print('error')
```

일반 알고리즘을 이용한 괄호 문제 해결 코드

스택 자료구조를 이용하여 문제를 해결하면 스택의 특징인 데이터 저장규칙을 이용해서 왼쪽 괄호를 만나면 스택에 push 동작을 하고, 오른쪽 괄호를 만나면 스택에 pop 동작을 한다. 모든 동작이 끝나고 스택에 데이터가 있는지 확인하면 괄호의 개수가 맞는지 알 수 있다. 이때 스택 자료구조를 이용한다는 것은 괄호 데이터를 스택 자료구조로 저장하여 문제를 해결한다는 것이다. 따라서 프로그램이 수행되는 동안 주기억장치에 괄호 자체가 데이터로 저장되었다가 삭제되는 것을 알 수 있다.

- 왼쪽 괄호를 만나면 스택에 push()한다.
- 오른쪽 괄호를 만나면 스택에서 pop()한다.
- 스택에 데이터가 없으면, 괄호의 개수가 맞는 것이다.

스택을 이용하여 괄호 문제를 해결한 파이썬 코드를 보면 다음과 같다. 스택을 정의하고, 스택의 동작인 push와 pop을 정의한다. a_count 변수는 괄호 데이터가 저장될 스택이며, 여러 개의 괄호 데이터가 저장될 예정이므로 리스트 자료형을 이용하였다. push 동작을 정의하기 위하여 append 메소드를 사용하여 리스트 마지막에 데이터를 저장하도록 하였고, pop 동작을 정의하기 위하여 remove 메소드를 사용하였다. pop 동작은 가장 마지막에 저장한 데이터를 불러오는 동작과 동시에 스택에서 지우는 동작을 함께 해야 하기 때문에 remove 메소드의 인덱스 옵션을 -1로 하였다.

```python
a_count=[]

def push(push_data):
    a_count.append(int(push_data))

def pop():
    a_count.remove(a_count[-1])

a=input()

for i in a:
    if i == '(' :
        push(i)
    elif i == ')' :
        pop()

if len(a_count)==0:
    print('OK')
else:
    print('error')
```

스택 자료구조를 이용한 괄호 문제 해결 코드

두 가지 방법으로 문제를 해결한 알고리즘도 비슷하고, 파이썬 코드의 for 문 알고리즘을 보면 두 해결 방법이 비슷하지만, 주기억장치에 저장되는 데이터는 완전히 다른 것을 알 수 있다. 알고리즘을 이용하여 문제 해결을 한 알고리즘에는 자료구조를 사용하지 않았음을 알 수 있다.

우선순위 연산 문제

컴퓨터에서는 산술 연산자마다 우선순위가 있다. 우선순위에 따른 연산을 하는 문제이다. 컴퓨터에서 연산자와 피연산자를 표현하는 방법에는 후위 표기법, 전위 표기법, 중위 표기법의 세 가지가 있다. 중위 표기법은 기본 표기법으로 피연산자를 연산자들 중간에 표현하는 표기법이다. 전위 표기법과 후위 표기법은 연산자와 피연산자를 분리하여 표기하는 방법인데, 전위 표기법은 연산자를 피연산자 앞에 두는 것을 말하고, 후위 표기법은 피연산자를 연산자들 뒤에 표기하는 방법이다.

다음은 후위 표기법으로 표현한 예다. A*B－C/D는 중위 표기법으로 표현한 것으로, 후위 표기법으로 변형하기 위해서는 우선순위에 맞춰 연산자와 피연산자를 괄호로 분리한다. 괄호를 없애면 후위 표기법으로 연산식을 표기하게 된다.

우선순위 연산(후위 표기법 사용)

- A*B-C/D 연산 → ((AB)*(CD)/)- → AB*CD/-

이렇게 우선순위에 맞추어 후기 표기된 연산식을 계산하는 프로그램을 만들어 보자. 이때 스택 자료구조를 이용한 알고리즘을 살펴보면 입력된 연산식에서 피연산자는 스택에 push하고, 연산자이면 스택에 저장된 데이터를 pop하여 연산 후 다시 결과 데이터를 push한다. 연산식을 모두 마치면 마지막 스택에 저장된 데이터를 pop하여 결과로 출력한다.

- 피연산자는 push()
- 연산자를 만나면 피연산자를 pop()하여 연산 후 다시 push()
- 마지막 pop()으로 연산 결과 출력

```
a_stack=[]

def push(push_data):
    a_stack.append(int(push_data))


def pop():
    a=0
    a=a_stack[-1]
    a_stack.remove(a_stack[-1])
    return a

print("계산식을 후위표기법으로 입력하세요.\n연산자와 피연산자는 \",\"로 분리해서 입력하세요.")
a=list(input().split(','))


for i in a:
    if i == '+' or i == '-' or i == '*' or i == '/' :
        pop_data1=pop()
        pop_data2=pop()
        if i == '+' :
            push(pop_data2+pop_data1)
        elif i == '-' :
            push(pop_data2-pop_data1)
        elif i == '*' :
            push(pop_data2*pop_data1)
        elif i == '/' :
            push(pop_data2/pop_data1)

    else:
        push(i)

print(pop())
```

알고리즘을 파이썬 프로그래밍 언어로 구현해 보면 다음과 같다. 스택을 정의하고, 스택의 동작인 push와 pop을 정의한다. 스택에 여러 개의 데이터를 저장할 예정이므로 리스트 자료형을 이용하여 정의하였다. push 동작은 스택의 가장 마지막에 데이터를 저장해야 하므로 append 메소드를 수행하도록 정의하였고, pop은 스택의 가장 마지막 데이터를 읽어서 저장하고 읽은 마지막 데이터를 지우며 저장된 마지막 데이터를 값으로 되돌리도록 정의하였다. 이렇게 정의된 스택과 스택의 동작을 이용하여 우선순위 연산 프로그램을 작성한 것이다.

입력받을 연산식은 다음과 같은 규칙을 정하였다. 후위 표기법 입력을 기본으로 하였고, 연산자와 피연산자를 ',(콤마)'로 구분하여 입력받도록 하였다. 이때 사용한 split 메소드는 지정된 문자, 숫자, 특수문자를 기준으로 데이터를 분해해서 저장해 주는 메소드이다. 따라서 후위 표기법으로 연산식을 입력할 때 연산자와 피연산자는 반드시 ',(콤마)'로 분리하여 입력해야 본 프로그램이 작동하게 된다. 예를 들어 (23×45) / 3 연산식을 본 프로그램에 입력값으로 할 때는 23,45,*,3,/ 이렇게 입력해야 한다.

이번에는 프로그램 수행을 살펴보자. 입력받은 문자열을 리스트형으로 분리하여 저장한 후 하나씩 읽어와서 연산을 수행하도록 하였다. 입력된 연산식을 리스트형으로 저장하면 다음과 같이 저장될 것이다.

(23*45)/3 → 23,45,*,3,/ (입력) → a=['23','45','*','3','/'] (저장)

for 문으로 리스트에 저장된 데이터를 하나씩 불러와서 수행하면 다음과 같다.

i='23'일 때, 비교 연산이 수행되어 연산자가 아니므로 push 함수를 수행하는데, 이것이 스택에 push 동작을 하는 것이다. 그러면 스택에 문자형 '23'이 정수형으로 변환되어 저장된다.

i='45'일 때, 비교 연산이 수행되어 연산자가 아니므로 다시 push 함수가 수행된다. 그러면 문자형 데이터 '45'가 정수형으로 변환되어 스택에 저장된다.

i='*'일 때, 비교 연산이 수행되어 연산자이므로 pop 함수가 두 번 수행되어서 스택에 저장된 정수형 데이터 23과 45를 하나씩 불러와 저장한다. 그다음 pop

으로 불러온 데이터를 기호에 맞는 연산을 하고 다시 push 함수를 수행하여 스택에 결과값을 저장하게 된다. 스택에는 23*45의 결과인 1035가 정수형으로 저장된다.

i='3'일 때, 비교 연산이 수행되어 연산자가 아니므로 push 연산을 수행하고, 스택에 문자형 데이터 '3'을 정수형으로 변환하여 저장한다.

i='/'일 때, 비교 연산이 수행되어 pop 동작 두 번으로 정수형 데이터 1035와 3을 스택에서 가져오고 나누기 연산을 한 후 결과를 다시 스택에 저장하면 연산이 모두 끝난다.

스택에 저장된 마지막 데이터를 pop으로 읽어오면 스택은 비어있는 상태가 되고, 연산의 결과값인 345를 pop 동작으로 출력할 수 있다.

프로그램을 통해서 스택이라는 저장 공간을 잘 활용하면 문제를 쉽게 해결할 수 있음을 알 수 있으며, 이때 데이터를 스택 규칙에 맞추어 저장하는 것을 이용하였음을 알 수 있다. 스택은 LIFO 규칙을 갖도록 데이터를 저장하는 구조를 정의한 자료구조이다.

3.2 큐

큐(Queue)는 기본 자료구조에 규칙을 포함한 확장형 자료구조이며, 여기서 규칙은 데이터를 저장하는 규칙을 말한다. 큐의 규칙도 아주 간단하다. 새로운 데이터를 저장할 때 항상 가장 마지막에 저장하며, 이러한 저장 동작을 일반적으로 Enqueue 동작이라고 한다. 또 큐는 저장된 데이터를 불러올 때 가장 처음에 저장된 데이터를 읽어오며, 이러한 불러오기 동작을 일반적으로 Dequeue 동작이라고 정의한다. 이와 같은 규칙을 갖고 있어서 큐를 데이터가 들어가고 나오는 출구가 다른 자료구조라 하기도 하고, 가장 빨리 저장된 데이터를 가장 빨리 불러올 수 있는 의미로 FIFO(First In First Out) 구조라고도 한다.

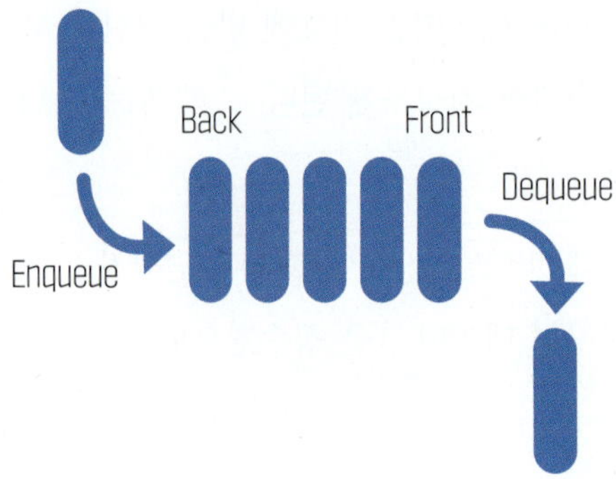

큐

큐도 기본 자료구조에 규칙을 포함시킨 자료구조이므로, 실질적으로 주기억장치에 데이터가 저장되는 구조는 기본 자료구조인 배열이나 연결 리스트로 저장된다. 따라서 큐도 배열 자료구조를 이용하여 구현할 수도 있고, 연결 리스트 자료구조를 이용하여 구현할 수도 있다.

배열 자료구조를 이용하여 큐를 구현하려면 배열의 특징에 따라 큐의 크기를 미리 정해놓고, 미리 정해놓은 크기를 주기억장치에 확보해야 한다. 일직선으로 배열을 만들어 큐를 구현하면 이 배열의 첫 번째 저장된 데이터를 읽어와야 하므로, 배열의 앞쪽은 비워지고, 배열의 뒤쪽을 계속 추가하여 배열이 비어있는 상태에서도 더 이상 데이터를 추가하여 저장할 수 없는 문제가 발생할 수 있다. 그렇지 않도록 하기 위해서는 배열로 구현한 큐에서 데이터를 읽어올 때마다 모든 데이터를 앞쪽으로 한 칸씩 이동하는 연산을 함께 해야 한다. 이러한 이동 연산을 해결하기 위하여 순환 큐라는 규칙을 갖도록 구현한다. 즉, 데이터를 이동하는 것이 아니라, 큐의 가장 앞을 가리키는 변수 front와 큐의 가장 마지막 데이터 위치를 가리키는 변수 rear를 두어 순환 큐를 구현한다.

연결 리스트 자료구조를 이용하여 큐를 구현하면 큐의 크기가 한정되지 않아 삽입, 삭제가 쉬우며, 주기억장치의 일정 공간을 할당하지 않으므로 효율적으로 데이터를 저장할 수 있다. 연결 리스트 자료구조를 이용한 큐는 항상 연결 리스트의 가장 처음 노드를 읽어오고, 새로운 데이터는 연결 리스트의 마지막에 저장하도록 구현할 수 있다. 큐도 파이썬에서 제공하는 자료구조를 포함한 자료형을 이용하면 쉽게 구현할 수 있다.

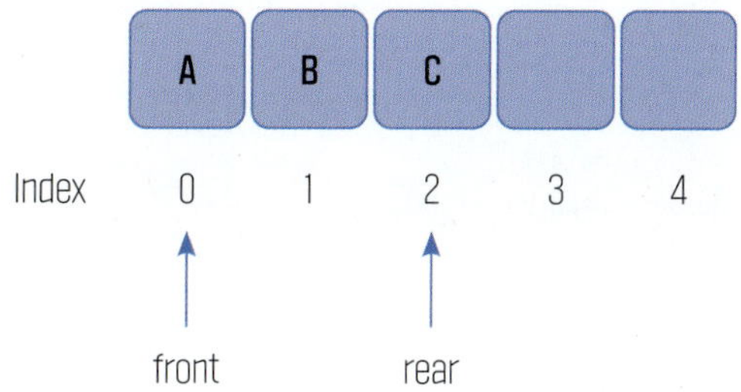

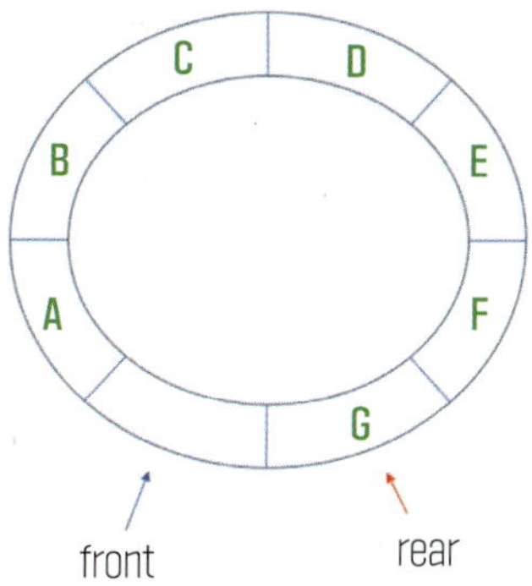

큐를 이용하여 해결하는 문제들을 살펴보자.

일반적으로 대기자 명단 등을 '큐'라고 한다. '기다리고 싶으면 큐에 등록한다' 등의 말도 많이 사용하는 것처럼 우선순위 없이 동등한 조건에서 순서를 정하는 것을 큐라고 하며, 큐는 일반적인 순서를 정하는 프로그램에 많이 사용된다.

은행 업무 프로그램에서 대기표 관리 프로그램은 큐로 해결한 대표적인 문제이다. 대기표를 뽑으면 큐의 가장 마지막에 대기표 번호가 삽입되고, 은행 업무 순서 버튼이 눌리면 큐의 가장 앞에 저장된 대기표 번호가 출력된다. 이때 큐에서는 삭제된다.

```python
w_no=100
queue=[]

def enqueue(data):
    queue.append(data)

def dequeue():
    dequeue_object=None
    if len(queue)==0:
        print("Queue is Empty")

    else:
        dequeue_object=queue[0]
        queue.remove(queue[0])

        return dequeue_object

while True:
    a=int(input("대기표 뽑기:1,업무처리:2,종료:3\n"))

    if a==1:
        enqueue(w_no)
        w_no+=1
        print("현재 대기표번호:",w_no)
    elif a==2:
        b=dequeue()
        print("현재 업무처리번호:",b)
    else:
        break
```

파이썬 코드

```
대기표 뽑기:1, 업무처리:2, 종료:3
1
현재 대기표번호: 101
대기표 뽑기:1, 업무처리:2, 종료:3
1
현재 대기표번호: 102
대기표 뽑기:1, 업무처리:2, 종료:3
1
현재 대기표번호: 103
대기표 뽑기:1, 업무처리:2, 종료:3
2
현재 업무처리번호: 100
대기표 뽑기:1, 업무처리:2, 종료:3
2
현재 업무처리번호: 101
대기표 뽑기:1, 업무처리:2, 종료:3
1
현재 대기표번호: 104
대기표 뽑기:1, 업무처리:2, 종료:3
2
현재 업무처리번호: 102
대기표 뽑기:1, 업무처리:2, 종료:3
3
```

결과 화면

파이썬 코드를 보면 enqueue() 함수와 dequeue() 함수는 큐 동작을 정의한 함수이다. enqueue() 함수는 큐에 번호를 추가하는 함수이고, dequeue() 함수는 큐에서 번호를 하나 빼 오는 함수이다. 파이썬에서 여러 개의 데이터를 저장할 수 있는 자료형인 리스트 자료형을 사용하였고, 각각 리스트 자료형에서 사용할 수 있는 append() 함수와 remove() 함수를 사용하였다.

dequeue() 함수에서 인덱스 0의 데이터를 불러오고, 그 값을 지우는 두 개의 명령어는 앞서 살펴본 리스트 자료형의 pop() 함수를 사용할 수 있다.

큐 자료구조를 정의하고, 정의된 큐 자료구조를 이용하여 은행 업무 문제를 해결한 프로그램을 살펴보자. 프로그램 실행을 선택하여 입력값을 받고, 입력받은 값을 기준으로 세 가지 작업을 하도록 하였다. 대기표를 뽑는 기능을 선택하면 대기 번호가 큐에 추가되고 대기표 번호를 1 증가시킨다. 업무처리 기능 즉 은행 직원이 업무처리를 위하여 선택하면 큐에서 첫 번째 번호를 가져와 업무처리 번호가 출력된다. 마지막 반복문의 종료를 위하여 종료 조건을 추가하였다.

실행 결과를 보면, 대기표 뽑기를 선택하면 현재 대기 번호가 출력되는 것을 볼 수 있고, 업무처리를 선택하면 저장되었던 대기표 번호 중 가장 앞 번호부터 출력되는 것을 알 수 있다.

본 은행 업무 프로그램에서 저장하여 사용한 데이터는 대기 번호이며, 대기 번호를 저장할 때 큐 자료구조로 저장하고, 큐 자료구조의 특징을 이용하여 문제를 해결한 것을 이해해야 한다. 콜센터 고객 대기시간 관리 프로그램도 마찬가지이다. 콜센터에 전화가 오면 큐의 가장 마지막 대기 전화로 삽입되고, 콜센터에서 응답하면 큐의 가장 앞에 대기 중인 번호로 연결되도록 하여 은행 업무 프로그램과 같은 방식으로 구현할 수 있다.

이외에도 큐는 시스템 프로그램에서 우선순위가 같은 작업을 예약하는 데 사용되며, 특히 운영체제에서 프로세스 관리 시스템을 개발할 때 사용되는 자료구조이다.

3.3 그래프

그래프(Graph) 이론은 수학에서 객체 간에 짝을 이루는 관계를 모델링하기 위해 사용되는 수학 구조에 대한 연구이다. 그래프 이론의 역사를 잠깐 살펴보면 최초 연구는 1725년으로 거슬러 올라간다. 1741년 레온하르트 오일러(Leonhard Euler)는 쾨니히스베르크의 다리 건너기 문제에 대한 논문을 발표하는데, 이때 논문에서 문제에 대한 증명을 위하여 그래프를 정의하고, 정의된 그래프로 문제에 대한 결과를 제시하였다.

쾨니히스베르크의 다리 건너기 문제는 쾨니히스베르크(지금의 러시아 칼리닌그라드)에 있는 7개 다리에 관련된 문제이다. 쾨니히스베르크에는 프레겔강이 흐르고, 이 강에는 두 개의 큰 섬이 있으며, 이 섬들과 도시의 나머지 부분을 연결하는 7개의 다리가 있다. 이때 7개의 다리를 한 번만 건너면서 쾨니히스베르크의 모든 지역을 돌아 제자리로 돌아올 수 있을까 하는 문제이다. 논문에서 모든 다리를 한 번만 거치고 첫 시작 위치로 돌아오는 길은 없다고 결론을 내렸고, 논문에서 문제의 결론에 대한 증명을 위하여 쾨니히스베르크의 섬과 지역들, 그리고 다리들을 이용한 스케치는 현대에 이르러 그래프 구조의 원형이 되었다. 이 문제의 해답을 찾기 위한 연구의 부산물로 그래프 이론이라는 수학의 한 분야가 생겨났다. 그래프는 수백 년 동안 수학, 과학, 공학, 사회, 경제학에 이르기까지 새로운 정리와 여러 가지 그래프 종류를 만들어내며 폭넓은 분야에서 응용되었고, 컴퓨터 분야에서도 그래프 이론을 토대로 한 자료구조가 만들어졌다.

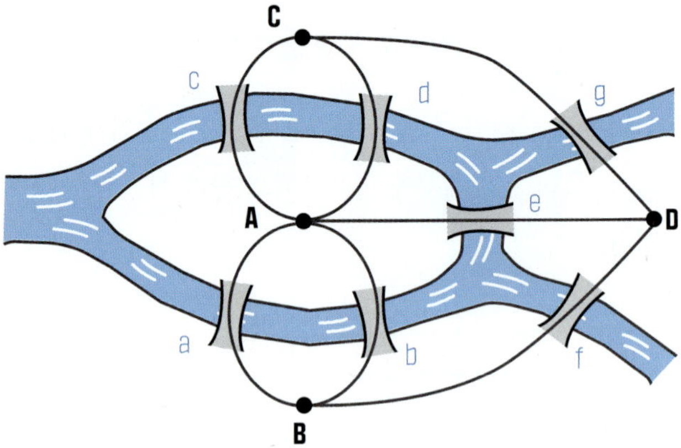

쾨니히스베르크 다리 건너기 문제

논문에서 오일러는 문제를 해결하기 위해 쾨니히스베르크의 섬과 지역, 다리 그림을 단순화하였다. 섬과 육지를 정점이라 정의하였고, 다리를 간선이라 정의하여 그림을 4개의 정점과 7개의 간선으로 단순화하여 표현하였다. 쾨니히스베르크의 문제를 정점과 간선을 한 번씩만 거쳐 모든 간선과 정점을 거치는 경로를 찾는 문제로 변형하였고, 한붓그리기 규칙을 정의하며, 쾨니히스베르크 문제의 불가능함을 증명하였다. 한붓그리기 규칙은 연결된 선이 홀수 개인 정점이 없거나 두 개만 있는 도형에서만 모든 간선을 한 번씩 방문하여 제자리로 돌아올 수 있다는 규칙이다. 따라서 쾨니히스베르크 문제에서 정점별 연결된 간선의 수를 살펴보면 정점 A는 5개 간선, 정점 B는 3개 간선, 정짐 C는 3개 간선, 정점 D는 3개 간선이 연결되어 있다. 따라서 4개의 정점 모두 연결된 간선의 개수가 홀수 개이므로 한붓그리기가 불가능하며, 모든 다리를 한 번만 거치고 첫 시작 위치로 돌아오는 방법은 없다. 이때, 모든 간선을 한 번씩 방문하는 유한 그래프를 우리는 오일러 경로라고 하며, 쾨니히스베르크 그래프는 오일러 경로가 아니다.

오일러가 정의한 그래프와 몇백 년을 거쳐 정의되어온 그래프에 관계된 용어와 종류를 살펴보면 다음과 같다. 그래프는 정점과 간선 모음들의 결합이며, 이것을 기호로 정의하여 표현하면 다음과 같다. 정점의 집합을 V라 하고, 간선의 집합을 E라고 했을 때 그래프로 정의된 G는 정점과 간선의 집합이므로 G=(V, E)로 표현할 수 있다. 그래프에서 사용되는 몇 가지 용어를 정리해 보면, 인접은 간선으로 연결된 두 정점을 말하며 이 정점은 이웃 관계에 있다고 말할 수 있다. 기호로 표현하면 다음과 같다.

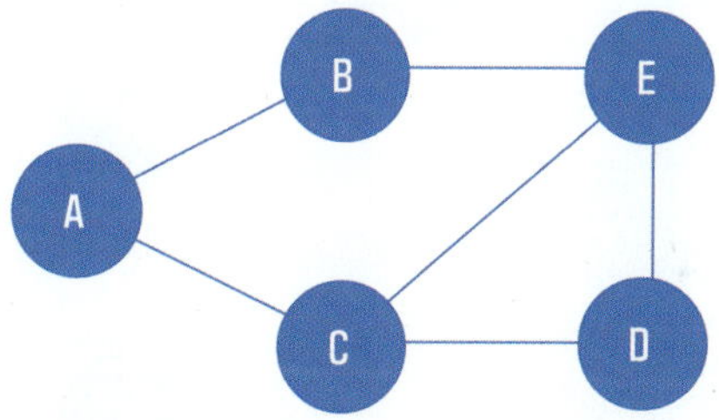

경로는 간선을 통해 서로 이웃된 각 정점으로 그래프 안에서 형성된 길을 말한다. 예를 들어 다음과 같은 그래프가 정의되어 있을 때 정점 A에서 정점 E까지는 ABE 경로와 ACE 두 개의 경로를 이루고 있다.

차수는 정점에 속한 간선들의 수를 말한다. 모든 정점은 차수를 갖는다. 다음에 정의된 그래프에서 정점 A, B, D는 연결된 간선의 수가 2개씩이므로 차수는 2이고, 정점 E, C는 연결된 간선의 수가 3개씩이므로 차수는 3이다.

연결은 무방향 그래프 내에서 두 정점 사이 경로가 존재하면 두 정점이 연결되었다고 말한다. 그래프 내 모든 정점이 모두 연결되어 있으면 그래프가 연결되었다고 말한다.

사이클은 어느 경로가 정점 하나를 두 번 이상 거치게 되어 있는 경로를 말하며, 처음과 마지막 정점이 같은 단순 경로를 말한다.

그래프의 종류를 간단하게 살펴보자. 그래프는 무방향 그래프와 방향 그래프가 있다. 무방향 그래프는 간선에 방향성이 없는 그래프를 말하며, 간선을 나타내는 정점의 쌍에 순서가 없다. 예를 들어 (A, B)와 (B, A)는 동일한 간선을 표현한 것이다. 방향 그래프는 간선에 방향성이 있는 그래프를 말하며, 간선을 나타내는 정점의 쌍에 순서가 있다. 〈A, B〉로 표현하며, 이때 A는 꼬리, B는 머리로 표현하기도 한다. 따라서 다음의 정의된 방향 그래프에서 〈A, B〉 간선은 있지만 〈B, A〉 간선은 없다.

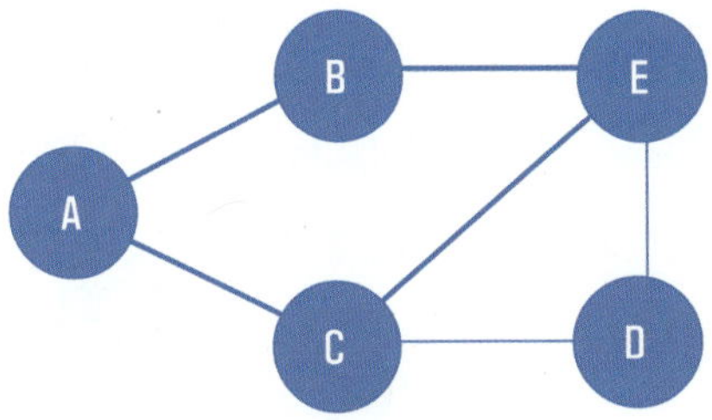

무방향 그래프

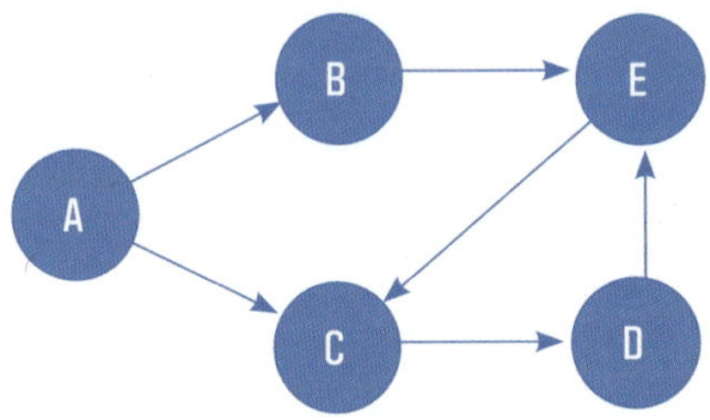

방향 그래프

그래프 자료구조

지금까지 설명한 그래프를 컴퓨터에서는 어느 부분에 어떻게 사용했을까? 컴퓨터과학 분야에서는 데이터를 저장하는 자료구조에서 그래프 이론을 사용하였다. 그래프의 특징과 규칙을 갖도록 데이터를 저장한 것이며, 데이터들의 관계를 저장할 때 함께 정의하여 저장할 방법이다.

그래프 이론에서 정의한 정점을 컴퓨터과학 분야에서는 그래프 자료구조를 표현할 때 노드로 표현한다.

다음과 같은 그래프에서 주기억장치에 저장할 데이터는 무엇일까? 노드일까? 간선일까? 경로일까? 차수일까? 여기에서 노드의 이름이나 노드의 정의는 중요하지 않다. 노드의 수가 중요하다. 간선은 노드, 노드와의 연결을 말하기 때문에 아주 중요하다. 노드의 수와 간선을 저장하면 우리는 경로를 찾을 수 있고, 각 차수도 자동으로 계산하여 알 수 있다. 따라서 자료의 형태를 그래프로 표현한 후 무엇을 저장할지 결정해야 한다. 그래프 형태로 저장한다는 것은 노드와 간선이 정해진 모델에서 노드와 간선을 정의하여 저장한다. 그래프를 배열로 저장한다는 것은 노드 데이터를 배열 자료구조로 저장한다는 것이고, 간선을 데이터로 표현하여 배열 자료구조로 저장한다는 것이다. 연결 리스트도 마찬가지이다. 그래프를 연결 리스트로 저장한다는 것은 노드 데이터를 연결 리스트 자료구조로 저장한다는 것이고, 간선을 데이터로 표현하여 연결 리스트 자료구조로 저장한다는 것이다. 이때 간선은 어떻게 정의해야 할까? 간선은 연결되어 있거나 연결되지 않은 상태 두 가지로 표현할 수 있으므로, 연결되어 있으면 1, 연결되지 않으면 0으로 표현할 수 있다.

인접 리스트

다음과 같이 정의된 그래프를 연결 리스트 자료구조를 통해서 표현해 보자. 그래프의 노드마다 리스트를 생성한다. 간선이 있는 노드들을 리스트로 연결하면 노드별 간선이 있는 노드들이 연결된 연결 리스트를 생성할 수 있다. 이때 가장 처음 리스트에 저장된 노드를 헤드 노드라고 하며, 무방향 그래프일 경우 헤드 노드에 연결된 노드의 개수가 그 헤드 노드의 차수가 되는 것을 알 수 있다.

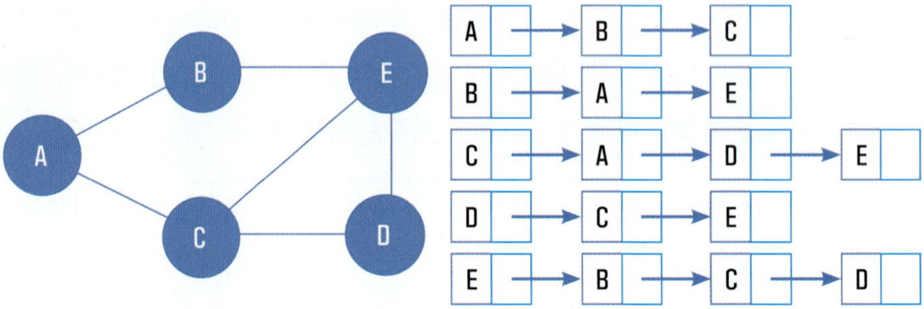

파이썬 자료형을 이용하여 정의된 그래프를 저장하는 코드는 다음과 같다. 딕셔너리 자료형을 이용하여 표현할 수 있고, 이때 헤드 노드는 키로, 값은 간선이 있는 노드들로 구성할 수 있다. 이것은 하나의 예이며, 데이터 활용과 알고리즘에 따라 저장하는 자료형과 자료구조는 바뀔 수 있다.

```
graph_array={A:[B,C],B:[A,E],C:[A,D,E],D:[C,E],E:[B,C,D]}
```

2차원 배열

다음과 같이 정의된 그래프를 배열 자료구조를 통해서 표현해 보자. 이때 노드와 간선 두 가지를 표현하기 위하여 2차원 배열 자료구조를 이용한다. 노드 수만큼 행과 열을 가진 행렬로 표현하며, 간선이 있으면 행렬의 값을 1, 없으면 행렬의 값을 0으로 표현하여 저장한다. 무방향 그래프의 행렬에서 각 노드의 차수는 행의 합으로 표현할 수 있다. 다음 예를 보면, 각 노드로 행과 열을 정의하였고, 행렬 안의 0과 1 값은 각 노드 사이에 간선을 표시한 것이다. A 노드의 경우 A 자신과의 간선이 없으므로 0이며, 노드 B와 노드 C와의 간선이 있으므로 각각 1의 값을 정의하였고, 간선이 없는 노드에는 0 값으로 정의하였다. 노드별 간선의 유무를 정의한 행렬이다.

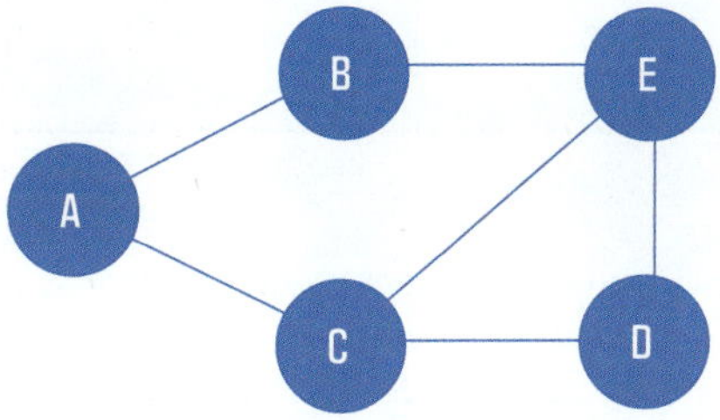

	A	B	C	D	E
A	0	1	1	0	0
B	1	0	0	0	1
C	1	0	0	1	1
D	0	0	1	0	1
E	0	1	1	1	0

파이썬 자료형을 이용하여 정의된 그래프를 저장하는 코드는 다음과 같다. 이중 리스트 자료형을 이용하여 표현할 수 있고, 이때 저장되는 데이터는 간선에 대한 정보이다. 무방향 그래프일 경우 지정된 노드의 차수는 1 값의 합으로 계산할 수 있어 노드의 차수는 행의 합으로 표현한다.

```
graph_array=[[0,1,1,0,0],[1,0,0,0,1],[1,0,0,1,1][0,0,1,0,1],[0,1,1,1,0]]
```

두 개의 자료구조를 통한 저장을 비교해 봤을 때 연결 리스트에서는 간선에 대한 정보가 아니라 노드에 대한 정보로 간선의 정보를 저장했으며, 배열에서는 노드에 대한 정보가 아니라 간선에 대한 정보를 저장하여 표현한 것을 알 수 있다.

그래프 자료구조를 이용하여 여러 가지 문제를 쉽게 해결하고 있다. 예를 들어 최단 거리 문제를 해결한 알고리즘인 프림 알고리즘, 크러스컬 알고리즘, 다익스트라 알고리즘 등은 데이터를 그래프 자료구조로 저장한 후 저장된 데이터들을 이용하여 최단 거리를 찾는 알고리즘들이다. 탐색 문제도 그래프 자료구조를 이용하면 쉽게 해결할 수 있다. 대표적인 그래프 자료구조를 이용한 탐색 알고리즘에는 깊이 우선 탐색인 DFS 알고리즘과 너비 우선 탐색인 BFS 탐색 알고리즘이 있다. 최단 거리 문제 알고리즘과 탐색 문제 알고리즘은 문제와 알고리즘에서 자세히 설명하도록 한다.

3.4 트리

트리(Tree) 자료구조를 알아보자. 트리는 그래프의 일종으로 여러 노드가 한 노드를 가리킬 수 없는 구조를 말한다. 트리도 그래프의 일종이므로 노드와 간선으로 구성된다. 트리의 구성을 그림으로 살펴보면, 노드와 연결된 노드들 사이에는 부모와 자식 관계가 있으며, 한 방향으로만 연결되어 있고, 자식 노드는 반드시 하나의 부모만 갖도록 하는 규칙이 있다.

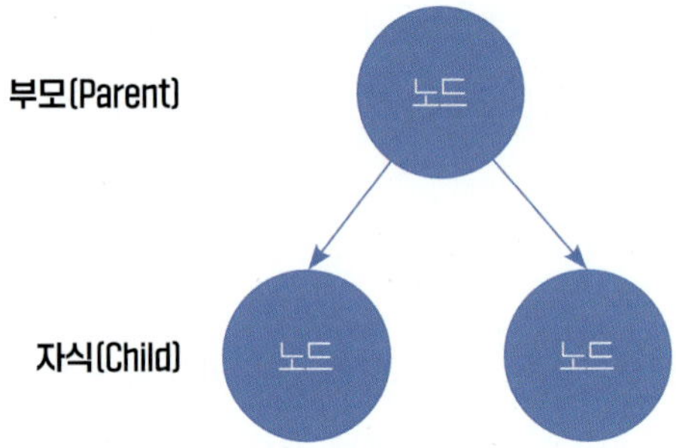

트리에 여러 가지 규칙을 추가해 다양한 형태의 트리를 정의한다. B 트리는 자식 노드가 2개 이상을 정의할 수 있는 트리이며, 이진 트리는 자식 노드가 2개 이하인 트리이다. 완전 이진 트리는 자식 노드를 추가할 때 왼쪽부터 오른쪽으로 추가하는 규칙을 갖는 트리이고, 균형 이진 트리는 자식 노드의 추가 위치는 상관없지만 왼쪽과 오른쪽 레벨 차이가 1 이하가 되도록 노드를 추가하는 트리 구조를 말한다. 데이터를 트리 자료구조로 저장할 때 데이터의 활용과 알고리즘에 따라 원하는 트리의 종류를 선택하여 구현할 수 있다.

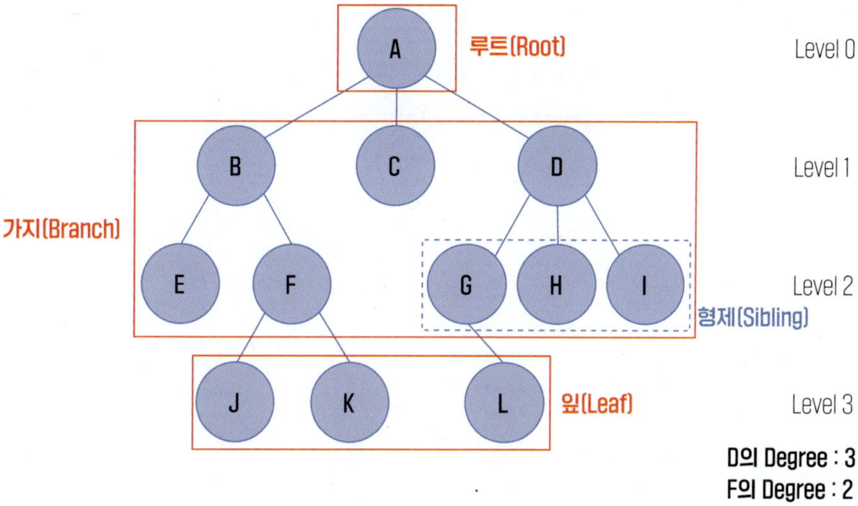

트리에서 사용하는 용어들을 그림을 통해 살펴보자. 다음과 같이 생성된 트리가 있다고 가정할 때 트리의 가장 위에 있는 노드인 A 노드는 루트 노드로 정의한다. 트리의 가장 마지막에 있는 J, K, L 노드는 잎 노드라 하고, 루트 노드와 잎 노드 사이의 노들을 가지 노드라고 정의한다. 부모 노드에서 자식 노드가 생성될 때마다 레벨을 정의하며, 한 부모 노드에서 생성된 노드들을 형제 노드라고 정의한다. 각 노드의 차수는 자식 노드의 개수를 의미하여, 노드 D의 차수는 자식 노드가 3개이므로 3으로 정의할 수 있다. 따라서 그림에 정의된 트리는 레벨이 3까지 정의되어 있으며, 8개의 가지 노드와 3개의 잎 노드로 구성된 트리임을 알 수 있다.

트리 자료구조는 트리의 특징과 규칙을 갖도록 데이터를 저장하는 자료구조이다. 트리의 특징과 규칙으로 저장되지만 트리 자료구조도 기본 자료형과 기본 자료구조로 주기억장치에 저장된다. 각 프로그래밍 언어에서 제공하는 자료형과 자료구조를 이용하여 트리 자료구조를 표현할 수 있다.

트리도 기본 자료구조인 연결 리스트와 배열을 이용하여 데이터를 저장할 수 있는데, 그래프와 마찬가지로 노드와 간선을 정의하여 저장할 수 있다. 이때 노드는 특정 값을 가지고 있으며, 하나의 자료구조로 저장된 노드들은 부모와 자식 관계를 갖는 간선임을 알 수 있다. 연결 리스트 자료구조로 저장할 때 각 노드는 두 개의 주소값을 저장할 수 있는 영역을 갖도록 정의해야 한다. 왼쪽 주소값 영역에는 왼쪽 자식 노드 데이터가 저장된 주소값이 저장되며, 오른쪽 주소값 영역에는 오른쪽 자식 노드 데이터가 저장된 주소값이 저장되도록 정의한다.

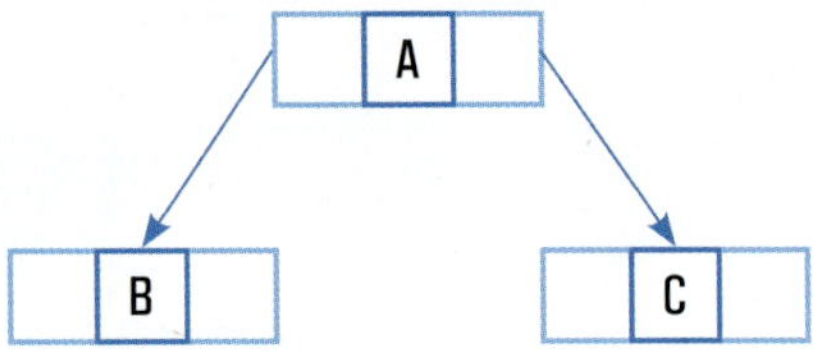

2차원 배열 자료구조로 저장할 때는 부모 노드와 자식 노드를 연결 리스트로 연결하고, 자식 노드를 배열로 표현할 수 있다. 이때 인덱스 0에 저장된 데이터는 왼쪽 자식 노드이고, 인덱스 1에 저장된 데이터는 오른쪽 자식 노드로 정의한다.

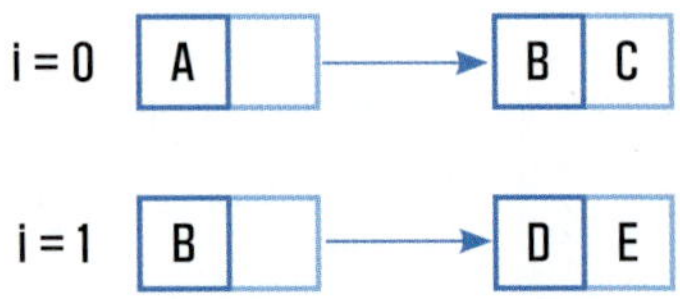

A[i][0] : 왼쪽 자식 노드, A[i][1] : 오른쪽 자식 노드

트리 자료구조는 효율적인 데이터의 삽입과 삭제 방법을 제공한다. 트리 자료구조를 이용한 문제 해결 알고리즘을 몇 가지 예를 들어보면, 탐색 문제를 트리 자료구조를 이용하여 해결한 이진 탐색 알고리즘, 정렬 문제를 트리 자료구조를 이용하여 해결한 힙 정렬 알고리즘 등이 있다. 각각의 알고리즘은 문제 해결과 알고리즘에서 자세히 다룬다.

트리는 그래프의 일종으로 컴퓨터과학에서 많이 사용하는 자료구조 중 하나이다. 그래프와 트리의 특징을 비교하여 다음 표로 작성하였다. 방향성 특징을 보면 그래프는 방향이 있는 그래프와 없는 그래프 모두 존재하지만, 트리는 방향이 있는 그래프만 특정하여 정의한다. 사이클 형태를 보면 그래프는 노드 간의 사이클이 있도록 정의할 수 있지만, 트리는 사이클이 불가능한 비순환 그래프이다. 그래프에는 루트 노드의 개념이 없고, 트리는 반드시 한 개의 루트 노드를 갖는다. 노드들의 관계를 보면, 그래프는 부모 자식의 개념이 규칙에 포함되지 않지만, 트리는 부모 자식의 개념이 규칙에 반드시 포함되며 이러한 형태를 계층 모델이라고 정의한다. 간선의 수를 비교해 보면, 그래프에 따라 간선의 수가 다르고 규칙적이지 않지만, 트리는 간선의 수가 정해져 있다. 노드가 3개이면 간선의 수는 반드시 2개가 되며, 노드가 4개이면 간선의 수는 반드시 3개가 되는 규칙을 가지고 있어서 이것을 일반화시키면 노드가 n개인 트리는 항상 n−1개의 간선을 갖게 된다.

	그래프	트리
정의	노드와 그 노드를 연결하는 간선을 하나로 모아 놓은 자료구조	그래프의 한 종류
방향성	방향/무방향 그래프 모두 존재	방향 그래프
사이클	사이클 가능 순환/비순환 그래프 모두 가능	사이클 불가능 비순환 그래프
루트 노드	루트 노드 개념이 없음	한 개의 루트 노드만 존재
부모−자식	부모−자식 개념 없음	부모−자식 관계
모델	네트워크 모델	계층 모델
간선의 수	그래프에 따라 간선의 수가 다름 간선이 없을 수도 있음	노드가 n인 트리는 항상 n−1의 간선을 가짐

3.5 그래프 순회

순회는 그래프 또는 트리와 같은 연결 구조에서 모든 노드를 순차적으로 탐색하는 방법이다. 하나의 노드로 시작하여 차례대로 모든 노드를 한 번씩 방문하는 방법으로, 모든 노드 또는 특정 노드를 방문하는 방법을 찾기 위한 방법이다.

예를 들어, 도시와 도로를 그래프로 표현하는 경우 특정 도시에서 다른 도시로 갈 수 있는 길이 있는지 확인할 때 순회 방법을 사용할 수 있다. 또, 전자회로에서 단자와 연결선을 그래프로 표현하는 경우 특정 단자와 연결되어 있는지 확인할 때 순회 방법을 사용할 수 있다.

이와 같이 순회는 그래프 자료구조를 바탕으로 여러 가지 문제를 해결하기 위해 정의되어, 탐색 알고리즘으로 알려져 있다. 본 교재에서는 그래프(Graph) 순회를 자료구조를 중심으로 소개하고자 한다. 순회 방법을 이용하여 여러 가지 탐색 문제를 해결할 수 있는데, 그래프와 트리 자료구조에서 정의되는 순회 방법에는 깊이 우선 순회(DSF: Depth First Search)와 너비 우선 순회(BSF: Breadth First Search)가 있다.

깊이 우선 순회

깊이 우선 순회(DSF: Depth First Search)는 시작 노드를 정하고 방문하지 않은 노드가 존재할 때까지 방문하는 방법이다. 깊이 우선 순회 규칙은 다음과 같다.

- 현재 노드의 인접 노드 중 방문하지 않은 노드를 방문한다.
- 방문한 노드의 인접 노드 중 더 이상 방문하지 않은 인접 노드가 존재하지 않으면 방문했던 경로로 되돌아간다.
- 방문하지 않은 노드가 더 이상 존재하지 않으면 종료한다.

다음과 같이 7개의 노드로 구성된 무방향 그래프의 모든 노드를 깊이 우선 순회 방법을 적용해서 방문해 보자.

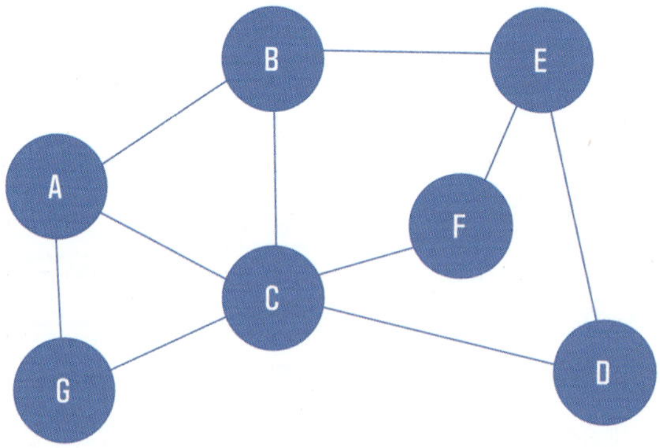

그래프의 노드를 방문하는 순회를 하기 위해서는 시작 노드를 반드시 정해야 한다.

시작 노드를 A 노드로 정했다 가정하고, 다음 방문 노드는 조건 없이 무작위 선택으로 한다고 가정한다.

A 노드를 가장 먼저 방문하고 인접한 노드 중에 다음 방문할 노드를 선택한다. A 노드의 인접 노드인 B, C, G 중 하나를 선택한다. 이때 B를 선택했다고 가정해 보자. 두 번째 방문 노드는 B가 되고, B 노드의 인접 노드 중 다음 방문할 노드를 선택한다. B 노드의 인접 정점인 A, C, E 중 하나를 무작위로 선택하는데, 이때 A는 이미 방문한 노드이므로 제외시키고, C와 E 중 선택하여 방문한다. C 노드를 선택하면 세 번째로 C 노드를 방문한다. 다시 방문한 C 노드의 인접 노드인 A, B, F, D, G 중 방문하지 않은 F, D, G 중 하나를 선택하여 방문한다. D 노드를 선택하면 네 번째로 D 노드를 방문하고, D 노드의 인접 노드인 C, E 중 방문하지 않은 E 노드를 선택하여 방문하고, E 노드를 다섯 번째로 방문한다. E 노드의 인접 노드인 B, D, F 중 방문하지 않은 F 노드를 선택하여 방문한다. 이때 F 노드의 인접 노드는 E, C인데 E 노드와 C 노드는 모두 방문한 노드이므로 더 이상 선택할 수 있는 노드가 없다. 이때 깊이 우선 순회 규칙에 따라 인접 노드 중 더 이상 방문하지 않은 인접 노드가 존재하지 않으면 방문했던 경로를 되돌아가게 되어 E 노드를 선택하게 된다. 다시 E 노드의 인접 노드를 확인하는데, 이때 E 노드의 인접 노드 중에 방문하지 않은 노드가 없으므로, E 노드를 선택했던 경로의 시작 노드인 D 노드를 선택한다. 이와 같이 방문했던 경로를 되돌아가면서 방문하지 않은 인접 노드를 찾아 방문하게 된다. C 노드로 되돌아왔을 때, C 노드의 인접 노드 중 방문하지 않은 G 노드를 선택하여 방문한다. G 노드의 인접 노드 중 방문하지 않은 노드가 없으므로, C 노드로 되돌아가고, C 노드의 인접 노드 중 방문하지 않은 노드가 없으므로, 최초에 선택된 B 노드로 되돌아가며, B 노드의 인접 노드 중 방문하지 않은 노드가 없으므로, 시작 노드인 A 노드로 되돌아오고 모든 노드의 순회를 마치고 돌아옴을 알 수 있다.

다음 그림은 주어진 그래프의 순회 순서를 보여 준다.

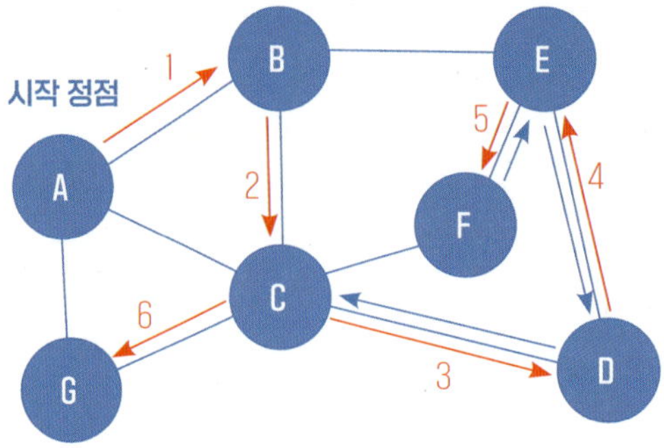

순회 순서

A → B → C → D → E → F
→ E → D → C → G → C → B → A

종료 조건

시작 정점으로 돌아옴

깊이 우선 순회 방법은 시작 노드에서 한 방향으로 마지막 노드까지 방문하고, 방문 경로를 되돌아가면서 방문하지 않은 노드를 확인한 후 방문한다.

깊이 우선 순회 방법을 컴퓨터 프로그래밍 언어로 표현하여 컴퓨터로 수행하기 위해서는 먼저 노드와 인접을 주기억장치에 저장해야 한다. 이를 위하여 기본 자료구조인 리스트와 배열을 사용할 수 있고, 이것을 인접 리스트 방법과 2차원 배열 방법으로 표현할 수 있다고 앞서 소개하였다. 또 앞서 그래프 자료구조를 주기억장치에 저장하기 위한 표현 방법을 소개하였다. 그래프를 인접 리스트로 표현하여 깊이 우선 순회를 수행하는 방법과 그래프를 2차원 배열로 표현하여 깊이 우선 순회를 수행하는 방법을 알아보자.

기본 자료구조로 표현한 깊이 우선 순회 수행

주어진 그래프를 기본 자료구조인 인접 리스트로 표현하여 깊이 우선 순회를 수행한 것을 그림으로 표현하면 다음과 같다.

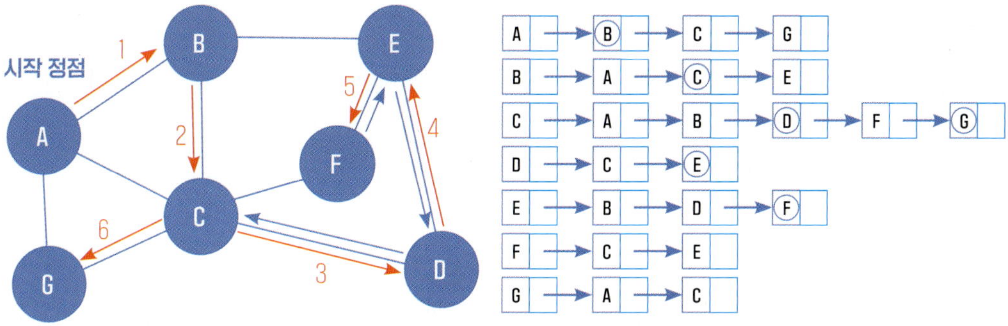

graph_array={A:[B,C,G],B:[A,C,E],C:[A,B,D,F,G],
D:[C,E],E:[B,D,F],F:[C,E],G:[A,C]}

인접 리스트로 표현한 그래프에서 깊이 우선 순회 방법을 살펴보자.

시작 노드를 A로 하면 A에 연결된 노드 중 첫 번째 노드인 B 노드를 방문하고, B 노드의 연결 리스트로 이동한다. B 노드에 연결된 노드 중 방문하지 않은 노드인 C 노드를 방문하고, C 노드의 연결 리스트로 이동한다. C 노드에 연결된 노드 중 방문하지 않은 노드인 D 노드를 방문하고, D 노드의 연결 리스트로 이동한다. D 노드에 연결된 노드 중 방문하지 않은 노드인 E 노드를 방문하고, E 노드의 연결 리스트로 이동한다. E 노드에 연결된 노드 중 방문하지 않은 노드인 F 노드를 방문하고, F 노드의 연결 리스트로 이동한다. F 노드에 연결된 노드 중 방문하지 않은 노드가 없으므로, 바로 이전 연결 리스트인 E 노드의 연결 리스트로 이동한다. E 노드에 연결된 노드 중 방문하지 않은 노드가 없으므로, 이전 연결 리스트인 D 노드의 연결 리스트로 이동한다. D 노드에 연결된 노드 중 방문하지 않은 노드가 없으므로, 이전 연결 리스트인 C 노드의 연결 리스트로 이동한다. C 노드에 연결된 노드 중 방문하지 않은 노드인 G 노드를 방문하고, G 노드의 연결 리스트로 이동한다. G 노드에 연결된 노드 중 방문하지 않은 노드가 없으므로, 이전 연결 리스트인 C 노드의 연결 리스트로 이동한다. C 노드에 연결된 노드 중 방문하지 않은 노드가 없으므로, 이전 연결 리스트인 B 노드의 연결 리스트로 이동한다. B 노드에 연결된 노드 중 방문하지 않은 노드가 없으므로, 이전 연결 리스트인 A 노드의 연결 리스트로 이동한다. A 노드에 연결된 노드 중 방문하지 않은 노드가 없고, A 노드가 시작 노드이므로 순회를 종료한다.

주어진 그래프를 기본 자료구조인 2차원 배열로 표현하여 깊이 우선 순회를 수행한 것을 그림으로 표현하면 다음과 같다.

2차원 배열 기본 자료구조로 표현한 그래프의 깊이 우선 순회 방법도 같은 방법으로 수행된다.

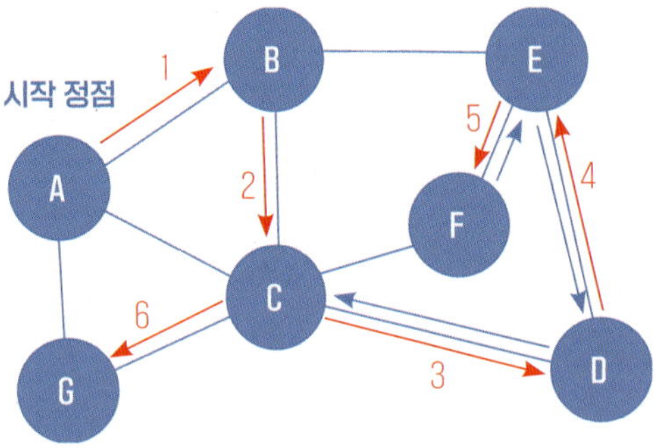

	A	B	C	D	E	F	G
A	0	1	1	0	0	0	1
B	1	0	1	0	1	0	0
C	1	1	0	1	0	1	1
D	0	0	1	0	1	0	0
E	0	1	0	1	0	1	0
F	0	0	1	0	1	0	0
G	1	0	1	0	0	0	0

```
graph_array=[[0,1,1,0,0,0,1],[1,0,1,0,1,0,0],[1,1,0,1,0,1,1],
             [0,0,1,0,1,0,0],[0,1,0,1,0,0,0],[0,0,1,0,1,0,0],
             [1,0,1,0,0,0,0]]
```

A 노드를 시작으로 A 노드에 포함된 값 중에서 값이 1인 노드로 이동한다. 값이 1인 노드에 포함된 값 중에서 값이 1인 노드로 다시 이동하는데, 이때 이미 방문한 노드인지 확인 후 방문하지 않은 노드 중에 값이 1인 노드로 이동한다. 이것을 반복하여 시작 노드로 돌아와 시작 노드에 방문하지 않은 값이 1인 노드들을 모두 확인하고 종료한다.

깊이 우선 순회 방법과 컴퓨터 알고리즘 동작

깊이 우선 순회 방법을 컴퓨터 알고리즘으로 구현할 때 스택 자료구조를 사용하면 쉽게 구현할 수 있다. 스택은 방문한 노드들을 저장하여 그래프 순회의 종료를 확인하는 데 사용한다.

스택을 이용한 깊이 우선 순회 방법의 컴퓨터 알고리즘 동작을 정리하면 다음과 같다.

1. 시작 노드를 스택에 삽입하고 방문 처리한다.
2. 스택의 최상위 노드에 방문하지 않은 인접 노드가 있으면 인접 노드를 스택에 삽입하고 방문 처리한다.
3. 스택의 최상위 노드에 방문하지 않은 인접 노드가 없으면 스택에서 삭제한다.
4. 스택이 빌 때까지 수행한다. (스택의 마지막 노드는 시작 노드이다.)

이 과정을 스택 상태로 표현하면 다음 그림과 같다.

스택을 파이썬의 리스트로 정의하였다. 리스트에 추가되었다는 것은 스택에 삽입되었다는 것을 의미하며, 리스트에 있는 값은 방문 노드를 의미한다.

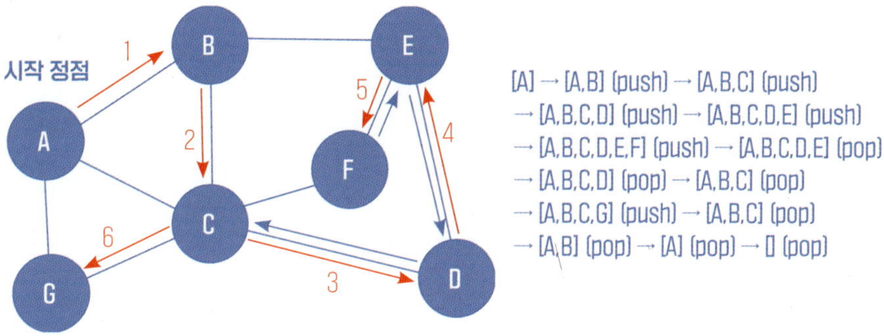

리스트에 A를 추가하고, A와 인접한 B, C, G 중에서 B를 추가한다. 추가된 B를 기준으로 다시 A, C, E 중에서 C를 추가하고, 다시 C를 기준으로 다시 A, B, D, F, G 중에서 D를 추가하고, D를 기준으로 C, E 중에서 E를 추가하고, E를 기준으로 F를 추가한다. 이 상태까지 스택에 push 동작만 이루어진다. F를 기준으로 E, C가 모두 리스트 즉 스택에 있고, 이것은 F 노드에 인접한 모든 노드를 방문했다는 의미이므로, F를 리스트에서 삭제한다. 다음 리스트 마지막에 저장된 E에 인접한 B, D, F 모두 리스트에 있는 것을 확인한 후 E를 리스트에서 삭제한다. 다음 리스트 마지막에 저장된 D에 인접한 E, C가 모두 리스트에 있는 것을 확인한 후 E를 리스트에서 삭제한다. 다음 리스트 마지막에 저장된 C에 인접한 A, B, D, F, G 중 리스트에 없는 G를 다시 리스트에 추가한다. G를 기준으로 A,

C 모두 리스트에 있는 것을 확인한 후 G를 리스트에서 삭제한다. 다음 리스트 마지막에 저장된 C에 인접한 A, B, D, F, G 모두 리스트에 있는 것을 확인한 후 C를 리스트에서 삭제한다. 다음 리스트 마지막에 저장된 B에 인접한 A, C, E 모두 리스트에 있는 것을 확인한 후 A를 리스트에서 삭제한다.

A는 처음 시작 노드였으며, 리스트에서 삭제된다는 것은 인접한 모든 노드가 방문되었다는 것을 의미하고, 리스트에 더 이상 값이 없다는 것은 주어진 그래프의 순회가 종료되었음을 의미한다.

깊이 우선 순회 방법으로 그래프를 순회할 때, 그래프는 기본 자료구조인 연결 리스트와 배열로 표현하고, 순회 순서는 스택 자료구조를 사용하여 구현할 수 있다.

트리구조의 깊이 우선 순회

이진 트리 자료구조로 표현된 노드들을 깊이 우선 순회로 방문하는 방법을 그림으로 표현하면 다음과 같다.

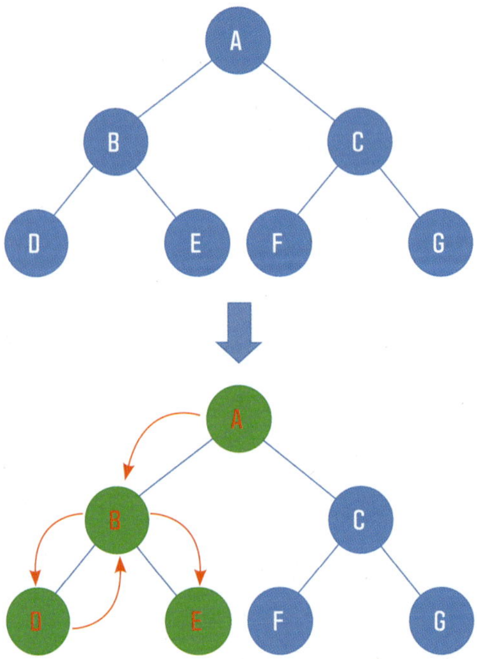

이진 트리는 인접 노드가 두 개인 그래프이므로, 이진 트리에 깊이 우선 순회 방법을 적용해 보면, 부모 노드가 시작 노드가 되며, 부모 노드를 기준으로 오른쪽 자식 노드와 왼쪽 자식 노드 중 하나를 선택하여 방문을 진행한다. 이때 선택한 순서를 끝까지 따른다. 오른쪽을 선택했을 경우, 오른쪽 자식 노드를 우선으로 방문 순서가 정해진다.

그러므로 위의 이진 트리의 방문 순서는 A → B → D → E → C → F → G가 된다. 이진 트리도 기본 자료구조로 표현하고, 스택 자료구조를 이용하여 방문 순서를 구현할 수 있다.

너비 우선 순회

너비 우선 순회(BSF: Breadth First Search)는 시작 노드를 정하고 인접한 노드를 모두 방문하는 순회 방법이다. 너비 우선 순회 규칙을 정리하면 다음과 같다.

- 현재 노드의 인접 노드를 모두 방문한다.
- 인접 노드 중 더 이상 방문하지 않은 인접 노드가 존재하지 않으면 방문했던 경로를 되돌아간다.
- 방문하지 않은 노드가 더 이상 존재하지 않으면 종료한다.

다음과 같이 7개의 노드로 구성된 무방향 그래프의 모든 노드를 너비 우선 순회 방법을 적용해서 방문해 보자.

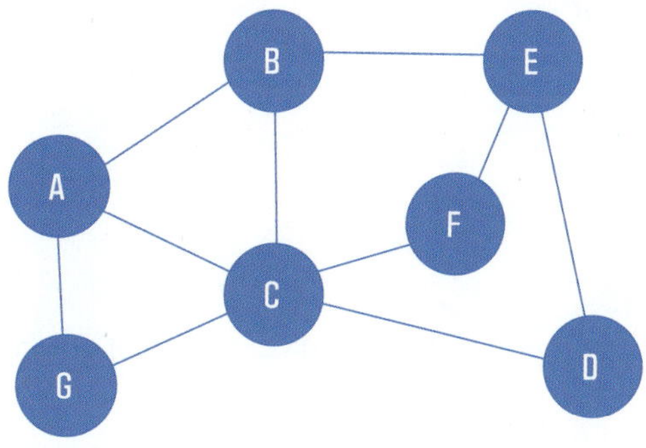

그래프의 노드를 방문하는 순회를 하기 위해서는 시작 노드를 정한다.

시작 노드를 A 노드로 정했다 가정하고, A 노드를 가장 먼저 방문한 후 인접한 노드들을 순서대로 모두 방문한다. 이때 순서를 정하는 조건은 있을 수도 있고, 없을 수도 있다. 여기에서는 없다고 가정한다. A 노드의 인접 노드인 B, C, G를 조건 없는 순서로 모두 방문한다. 방문한 인접 노드 중 하나를 선택한다. 이때 B를 선택했다고 가정해 보자. B 노드의 인접 노드인 A, C, E를 조건 없는 순서로 모두 방문한다. 이미 방문한 A와 C는 제외하고, E를 방문한다. 다시 시작 노드의 인접 노드 중 방문한 C 노드를 선택하고, C 노드의 인접 노드인 A, B, F, D, G 중 방문하지 않은 F, D를 조건 없는 순서로 모두 방문한다. 다시 시작 노드의 인접 노드 중 방문한 G 노드를 선택한다. 이때 G 노드의 인접 노드인 A, C는 이미 모두 방문하였으므로, A의 인접 노드 중 B 노드의 인접 노드였던 E 노드를 기준으로 인접 노드인 F, D를 확인하고, 이미 모두 방문하였으므로 A의 인접 노드 중 C 노드의 인접 노드였던 D를 기준으로 인접 노드인 E, F를 확인한다. 모두 방문하였으므로 F를 기준으로 인접 노드인 C, D, E를 확인한다. 이와 같이 순회한 모든 노드를 기준으로 인접 노드의 방문을 확인하고, 더 이상 방문할 노드가 없으면 종료한다.

다음 그림은 주어진 그래프의 순회 순서를 보여 준다.

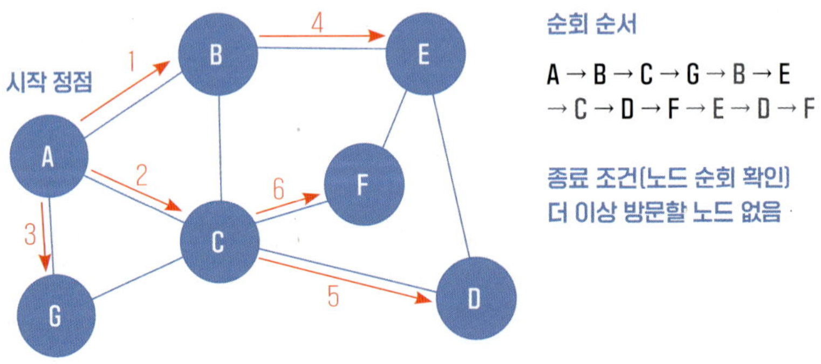

너비 우선 순회 방법은 시작 노드와 가까운 노드부터 방문하고 멀리 떨어진 노드를 나중에 방문하는 순회 방법이다.

너비 우선 순회 방법을 컴퓨터 프로그래밍 언어로 표현하여 컴퓨터로 수행하기 위해서 인접 리스트 방법과 2차원 배열 방법으로 표현한다. 그래프를 인접 리스트로 표현하여 너비 우선 순회를 수행하는 방법과 그래프를 2차원 배열로 표현하여 너비 우선 순회를 수행하는 방법을 알아보자.

기본 자료구조로 표현한 너비 우선 순회 수행

주어진 그래프를 기본 자료구조인 인접 리스트로 표현하여 너비 우선 순회를 수행한 것을 그림으로 표현하면 다음과 같다.

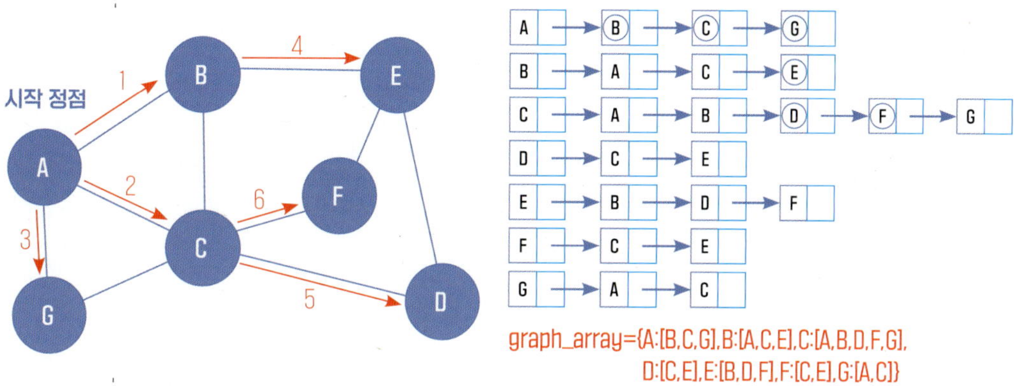

인접 리스트로 표현한 그래프에서 너비 우선 순회 방법을 살펴보자. 시작 노드를 A로 하면 A에 연결된 노드를 연결된 순서대로 모두 방문한다. A에 연결된 첫 번째 노드인 B 노드의 연결 리스트로 이동한다. B 노드에 연결된 노드를 연결된 순서대로 모두 방문한다. 이때 이미 방문한 A와 C는 다시 방문하지 않는다. 다음 A 노드에 연결된 두 번째 노드인 C 노드의 연결 리스트로 이동한다. C 노드에 연결된 노드를 모두 방문한다. 이때 이미 방문한 A, B, G는 방문하지 않는다. 다음 A에 연결된 세 번째 노드인 G 노드의 연결 리스트로 이동하여 확인하고, 다음 B 노드에 연결된 E 노드로 이동하여 확인한 후, C 노드에 연결된 D 노드, F 노드의 연결 리스트로 이동하여 방문하지 않은 노드를 확인한다. 확인이 모두 끝나고, 더 이상 방문하지 않은 연결된 모드가 존재하지 않으면 순회를 종료한다.

주어진 그래프를 기본 자료구조인 2차원 배열로 표현하여 깊이 우선 순회를 수행한 것을 그림으로 표현하면 다음과 같다.

2차원 배열 기본 자료구조로 표현한 그래프의 깊이 우선 순회 방법도 같은 방법으로 수행된다.

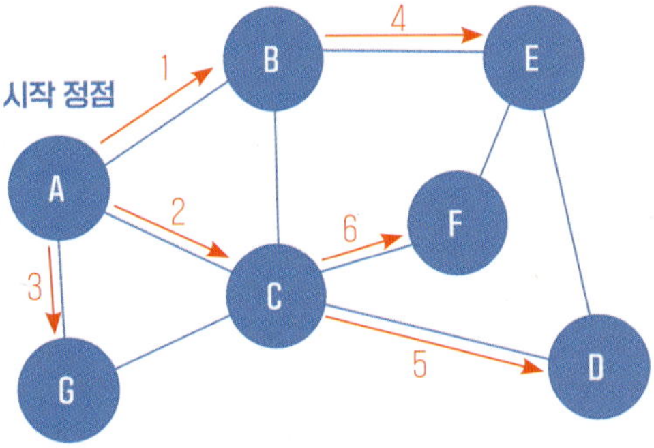

	A	B	C	D	E	F	G
A	0	1	1	0	0	0	1
B	1	0	1	0	1	0	0
C	1	1	0	1	0	1	1
D	0	0	1	0	1	0	0
E	0	1	0	1	0	1	0
F	0	0	1	0	1	0	0
G	1	0	1	0	0	0	0

graph_array=[[0,1,1,0,0,0,1], [1,0,1,0,1,0,0], [1,1,0,1,0,1,1], [0,0,1,0,1,0,0], [0,1,0,1,0,0,0], [0,0,1,0,1,0,0], [1,0,1,0,0,0,0]]

A 노드를 시작으로 A 노드에 포함된 값 중에서 값이 1인 모든 노드를 방문하고, 방문한 순서대로 이동하여 다시 값이 1인 노드를 확인한다. 이것을 반복하여 값이 1인 노드 중 방문하지 않은 노드가 없는 것을 확인한 후 순회를 종료한다.

너비 우선 순회 방법과 컴퓨터 알고리즘 동작

너비 우선 순회 방법을 컴퓨터 알고리즘으로 구현할 때 큐 자료구조를 사용하면 쉽다. 큐는 방문한 노드들을 저장하여 그래프 순회의 종료를 확인하는 데 사용한다.

큐를 이용한 깊이 우선 순회 방법의 컴퓨터 알고리즘 동작을 정리하면 다음과 같다.

1. 시작 노드를 큐에 삽입하고 방문 처리한다.
2. 큐에서 노드를 꺼내고 해당 노드의 인접 노드 중에서 방문하지 않은 노드를 모두 큐에 삽입하고 방문 처리한다.
3. 큐가 빌 때까지 수행한다. (큐의 마지막 노드는 마지막으로 방문한 노드이다.)

이 과정을 큐의 상태로 표현하면 다음 그림과 같다.

큐를 파이썬의 리스트로 정의하였는데, 리스트에 추가되었다는 것은 큐에 삽입되었다는 것을 의미하며, 리스트에 있는 값은 방문 노드를 의미한다. 큐에서 노드를 꺼내면 가장 앞에 저장된 노드를 읽어오고 리스트에서 삭제한다.

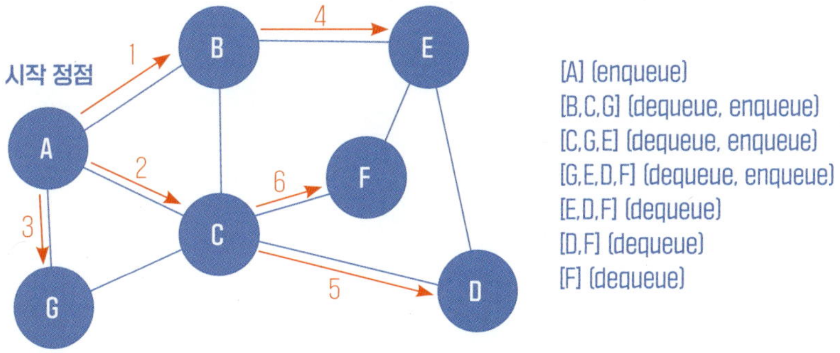

리스트에 A를 추가하고, 리스트의 가장 처음에 있는 A를 삭제한 후, A에 인접한 B, C, G를 차례대로 모두 추가한다. 이때 추가되는 순서는 방문한 순서로 가정한다. 리스트의 가장 처음에 있는 B를 삭제하고, B에 인접한 A, C, E 중에 리스트에 없는 E를 추가한다. 리스트의 가장 처음에 있는 C를 삭제하고, C에 인접한 A, B, D, F, G 중에서 리스트에 없는 D, F를 추가한다. 리스트의 가장 처음에 있는 G를 삭제하고, G에 인접한 A, C 모두 이미 방문한 노드이므로 아무것도 추가하지 않는다. E, D, F 차례대로 리스트에서 삭제하며 방문 여부를 확인한다. 리스트에 더 이상 삭제할 노드가 없으면 종료한다.

너비 우선 순회 방법으로 그래프를 순회할 때 그래프는 기본 자료구조인 연결 리스트와 배열로 표현하고, 순회 순서는 큐 자료구조를 사용하여 구현할 수 있다.

트리 구조의 너비 우선 순회

이진 트리 자료구조로 표현된 노드들을 너비 우선 순회 방법으로 방문하는 방법을 그림으로 표현하면 다음과 같다.

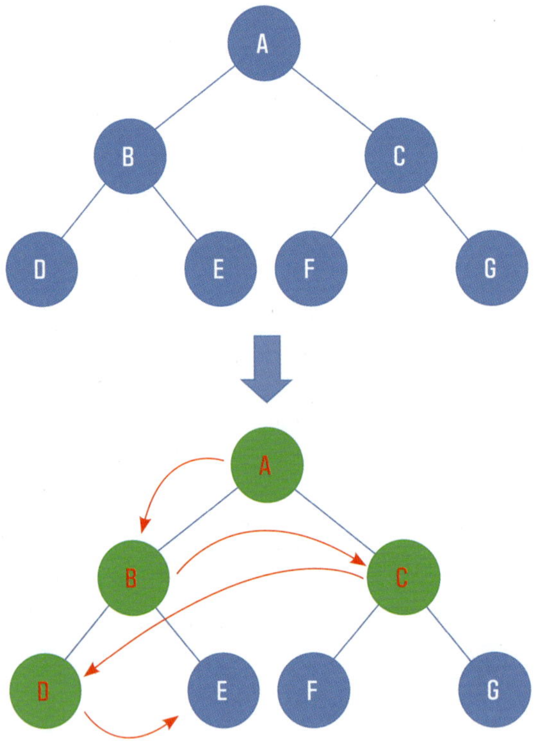

이진 트리는 인접 노드가 두 개인 그래프이므로 이진 트리에 너비 우선 순회 방법을 적용해 보면 부모 노드가 시작 노드가 되며, 부모 노드를 기준으로 오른쪽 자식 노드와 왼쪽 자식 노드를 순서대로 모두 방문한다. 다음 왼쪽 자식 노드를 부모 노드와 다시 정의하여 오른쪽 자식 노드와 왼쪽 자식 노드 모두를 순서대로 모두 방문을 진행한다.

그러므로 위의 이진 트리의 방문 순서는 A → B → C → D → E → F → G가 된다. 이진 트리도 기본 자료구조로 표현하고, 스택 자료구조를 이용하여 방문 순서를 구현할 수 있다.

| 4장 |

컴퓨터 알고리즘 성능과 문제

학습 목표

- 컴퓨터과학 분야에서 정의하는 문제를 이해한다.
- P 문제와 NP 문제에 대해 이해한다.
- 컴퓨터 알고리즘 성능의 의미를 이해한다.
- 컴퓨터 알고리즘 성능 평가 방법인 시간 복잡도를 이해한다.

1 〉 컴퓨터 알고리즘 성능

알고리즘과 자료구조의 차이에 대해 앞서 설명하였다. 문제를 컴퓨터로 해결하기 위하여 데이터를 여러 가지 방식으로 저장해서 문제 해결의 효율성을 높이는 자료구조에 대해서도 살펴보았다.

자료구조는 데이터를 효율적으로 저장하고, 저장된 데이터를 효율적으로 사용하는 문제를 해결하고자 만들어진 것이다. 이것을 알고리즘의 정의로 다시 말하면 자료구조도 데이터를 저장하는 문제 해결을 위한 알고리즘이라고 할 수 있다.

컴퓨터로 여러 가지 일반 문제를 해결하기 위해서는 반드시 일반 문제에 대한 정보를 데이터로 변환하여 주기억장치에 저장해야 한다. 저장된 데이터를 활용하는 것이 컴퓨터를 이용한 문제 해결 방식이기 때문에 데이터 저장은 컴퓨터로 문제를 해결할 때 가장 중요한 요소이다. 따라서 자료구조에서는 데이터 저장 문제에 대한 여러 가지 해결 방식을 자료구조라는 주제로 알아봤다.

지금부터 컴퓨터로 해결하고자 하는 여러 가지 다른 문제에 대하여 알아보고자 한다. 알고리즘의 일반적인 정의를 살펴보면, 문제를 해결하기 위한 절차를 공식화한 형태로 표현한 것이다. 하지만 우리는 컴퓨터로 문제를 해결하기 원하며, 이를 위해 컴퓨터의 특징에 맞춘 컴퓨터 알고리즘에 대해서 재정의하고, 특징을 알아야 한다.

1.1 컴퓨터 알고리즘

컴퓨터 알고리즘은 컴퓨터를 이용하여 문제를 해결하기 위한 절차를 공식화한 형태로 표현하는 것이며, 문제에 대한 알고리즘을 컴퓨터에 적용하여 컴퓨터를 통해 문제 해결의 결과를 얻기 위해서 프로그래밍 언어로 표현되어야 한다. 컴퓨터 알고리즘은 반드시 프로그래밍 언어로 표현되어야 하며, 컴퓨터에서 실행되어야 하는 조건이 함께 정의된다.

컴퓨터 알고리즘은 다음과 같은 요건을 만족해야 하므로 각각을 살펴보자.

- 입력
- 출력
- 정확성
- 유한성
- 수행성

입력 / 출력

컴퓨터 알고리즘은 반드시 0개 이상의 외부 입력과 1개 이상의 출력이 필요하다. 컴퓨터 알고리즘에서 입력과 출력은 가장 중요한 요건이며, 프로그램에 따라 다양하게 정의된다.

더하기 문제를 해결하는 컴퓨터 알고리즘을 예로 살펴보자. 이를 자연어로 표현하면 다음과 같다.

1. 첫 번째 정수값을 입력 받는다.
2. 두 번째 정수값을 입력 받는다.
3. 입력 받은 두 정수를 더한다.
4. 더한 결과를 출력한다.

정의된 알고리즘은 컴퓨터로 수행할 수 없다. 알고리즘은 다음과 같이 프로그래밍 언어로 다시 표현하여 컴퓨터가 수행할 수 있도록 해야 한다.

```
a=3                a=int(input())
b=4                b=int(input())

c=a+b              c=a+b

print(c)           print(c)
```

파이썬 코드를 보면서 입력과 출력을 살펴보자. 첫 번째 코드는 정수값을 직접 정의하여 주기억장치에 저장한다. 저장된 두 수를 더하는 연산을 할 때 우리는 3과 4를 더하는 명령을 주기억장치에 저장된 3과 4에 접근할 수 있는 변수 이름으로 연산을 명령어로 정의한다. 그리고 그 값을 다시 주기억장치에 저장한다. 마지막 출력문으로 결과를 확인할 수 있다.

여기서 프로그램 결과가 출력문인 프린트 문을 수행한 것은 아니다. 더하기 문제에 대한 더한 결과를 출력한 것은 c 변수에 더하기 연산을 한 결과를 저장하는 것이다. 이때 프린트 명령문은 컴퓨터가 제대로 수행하였는지의 결과를 직접 확인하고자 하는 명령문이지 프로그램에 전혀 영향을 미치는 것은 아니다.

사용한 표준 출력 함수를 잠깐 살펴보자. 우리의 현재 개발환경과 함께 살펴보자. 현재 프로그래밍 언어로 컴퓨터 알고리즘을 표현하는 방법은 모니터와 키보드를 입력과 출력의 형태로 가지고 있는 환경이다. 따라서 프로그래밍을 위한 모든 입력 방법은 표준 입력인 키보드를 사용하며, 연산 결과를 확인하기 위해서는 표준 출력장치인 모니터를 사용할 수밖에 없다. 그렇다면 프린트 명령문을 제외하고 문제 해결 알고리즘을 봤을 때 더하기 문제를 해결한 알고리즘의 마지막인 더한 결과를 출력한다는 것은 c 변수에 더한 결과값을 저장한다는 것이며, 출력은 주기억장치에 저장하는 것으로 문제가 해결되었음을 알 수 있다.

컴퓨터 알고리즘에서 입력과 출력은 외부 입출력이 아닌 결과를 얻기 위한 데이터 저장과 결과 데이터 저장임을 이해해야 한다. 두 번째 더하기 문제 파이썬 코드는 입력을 사용자가 키보드로 직접 입력할 수 있도록 프로그램 형식을 바꾸었을 뿐 더하기 문제를 해결한 알고리즘 형식에는 변화가 없음을 알 수 있다.

정확성 / 유한성 / 수행성

컴퓨터 알고리즘의 요건에는 입력과 출력 외에 정확성, 유한성, 수행성이 있다.

- 정확성은 반드시 주어진 입력에 대해 올바른 해를 주어야 한다는 요건이다.
- 유한성은 컴퓨터 알고리즘은 일정한 시간 내에 반드시 종료되어야 한다는 요건이다.
- 수행성은 모든 명령은 컴퓨터에서 수행되어야 한다는 요건이다.

이 세 가지 요건에 의해 컴퓨터 알고리즘은 다음과 같은 성질을 갖는다.

> **"컴퓨터 알고리즘은 모든 입력값 n에 대해 유한 시간 내에 정확한 결과를 내야 한다."**

이렇게 보았을 때 더하기 문제는 컴퓨터 알고리즘의 요건을 모두 갖추고 있다. 입력과 출력이 명확하고, 어떠한 정수값을 입력하더라도 정확하게 더한 결과를 내고 있다.

간단한 문제가 아니라 복잡하고, 어려운 문제에 대해서도 이러한 요건을 모두 갖춘 컴퓨터 알고리즘을 만들어야 한다. 문제를 컴퓨터로 해결하고자 할 때 문제를 해결하는 알고리즘은 여러 가지 단계를 거쳐 만든다. 만들어진 알고리즘이 실제 알고리즘의 요건을 모두 만족하는지 확인해야 한다. 만들어진 알고리즘이 문제에 대한 모든 입력값에 대해서 유한 시간 내에 정확한 결과를 내는지 확인하는 방법이 알고리즘의 효율성을 알아보는 것이다. 이것을 알고리즘 성능이라고 하며, 지금부터 알고리즘 성능을 어떻게 계산하고 확인하는지 알아보자.

1.2 컴퓨터 알고리즘 성능

컴퓨터 알고리즘 성능은 알고리즘을 컴퓨터로 실행할 때 드는 비용을 말한다. 이때 비용 단위는 시간과 메모리 공간으로 정의한다.

시간은 프로그램 수행 시간, 연산을 수행하는 데 드는 시간 비용을 말하며, 메모리 공간은 프로그램을 수행하는 동안 사용하는 주기억장치의 데이터 저장 공간을 말한다.

알고리즘의 복잡도라 하고, 수행 시간 알고리즘 성능은 입력 크기에 대한 수행 시간 함수로 표현하며, 메모리 공간 알고리즘 성능은 입력 크기에 대한 메모리 사용 공간 함수로 표현한다.

컴퓨터 알고리즘의 성능을 계산하는 복잡도는 다음과 같이 앞서 설명한 두 가지 단위를 기본으로 하는 시간 복잡도와 공간 복잡도 계산 방법이 있다.

시간 복잡도는 알고리즘을 수행할 때 수행되는 연산의 횟수이다. 수행 시간에 대한 컴퓨터 알고리즘 성능을 계산할 때 수행 시간은 연산의 횟수로 계산하며, 이때 연산은 프로그래밍에서 사용되는 기본 연산을 말한다. 비교 연산, 읽기 연산, 데이터 갱신 연산, 산술 연산 등을 포함한다. 연산한다는 것은 알고리즘이 수행된다는 것이고, 수행되는 시간은 연산의 횟수에 직접적인 영향을 받는다. 따라서 시간 복잡도는 연산의 횟수를 계산하여 성능을 확인하는 것이다.

공간 복잡도는 알고리즘을 수행할 때 필요한 메모리의 양이다. 메모리의 양은 알고리즘이 수행되는 동안 저장될 데이터의 양과 형을 의미하며, 연산 중에 임시로 저장되는 모든 데이터의 저장 공간도 포함된다. 컴퓨터로 문제를 해결하기 위해서는 반드시 데이터가 주기억장치에 저장되어야 하는데 저장한다는 것은 메모리 영역을 사용한다는 의미이므로, 알고리즘이 수행될 때 사용하는 메모리 공간의 양으로 알고리즘 성능을 확인할 수 있다.

- 시간 복잡도(Time Complexity) : '시간' 알고리즘을 위해 필요한 연산의 횟수
- 공간 복잡도(Space Complexity) : '크기' 알고리즘을 위해 필요한 메모리 양

1.3 컴퓨터 알고리즘의 시간 복잡도

컴퓨터 알고리즘의 성능을 정의하는 시간 복잡도 계산에 대해 알아보자. 일반적으로 알고리즘의 복잡도는 주로 시간 복잡도를 의미하여, 본 교재에서는 컴퓨터 알고리즘의 성능을 평가하는 단위 중 입력 크기에 대한 수행 시간으로 평가하는 방법을 설명한다.

1부터 n까지 정수의 합 구하기 문제에 대한 컴퓨터 알고리즘의 시간 복잡도를 알아보자.

시간 복잡도를 계산한다는 것은 이미 문제 해결 절차를 모두 거쳐서 알고리즘이 만들어진 상태로, 알고리즘을 컴퓨터로 해결하고자 프로그래밍 언어로 표현했을 때 컴퓨터가 알고리즘 수행에 있어서 하드웨어적으로 얼마만큼의 성능을 보이는지 알기 위한 것이다. 1부터 n까지 정수의 합 구하기 문제에 대한 알고리즘을 먼저 생각해 보면, 1부터 n까지 더한다는 것은 우리가 어느 숫자까지 더할지 매번 다르기 때문에 n이라는 임의의 숫자를 표현하는 문자로 표현한 것이다. 따라서 알고리즘이라고 하는 것은 한 문제를 해결하는 것도 중요하지만, 같은 형태의 다른 입력에도 매번 같은 결과값을 내도록 만들어야 한다. 1부터 10까지 더하든, 1부터 100000까지 더하든 같은 형태의 다른 입력에도 매번 같은 성능으로 즉 일정한 시간에 정확한 정답을 출력해야 한다. 1부터 n까지 정수 합을 구하는 문제는 엄청나게 큰 수까지의 합을 구하더라도 일정한 성능을 보이는 알고리즘으로 해결해야 하는 것이다. 따라서 알고리즘이 만들어진 후 1부터 10까지, 1부터 1569까지 등 원하는 정수를 입력하면 해결된 알고리즘으로 모두 더한 결과값을 얻을 수 있다.

1+2+3+4...n

<알고리즘>
수를 하나 가져온다.
수를 더한다.

<컴퓨터 알고리즘>
1. 더할 마지막 정수값을 입력 받는다.
2. 수를 하나씩 저장할 공간을 마련한다.
3. 더한 결과를 저장할 공간을 마련한다.
4. 결과와 수를 더해서 결과에 저장한다.
5. 새로운 수를 저장한다.
6. 4와 5를 새로운 수가 없을 때까지 반복한다.
7. 결과를 확인한다.

→ [합+수] 알고리즘

1

```
num=int(input())

a=0
hap1=0

while a<=num:

   hap1= hap1+a
   a+=1

print(hap1)
```

2

```
num=int(input())
hap2=0

for i in range(1,num):
    hap2=hap2+i

print(hap2)
```

3

```
num=int(input())
num_list=[]

b=1
hap3=0

while b<=num:
    num_list.append(b)
    b+=1

for i in num_list:

    hap3=hap3+i

print(hap3)
```

1부터 n까지 정수의 합 구하기 컴퓨터 알고리즘

1부터 n까지 정수 합을 구하는 문제는 다음과 같은 간단한 알고리즘으로 해결할 수 있다.

- 수를 하나 가져온다.
- 수를 더한다.

1부터 정수가 적힌 카드를 주고 카드에 적힌 정수를 모두 더하라고 하면 어떻게 할까? 카드를 하나씩 보며 머릿속에서 더할 것이다. 물론 1부터 n까지의 합을 구하는 공식임을 알면 공식에 대입해서 바로 답을 구하겠지만, 공식 없이 더한다고 생각해 보자. 이때 여러분의 행동이 바로 알고리즘이며, 자연어로 표현하면 다음 그림과 같이 표현할 수 있다. 수를 하나 가져온다. 수를 더한다. 이렇게 카드가 모두 없어질 때까지 수를 가져오고 더하는 것을 반복할 것이다.

실제 우리가 표현하는 알고리즘과 컴퓨터 프로그래밍으로 표현하는 것에는 큰 차이가 있다. 위 그림의 왼쪽에 있는 자연어로 표현한 알고리즘과 오른쪽에 있는 프로그래밍 언어로 표현한 것을 보면 다르다는 것을 알 수 있다. 컴퓨터 알고리즘으로 표현하면 좀 더 복잡해지는 것을 알 수 있다. '수를 하나 가져온다'와 '수를 더한다'를 컴퓨터로 처리하려면 어떻게 정의해야 하는지 알아야 하고 다음과 같이 표현할 수 있다.

'수를 하나 가져온다' → 수를 저장한다. 새로운 수를 저장한다.

```
a=0
a=a+1
```

'수를 더한다' → 이전에 더한 결과에 저장된 수를 더한다.

```
hap=hap+a
```

결국 그냥 수를 더하는 것이 아니라 이전까지 더한 합에 새로운 수를 더해야 하는 합과 수를 더하는 알고리즘이 된다. 수를 하나씩 가져온다는 것은 하나씩 저장한다는 것이고, 저장하기 위해서는 주기억장치 공간을 마련한다는 것이다. 그러므로 무엇을 저장하고 연산할 것인지 정의해야 한다. 아주 간단한 문제이지만, 컴퓨터를 이용해 이 문제를 해결하기 위해서는 다시 컴퓨터 알고리즘으로 표현해야 하며, 프로그래밍 언어로 표현해야 이 알고리즘을 컴퓨터가 수행할 수 있다.

일반적으로 컴퓨터과학자들을 포함한 프로그래머들은 알고리즘을 프로그래밍 언어로 표현하기 전에 컴퓨터 알고리즘의 방식으로 다시 표현하지 않는다. 왜냐하면, 컴퓨터 프로그래밍을 한다는 것은 주기억장치를 인간의 기억하는 두뇌처럼 사용해야 한다는 것을 알고 있고, 주기억장치에 저장된 데이터를 연산과 제어를 통해 반복시켜야 한다는 것을 알고 있기 때문이다. 따라서 컴퓨터 알고리즘을 표현하기 위해서는 컴퓨터에 대한 기본 지식이 뒷받침되어야 한다는 것을 의미하며, 저장과 연산, 제어에 대해 이해하고 있어야 한다. 컴퓨터 주기억장치의 실제 구성과 역할에 대해서도 이해해야 프로그래밍할 수 있는 것이다. 프로그래밍은 저장과 연산을 표현하는 것이며, 저장과 연산을 통해 우리가 지금 사용하고 있는 많은 소프트웨어가 만들어졌다.

다음과 같이 컴퓨터 알고리즘으로 표현하고 나면 프로그래밍 언어로 쉽게 변환하여 표현할 수 있다. 이때 프로그래밍 언어로 표현하는 방법은 여러 가지로, 다양하게 프로그래밍할 수 있다. 파이썬으로 1부터 n까지 더하는 컴퓨터 알고리즘을 다음과 같이 세 가지 방법으로 표현했다.

1

```
num=int(input())

a=0
hap1=0

while a<=num:

  hap1= hap1+a
  a+=1

print(hap1)
```

2

```
num=int(input())
hap2=0

for i in range(1,num):
    hap2=hap2+i

print(hap2)
```

3

```
num=int(input())
num_list=[]

b=1
hap3=0

while b<=num:
    num_list.append(b)
    b+=1

for i in num_list:

    hap3=hap3+i

print(hap3)
```

각각 같은 점과 다른 점을 살펴보자.

같은 점은 더한 마지막 정수값을 입력받는 방법으로 모두 input() 표준 입력을 사용하였고, 결과값을 저장할 공간을 hap이라는 변수로 초기화하고 있다. 더해질 수를 저장할 변수로 정의한 것이 약간의 차이는 있지만 모두 정의하고 있음을 알 수 있다. 1번에서는 a라는 변수가 더해질 하나의 수를 저장할 공간이며, 2번에서는 I 이터널 변수가 더해질 수를 저장할 공간이고, 3번에서는 b와 I 두 가지가 있는데 각각의 역할은 코드를 설명하면서 다시 확인해 보자. 다른 점을 살펴보면 1번은 코드에 제어 반복문에 while 문을 사용하였고, 2번은 for 문, 3번은 알고리즘 자체를 약간 변형하여 작성한 것이다.

1번 코드를 좀 더 살펴보면 더할 마지막 정수값을 표준 입력 함수로 입력받아 num이라는 변수에 저장한다. 다음으로 수를 하나씩 저장할 공간인 변수 a와 더한 결과를 저장할 공간인 변수 hap1을 정의하였다. 다음 결과와 수를 더해서 다시 결과에 저장하고, 새로운 수를 저장하는 코드를 다음과 같이 작성하였다. 결과와 수를 더해서 다시 결과에 저장하고 새로운 수를 저장하는 동작은 모든 수가 다 더해질 때까지 반복해야 하는 과정이므로, 반복문을 정의하는 while 문으로 작성한 것이다. 반복문의 조건은 주어진 마지막 정수값까지 더해야 하므로 더해질 정수가 더할 마지막 정수보다 작거나 같을 때 반복하도록 정의하였다.

2번 코드는 1번과 모두 같지만 제어문의 반복문을 for 문으로 작성하였기 때문에 for 문의 문법 특징으로 새로운 수를 저장하는 변수가 달라져 코드가 간단해졌음을 알 수 있다. 반복 조건에 range() 함수를 사용하여 더하는 정수의 범위를 지정하였다.

3번 코드는 알고리즘이 좀 다르다. 반복문 두 개가 있는데, 첫 번째 반복문은 실제 정수를 만들어서 모두 저장하는 반복문이며, 두 번째 반복문이 문제 해결을 위한 더하는 반복문이다. 수를 저장할 공간을 좀 더 크게 마련했을 뿐이다. 더한 정수를 모두 저장하고, 저장된 정수들을 무조건 더하도록 프로그래밍 언어로 표현했다. 수를 가져온다는 것을 실제 메모리에 저장하도록 한 것이다.

1번, 2번, 3번 코드 중 어느 것이 더 좋고 나쁘다고 말할 수 없다. 세 가지 코드는 모두 같은 알고리즘을 표현한 것이며, 그 방법만 다르기 때문이다. 이것은 알고리즘 성능을 평가하기 위한 공간 복잡도와 시간 복잡도를 확인해 봄으로써 알 수 있다.

1

```
num=int(input())

a=0
hap1=0

while a<=num:

  hap1= hap1+a  .
  a+=1

print(hap1)
```

메모리 : 변수 num, a, hap
시간 : 계산 횟수
비교 연산 1회 * 데이터의 개수
더하기 연산 2회 * 데이터의 개수

2

```
num=int(input())
hap2=0

for i in range(1,num):
    hap2=hap2+i

print(hap2)
```

메모리 : 변수 num, hap2, i
시간 : 계산 횟수
i 값 갱신 연산 1회 * 데이터의 개수
더하기 연산 1회 * 데이터의 개수

3

```
num=int(input())  .
num_list=[]

b=1
hap3=0

while b<=num:
    num_list.append(b)
    b+=1

for i in num_list:

    hap3=hap3+i

print(hap3)
```

메모리 : 변수 num, num_list, b, hap3
시간 : 계산 횟수
비교 연산 1회 * 데이터의 개수
더하기 연산 2회 * 데이터의 개수
i, append() 갱신 연산 * 데이터의 개수

1부터 n까지 정수의 합 구하기 컴퓨터 알고리즘 복잡도

각 코드들을 중심으로 복잡도를 확인해 보자. 알고리즘 복잡도에는 시간 복잡도와 공간 복잡도가 있다. 이 두 가지 복잡도를 중심으로 간단하게 살펴보자.

각 코드의 공간 복잡도를 살펴보면, 프로그램이 진행되는 동안 주기억장치에 얼마나 저장되는지 확인하여 정의할 수 있다. 1번 알고리즘 코드와 2번 알고리즘 코드에서 변수는 a, hap1, num 3개이며 각각 정수형 데이터를 1개씩 저장하고 있다. 프로그램이 모두 진행되는 내내 주기억장치에 저장되는 데이터는 정수형 데이터 3개이다.

3번 코드에서는 변수를 num, num_list, b, hap3 4개로 정의하였다. num, b, hap은 각각 정수 데이터 1개씩 저장하는 공간이며, num_list에는 계산하고자 하는 모든 정수가 저장된다. 1부터 198까지 정수의 합을 구하려면 num_list에 1

부터 198까지의 정수들이 모두 저장되어 저장된 정수들에 대한 합을 구하는 알고리즘 코드이다. 따라서 1번 코드와 2번 코드에 비해 주기억장치 공간을 훨씬 많이 사용하고 있음을 알 수 있고, 입력되는 정수가 크면 클수록 더 많은 공간이 필요하다. 따라서 3번 코드의 공간 복잡도는 1번 알고리즘 코드와 2번 알고리즘 코드에 비해 더 많은 주기억장치 공간을 사용하므로, 공간 복잡도로는 성능이 떨어지는 코드라고 할 수 있다.

각 코드의 시간 복잡도를 살펴보자. 시간 복잡도는 알고리즘 코드에서 계산 횟수, 즉 연산을 몇 번 하는지 횟수로 정의한다. 즉 매번 수행되는 연산의 횟수에 변하는 데이터의 개수를 곱하면 전체 계산 횟수를 계산하여 정의한다.

1번 코드에서 사용한 연산자를 보면 비교 연산 1회, 더하기 연산 2회가 명령어로 정의되어 있다. 이때 1회와 2회라는 횟수는 정수 데이터 1개마다 수행되는 연산자의 수행 횟수를 말한다. 예를 들어 a에 저장된 정수가 0일 때 비교 연산 1회, 더하기 연산 2회를 수행하며, 이 연산은 a에 저장된 정수 데이터가 변할 때마다 매번 똑같은 횟수로 수행된다. 1번 알고리즘 코드에서는 정수 데이터 1개마다 수행되는 연산자 수행 횟수는 3회가 된다.

2번 코드에서 사용한 연산자는 i값 갱신 연산 1회, 더하기 연산 1회가 명령어로 정의되어 있다. 2번 알고리즘 코드에서는 정수 데이터 1개마다 수행되는 연산자 수행 횟수는 2회가 된다.

잠깐만요

i값 갱신 연산에서는 range() 함수를 사용하였는데, 함수 연산도 포함되어야 한다. 하지만 일반 컴퓨터과학에서 다루는 알고리즘에서는 함수를 사용하지 않고 갱신 연산을 직접 구현하므로 본 교재에서는 함수 연산은 제외하고 컴퓨터에 주어지는 기본 연산을 중심으로 시간 복잡도를 계산하도록 한다. 파이썬 프로그래밍 언어에서는 갱신 연산에 range() 함수를 사용하였는데, 함수 내 연산자까지는 포함시키지 않았다.

3번 코드에서 사용한 연산자를 살펴보면 비교 연산 1회, append() 데이터 추가 연산 1회, 더하기 연산 2회가 명령어로 정의되어 있다. 첫 번째 반복문도 데이터의 수만큼 반복하여 비교 연산 1회, 갱신 연산 1회, 더하기 연산 1회를 데이터의 수만큼 수행하며, 두 번째 반복문도 데이터의 수만큼 반복하여 i값 갱신 연산 1회, 더하기 연산 1회를 데이터의 수만큼 수행한다.

시간 복잡도 함수

연산 횟수에 대한 계산을 통해서 시간 복잡도 함수를 구할 수 있다.

1번 코드의 시간 복잡도 함수는 n의 수가 변할 때마다 수행되는 연산 횟수 함수로 표현한 것이다. 주어진 정수 데이터가 n개일 때 n 번 수행해야 하고, 한 번 수행될 때마다 비교 연산 1회와 더하기 연산 2회인 3번의 연산이 수행되므로, 시간 복잡도 함수는 3×n으로 정의할 수 있다.

```
num=int(input())

a=0
hap1=0

while a<=num:

  hap1= hap1+a
  a+=1

print(hap1)
```

→

n=1 수행횟수 = 3×1회
n=2 수행횟수 = 3×2=4
n=3 수행횟수 = 3×3=6
n=2 수행횟수 = 3×4=8
...
n=n 수행횟수 = 3×n=3n

→

시간 복잡도 함수: 3n
→ 알고리즘 성능 : O(n)

3번 코드의 시간 복잡도 함수는 주어진 정수 데이터가 n일 때 첫 번째 반복문과 두 번째 반복문 각각에서 n회 수행해야 하고, 각각의 반복문에서 수행되는 연산자의 수가 각각 3회와 2회이므로, 연산 횟수를 3n과 2n으로 표현할 수 있다. 두 개의 식을 합한 것이 전체 프로그램의 연산 횟수이다. 3번 코드의 시간 복잡도 함수는 5n으로 정의할 수 있다.

```
num=int(input())
num_list=[]

b=1
hap3=0

while b<=num:
    num_list.append(b)
    b+=1

for i in num_list:

    hap3=hap3+i

print(hap3)
```

n=1 수행횟수 = 3x1+2x1
n=2 수행횟수 = 3x2+2x2
n=3 수행횟수 = 3x3+2x3
n=2 수행횟수 = 3x4+2x4
…
n=n 수행횟수 = 3xn+2xn=5n

시간 복잡도 함수: 5n
→ 알고리즘 성능 : O(n)

1번 코드의 시간 복잡도 함수는 3n이고 3번 알고리즘 코드의 시간 복잡도 함수는 5n으로 정의할 수 있다. 두 알고리즘 코드의 시간 복잡도 함수는 다르지만, 두 알고리즘 코드의 성능은 같다. 이때 이 두 개 코드의 알고리즘 성능은 빅 오 표기법을 이용하여 O(n)로 똑같이 정의된다.

빅 오 표기법

빅 오(Big O) 표기법을 살펴보고, 왜 O(n)로 두 개 코드의 성능이 같게 표현되는지 알아보자.

컴퓨터 알고리즘 성능을 표현하는 방법 중 시간 복잡도를 표현하는 방법에는 다음과 같은 세 가지가 있다.

- **최선의 경우(Best Case)**
  최선의 상황에서 작업 완료 시까지 가장 빠른 시간 계산
- **최악의 경우(Worst Case)**
  최악의 상황에서 작업 완료 시까지 가장 느린 시간 계산
- **평균의 경우(Average Case)**
  여러 상황에서 '총 실행 시간/시행 횟수' 계산

최선의 경우는 최선의 상황에서 작업 완료 시까지 걸리는 시간의 시간 복잡도 함수를 말한다. 최악의 경우는 최악의 상황에서 작업 완료 시까지 가장 느린 시간의 시간 복잡도 함수를 말한다. 평균의 경우는 여러 상황에서 총 실행 시간을 시행 횟수로 평균값을 계산하여 시간 복잡도 함수를 표현하는 것을 말한다. 특별한 경우를 제외하고는 일반적으로 알고리즘 성능 평가 시 최악의 경우 성능을 사용하여 표현한다.

최악의 경우 성능을 표현하는 표기법을 빅 오 표기법이라고 한다. 빅 오 표기법은 알고리즘의 시간 복잡도를 표현할 때 사용하는 가장 일반적인 표기법이며, 최악의 경우를 표현하는 표기법이다. 최악의 경우를 표현하기 때문에 함수의 상한만을 표현한다. 따라서 전체 성능에 큰 영향을 미치지 않는 수식은 제외시키고, 영향을 미치는 수식만 표현하기 때문에 대충 표기법이라고 한다. 다음의 입력 데이터 수 n에 대한 연산자 수행 횟수 증가 함수에 대한 예를 통해 빅 오 표기법을 알아보자.

입력 데이터 수 n에 대한 수행횟수 증가 함수
n=1 수행횟수=$3\times1^2+1+3$ = 7(3)
n=2 수행횟수=$3\times2^2+2+3$ = 17(12)
n=3 수행횟수=$3\times3^2+3+3$ = 33(27)
n=4 수행횟수=$3\times4^2+4+3$ = 55(48)
n=5 수행횟수=$3\times5^2+5+3$ = 83(75)
…

위와 같이 입력 데이터 수인 n의 변화에 따라 연산자 수행 횟수가 계산된다고 하면 알고리즘의 복잡도 함수는 다음과 같이 구할 수 있다.

$$3n^2+n+3$$

구해진 함수에서 n^2을 제외한 곱하는 상수 3과 더해지는 n, 더해지는 상수 3은 알고리즘 성능에 큰 영향을 미치지 않는다고 하여 알고리즘 성능을 표현할 때는 제외시킨다. 보통의 경우는 제외시켜도 될 만큼 실제 수행 시간에 큰 영향을 미치지 않는다고 정의하여 성능을 표현하는 데는 제외시킬 수 있다는 것이다. 이때 성능에 가장 큰 영향을 미치는 n^2 값을 알고리즘 성능으로 표현하며 빅 오 표기법으로 표현하면 다음과 같다.

$$3n^2 + n + 3 \rightarrow O(n^2)$$

1부터 n까지 정수의 합을 구하는 1번 알고리즘 코드와 3번 알고리즘 코드의 시간 복잡도 함수는 3n과 5n으로 각각 나타났지만, 최악의 경우를 표현한 빅 오 표기법으로 성능을 표현하면 둘 다 O(n)로 같은 성능을 나타내는 알고리즘이다.

다음 표는 빅 오 표기법으로 알고리즘의 성능을 표현한 대표적인 몇 가지 예이다.

성능	의미	표현
O(1)	입력 데이터의 크기와 상관없이 복잡도가 동일하게 유지	상수(상수 시간)
O(log n)	입력 데이터의 수 로그에 비례 (입력 데이터 중에 반 이상이 실행하지 않음)	로그(로그 시간)
O(n)	입력 데이터의 수에 정비례	선형(선형 시간)
O(nlog n)	입력 데이터의 수와 입력 데이터의 수 로그 곱에 비례	엔로그엔(로그 선형 시간)
$O(n^2)$	입력 데이터의 수 제곱에 비례 (데이터 하나당 제곱 만큼의 연산)	제곱(이차 시간)
$O(n^k)$	입력 데이터의 수 2^k에 비례	k승(다항) (k차 시간)
$O(2^n)$	입력 데이터의 수 2^n에 비례	기하급수배(지수 시간)

문제 해결을 위한 알고리즘을 개발하고 시간 복잡도를 계산하여 다음과 같은 성능으로 표현되었다고 했을 때 각각의 의미를 알아보자.

O(1)은 상수 시간 알고리즘이라 하고, 이 알고리즘은 입력 데이터의 크기와 상관없이 연산자 수행이 동일하게 유지된다는 의미가 있다. 입력 데이터가 1개여도, 100만 개여도 입력 데이터의 크기에 상관없이 연산 수행 횟수가 1번이면 1번, 3번이면 3번을 수행한다.

O(log n)은 로그 시간 알고리즘이라고 하며, 이 알고리즘은 입력 데이터 수의

로그에 비례하여 연산자가 수행된다. 로그 시간 성능으로 정의된 알고리즘은 입력 데이터 중에 반 이상이 실행되지 않는 알고리즘이다. 예를 들어 100만 개의 입력 데이터가 들어오면 100만 개 전체에 대해 연산이 수행되지 않고, 연산이 수행될 때마다 입력 데이터의 수가 반 이상으로 줄어드는 알고리즘이다. 100만 개 데이터 중에 특별한 데이터를 찾을 때 하나씩 찾으면 100만 번 비교해야 하지만, 특별한 알고리즘과 프로그래밍 기법으로 비교 연산 횟수를 줄여가는 알고리즘이다.

O(n)은 선형 시간 알고리즘이라고 하며, 이 알고리즘은 입력 데이터의 수에 정비례하여 연산자 수행 횟수가 증가하는 알고리즘이다. 앞서 살펴본 1부터 n까지 더하는 문제의 알고리즘은 바로 선형 시간 알고리즘이며, 이 알고리즘은 입력된 데이터의 수만큼 연산자 수행 횟수가 증가하게 된다.

O(nlog n)은 로그 선형 시간 알고리즘이라고 하며, 연산 횟수가 선형 시간과 로그 시간을 곱한 만큼의 증가치를 보이는 알고리즘이다. 즉 입력 데이터 수가 100만 개이면, 수행 시간은 100만보다 조금 더인 입력 데이터의 로그 값만큼 더 걸린다.

O(n^2)은 이차 시간 알고리즘이라고 하며, 연산 횟수가 입력 데이터의 수 제곱에 비례하여 증가하는 알고리즘이다. 예를 들어 입력 데이터가 100개일 때 연산자 수행 횟수가 입력 데이터의 제곱인 10000번을 수행해야 한다는 의미이다. 이차 시간 알고리즘은 입력 데이터의 수가 커질수록 제곱만큼 연산자 수행 횟수가 훨씬 많이 증가하게 된다.

O(n^k)은 k차 시간 알고리즘이라고 하며, 입력 데이터 수의 2^k에 비례하여 연산자 수행 횟수가 증가하는 알고리즘을 의미한다. k는 3 이상을 의미하며 3차, 4차, 5차 등으로 표현할 수 있다.

O(2^n)은 지수 시간 알고리즘이라고 하며, 기하급수적으로 수행 시간이 증가하여 기하급수배라고 한다. 입력 데이터가 증가하면 증가할수록 연산자 수행 횟수가 2^n만큼 증가한다.

잠깐만요

연산자 수행 횟수는 알고리즘 성능에서 시간 복잡도를 표현하며, 연산자 수행 횟수는 알고리즘 수행 시간, 알고리즘 비용 등으로 표현한다. '연산자 수행 횟수가 증가한다'는 표현은 '수행 시간이 오래 걸린다', '수행 시간이 증가한다', '알고리즘 시간 비용이 증가한다'와 동일하다.

이차 시간 알고리즘, k차 시간 알고리즘, 지수 시간 알고리즘의 데이터 개수별 연산자 수행 횟수의 증가를 간단한 예로 살펴보자.

성능	의미	표현
O(1)	입력 데이터의 크기와 상관없이 복잡도가 동일하게 유지	상수(상수 시간)
O(log n)	입력 데이터의 수 로그에 비례 (입력 데이터 중에 반 이상이 실행하지 않음)	로그(로그 시간)
O(n)	입력 데이터의 수에 정비례	선형(선형 시간)
O(nlog n)	입력 데이터의 수와 입력 데이터의 수 로그 곱에 비례	엔로그엔 (로그 선형 시간)
$O(n^2)$	입력 데이터의 수 제곱에 비례 (데이터 하나당 제곱 만큼의 연산)	제곱(이차 시간)
$O(n^k)$	입력 데이터의 수 2^k에 비례	k승(다항) (k차 시간)
$O(2^n)$	입력 데이터의 수 2^n에 비례	기하급수배(지수 시간)

n	n^2	n^3	2^n
1	1	1	2
2	4	8	4
3	9	27	8
4	16	64	16
5	25	125	32
6	36	216	64
7	49	343	128
8	64	512	256
9	81	729	512
10	100	1000	1,024
20	400	8000	1,048,576
30	900	27000	dd1,073,741,824

입력 데이터 수가 1개에서 9개까지는 이차 시간 알고리즘, 삼차 시간 알고리즘, 지수 시간 알고리즘이 모두 거의 비슷한 수행 시간으로 보이며, 지수 시간 알고리즘이 삼차 시간 알고리즘보다 좋은 성능을 보인다. 하지만 입력 데이터 수가 하나 증가하여 10개가 되는 순간 이차 시간 알고리즘은 증가되는 연산자 수행 횟수에 큰 변화 없이 19번의 횟수 증가를 보이지만, 지수 시간 알고리즘은 연산자 수행 횟수가 두 배로 증가한다. 입력 데이터 수가 하나 증가했을 뿐인데 연산자 수행 횟수가 급속도로 증가한다고 볼 수 있다. 입력 데이터가 20개, 30개로 늘어나면 지수 시간 알고리즘은 기하급수적으로 연산자 수행 횟수가 증가한다.

각 알고리즘 성능별 입력 데이터 수 변화에 따른 연산자 수행 횟수 증가를 그래프로 표현하면 다음과 같다. 지수 시간 알고리즘의 연산자 수행 횟수가 가파르게 증가함은 그래프를 통해서도 쉽게 알 수 있다.

성능	표현
O(1)	상수(상수 시간)
O(log n)	로그(로그 시간)
O(n)	선형(선형 시간)
O(nlog n)	엔로그엔(로그 선형 시간)
$O(n^2)$	제곱(이차 시간)
$O(n^k)$	k승(다항) (k차 시간)
$O(2^n)$	기하급수배(지수 시간)

다항 시간 - Polynomial Time

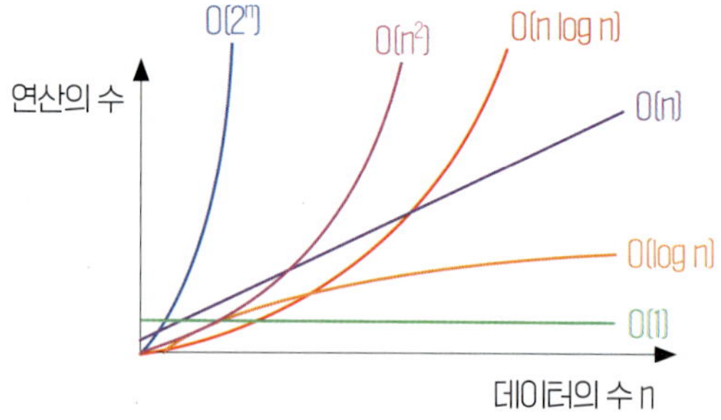

그래프를 좀 더 살펴보면 입력 데이터의 수가 어느 정도 이하일 때는 지수 시간 알고리즘을 제외하고, 로그 시간 알고리즘, 선형 시간 알고리즘, 로그 선형 시간 알고리즘, 이차 시간 알고리즘, 다차 시간 알고리즘까지 거의 비슷하게 증가하고 있음을 알 수 있다. 하지만 입력 데이터의 수가 일정 수 이상일 경우에는 수행 시간 차이의 폭이 점점 커지고 있어 개발된 알고리즘이 사용될 용도와 최고 입력 데이터의 수를 잘 확인하여 알고리즘 성능을 판단해야 한다. 이차 시간 알고리즘이라고 무조건 나쁘다고 할 수 없으며, 로그 시간 알고리즘을 반드시 개발해야 활용성이 있는 것은 아니다.

우리가 일반적으로 사용할 수 있는, 응용하여 문제 해결에 도움받을 수 있는 알고리즘들은 k차 시간 성능의 알고리즘까지이며, 다항 시간(Polynomial Time) 알고리즘이라고 한다.

개발된 알고리즘이 지수 시간 성능을 보인다면 그 알고리즘은 사용할 수 없는 알고리즘이며, 그러한 알고리즘으로 해결된 문제는 '해결되지 않은 문제'이다.

정렬하는 문제를 컴퓨터로 해결하는 정렬 알고리즘을 예를 들어보자. 두 개의 정렬 알고리즘이 다음과 같은 각각의 성능을 갖는다고 가정했을 때, 두 개의 정렬 알고리즘으로 10억 개의 숫자를 정렬하기 위해서 수행되는 연산자 횟수를 시간으로 표현하면 다음 표와 같다.

PC에서 실행	1천 개	1백만 개	10억 개
$O(n^2)$	1초 미만	2시간	300년
$O(n\log n)$	1초 미만	1초 미만	5분

PC라는 같은 하드웨어 시스템의 조건에서 두 개의 알고리즘을 주어진 입력 데이터로 수행시키면 입력 데이터가 1000개일 때는 두 알고리즘 모두 1초 미만의 수행 시간에 정렬 결과를 출력한다. 입력 데이터의 수를 100만 개로 늘리면 선형로그 알고리즘은 입력 데이터가 1000개일 때와 큰 차이 없이 1초 미만의 수행 시간으로 정렬 결과를 출력하지만, 2차 시간 알고리즘은 약 2시간의 수행 시간으로 정렬 결과를 출력한다. 만약 10억 개이면 어떻게 될까? 선형 로그 알고리즘은 약 5분 정도의 수행 시간으로 정렬 결과를 출력하지만, 2차 시간 성능 알고리즘은 약 300년이라는 수행 시간이 걸려야 정렬된 데이터를 출력할 수 있다.

앞서 k차 시간 성능까지는 다항 시간으로 사용 가능한 알고리즘이라고 소개하였다. 이러한 이유는 두 가지로 설명할 수 있다.

첫 번째는 지금까지 컴퓨터에서 처리할 데이터의 양이 한 번에 10억 개가 되지 않기 때문이며, 현재 소프트웨어에서 처리해야 할 데이터의 양이 그 정도로 많지 않기 때문이다. 물론 많더라도 데이터를 작게 분해하거나, 데이터 편집을 통해 충분히 알고리즘 자체 성능을 최고치로 올릴 수 있기 때문이다.

두 번째는 하드웨어 성능을 높여 충분히 실행 가능한 수행 시간으로 낮출 수 있기 때문이다. 따라서 현재 사용 가능한 알고리즘은 다항 시간 성능을 보이는 알고리즘으로 기준을 정하고 있다.

실행 비용	알고리즘 예
O(1)	배열의 n번째 요소에 접근 스택 자료구조에서 push/pop 동작
O(log n)	이진 탐색 알고리즘
O(n)	연결 리스트 자료구조에서 데이터 순회 최대/최소값 찾기 알고리즘
O(nlog n)	퀵 정렬 알고리즘 힙 정렬 알고리즘 합병 정렬 알고리즘
$O(n^2)$	버블 정렬 알고리즘 선택 정렬 알고리즘 삽입 정렬 알고리즘

현재까지 개발된 알고리즘을 중심으로 각각의 성능을 알아보자.

배열의 n 번째 요소에 접근하는 알고리즘은 상수 시간 알고리즘이다. 배열의 n 번째 요소에 접근하는 문제는 컴퓨터과학 분야에서 주기억장치에 데이터를 저장하고 저장된 데이터를 찾아오는 문제로 가장 중요한 문제이다. 주기억장치를 주소값으로 나누어 표현하고, 주소값으로 찾는 알고리즘을 개발하여 문제를 해결한 것이다. 배열의 n 번째 요소에 접근하는 문제 알고리즘의 성능이 상수 시간 알고리즘이므로, 이 알고리즘을 바탕으로 주기억장치에 데이터를 자유롭게 저장하여 여러 가지 문제를 해결할 수 있다.

스택 자료구조에서 push와 pop 동작 알고리즘은 상수 시간 알고리즘이다. 데이터의 수가 아무리 많아도 스택 자료구조에 데이터를 추가하거나 하나 가져오는 동작은 일정 시간이 걸린다는 의미이다. 이와 같이 자료구조의 문제를 해결한 모든 알고리즘은 모두 상수 시간 알고리즘이며, 이러한 알고리즘을 토대로 우리는 여러 가지 문제를 컴퓨터를 통해 해결할 수 있다.

로그 시간 성능의 대표적인 알고리즘은 이진 탐색 알고리즘이다. 이진 탐색 알고리즘은 탐색 알고리즘의 일종으로, 로그 시간 성능을 가진 알고리즘이며, 컴퓨터로 데이터를 탐색하는 문제를 해결한 알고리즘이다.

선형 시간 성능을 갖는 대표적인 알고리즘에는 최대/최소값 찾기 알고리즘과 연결 리스트 자료구조에서 데이터를 순회하는 알고리즘이다. 이 문제들도 자료구조 문제, 탐색 문제와 함께 다른 여러 가지 문제를 해결하는 기반 알고리즘이며, 컴퓨터로 해결한 문제 중 하나이다.

정렬 문제를 해결한 정렬 알고리즘은 선형 로그 시간 성능을 보이거나 2차 시간 성능을 보인다. 퀵 정렬, 힙 정렬, 합병 정렬 알고리즘은 선형 로그 시간 성능을 보이는 정렬 알고리즘이며, 버블 정렬, 선택 정렬, 삽입 정렬 알고리즘은 2차 시간 성능을 보이는 정렬 알고리즘이다. 정렬 문제도 컴퓨터로 해결한 문제이다.

2 〉 문제

앞서 살펴본 알고리즘의 성능을 기반으로 문제를 정의해 보고자 한다. 지금까지 컴퓨터로 해결한 문제는 어떤 것이 있고, 컴퓨터로 해결하지 못한 문제, 컴퓨터로 해결하고자 하는 문제는 어떤 것이 있는지 알아보자.

컴퓨터에서 해결하고자 하는 문제에는 어떤 것들이 있는지 그 기준과 의미에 대해서 알아보고, NP-완전 문제에 대해서 알아보자.

2.1 결정 문제와 비결정 문제

컴퓨터로 해결하고자 하는 문제들은 무엇이고, 어떤 문제들이 해결되었는지 알아보기 위하여 먼저 결정 문제와 비결정 문제를 알아보자.

앨런 튜링(Alan Turing)이 논문에서 정의한 튜링 기계는 결정 문제를 해결하고자 하는 기계였다.

결정 문제

결정(Deterministic) 문제는 계산 이론의 어떤 형식 체계에서 예-아니오 답이 있는 질문을 말한다. 일반적으로 모든 문제는 결정 문제로 환원될 수 있다고 정의하며, 이러한 결정 문제를 해결하는 절차를 정의한 것을 알고리즘이라고 한다. 어떤 결정 문제를 해결하는 알고리즘이 있으면 '결정 가능하다'라고 말하며, 알고리즘이 없으면 '결정 불가능하다'라고 한다.

결정 문제는 알고리즘의 모든 과정 결과가 결정적으로 수행되며, 반드시 정확한 결정의 결과를 통해 문제의 답을 출력할 수 있는 문제이다.

그렇다면 이러한 결정 문제를 컴퓨터로 해결한다는 것은 무엇일까? 앞서 정의한 컴퓨터 알고리즘의 정의를 바탕으로 다음과 같이 말할 수 있다.

> "모든 입력값 n에 대해 유한 시간 내에 컴퓨터로 정확한 결과를 출력하는 알고리즘이 있으면 그 문제는 해결되었다."

이때 유한 시간이라는 조건은 컴퓨터 알고리즘 성능으로 표현하는 다항 시간 성능 알고리즘을 의미한다. 어떤 결정 문제에 대하여 다항 시간 성능 컴퓨터 알고리즘이 있다면 그 문제는 컴퓨터로 해결된 문제가 되는 것이다. 자료구조 문제, 데이터 탐색 문제, 데이터 정렬 문제만이 다항 시간 성능 컴퓨터 알고리즘이 있는 문제들이다. 결정 문제를 해결한 알고리즘은 정의된 모든 과정이 유일하게 결정되며, 유일한 결정을 따라 유한 시간 안에 결과값을 출력하는 알고리즘이다.

비결정 문제

비결정(Nondeterministic) 문제는 현재 상태에서 다음 상태로 변할 때 다음 상태가 유일하게 결정되지 않는 문제이다. 다음 상태의 결정이 상황에 따라 다를 수 있으며, 여러 개이거나 없을 수도 있다. 따라서 계산 경로가 트리 형태로 형성되며, 문제 해결이 보장되지 않는다. 다음 상태 선택에 있어서 항상 좋은 선택을 하면 좋은 결과를 얻지만, 나쁜 선택을 하면 영원히 결과를 얻지 못할 수도 있다.

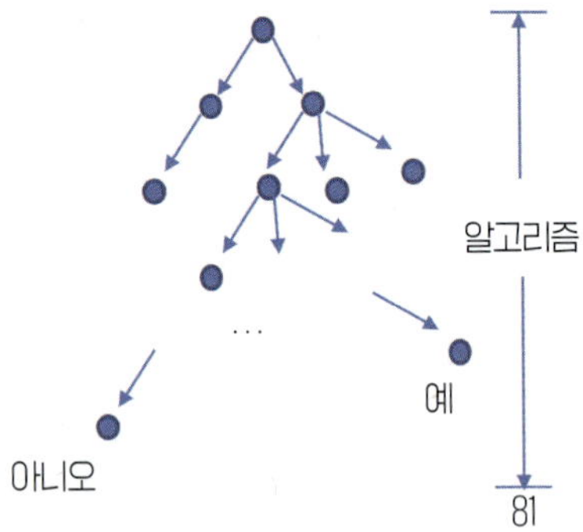

그렇다면 이러한 비결정 문제는 컴퓨터로 어떻게 해결할 수 있을까? 튜링 기계를 기반으로 하는 컴퓨터는 결정 문제를 해결하기 위해 정의된 기계이다. 이러한 결정 문제 기반 튜링 기계에서 비결정 문제를 해결하기 위해 우리는 다음과 같이 컴퓨터 알고리즘의 요건을 재정의하게 된다.

- 모든 입력 n에 대하여 → 현실적인 입력값
- 수행 시간 → 다항식 시간
- 정답 → 근사값 / 확인 문제로 전환한 결과

모든 입력값 n에 대한 조건을 현실적으로 알고리즘 수행 시 입력되는 현실적인 입력값에 대한 조건으로 재정의하여 문제 해결 알고리즘을 찾는 것이다. 대표적으로 알고리즘 성능이 2차 시간인 컴퓨터 알고리즘은 입력값이 100만 개 이상일 때 수행 시간이 현실적이지 않아 사용할 수 없는 알고리즘처럼 보이지만, 실제 알고리즘이 사용될 때 최고 입력값이 10만 개 정도임이 확실하다면, 이차 시간 성능 알고리즘도 충분히 문제 해결 알고리즘으로 사용할 수 있다는 의미이다. 또한 큰 입력값에 대해서도 하드웨어 성능으로도 충분히 수행 시간을 낮출 수 있다는 것이다.

수행 시간은 컴퓨터에서 현실 가능한 수행 시간으로 다항 시간 성능이어야 한다.

정확한 결과에 대한 조건은 정확한 결과일 확률값과 근사값, 확인 문제로 전환한 결과로 재정의한다.

이렇게 문제 해결에 대한 요건을 재정의하여 비결정 문제를 해결하고자 많은 알고리즘이 개발되고 있다. 문제 해결 요건의 재정의와 함께 비결정 문제를 해결하고자 휴리스틱 방법을 사용하기도 한다.

휴리스틱

주어진 문제의 확률값이나 근사값을 다항 시간 안에 결과를 얻기 위하여 문제에 대한 경험치를 컴퓨터 알고리즘에 포함시키는 방법을 휴리스틱이라고 한다.

튜링 기계의 알고리즘은 원래 기계적으로 순서를 정하여 문제를 해결하는 것을 원칙으로 하나, 정확한 값을 도출하기 위하여 인간의 경험치를 도입시킨 것이다. 예를 들어 미로에서 출구를 찾는다고 가정할 때, 앞에 보이는 출구 중에서 어떤 출구를 선택해야 맞는 선택인지 알지 못한다. 이때 항상 좋은 선택을 하면 정해진 시간 안에 미로를 탈출할 수 있겠지만, 항상 나쁜 선택을 하면 정해진 시간 안에 미로를 탈출할 수 없다. 이때 미로에 대한 팁을 준다면 어떨까? 미로를 탈출하는 길을 미리 알고 있다면 더욱 조건을 쉽게 줄 수 있을 것이다. 미로 전체를 보면서 미로 전체를 보지 못하는 사람에게 옳은 문을 선택하도록 유도하는 것을 말한다. 이러한 방법을 컴퓨터 알고리즘에서 휴리스틱 방법이라고 하며, 휴리스틱은 정답률을 높이기 위해 좋은 선택을 할 수 있도록 도와주는 역할을 하는 것이다. 물론 다항 시간 안에 끝낼 수 있도록 하기 위한 방법이다. 다항 시간 내에 정확한 결과를 출력하는 알고리즘은 없지만, 다항 시간 내에 답과 근사한 결과를 출력하는 알고리즘이 많이 연구되고 있다.

2.2 문제의 정의

컴퓨터과학에서 다루는 문제는 P 문제와 NP 문제로 정의한다.

P 문제

P(Polynomial)는 다항식을 의미하며 다항 시간에 해결되는 문제를 말한다. 즉, 앞에서 정의한 문제 해결을 바탕으로 모든 입력값 n에 대해서 정확한 답을 다항 시간 내에 출력하는 성능을 가진 알고리즘이 있는 문제를 말하며, 이때 다항 시간 성능은 로그 시간, 선형 시간, 로그 선형 시간, 이차 시간, 다차 시간을 말한다. 이 문제들은 컴퓨터로 해결된 쉬운 문제라고도 한다. 자료구조 문제, 데이터 탐색 문제, 데이터 정렬 문제가 대표적인 P 문제들이다.

NP 문제

NP(Non-Deterministic Polynomial)는 비결정적 다항식을 의미하며, 다항 시간에 해결되는 비결정 문제를 말한다. 즉 앞에서 재정의한 요건을 만족하거나, 휴리스틱 방법을 사용하여 다항 시간에 해결되는 비결정 문제이다. 이 문제들은 비결정 문제로써 컴퓨터로 해결할 수 없는 문제들이기 때문에 컴퓨터로 해결하기 어려운 문제라고도 한다.

선택 확률을 높이는 휴리스틱 방법, 근사비율을 낮추는 방법, 문제의 정답을 정의하고자 하는 방법 등을 이용하여 비결정 문제를 다항 시간 내에 해결할 수 있는 문제가 될 수 있다. NP 문제에는 NP-Hard 문제와 NP-Complete 문제가 있는데 각각을 살펴보자.

2.3 NP 문제의 분류

NP 완전(NP-Complete) 문제에서 Complete는 완전한, 완성된 뜻을 가진다. 이것은 어떤 NP 완전 문제에 대한 다항 시간 성능 알고리즘이 있으면 지금까지 알려진 모든 NP 문제들이 같은 알고리즘으로 해결된다는 것이다. 따라서 NP 완전 문제는 NP 문제들 중에서 가장 어려운 문제이며, 종결자 문제라고도 한다.

NP 완전 문제에 대한 다항 시간 알고리즘으로 다른 NP 문제들을 해결하기 위해서는 다른 NP 문제를 NP 완전 문제와 같은 문제로 변환해야 하는데 이때 반드시 다항 시간 안에 변환되어야 한다. 이러한 방법을 건너 풀기 등으로 표현할 수 있다.

곱하기 문제를 더하기 문제로 변환해 풀 수 있는 것과 같은 의미이다. 이때 더하기 문제가 NP 완전 문제이며, 곱하기 문제는 더하기 문제가 해결됨으로써 더하기 문제로 변환하여 해결할 수 있다는 것이다. 이런 방법을 건너 풀기라고 한다.

모든 NP 문제가 NP 완전 문제는 아니며, NP 완전 문제가 되기 위해서는 다른 NP 문제들이 모두 변환 가능해야 한다는 것을 의미한다.

NP 완전이라는 개념은 1971년 스티븐 쿡(Stephen Cook)에 의해 확립되었다. 스티븐 쿡은 SAT(Satisfiability) 문제가 NP 문제이면서, 다른 모든 NP 문제들이 다항 시간 안에 SAT 문제로 변환될 수 있는 NP 완전 문제임을 증명했다. 이후 많은 사람이 NP 완전 문제라고 알려진 문제로부터 다항 시간 안에 변환하는 문제도 NP 완전 문제임을 증명했으며, SAT 문제 이외에 수많은 문제가 NP 문제이면서, 다른 모든 NP 문제들이 다항 시간 안에 NP 문제로 변환될 수 있는 NP 완전 문제들을 밝혀냈다.

NP 완전 문제 다항 시간 알고리즘으로 변환하는 건너 풀기에 대해서 좀 더 살펴보면 다음 그림처럼 표현할 수 있다.

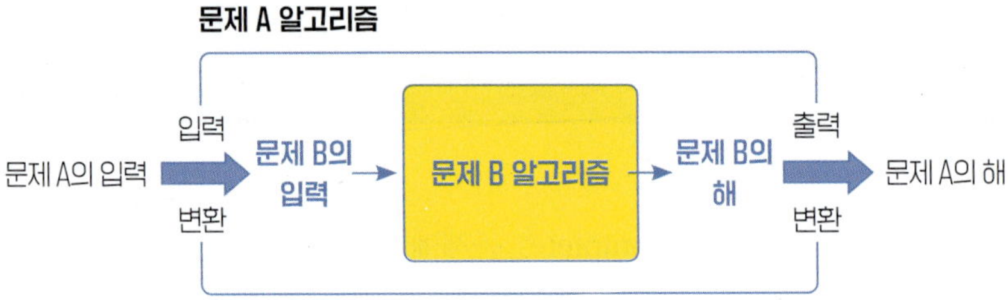

문제 B가 NP 완전 문제라고 했을 때, 다른 NP 문제인 문제 A의 입력을 문제 B의 입력으로 변환한다. 이것을 '문제 A를 문제 B로 변환한다'라고 하며, 문제 B는 NP 완전 문제이므로 문제 A가 NP 문제라면 반드시 문제 B로 변환할 수 있어야 한다. 이때 문제 변환도 하나의 문제이며, 문제 변환에 대한 알고리즘이 필요하다. 문제 변환 알고리즘은 반드시 다항 시간 성능 알고리즘이어야 한다.

문제 입력이 변환되면 문제 A가 문제 B로 변환되었으므로, 문제 B 알고리즘으로 해결할 수 있다. 이때 해결된 결과는 B 문제에 대한 결과이므로, 결과도 다시 문제 A의 결과로 변환해야 하는데 이것을 출력 변환이라고 한다. 출력 변환도 입력 변환과 같이 하나의 문제이며, 출력 변환 문제에 대한 알고리즘도 반드시 다항 시간 성능 알고리즘이어야 한다. 따라서 NP 문제 A는 NP 완전 문제 B의 알고리즘으로 해결되며, 문제 A의 알고리즘은 입력 변환 알고리즘, 문제 B 알고리즘, 출력 변환 알고리즘을 모두 포함한 알고리즘이다. 따라서 문제 A 알고리즘의 성능은 입력 변환 시간과 문제 B 알고리즘 수행 시간, 출력 변환 시간을 모두 합한 성능이 되며, 이때 빅 오 표기법으로 성능을 표현하면 셋 중에 가장 높은 차수를 갖는 성능이 문제 A의 알고리즘 성능이 된다.

입력 변환 알고리즘의 성능이 $O(\log n)$이고, 문제 B 알고리즘의 성능이 $O(n^2)$이며, 출력 변환 알고리즘의 성능이 $O(n\log n)$이라면 문제 A 알고리즘의 성능은 $O(n^2)$이 된다.

$$O(\log n) + O(n^2) + O(n\log n) \rightarrow O(n^2)$$

즉 입력 변환과 출력 변환의 알고리즘 수행 시간은 전체 알고리즘 수행 시간에 큰 영향을 미치지 않는다는 의미이며, 따라서 NP 완전 문제로 건너 풀기 할 수 있다는 것이다.

NP 하드 문제

NP 하드(Hard) 문제에 대해서 살펴보자. NP 하드 문제는 NP 완전 문제이기도 하지만 반드시 NP 문제일 필요는 없다. 즉, NP 완전 문제는 반드시 NP 문제라는 조건을 갖지만, NP 하드 문제는 NP 문제는 아닌데, NP 완전 문제만큼 어려운 문제를 의미한다. 이때 모든 NP 완전 문제는 어려운 문제로 분류되어 NP 하드 문제에 속한다. NP 하드 문제 중에 NP 문제인 것을 NP 완전 문제라고 한다. NP 하드 문제는 NP 완전 문제만큼 어렵지만, NP 문제가 아닐 수도 있기 때문에 NP 하드 문제의 알고리즘으로는 다른 NP 문제들이 모두 문제 변환을 통해 해결될 수 없다는 것을 의미한다.

P/NP/NP 완전/NP 하드 문제들의 관계

컴퓨터로 해결할 수 있는 문제들은 수없이 많다. 또 해결할 수 있는 문제인지 해결할 수 없는 문제인지도 모르는 문제들이 더 많다.

P 문제는 NP 문제 안에 포함되어 있다. 이는 모든 입력값에 대해 다항 시간 안에 정답을 낼 수 있는 알고리즘이 있는 문제는 비결정 문제를 해결하는 방법으로도 모두 다항 시간 안에 정답을 낼 수 있다는 의미이다. 따라서 모든 P 문제는 NP 문제이며, P 문제는 NP 문제의 부분 집합으로. 다음과 같은 수식으로 표현할 수 있다.

$$\forall p \in NP$$

반대로 모든 NP 문제가 P 문제가 될 수 있는지는 아직 모른다. 만약 이것이 가능하다면, 모든 비결정 문제가 다항 시간 안에 해결되는 알고리즘이 있다고 하는 의미이다. 하지만 아직까지 누구도 모든 비결정 문제가 다항 시간 안에 해결된다는 것을 증명하지 못했기 때문에 NP 문제가 P 문제의 부분 집합이라고 말할 수 없다.

$$\forall\, np \in P \text{ or } \forall\, np \notin P$$

만약에 P 문제가 NP 문제의 부분 집합이면서, NP 문제가 P 문제의 부분 집합이라면 P 문제와 NP 문제는 같은 문제 영역이라는 것을 의미한다. 하지만 아직 NP 문제가 P 문제의 부분 집합임이 밝혀지지 않아 P 문제와 NP 문제의 영역이 같은지 다른지 모른다. 다만 현재 튜링 기계에 기반한 컴퓨터 세계에서는 P 문제와 NP 문제가 같지 않다고 추측하고 있다.

$$P \neq NP \text{ or } P = NP$$

지금까지 밝혀진 정의에 기반하여 포함 관계 그림을 살펴보면 NP 문제는 P 문제를 포함한 문제들이며, NP 문제 중에 NP 완전 문제들이 포함되어 있고, NP 완전 문제를 포함하지만 NP 문제가 아닌 어려운 문제를 NP 하드 문제로 정의하였다. P/NP/NP 완전/NP 하드 문제들의 관계를 그림으로 표현하면 다음과 같다.

우리가 사용하고 있는 많은 소프트웨어는 특정 문제를 어떤 방식으로든 해결한 알고리즘을 포함한다. 그림과 같이 현재 컴퓨터에서 수행되는 모든 알고리즘이나 프로그램들은 컴퓨터로 해결할 수 있는 문제들의 아주 작은 부분임을 이해하길 바란다.

아직도 컴퓨터로 해결할 수 있는 문제 중에 NP 문제인지 아닌지 확인되지 않은 문제들이 훨씬 많다. NP 문제라고 확인된 문제들은 적어도 정답을 찾는 세 가지 방법들을 사용하면 P 문제가 될 수 있다는 것이기 때문에 해결 가능성이 있는 문제라는 것이다.

앞으로 컴퓨터로 해결할 수 있는 문제 중에 실제 해결하는 알고리즘이 만들어질 것이며, 컴퓨터의 사용 범위가 훨씬 확장될 것이다.

| 5장 |

문제와 알고리즘

학습 목표

- 탐색 문제와 탐색 문제 알고리즘을 이해한다.
- 탐색 문제 중 P/NP 문제를 이해한다.
- 검색 문제와 탐색 문제의 차이를 이해한다.
- 정렬 문제와 정렬 문제 알고리즘을 이해한다.

1 탐색 문제

컴퓨터과학 분야에서 해결된 문제 중 탐색 문제에 대하여 알아보자.

탐색 문제는 방대한 값들 속에서 목적에 맞는 값을 찾는 문제이다. 컴퓨터과학 분야에서 탐색 문제는 다음과 같이 두 가지 맥락에서 문제를 정의할 수 있다.

여기서는 두 가지 맥락에서 탐색을 검색과 탐색이라는 두 가지 용어로 분리해 사용하도록 하였다. 검색과 탐색은 거의 비슷한 용어로 구분 없이 사용되기도 하지만, 사전적인 의미를 잘 살펴보면 검색은 자료 검색, 찾기 등의 결과 중심 용어라면, 탐색은 어떤 사실이나 현상을 찾는 행동 중심의 용어라고 할 수 있다. 탐색 문제의 두 가지 맥락인 데이터 검색 문제와 해 탐색 문제를 각각 살펴보자.

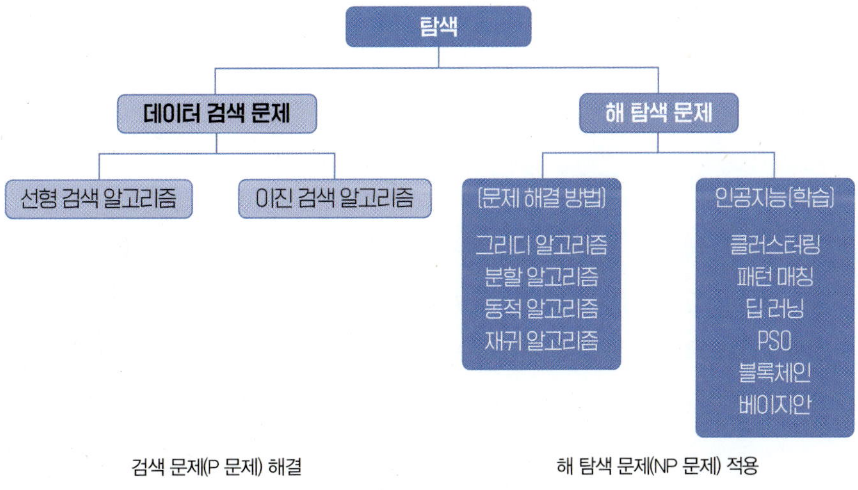

데이터 검색 문제

데이터 검색 문제는 주기억장치에 저장된 데이터를 찾아오는 문제이다. 컴퓨터 과학 분야에서 주기억장치에 저장된 데이터를 찾아오는 문제는 주기억장치에 저장된 데이터를 수정, 삽입, 삭제하는 데이터 관리의 가장 기본이자 가장 중요한 문제이다. 데이터 관리는 문제 해결을 위한 알고리즘에 직접적인 영향을 미치므로 알고리즘 성능에 영향을 미친다.

컴퓨터과학 분야에서 데이터 검색 문제는 자료구조 다음으로 중요하게 해결하고자 했던 문제이다. 자료구조는 데이터를 관리하기 위하여 데이터를 저장하는 방법을 중심으로 문제를 해결하고자 한 것이다. 자료구조도 결국 어떻게 저장하면 저장된 데이터를 잘 찾고 새로운 데이터를 추가하여 저장하며 저장된 데이터를 삭제할 수 있는지의 문제를 저장하는 방법으로 해결하고자 했다면, 탐색 문제 알고리즘은 어떻게 저장되어 있든 상관없이 저장된 데이터 중에서 원하는 데이터를 찾는 문제를 해결하고자 한 것이다.

데이터 검색 문제는 대표적인 P 문제로, 컴퓨터로 해결한 문제이다. 데이터 검색 문제를 해결한 알고리즘에는 대표적으로 선형 검색 알고리즘과 이진 검색 알고리즘이 있다.

해 탐색 문제

데이터 검색 문제가 해결되면서 컴퓨터 활용도가 높아져 여러 분야에서 컴퓨터를 사용할 수 있게 되었다. 이에 컴퓨터에서 다루는 탐색 문제가 데이터 관리에 대한 문제에서 현실적인 문제로 확장되고 있다. 해 탐색 문제는 의학, 기계, 건축 등 모든 분야에서 해결하고자 하는 문제를 컴퓨터로 해결하는 탐색 문제이다.

주식의 등락을 예측하는 문제는 주식시장을 분석하여 등락을 결정해줄 수 있는 값을 찾는 해 탐색 문제이고, 질병 진단 문제는 질병의 요소를 분석해 질병을 찾는 해 탐색 문제이며, 자율주행 문제는 차가 움직이고 멈출 조건을 찾아주는 해 탐색 문제라고 할 수 있다.

여러 분야에서 해결하고자 하는 해 탐색 문제는 비결정 문제로 NP 문제로 분류한다.

주식의 등락을 결정하는 값을 찾아주지 못하며, 등락의 확률값이나 근사값을 문제의 답으로 제시한다. 물론 경험치 값을 포함시키는 휴리스틱 방법을 적용하기도 한다. 질병 진단 문제와 자율주행 문제도 마찬가지이다. 모두 정확한 답을 찾아주지 못하며, 휴리스틱 방법을 적용하여 근사값이나 확률값으로 결과를 제시한다.

이러한 탐색 문제들을 해결하고자 개발된 알고리즘을 해 탐색 알고리즘이라고 한다.

해 탐색 문제를 해결하기 위한 알고리즘은 두 가지 방법으로 연구되고 발전하고 있다. 휴리스틱 방법을 사용하지 않고, 간단한 규칙에 중심을 두어 해 탐색 문제를 해결하고자 하는 문제 해결 방법 중심의 알고리즘과 방대한 데이터, 휴리스틱 방법을 적용해서 해 탐색 문제를 해결하고자 하는 인공지능 알고리즘이다.

문제 해결 방법 중심의 알고리즘에는 대표적으로 문제를 분해 방법으로 해결하고자 하는 분할 알고리즘, 가장 좋은 값들을 중심으로 해결하고자 하는 그리디 알고리즘, 문제들의 반복되는 규칙을 찾아 해결하고자 하는 동적 알고리즘, 주된 해결 방법을 반복적으로 적용해 해결하고자 하는 재귀 알고리즘 등이 있다.

방대한 데이터와 휴리스틱 방법을 적용한 인공지능 알고리즘 중 많이 알려진 알고리즘에는 클러스터링 알고리즘, 패턴 매칭 알고리즘, 딥러닝 알고리즘, PSO 알고리즘, 블록체인 알고리즘, 베이시안 알고리즘 등이 있다. 이 외에도 많은 인공지능 알고리즘이 있으며, 지금도 전 세계에서 해 탐색 문제를 해결하기 위하여 인공지능 알고리즘이 연구 개발되고 있다.

탐색 문제를 해결하기 위해 컴퓨터과학 분야에서는 여러 가지 방법을 시도하였다. 자료구조도 데이터를 관리하기 위하여 데이터를 저장하는 방법을 중심으로 탐색 문제를 해결하고자 한 것이다. 여기서 탐색은 데이터 검색을 의미한다. 어떻게 저장하면 저장된 데이터를 잘 찾고, 새로운 데이터를 추가하여 저장하며,

저장된 데이터를 삭제할 수 있을지에 관한 문제를 저장하는 방법으로 해결하고자 한 것이다.

데이터 검색 문제를 해결한 선형 검색 알고리즘과 이진 검색 알고리즘은 자료구조와 상관없이 데이터 검색 문제 중심으로 탐색 문제를 해결한 알고리즘이다. 물론 이진 검색 알고리즘의 경우 알고리즘의 특성상 이진 트리 자료구조를 사용하여 해결하는 방법도 있지만, 이진 검색 알고리즘 자체는 자료구조와 상관없이 데이터 검색을 빠르게 해결한 알고리즘이다.

탐색 문제 중 해 탐색 알고리즘은 NP 문제이기 때문에 모든 해 탐색 문제가 해결되는 알고리즘은 아직 없다. 문제의 특성에 따라 여러 가지 방법을 적용하여 해결하고 있다.

- 특정 자료구조와 휴리스틱 이용 : A* 알고리즘
- 문제 해결 방식 : 그리디 알고리즘 / 분할 정복 알고리즘 / 동적 알고리즘
- 인공지능 방식 : 휴리스틱 알고리즘 / 근사 알고리즘 / 학습 알고리즘

특정 자료구조에 휴리스틱을 이용하여 해결하고자 한 알고리즘 중 대표적인 알고리즘에는 A* 알고리즘이 있다. 문제의 특성과는 상관없이 순수한 규칙만 정해 놓고 문제에 적용해 보는 문제 해결 방식 중심의 알고리즘들이 있는데, 대표적으로 그리디 알고리즘, 분할 알고리즘, 동적 알고리즘이 있다. 이 알고리즘들은 간단한 규칙을 만들어 놓고, 여러 가지 문제에 적용하여 좋은 성과를 보인다. 휴리스틱 방법, 근사 방법, 답 확인 문제 방법을 적용한 알고리즘들이 있는데, 이러한 알고리즘들이 모두 인공지능 알고리즘으로 알려져 있다.

지금부터는 이러한 문제를 해결하는 방법들과 가장 많이 알려진 알고리즘을 중심으로 알아보자. 본 장에서는 데이터 검색 문제를 해결한 알고리즘인 선형 검색 알고리즘과 이진 검색 알고리즘을 알아보자. 해 탐색 문제를 해결하기 위한 알고리즘은 《6장. 문제 해결 방식과 알고리즘》에서 살펴보자.

1.1 선형 검색 알고리즘

선형 검색 알고리즘은 데이터 검색 문제를 해결한 알고리즘이다. 순차 탐색, 순차 검색, 선형 탐색, 선형 검색 모두 같은 말로, 가장 간단한 검색 방법이며, 전수 검사 방법이라고도 한다. 정렬되지 않은 초기 리스트를 처음부터 끝까지 차례로 검사하여 원하는 데이터를 찾는 알고리즘이다. 선형 검색 알고리즘은 특정 자료구조에 제한적이지 않다. 따라서 배열, 연결 리스트, 그래프, 트리 등 어떤 구조로 저장되어 있는지에 상관없이 앞에서부터 끝까지, 또는 끝에서부터 앞까지 데이터를 하나씩 비교하여 찾는 알고리즘이다. 선형 검색 알고리즘의 기본 연산은 두 가지이다. 바로 읽어오는 연산과 비교하는 연산이다.

선형 검색 알고리즘을 실제 컴퓨터 알고리즘으로 표현해 보자. 선형 검색 알고리즘의 기본 알고리즘은 다음과 같이 아주 간단하다.

기본 알고리즘

- 데이터 하나를 가져온다.
- 찾고자 하는 데이터와 비교한다.

데이터를 하나 읽어온다. 찾고자 하는 데이터와 비교한다. 이 두 가지 동작을 가진 알고리즘을 컴퓨터로 수행시키기 위해 우리는 컴퓨터 알고리즘으로 다시 표현해야 한다. 자연어와 의사 코드로 표현하면 다음과 같다.

자연어

1. 저장된 데이터를 하나 가져온다.
2. 비교한다.
3. 저장된 데이터가 없을 때까지 1, 2를 반복한다.
4. 반복 중에 찾으면 반복을 멈춘다.
5. 찾은 값을 출력한다.

의사 코드

```
리스트 = [12, 10, 25, 5, 7, 96]
인데스 ← 0
찾고자 하는 값 ← 7
while 인덱스 < 리스트 크기
  if 리스트[인덱스]==찾고자 하는 값
      print("탐색성공")
      break
  인덱스 ← 인덱스+1
```

컴퓨터는 문제 해결을 위해 반드시 문제 해결을 하는데 사용되는 데이터가 저장되어 있어야 한다. 따라서 모든 문제 해결의 시작은 저장이며, 기본 알고리즘에서 데이터를 가져온다고 표현한 것은 저장된 데이터를 가져온다는 의미이다. 데이터를 찾는다는 문제는 주기억장치에 저장된 데이터를 찾는 문제이다.

자연어로 표현한 선형 검색 알고리즘을 살펴보면, 가장 먼저 '저장된 데이터를 하나 가져온다.'로 시작되는 것을 알 수 있고, 검색 알고리즘으로 해결하고자 하는 문제는 이미 저장된 데이터에 적용한 문제이다.

기본 알고리즘을 다시 자연어로 표현하고, 다시 의사 코드로 표현하는 과정은 문제 해결의 알고리즘을 다시 컴퓨터 알고리즘으로 표현하여 컴퓨터로 문제를 해결하고자 하는 과정이다.

컴퓨터는 저장과 연산, 제어만 가지고 표현해야 하기 때문에 자연어로 표현한 것을 저장, 연산, 제어의 세 가지 동작으로 다시 표현해야 한다. 저장에는 자료구조와 변수를 이용해야 하며, 연산은 컴퓨터로 프로그래밍 언어가 제공하는 연산만 할 수 있고, 제어는 컴퓨터 프로그래밍 언어가 제공하는 제어 명령과 문법을 사용해야 한다.

의사 코드는 프로그래밍 언어의 문법을 흉내 내어 표현한 것이지 완벽하게 프로그래밍 언어로 표현한 것은 아니다. 의사 코드로 표현하면 여러 가지 프로그래밍 언어의 문법에 맞추어 코딩할 수 있고, 각각 언어의 문법에 맞추어 코딩된 알고리즘은 컴퓨터로 수행할 수 있다.

의사 코드를 살펴보면 데이터를 가져오고, 비교하기 위해서는 저장해야 하므로 변수를 선언하여 저장한다. 데이터들은 자료구조에 따라 여러 가지 방법으로 저장할 수 있다. 의사 코드에서 사용한 자료구조는 배열 자료구조이므로, 배열 자료구조에 저장된 데이터를 가져오는 방법은 인덱스를 사용하는 방법이기 때문에 저장된 데이터를 가져오기 위해 인덱스값을 저장할 변수를 정의한 것이다.

저장된 데이터를 가져오고, 찾고자 하는 값과 비교해야 하는데, 이때 찾고자 하는 값도 저장되어 있어야만 비교 연산을 할 수 있다. 저장된 데이터를 가져오고, 찾고자 하는 값도 저장하였다면 두 데이터를 비교 연산으로 같은지 확인할 수 있다.

자연어로 표현한 3번 '저장된 데이터가 없을 때까지 1, 2를 반복한다.'를 의사 코드로 표현한 것이 while 문이다. 저장된 데이터가 없을 때까지 데이터를 가져와 비교하는 것을 반복하도록 표현해야 하는데, 이때 '~할 때까지'의 영문 표기인 while 단어를 사용했고, 저장된 데이터가 없을 때인 조건을 표현하기 위하여 인덱스와 리스트의 크기를 사용하였다.

이때 인덱스값은 저장된 데이터들의 개수와 관계가 있다는 것을 배열 자료구조에서 이미 설명하였다. 따라서 우리가 가지고 있는 인덱스값이 리스트의 실제 크기보다 작을 때 반복하라고 조건식을 작성할 수 있다. 반복문 안에서 우리는 두 가지 선택적 수행을 하게 되는데, 가져온 데이터와 찾고자 한 데이터가 같은지 확인하고 같으면 원하는 데이터를 찾았으므로 더 이상 반복문을 계속할 필요가 없으므로 탐색 성공을 출력하고 반복문을 끝내며, 같지 않으면 다음 데이터를 가지고 와야 해서 다음 데이터가 저장된 인덱스값을 갖도록 인덱스값을 하나 증가시킨다. 이때 왜 1을 증가할까? 여기에서는 다시 자료구조에 대한 이해가 필요하며, 배열 자료구조에서 다음 데이터는 이전 데이터의 인덱스보다 1 큰 인덱스로 정의된 주소에 저장된다는 규칙을 알고 있어야 한다.

컴퓨터는 기계이기 때문에 훨씬 자세하고, 단순한 동작으로 표현해야 하는 것을 알 수 있다. 언제까지 해야 하는지, 언제 멈추어야 하는지, 하나씩 가져와야 하는지, 비교는 언제 해야 하는지를 아주 자세히 표현해야 하며, 이 순서를 바꾸거나 잘못 정의하여 컴퓨터에게 수행시키면 컴퓨터는 올바른 답을 내지 못한다.

알고리즘은 간단한데, 컴퓨터 프로그래밍은 어렵다고 느낄 수 있다. 문제를 해결하는 알고리즘을 컴퓨터 알고리즘으로 다시 표현하고, 그것을 프로그래밍 언어의 문법에 맞추어 다시 작성하는 것은 많이 다르기 때문에 많은 사람이 어렵게 느끼는 것이다. 프로그래밍 언어의 문법과 기계가 동작하도록 표현하는 순서를 잘 작성하는 것은 프로그래밍 방법이다. 프로그래밍 방법은 전체 문제 해결 알고리즘을 표현하는 것과 또 다른 문제이다. 선형 검색 알고리즘은 아주 쉬운 알고리즘이지만, 실제 프로그래밍 언어로 표현할 때 다양한 방법으로 구현할 수 있다. 하지만 방법이 달라진다고 전체 알고리즘이 변하는 것이 아니라, 저장된 데이터의 자료구조에 따라 방법이 달라지는 것을 알 수 있다. 배열 자료구조이기 때문에 인덱스값으로 데이터를 조절했고 연결 리스트로 저장되어 있다면 다음 데이터를 가지고 올 때 저장된 주소값이 저장된 포인터 변수로 가지고 와야 하며, 스택에 저장된 데이터들을 하나씩 가져와서 비교해야 한다면 pop 동작을 따로 정의하고 pop 동작을 해서 데이터를 가져와야 하는 것이다.

이와 같이 컴퓨터 알고리즘을 표현하는 컴퓨터 프로그래밍은 자료구조에 따라 프로그래밍 내용과 방법이 달라지는 것을 알 수 있다. 자료구조 이해의 중요성을 다시 한번 느꼈길 바란다. 자료구조를 프로그래밍 언어로 잘 표현하는 사람이 프로그램을 잘 짠다고 말하기도 한다. 결국 컴퓨터 프로그래밍은 데이터 저장이 가장 중요한 것이다.

앞으로 소개하는 알고리즘들 모두 선형 검색 알고리즘처럼 기본 알고리즘은 간단한 것도 있고, 알고리즘 자체가 복잡한 것도 있다. 소개되는 알고리즘들이 저장에 중심을 두고 문제를 해결한 알고리즘인지, 저장 방법보다는 저장된 데이터에 대한 이용에 중심을 두고 문제를 해결한 것인지 잘 이해하길 바란다.

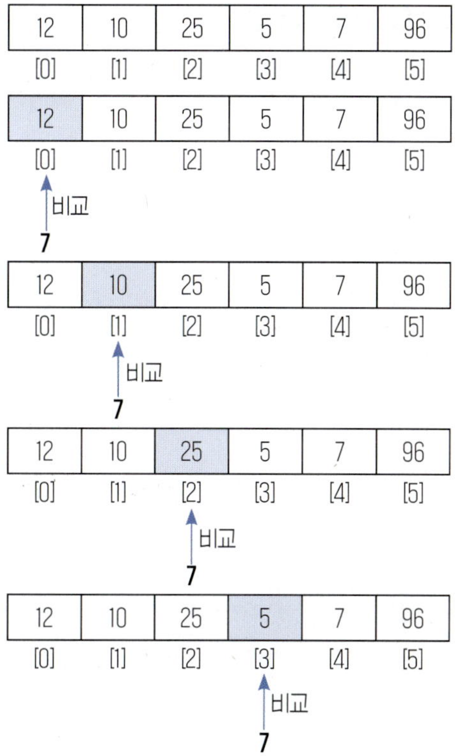

선형 검색 알고리즘의 동작을 그림으로 살펴보면, 주기억장치에 배열로 6개의 숫자형 데이터가 저장되어 있고, 7이라는 숫자를 찾기 위해 0번째 저장된 숫자 데이터부터 하나씩 비교한다. 다음 단계로 넘어가는 것은 찾는 수와 저장된 수가 다르기 때문이며. 같은 수가 나올 때까지 반복하여 5번의 비교 만에 원하는 데이터를 찾는 것을 그림으로 보여준다.

```
while 인덱스 < 리스트 크기
    if 리스트[인덱스] == 찾고자 하는 값  → 비교 연산
        print("탐색종료")
        break
    인덱스 ← 인덱스 + 1                → 산술 연산
```

선형 검색 알고리즘의 성능

선형 검색 알고리즘의 성능을 알아보자. 결국 비교 연산과 인덱스 증가 연산이 코드에 포함되어 있고, 각각의 연산은 배열에 저장된 데이터 수만큼 반복되는 것을 알 수 있다. 여기서 i값은 저장된 데이터 수를 말한다. 저장된 데이터가 1개이면 비교 연산과 산술 연산을 한 번씩 할 것이고, 저장된 데이터가 2개이면 최악의 경우 두 번씩 연산하게 된다. 따라서 선형 검색 알고리즘의 저장된 데이터 개수 변화에 따른 연산자 수행 횟수를 함수로 표현하면 다음과 같이 정의할 수 있다.

$$n \rightarrow O(n)$$

이것을 알고리즘 성능 표기법인 빅 오 표기법으로 나타내면 다음과 같다. 따라서 선형 검색 알고리즘은 선형 시간 알고리즘 성능을 보이는 알고리즘이다.

1.2 이진 검색 알고리즘

이진 검색 알고리즘은 데이터가 정렬되어 있을 때 적용하기 좋은 검색 알고리즘이다. 이진 검색 알고리즘은 정렬 후에 적용한다. 따라서 전체 알고리즘 성능에 정렬 알고리즘의 성능이 포함되지만, 좋은 성능을 가진 정렬 알고리즘이 이미 많이 개발되어 있기 때문에 전체 알고리즘 성능에 큰 영향을 미치지 않는다. 또한 한 번의 정렬로 여러 번의 탐색이 이루어진다면 전체적인 검색 효율을 높일 수 있다. 이와 같이 정렬 알고리즘은 탐색 성능을 높이고자 한 방법의 하나로, 정렬 문제에서 다시 다루도록 한다. 이진 검색 알고리즘은 특정 자료구조에 제한적이지 않지만, 알고리즘의 특징이 이진 트리 규칙을 가지는 자료구조와 비슷하여 이진 트리 자료구조를 사용하면 쉽게 구현할 수 있다.

이진 검색 알고리즘의 기본 알고리즘은 다음과 같다.

기본 알고리즘

- 중간 데이터를 가져온다.
- 찾고자 하는 데이터와 비교한다.
- 비교 결과에 따라 데이터의 반을 제외한다.

중간 데이터를 가져온다. 찾고자 하는 데이터와 비교한다. 비교 결과에 따라 데이터의 반을 제외한다. 이처럼 아주 간단한 것을 알 수 있다. 기본 알고리즘을 컴퓨터 알고리즘으로 다시 표현해 보자. 컴퓨터 알고리즘을 자연어로 표현하면 다음과 같다.

자연어

1. 데이터를 오름차순으로 정렬한다.
2. 데이터의 가운데 값을 가져온다.
3. 가운데 값과 찾을 값을 비교한다.
  3-1. 찾으면 탐색 성공
  3-2. 찾을 값이 가운데 값보다 크면 가운데 값보다 큰 값들만 남긴다.
  3-3. 찾을 값이 가운데 값보다 작으면 가운데 값보다 작은 값들만 남긴다.
4. 값을 찾을 때까지 **2, 3**을 반복한다.
5. 찾은 값을 출력한다.

자연어로 표현된 알고리즘을 프로그래밍 언어로 구현하기 위해서 고려해야 할 것들을 찾아보자. 데이터의 가운데 값을 어떻게 정의할 것인가. 이것도 자료구조에 따라 프로그래밍 언어의 구현 방법이 달라질 수 있을 것이다. 비교한 결과에 따라 수행 명령이 달라지므로 선택문이 필요할 것이며, 이 과정을 전체 저장된 데이터에 모두 적용할 때까지 반복해야 하므로 반복문도 필요하다. 여기에서 우리가 더 생각해야 할 것은 찾을 값이 가운데 값보다 크거나 작으면 데이터를 선택하여 남기는 것을 어떻게 구현할 것인지다.

기본 자료구조를 이용한 이진 검색 알고리즘

배열 자료구조로 저장된 데이터에 이진 검색 알고리즘을 적용하도록 의사 코드를 작성하면 다음과 같다.

의사 코드

```
정렬된 리스트=[15,20,29,30,37,55, 69,73,87,90]
찾고자 하는 값 ← 69
low ← 0
high ← 9
while low <= high
  middle ← (low+high)/2
  if 찾고자 하는 값==리스트[middle]
      print("탐색성공")
      break
  elif 찾고자 하는 값 > 리스트[middle]
      low ← middle + 1
  else
      high ← middle - 1
```

정렬된 9개의 정수 데이터가 배열로 저장되어 있고, 찾고자 하는 값을 비교하기 위해 저장한다. 다음에 정의된 low와 high 변수는 무엇을 의미할까? 바로 데이터의 가운데 값을 가져올 때 사용된 첫 번째 인덱스와 마지막 인덱스를 저장한 변수이다.

배열 자료구조로 저장되어 있으므로 중간에 저장된 값을 가져오기 위하여 인덱스의 중간값을 계산하는 것이다. middle에는 첫 번째 인덱스와 마지막 인덱스를 더해서 2로 나누면 중간 인덱스값이 나오고, 그 인덱스에 저장된 값이 바로 전체 데이터 중에 중간값이 되는 것이다. 중간값과 찾을 값을 비교하여 같으면 탐색 성공이다.

찾고자 하는 값이 중간값보다 크면 중간 인덱스보다 큰 인덱스 쪽에 찾을 값이 있으므로, 첫 번째 인덱스값을 중간 인덱스 다음 값으로 지정한다.

$$low \leftarrow middle+1$$

작으면 중간 인덱스보다 작은 인덱스에 찾을 값이 있으므로 마지막 인덱스를 중간 인덱스보다 하나 작은 인덱스로 지정한다.

$$high \leftarrow middle-1$$

'큰 값들만 남긴다', '작은 값들만 남긴다'를 프로그래밍 언어로 표현한 것이다.

이 예에서도 볼 수 있듯이 데이터가 어떤 자료구조로 저장되어 있는지에 따라 프로그래밍은 다르게 구현할 수 있다. 배열 자료구조로 저장된 데이터를 이용하기 때문에 모든 알고리즘의 과정을 인덱스값으로 조절하고 있다. 연결 리스트로 저장되어 있다면 인덱스값이 아닌 주소값을 저장한 포인터 값으로 중간값을 찾고, 큰 값과 작은 값들도 포인터 값으로 조절하게 될 것이다. 이때 변화되지 않는 것은 기본 알고리즘이며, 자연어로 표현한 과정은 모두 같음을 알 수 있다.

문제 해결 알고리즘을 프로그래밍 언어로 표현할 때 데이터가 저장된 상태인 자료구조에 따라 달라 구현 내용이 달라지는 것이지, 알고리즘이 변하는 것은 아님을 꼭 이해하기 바란다.

중앙(중간)값 계산에 대해 다시 한번 설명하면, 배열 자료구조를 이용한 이진 검색 알고리즘에서 중앙값은 인덱스값으로 조절하였다.

$$\text{중앙위치값}(middle) = \frac{(low + high)}{2}$$

$$\text{중앙위치값} = \frac{(0+9)}{2} = \frac{9}{2} = 4.5 \approx 4$$

중앙 위치값은 첫 번째 데이터가 저장된 인덱스값과 마지막 데이터가 저장된 인덱스값의 합을 2로 나눈 값이다. 이때 나눈 값이 소수값이면 소수점 이하 자리를 버리고 정수값만 취한다. 인덱스값은 항상 정수값이기 때문이다.

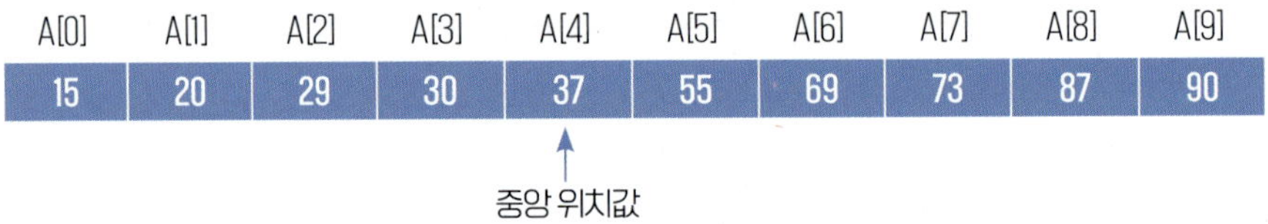

이진 검색 알고리즘의 동작을 살펴보면 다음 그림과 같다.

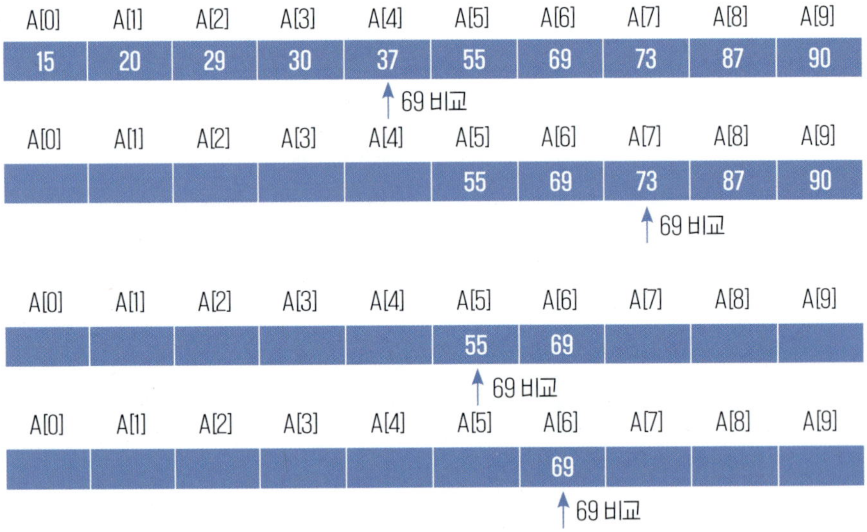

인덱스 중간값인 4를 계산해서 찾은 후 인덱스 4에 저장된 값과 찾을 값을 비교하고 중간값보다 찾을 값이 크므로 처음 인덱스값을 5로 바꾼 후 다시 중간 인덱스값을 찾기 위해 계산한 (5+9)/2=7 결과값이 중간 인덱스값으로 지정되어 인덱스 7에 저장된 값과 찾을 값을 비교한 후 이번에는 찾을 값이 작으므로 마지막 인덱스값을 6으로 바꾸어 다시 중간 인덱스값을 찾기 위해 계산한다. (5+6)/2=5이므로, 인덱스 5의 값과 비교하여 찾는 값이 크기 때문에 첫 인덱스값을 6으로 바꾸고 다시 중간값을 계산한다. (6+6)/2=6이므로 인덱스 6에 저장된 값과 비교하여 같으면 탐색을 성공하게 된다.

확장형 자료구조를 이용한 이진 검색 알고리즘

찾을 데이터가 포함된 데이터들을 기본 자료구조인 배열로 저장하였을 때 순차 검색 알고리즘과 이진 검색 알고리즘을 살펴보았다.

찾을 데이터가 포함된 데이터들을 확장형 자료구조인 이진 트리 자료구조로 저장하였을 때 이진 검색 알고리즘을 살펴보자.

이진 검색 알고리즘은 먼저 찾을 데이터가 포함된 데이터들을 정렬한 후 알고리즘을 수행한다. 이때 정렬 대신에 이진 트리 자료구조 규칙으로 데이터를 저장한다. 이진 트리 자료구조의 규칙은 부모 노드보다 큰 값은 오른쪽 자식 노드로 생성하고, 작은 값은 왼쪽 자식 노드로 생성하는 규칙을 따른다.

이진 트리 자료구조를 이용하면 중간값을 찾을 필요가 없다. 무조건 부모 노드와 비교하여 찾을 값이 부모 노드보다 크면 오른쪽 자식 노드를 포함한 트리에서 다시 부모 노드랑 비교하고, 작으면 왼쪽 자식 노드를 포함한 트리에서 다시 부모 노드랑 비교하면 된다. 이것을 의사 코드로 표현하면 트리 구성 알고리즘을 이용하여 이진 트리로 데이터를 저장한 후 생성된 트리에서 부모 노드에 저장된 값과 찾는 값을 비교하고, 부모 노드보다 찾는 데이터가 크면 오른쪽 트리를 생성된 트리로 바꾸기만 하면 된다. 그러면 다시 생성된 트리가 바뀌므로 부모 노드가 이전 부모 노드의 오른쪽 자식 노드가 됨을 알 수 있다. 이와 같이 이진 트리 자료구조를 이용하면 이진 검색 알고리즘의 효과를 얻을 수 있다.

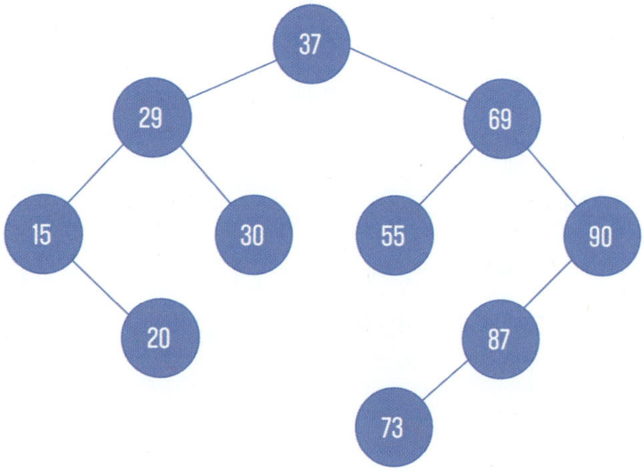

이진 트리 자료구조를 이용했을 때 컴퓨터 알고리즘을 자연어로 표현하면 다음과 같다. 이와 같이 이진 트리 규칙으로 저장하면 다음과 같이 검색 알고리즘이 훨씬 간단해지는 것을 알 수 있다.

자연어

1. 부모 노드보다 큰 값은 오른쪽 자식, 작은 값은 왼쪽 자식 규칙에 따라 이진 트리를 생성한다.
2. 부모 노드와 찾을 값을 비교한다.
   - 2-1. 크면 오른쪽 노드와 비교한다.
   - 2-2. 작으면 왼쪽 노드와 비교한다.
3. 값을 찾을 때까지 2를 반복한다.
4. 찾은 값을 출력한다.

의사 코드

```
트리 구성 알고리즘
while  자식 노드==0
       생성된 트리
if     부모 노드==찾는 데이터
elif   부모 노드<찾는 데이터
       생성된 트리 ← 오른쪽 트리
else:
       생성된 트리 ← 왼쪽 트리
```

이진 검색 알고리즘의 성능

이진 검색 알고리즘의 성능을 알아보자.

배열 자료구조를 이용하건, 이진 트리 자료구조를 이용하건 우리는 한번 비교 연산을 할 때마다 저장되어 비교할 데이터의 수가 줄어들고 있음을 알 수 있다. 배열 자료구조 동작 그림을 보면 한번 비교할 때마다 앞으로 비교해야 할 데이터의 수가 정확하게 반씩 줄어들고 있는 것을 알 수 있다. 물론 이진 트리의 경우에는 정확하게 반씩 줄어들지는 않지만 거의 반씩 줄고 있다. 이러한 규칙을 함수식으로 표현하면 다음과 같다. 데이터가 n개일 때 연산이 1회 수행되며, 그 다음은 데이터가 $\frac{1}{2}$n개가 된 상태에서 다시 연산이 1회 수행된다. 그다음에는 다시 $\frac{1}{2}$로 줄어든 상태에서 연산이 1회 수행되는 것을 알 수 있다. 이 반복은 최악의 경우 69를 찾을 때처럼 마지막 데이터 1개가 남을 때까지 수행되는 것을 알 수 있고, 이때 몇 번 수행되었는지 알고 싶으면 반씩 몇 번 나누었는지를 확인하면 된다.

n개 데이터일 때 1번

$\frac{n}{2}$개 데이터일 때 1번

$\frac{1}{2} \times \frac{n}{2}$개 데이터일 때 1번

$\frac{1}{2} \times \frac{1}{2} \times \frac{n}{2}$개 데이터일 때 1번

…

$(\left(\frac{1}{2}\right)k \times n)$가 1일 때 마지막 1번

k : 수행 횟수

$\rightarrow \left(\frac{1}{2}\right) k \times n = 1$(데이터가 1개 남을 때까지)

$\rightarrow k = log_2 n \rightarrow$ **O(log n)**

이것을 수식으로 표현하면 다음과 같다. 이때 k값은 수행 횟수를 말하며, 전체 데이터 수를 k번 2로 나누었을 때 1이 되면 마지막 1개 데이터가 남은 상황이 된다. 이때 k값을 구하는 식으로 변환하면 지수 로그 법칙에 따라 $log_2 n$ 함수로 표현됨을 알 수 있다. 따라서 이진 검색 알고리즘의 성능은 로그 시간이 된다.

간단한 예를 통해 로그 시간 알고리즘의 성능을 알아보면 데이터 수가 1024개 주어졌을 때 로그 시간 알고리즘으로 수행하면 $log_2 1024$번 수행되어 최악의 경우 10번 수행으로 답을 찾을 수 있다.

예) $n = 1024$일때 O($log\ n$) 알고리즘으로 수행하면,
$log1024$가 수행 횟수이며, $1024 = 2^{10}$이므로 최악의 경우 10번만 수행하면 답을 찾을 수 있다.

잠깐만요

$2^k = n$ → n은 2의 k승이다.

$2^{10} = 1024$ → 2를 10번 곱하면 1024이다.

$\log_2 n = k$

$\log_2 1024 = 10$ → 1024에 1/2을 몇 번 곱해야 하는가? → 10번

이진 탐색 알고리즘의 전체 성능은 일반 자료구조 사용 시 정렬 알고리즘의 성능이 포함되므로 정렬 알고리즘의 성능과 이진 탐색 알고리즘 성능의 합으로 계산된다. 이럴 때는 가장 나쁜 성능을 전체 성능으로 할 수 있으므로 만약 정렬 알고리즘 성능이 선형 시간 성능 알고리즘이었다면 전체 성능이 선형 시간이 된다. 하지만 정렬 알고리즘의 성능도 로그 시간 알고리즘이었다면 전체 성능이 로그 시간으로 될 수 있다. 이와 같이 정렬 알고리즘의 성능에 따라 달라질 수 있다. 이진 트리 자료구조를 사용했을 때는 트리 구성 성능이 포함된다. 트리 구성 알고리즘의 성능은 선형 시간 성능을 가지므로 무조건 선형 시간 성능을 갖게 된다. 따라서 어떤 자료구조를 사용하든지 이진 검색 알고리즘은 선형 시간 성능을 넘지 않으며, 일반적으로 로그 시간 성능을 보인다.

$$O(n) + O(\log n) \approx O(n)$$

$$\log_2 n \rightarrow O(\log n)$$

2 〉 정렬 문제

정렬 문제는 n개의 숫자가 입력으로 주어졌을 때 사용자가 지정한 기준에 맞게 순서를 찾는 문제로, 검색 문제를 빠르게 해결하기 위하여 연구된 문제이다. 모든 입력 데이터에 대해 다항 시간 안에 정렬된 결과를 출력하는 컴퓨터 알고리즘을 가지고 있는 대표적인 P 문제로, 정렬 문제를 해결하는 알고리즘이 있어 해결된 문제라고 할 수 있다.

정렬 알고리즘은 다음과 같은 기초 연산들로 구성된다.

- 비교 연산
- 교환 연산

정렬하고자 하는 저장된 데이터를 읽어와 비교 연산을 통해 확인하고, 그 결과로 일정한 규칙의 교환 연산을 취하면 정렬된다. 이때에도 마찬가지로 정렬하고자 하는 데이터를 어떻게 저장할 것인지에 자료구조가 포함되며, 특정 자료구조에 의존적인 정렬 알고리즘인지, 아니면 특정 자료구조와 상관없는 알고리즘인지 잘 확인해야 한다.

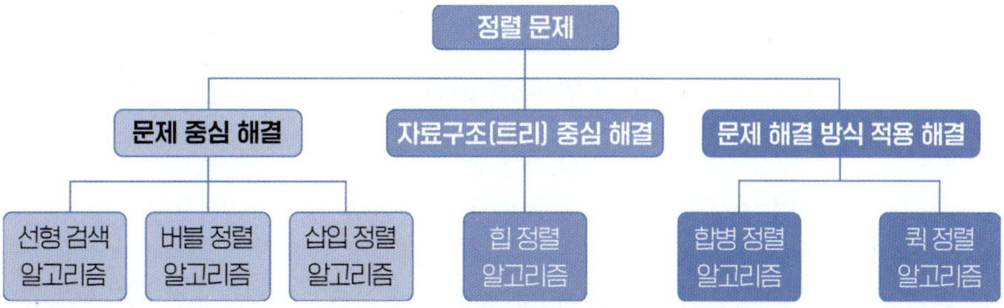

정렬 문제의 종류

정렬 문제를 해결한 알고리즘들은 다음과 같다. 선택 정렬 알고리즘, 버블 정렬 알고리즘, 삽입 정렬 알고리즘, 힙 정렬 알고리즘, 합병 정렬 알고리즘, 퀵 정렬 알고리즘 등이 있다. 각각의 알고리즘들은 정렬 문제를 더 빨리 해결하기 위하여 여러 가지 방법을 적용한 것이다. 정렬 문제는 여러 가지 문제를 해결할 때 함께 사용하는 범용적 알고리즘으로 알고리즘의 성능이 중요하다. 특히 이진 검색 알고리즘은 정렬된 데이터에 적용하는 알고리즘이므로 검색 문제를 해결하는 데 함께 사용되어 검색 알고리즘 성능에 영향을 줄 수 있다. 또한 정렬 기능은 모든 응용프로그램에 포함된 기본 기능이며, 데이터베이스나 데이터를 다루는 모든 문제 해결에 함께 사용되는 알고리즘이다. 따라서 정렬 문제를 해결하는 알고리즘을 이용하여 검색 문제를 함께 해결할 수 있게 되었고, 검색 문제를 해결할 수 있다는 것은 데이터를 다루는 삽입, 삭제, 수정 기능 향상에 도움이 되었다.

정렬 문제를 해결하는 더 효율적이고 좋은 성능의 알고리즘을 개발하기 위하여 오랫동안 깊이 연구해서 정렬 문제 컴퓨터 알고리즘은 다양하다. 정렬 컴퓨터 알고리즘은 입력되는 데이터의 상태나 종류에 따라 알고리즘별 성능이 달라질 수 있어 적합한 알고리즘을 선택하여 사용하는 것이 중요하다.

각각의 알고리즘 특징을 다음 그림을 통해 간단하게 살펴보자.

선택 정렬 알고리즘, 버블 정렬 알고리즘, 삽입 정렬 알고리즘은 문제 중심으로 정렬 문제를 해결한 알고리즘이다. 따라서 정렬할 데이터가 주기억장치에 기본 자료구조로 저장되어 있고, 저장 방법과는 상관없이 정렬하기 위한 규칙에 의해서 정렬 문제를 해결한 알고리즘이다.

힙 정렬 알고리즘은 자료구조에 기반하여 정렬 문제를 해결한 알고리즘이다. 이때 확장형 자료구조인 완전 이진 트리 자료구조를 이용하는데, 정렬할 데이터를 주기억장치에 트리 규칙을 갖는 자료구조로 저장하고, 저장된 규칙을 이용하여 정렬 연산을 적용해서 정렬 문제를 해결한 알고리즘이다.

합병 정렬 알고리즘과 퀵 정렬 알고리즘은 문제 해결 방식 중 분해 기법을 적용하여 정렬 문제를 해결한 알고리즘이다. NP 문제를 해결하기 위해 연구된 문제 해결 방식인 그리디 방식, 분해 방식, 동적 방식, 인공지능 방식 중 분해 방식을 정렬 문제에 적용한 것이다. 정렬 문제 알고리즘의 효율성을 높이기 위하여 노력하였고, 결국 정렬 문제는 선형 로그 성능을 가진 알고리즘까지 개발되어 사용되고 있다.

본 장에서는 기본 자료구조로 저장된 데이터에 문제 중심으로 정렬 문제를 해결한 정렬 알고리즘인 선택 정렬 알고리즘, 버블 정렬 알고리즘, 삽입 정렬 알고리즘과 완전 이진 트리 자료구조를 이용하여 정렬 문제를 해결한 정렬 알고리즘인 힙 정렬 알고리즘을 살펴보고자 한다. 분해 문제 해결 기법을 이용하여 정렬 문제를 해결한 정렬 알고리즘인 합병 정렬 알고리즘과 퀵 정렬 알고리즘은 6장에서 다룰 문제 해결 방식 중 분해 문제 해결 방식에서 다루고자 한다.

2.1 문제 중심 해결 정렬 알고리즘

문제 중심으로 정렬 문제를 해결한 정렬 알고리즘인 선택 정렬 알고리즘, 버블 정렬 알고리즘, 삽입 정렬 알고리즘을 살펴보자. 여기에서 소개되는 정렬 알고리즘들은 모두 정렬 문제를 해결하기 위해 개발된 알고리즘이다.

선택 정렬 알고리즘

선택 정렬 알고리즘은 기본 자료구조인 배열과 연결 리스트로 저장된 데이터에 적용하는 알고리즘이며, 데이터 중에 가장 작은 값 또는 가장 큰 값을 찾아 맨 앞에 보내는 방법으로 정렬 문제를 해결한다. 정렬 알고리즘의 기본 동작인 선택과 교환 연산을 사용하여 정렬 문제를 해결한다.

선택 정렬 알고리즘의 기본 알고리즘은 다음과 같은 절차로 표현할 수 있다.

기본 알고리즘

- 최소값을 '선택'한다.
- 가장 앞에 저장된 데이터와 '교환'한다.
- '선택'과 '교환'을 반복한다.

이 과정을 그림을 통해 살펴보자.

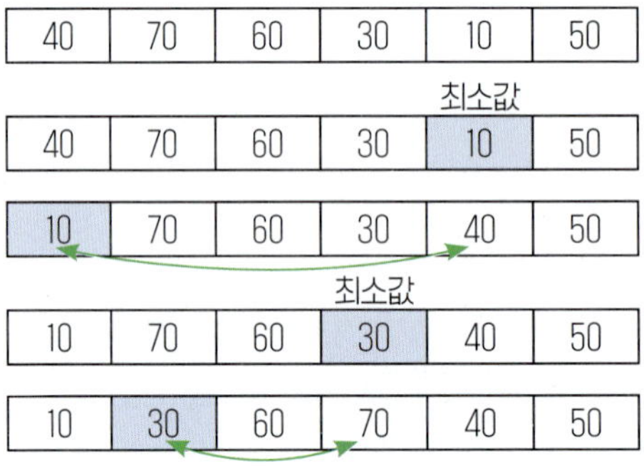

다음과 같은 순서로 나열된 6개의 정수들을 선택 정렬 알고리즘을 이용해서 오름차순으로 정렬해 보자. 먼저 6개의 정수 중 가장 작은 정수를 선택한다. 10이 선택되면, 10을 가장 앞에 있는 40의 위치와 교환한다. 한 번의 교환이 끝나고 나면, 가장 앞의 정수는 정렬된 정수이므로 선택 정렬 알고리즘 적용에서 제외시킨다. 다시 10을 제외한 나머지 5개의 정수 중에서 가장 작은 정수를 선택한다. 30이 선택되면, 30을 5개의 정수 중 가장 앞에 있는 70의 위치와 교환한다. 이 과정을 반복 적용하면 다음과 같이 정렬된 결과를 얻게 되어 정렬 문제를 해결한다.

10	30	40	50	60	70

선택 정렬 알고리즘의 기본 알고리즘을 컴퓨터 알고리즘의 표현 방법인 자연어를 이용해서 표현하면 다음과 같다.

기본 알고리즘

- 최소값을 '선택'한다.
- 가장 앞에 저장된 데이터와 '교환'한다.
- '선택'과 '교환'을 반복한다.

→

자연어

1. 최소값을 찾는다.
   / 최소값의 위치를 찾는다. (순차 검색)
2. 최소값과 가장 앞의 값을 교환한다.
   / 최소값의 위치와 가장 앞의 위치를 교환한다.
3. 가장 앞의 위치를 하나 증가한다.
4. 1, 2, 3을 반복한다.
5. 정렬 결과를 출력한다.

자연어로 표현한 선택 정렬 알고리즘을 살펴보면, 최소값을 찾는 것은 컴퓨터 알고리즘에서는 최소값의 위치를 찾는 것이다. 이때 최소값의 위치를 찾기 위해 찾는 방법도 정의해야 한다. 여기서는 순차 검색 알고리즘을 사용하자. 최소값과 가장 앞에 저장된 값을 교환하는 것은 최소값의 위치와 가장 앞의 위치를 교환한다고 표현할 수 있다. 교환한 후에는 가장 앞의 위치가 바뀌어야 하므로 가장 앞의 위치를 하나 증가한다. 이 과정을 반복하면 정렬 문제가 해결된다.

선택 정렬 알고리즘을 파이썬 프로그래밍 언어로 표현하고 프로그래밍 언어의 동작을 함께 살펴보자.

```
arr=[40,70,60,30,10,50]
for i in range(len(arr)-1):

    min_idx = i
    for j in range(i + 1, len(arr)):
        if arr[min_idx]>arr[j]:
            min_idx = j

    arr[i],arr[min_idx] = arr[min_idx],arr[i]

print(arr)
```

↓

1

index	0	1	2	3	4	5
value	40	70	60	30	10	50

2

index	0	1	2	3	4	5
value	10	70	60	30	40	50

3

index	0	1	2	3	4	5
value	10	70	60	30	40	50

4

index	0	1	2	3	4	5
value	10	30	60	70	40	50

5

index	0	1	2	3	4	5
value	10	30	60	70	40	50

6

index	0	1	2	3	4	5
value	10	30	40	70	60	50

7

index	0	1	2	3	4	5
value	10	30	40	70	60	50

8

index	0	1	2	3	4	5
value	10	30	40	50	60	70

파이썬 프로그래밍 언어로 표현된 선택 정렬 알고리즘을 보면, 정렬할 데이터를 리스트 형태로 저장하였다. 파이썬 프로그래밍 언어로 표현된 알고리즘에서 우리는 두 개의 for 반복문으로 표현한 것을 알 수 있다. 선택 정렬 알고리즘은 최소값을 찾고 가장 앞의 위치로 교환하는 것을 반복하는데, 이때 최소값을 찾는 것도 데이터를 하나씩 읽어 와서 하나씩 비교하여 찾아야 하는 반복문이 필요한 것을 알 수 있다. 따라서 첫 번째 for 반복문은 전체 선택 정렬 알고리즘의 선택과 교환의 반복을 정의한 것이며, 두 번째 반복은 순차 검색을 이용하여 최소값을 찾기 위한 반복문이다.

첫 번째 반복문의 반복 횟수를 보면, 전체 데이터가 한 번씩 모두 교환되어야 하므로 6번 반복하도록 정의하였다. 이때 데이터가 저장된 위치로 알고리즘을 표현하였으므로 인덱스값을 중심으로 횟수를 조절하였다. 인덱스는 0부터 시작하여 6번째 데이터가 저장된 위치 인덱스값은 5이므로 (저장된 데이터 수 - 1)을

range() 함수의 인수로 정의하였다.

두 번째 for 반복문을 살펴보자.

```
min_idx = i
  for j in range(i + 1, len(arr)):
          if arr[min_idx]>arr[j]:
                     min_idx = j
```

두 번째 for 반복문은 순차 검색을 정의한 파이썬 프로그래밍 언어 코드이다. min_idx 변수는 최소값을 저장할 변수로, 초기값으로 i값을 저장하도록 정의하였는데, 이때 i값은 리스트에 저장된 가장 앞의 인덱스값이다. 순차 검색 알고리즘은 찾고자 하는 특정한 값을 먼저 지정하고, 그 값과 저장된 데이터들을 하나씩 비교한다. 여기서는 특정한 값이 아니라 최소값, 즉 저장된 데이터 중에서 가장 작은 값을 찾아야 하므로, 프로그램이 실행되는 동안 지속적으로 변하며, 이때 특정한 값을 저장하지 않고 위치를 저장하도록 하였다. for 반복문의 반복 횟수는 매번 변화되도록 정의하였다. 즉, range() 함수의 시작 인수 값을 특정한 값이 아닌 변수를 이용한 변화된 값으로 정의하였다. 두 번째 for 반복문의 수행문을 보면, 현재 인덱스의 데이터와 최소값이 저장된 인덱스의 데이터와 비교하여 현재 인덱스의 데이터가 작으면 최소값이 저장된 인덱스값을 바꾸어 주도록 정의하였다.

저장된 데이터의 가장 처음 데이터를 무조건 최소 데이터로 정하고, 두 번째 저장된 데이터부터 하나씩 가져와 비교하여 가장 작은 데이터가 저장된 위치인 인덱스값을 찾게 된다. 반복문을 통해서 최소값이 저장된 위치를 찾고 나면, 첫 번째 반복문의 수행문인 교환을 수행한다.

데이터의 선택과 위치 교환을 그림과 함께 다시 살펴보자. 첫 번째 그림에서 두 번째 반복문을 통해 인덱스 0부터 5까지 데이터 중에서 10을 찾고, 두 번째 그림에서는 인덱스 0에 저장된 40과 인덱스 4에 저장된 10의 데이터를 교환한다. 세 번째 그림에서는 두 번째 반복문을 통해 인덱스 1부터 5까지 데이터 중에서 30을 찾고, 네 번째 그림처럼 가장 앞의 인덱스가 0이 아니라 1이 되었으므로, 인덱스 1에 저장된 70과 인덱스 3에 저장된 30의 데이터를 교환한다. 다섯 번째 그림에서는 두 번째 반복문을 통해 인덱스 2부터 5까지 데이터 중에서 40을 찾고, 여섯 번째 그림처럼 가장 앞의 인덱스가 1이 아니라 2가 되었으므로 인덱스 2에 저장된 60과 인덱스 4에 저장된 40의 데이터를 교환한다. 일곱 번째 그림에서는 두 번째 반복문을 통해 인덱스 3부터 5까지 데이터 중에서 50을 찾고, 여덟 번째 그림처럼 가장 앞의 인덱스가 2가 아니라 3이 되었으므로, 인덱스 3에 저장된 50과 인덱스 5에 저장된 50의 데이터를 교환한다. 마지막으로 60과 70을 교환하면 선택 정렬 알고리즘을 이용하여 저장된 6개의 데이터를 오름차순으로 정렬할 수 있다.

선택 정렬 알고리즘 성능

선택 정렬 알고리즘의 성능을 알아보자. 파이썬 프로그래밍 언어로 표현한 선택 정렬 알고리즘에서 대표 연산인 비교 연산과 교환 연산의 횟수를 계산해 보자. 첫 번째 for 반복문은 입력되는 데이터의 수만큼 반복된다. 이때 for 반복문 안에서 비교 연산과 교환 연산의 횟수를 계산해 보면 다음과 같다.

```
for i in range(len(arr)-1):
    min_idx = i
    for j in range(i + 1, len(arr)):
        if arr[min_idx] > arr[j]:          → 비교 연산
            min_idx = j

    arr[i],arr[min_idx] = arr[min_idx],arr[i]   → 교환 연산
```

입력 데이터가 n개일 때

i=0일 때 (n−1)번 비교 연산 +1번 교환 연산
i=1일 때 (n−2) 번 비교 연산 +1번 교환 연산
i=2일 때 (n−3) 번 비교 연산 +1번 교환 연산
...
i=(n−1)일 때 (n−((n−1)+1)=0) 번+1번 교환 연산

$\rightarrow ((n-1) + (n-2) + (n-3) + \ldots +0)+(n-1)$

$\rightarrow \frac{n(n-1)}{2} + (n-1) \rightarrow O(n^2)$

(10+9+8+...+0) ==(0+1+2+...+10)

입력 데이터의 수가 n개라고 했을 때, 첫 번째 for 반복문의 반복 횟수를 조절하는 i값이 0부터 n까지 변화하면서 수행문을 수행하게 된다. i값이 0일 때 두 번째 for 반복문은 전체 입력 데이터의 수인 n보다 1작은 수만큼인 (n−1) 번 반복 수행되는 것을 알 수 있다. 거기에 교환 연산 1회가 수행된다. 이와 같이 i값이 1일 때 두 번째 반복문은 (n−2) 번 반복 수행되며, 교환 연산은 1회 수행된다. 입력 데이터가 n일 때 전체 반복 수행되는 연산을 계산하면 다음과 같은 수식으로 표현할 수 있다.

$$\rightarrow \ ((n-1) + (n-2) + (n-3) + \ldots +0)+(n-1)$$

$$\rightarrow \ \frac{n(n-1)}{2} + (n-1) \rightarrow O(n^2)$$

연산 횟수의 수식을 통해 선택 정렬 알고리즘의 성능은 $O(n^2)$이 되는 것을 알 수 있다.

정렬 알고리즘들은 그 특성상 데이터의 최초 입력 상태에 따라 성능이 달라질 수 있다. 이때 최초 입력 상태는 정렬이 거의 된 상태인 데이터나 역 정렬, 랜덤 등의 상태를 말한다. 선택 정렬 알고리즘은 데이터의 최초 입력 상태와 상관없이 일정한 성능을 보인다.

버블 정렬 알고리즘

버블 정렬 알고리즘은 기본 자료구조인 배열과 연결 리스트로 저장된 데이터에 적용하는 알고리즘이다. 인접한 두 데이터를 비교하여 큰 수 또는 작은 수를 뒤로 보내는 방법으로 정렬 문제를 해결하는 알고리즘이다.

정렬할 데이터들을 세로로 배열했을 때 버블 정렬 알고리즘 규칙을 적용하면 가장 큰 값이 가장 아래로 내려가고, 가장 작은 값이 위로 올라가는 형태를 보인다. 이것을 가벼운 버블이 위로 올라가는 형태처럼 보인다고 해서 버블 정렬 알고리즘이라고 한다.

입력된 데이터 전체에 대하여 인접한 두 수를 비교해서 특정한 수, 즉 가장 큰 수 또는 가장 작은 수의 위치를 한번에 찾아내는 과정을 pass라고 정의한다. 1pass가 수행되면 가장 큰 수 또는 가장 작은 수가 가장 아래쪽에 위치한다.

버블 정렬 알고리즘의 기본 알고리즘은 다음과 같은 절차로 표현할 수 있다.

기본 알고리즘

- 인접한 두 수를 '비교'한다.
- 인접한 두 수를 '교환'한다.
- '비교'와 '교환'을 반복한다.

그림을 통해 버블 정렬 알고리즘의 기본 알고리즘 수행을 알아보자.

다음과 같은 순서로 나열된 4개의 정수를 버블 정렬 알고리즘을 이용하여 오름차순으로 정렬해 보자. 4개의 정수 중 첫 번째 정수 50과 두 번째 정수 40을 비교하여 작은 수인 40이 앞에 위치하도록 교환한다. 다음 두 번째 정수 40과 세 번째 정수 90을 비교하여 다시 작은 수인 50이 앞에 위치하도록 교환한다. 다음 세 번째 정수 90과 네 번째 정수 10을 비교하여 작은 수인 10이 앞에 위치하도록 교환한다. 이 과정을 모두 수행하면 가장 큰 수인 90이 가장 아래에 위치하게 되고, 이것을 1pass라고 한다. 이러한 pass를 여러 번 수행하여 정렬 문제를 해결할 수 있다.

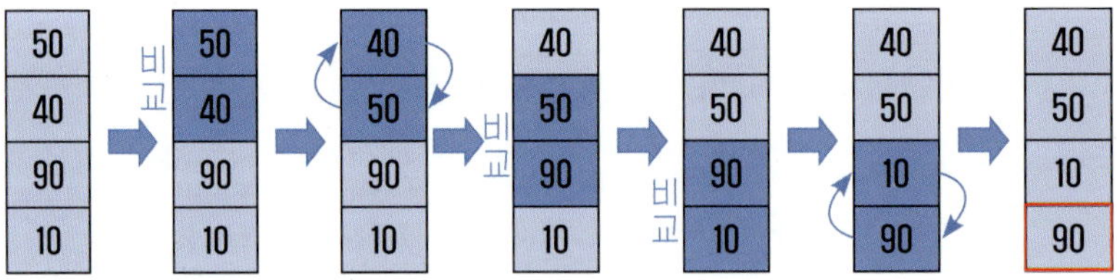

버블 정렬 알고리즘의 기본 알고리즘을 컴퓨터 알고리즘의 표현 방법인 자연어를 이용하여 표현해 보면 다음과 같다.

기본 알고리즘

- 인접한 두 수를 '비교'한다.
- 인접한 두 수를 '교환'한다.
- '비교'와 '교환'을 반복한다.

→

자연어

1. 인접한 두 수를 비교한다.
2. 큰 수와 작은 수의 위치를 교환한다.
3. 비교할 값(위치)을 바꾼다.
   / 위치를 증가한다.
4. 1, 2, 3을 반복한다.
5. 1~4를 반복한다. (횟수를 줄여가면서)
6. 정렬 결과를 출력한다.

자연어로 표현한 버블 정렬 알고리즘을 살펴보면 컴퓨터 프로그래밍의 특징에 따라 두 수에 대한 비교와 교환은 모두 저장된 위치를 중심으로 표현하고 있다. 반복할 때 횟수를 줄이는 이유는 1pass 수행이 끝나면 주어진 데이터 중에 가장 큰 수 또는 가장 작은 수 위치가 정해지므로, 알고리즘이 수행될 때마다 비교와 교환을 수행할 데이터의 수가 줄어든다. 인접한 두 수를 비교하고, 큰 수와 작은 수의 위치를 교환한 후, 비교할 위치를 바꾸는 과정을 반복하여 정렬 문제를 해결할 수 있다.

버블 정렬 알고리즘을 파이썬 프로그래밍 언어로 표현하고 프로그래밍 언어의 동작을 함께 살펴보자.

파이썬 프로그래밍 언어로 표현된 선택 정렬 알고리즘을 보면 정렬할 데이터를 리스트 형태로 저장하였다. 파이썬 프로그래밍 언어로 표현된 알고리즘에서 우리는 두 개의 for 반복문으로 표현한 것을 알 수 있다. 버블 정렬 알고리즘은 pass 동작을 반복하여 정렬한다. 이때 pass 안에서도 비교와 교환을 반복하는 것을 알 수 있다. 따라서 두 개의 반복문으로 표현할 수 있다. 첫 번째 for 반복문은 pass의 횟수를 반복하는 반복문이고, 두 번째 for 반복문은 pass 안에서 반복될 비교와 교환 동작을 정의한 것이다. 두 반복문의 range() 함수 범위를 살펴보자.

```
arr=[40,70,60,30,10,50]

for i in range(len(arr)-1,0,-1):

    for j in range(i):
        if arr[j] > arr[j+1]:
            arr[j],arr[j+1] =arr[j+1], arr[j]
```

1 pass

index	0	1	2	3	4	5
value	40	70	60	30	10	50

index	0	1	2	3	4	5
value	40	60	70	30	10	50

index	0	1	2	3	4	5
value	40	60	30	70	10	50

index	0	1	2	3	4	5
value	40	60	30	10	70	50

index	0	1	2	3	4	5
value	40	60	30	10	50	70

첫 번째 for 반복문에서 range() 함수의 반복 횟수 조건 인수는 다음과 같이 정의되었다.

```
range(len(arr)-1,0,-1)
```

len(arr)−1은 반복 횟수 범위의 시작값인데, 정렬하기 위해 입력된 데이터의 가장 큰 인덱스부터 시작되도록 정의하였다. 전체 데이터 수가 6개인데, 이때 6번째 저장된 데이터의 인덱스값은 5이므로 len(arr)−1은 5가 됨을 알 수 있다.

두 번째 인수인 0은 반복 횟수 범위의 마지막 값이며 1까지만 수행된다. 세 번째 인수인 −1은 값의 증가치로 −1씩 증가하므로, 감소시키도록 정의한 것이다. 감소시킨 이유는 큰 수를 가장 마지막으로 보내도록 하여 한 pass가 끝나고 나면 가장 마지막 인덱스에 저장된 값이 가장 큰 수이고, 정렬되었다고 할 수 있기 때문이다.

따라서 정의된 대로 입력된 데이터에 적용시켜 보면 range(5,0,−1)의 범위가 되며, 5부터 시작하여 1까지 1씩 감소시킨 값이므로, 5번 반복하는 것을 알 수 있다. pass를 5번 반복하는데, 이때 입력 데이터의 수를 하나씩 줄여가면서 수행시키도록 한 것이다.

두 번째 for 반복문의 range() 함수의 반복 횟수 조건의 인수는 다음과 같이 정의되었다.

```
range(i)
```

i는 첫 번째 for 반복문에서 정의한 5, 4, 3, 2, 1의 값을 의미한다. 따라서 입력되는 데이터 전체에 대하여 인접한 두 수를 비교하고, 위치를 바꾸는 동작을 모두 수행하도록 정의하였다. 시작값은 0이고, 증가치는 1이라 생략하여 정의하였으므로, range(i)의 의미는 0부터 주어진 데이터의 수보다 하나 작은 수까지 1씩 증가하며 수행하는 것이다.

이와 같이 버블 정렬 알고리즘은 두 개의 for 반복문을 이용하여 프로그래밍 언어로 표현할 수 있고, 컴퓨터로 수행해서 정렬 문제를 해결할 수 있다.

버블 정렬 알고리즘 성능

버블 정렬 알고리즘의 성능을 알아보자. 파이썬 프로그래밍 언어로 표현한 버블 정렬 알고리즘에서 대표 연산인 비교 연산과 교환 연산의 횟수를 계산해 보자. 두 번째 for 반복문은 입력되는 데이터의 수만큼 반복된다. 두 번째 for 반복문 안에서 비교 연산과 교환 연산의 횟수를 계산해 보면 다음과 같다.

```
for i in range(len(arr)-1,0,-1):
    for j in range(i):
        if arr[j] < arr[j+1]:                   → 비교 연산
            arr[j],arr[j+1] =arr[j+1], arr[j] ]  → 교환 연산
```

$i=(n-1)$일 때 $(n-1)$번
$i=(n-2)$일 때 $(n-2)$ 번
$i=(n-3)$일 때 $(n-3)$ 번
...
$i=0$일 때 0번
$\rightarrow (n-1)+(n-2)+(n-3)+...+0$
$\rightarrow \frac{n(n-1)}{2} \rightarrow O(n^2)$
$(10+9+8+...+0)==(0+1+2+...+10)$

입력 데이터의 수가 n개라고 했을 때, 첫 번째 for 반복문의 반복 횟수를 조절하는 i값이 n−1부터 0까지 변화하면서 수행문을 수행하게 된다. i값이 n−1일 때 두 번째 for 반복문은 전체 입력 데이터의 수인 n보다 1작은 수만큼인 (n−1)

번 반복 수행되는 것을 알 수 있다. 이와 같이 i값이 n−2일 때 두 번째 반복문은 (n−2) 번 반복 수행된다. 입력 데이터가 n일 때 전체 반복 수행되는 연산을 계산하면 다음과 같은 수식으로 표현할 수 있다.

$$\rightarrow (n-1) + (n-2) + (n-3) + \ldots + 0$$

$$\rightarrow \frac{n(n-1)}{2} \rightarrow O(n^2)$$

연산 횟수의 수식을 통해 선택 정렬 알고리즘의 성능은 $O(n^2)$이 되는 것을 알 수 있다.

정렬 알고리즘들은 특성상 데이터의 최초 입력 상태에 따라 성능이 달라질 수 있다. 이때 최초 입력 상태는 정렬이 거의 된 상태인 데이터나 역 정렬, 랜덤 등의 상태를 말한다. 선택 정렬 알고리즘은 데이터의 최초 입력 상태와 상관없이 일정한 성능을 보인다.

삽입 정렬 알고리즘

삽입 정렬 알고리즘은 기본 자료구조인 배열과 연결 리스트로 저장된 데이터에 적용하는 알고리즘이다. 전체 데이터를 정렬된 부분과 정렬되지 않은 부분으로 나누어 수행하는데, 이때 정렬된 부분의 영역을 점점 넓혀 데이터 전체 영역이 정렬된 부분으로 될 때까지 수행하는 방법으로 정렬 문제를 해결한다.

삽입 정렬 알고리즘의 기본 알고리즘은 다음과 같은 절차로 표현할 수 있다.

기본 알고리즘

- 정렬 안 된 부분의 첫 번째 값을 선택한다.
- 정렬된 부분으로 삽입한다.

정렬되지 않은 부분의 가장 왼쪽 데이터를 정렬된 부분의 데이터들과 비교하여 적절한 위치에 삽입해서 정렬한다. 정렬되지 않은 부분의 데이터 하나가 정렬된 부분에 삽입되면서 정렬될 부분의 데이터 수가 1개 늘어나고, 동시에 정렬되지 않은 부분의 데이터 수가 1개 줄어든다. 반복하면 마지막에는 정렬되지 않은 부분에 아무 데이터도 남지 않고, 정렬된 부분에 모든 데이터가 있다.

버블 정렬 알고리즘의 기본 알고리즘 수행을 그림을 통해 알아보자.

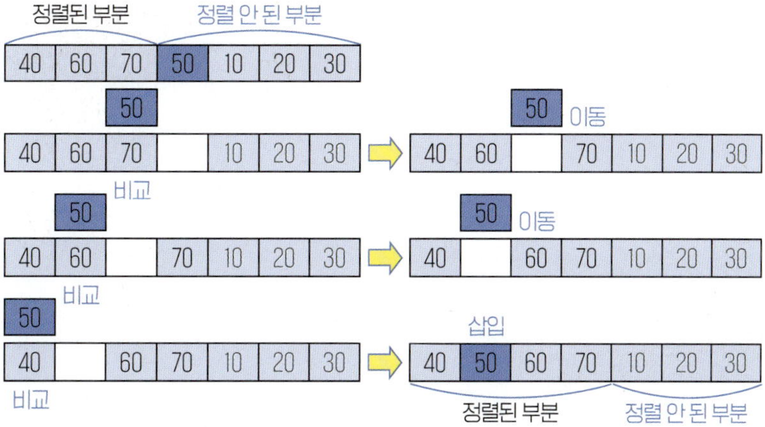

다음과 같은 순서로 나열된 7개의 정수를 삽입 정렬 알고리즘을 이용해서 오름차순으로 정렬해 보자. 처음 시작할 때 저장된 첫 번째 데이터 하나만 정렬된 부분이 된다. 40, 60, 70은 정렬된 부분에 포함된 수이고, 50, 10, 20, 30은 정렬 안 된 부분에 포함된 수라고 가정하면, 정렬 안 된 부분의 첫 번째 수인 50을 정렬된 부분에 적절한 위치를 찾아 포함시키는 것이다. 이때 적절한 위치를 찾기 위해 정렬된 부분의 가장 마지막 수부터 비교하여 위치를 찾는다. 50과 70을 비교하여 50이 더 작으므로 70을 오른쪽으로 한 칸 이동하며, 다시 50과 60을 비교하여 50이 더 작으므로 60을 오른쪽으로 한 칸 이동한다. 다시 50과 40을 비교하여 40이 더 작으므로 50을 빈 위치에 삽입한다. 이와 같이 비교와 이동을 수행하면 정렬된 부분의 데이터 수가 4개로 증가하고, 정렬 안 된 부분의 데이터 수는 3개로 감소하게 된다. 이러한 과정을 거쳐 정렬 문제를 해결할 수 있다.

삽입 정렬 알고리즘의 기본 알고리즘을 컴퓨터 알고리즘의 표현 방법인 자연어를 이용해서 표현해 보면 다음과 같다.

기본 알고리즘

- 정렬 안 된 부분의 첫 번째 값을 선택한다.
- 정렬된 부분으로 삽입한다.

➡

자연어

1. 정렬 안 된 부분의 첫 데이터와 정렬된 부분의 마지막 데이터를 비교한다.
2. 큰 데이터와 작은 데이터의 위치를 교환한다.
3. 비교할 값(위치)을 바꾼다. / 위치를 감소한다.
4. 1, 2, 3을 반복한다.
5. 정렬 안 된 부분의 인덱스를 증가한다.
6. 1~5를 반복한다.
7. 정렬 결과를 출력한다.

→ 처음 시작 시 0번 인덱스 하나만 정렬된 부분으로 간주

정렬 안 된 부분의 첫 데이터와 정렬된 부분의 마지막 데이터를 비교한 후 위치를 바꾸면 더 큰 수가 오른쪽으로 옮겨져 정렬된 부분의 앞쪽 데이터와 비교할 수 있다. 이때 정렬된 부분은 이미 정렬되어 있기 때문에 가장 마지막 데이터와 비교하여 위치 교환이 이루어지지 않으면 더 이상 앞 데이터와 비교할 필요가 없다. 정렬 안 된 부분의 첫 데이터 위치를 잡아 삽입하고 나면, 정렬 안 된 부분의 인덱스를 증가하여 다음 비교할 데이터를 정하게 된다. 여기서는 시작할 때 0번 인덱스 하나만 정렬된 부분으로 간주하여 프로그래밍 언어로 표현하도록 해야 한다.

삽입 정렬 알고리즘을 파이썬 프로그래밍 언어로 표현하고 프로그래밍 언어의 동작을 함께 살펴보자.

index	0	1	2	3	4	5	6
value	40	60	70	50	10	50	30

index	0	1	2	3	4	5	6
value	40	60	70	50	10	20	30

```
arr=[40,60,70,50,10,20,30]

for i in range(1,len(arr)):

    for j in range(i, 0,-1):
        if arr[j-1] > arr[j]:
            arr[j],arr[j-1]=arr[j-1],arr[j]
```

index	0	1	2	3	4	5	6
value	40	60	70	50	10	20	30

index	0	1	2	3	4	5	6
value	40	60	50	70	10	20	30

index	0	1	2	3	4	5	6
value	40	50	60	70	10	20	30

index	0	1	2	3	4	5	6
value	40	50	60	70	10	20	30

파이썬 프로그래밍 언어로 표현된 삽입 정렬 알고리즘을 보면 정렬할 데이터를 리스트 형태로 저장하였다. 파이썬 프로그래밍 언어로 표현된 알고리즘에서 우리는 두 개의 for 반복문으로 표현한 것을 알 수 있다. 삽입 정렬 알고리즘은 정렬된 부분과 정렬 안 된 부분을 정의하고, 정렬 안 된 부분의 첫 번째 데이터 위치를 찾을 때 비교와 이동을 반복하여 정렬 문제를 해결한다. 따라서 정렬된 부분과 정렬 안 된 부분을 정의하는 반복문과 정렬 안 된 부분의 첫 번째 데이터 위치를 찾을 때 비교와 이동을 정의하는 반복문 두 개로 정의할 수 있다. 첫 번째 for 반복문은 정렬된 부분과 정렬 안 된 부분을 정의한 반복문이고, 두 번째 for 반복문은 정렬 안 된 부분의 첫 번째 데이터 위치를 찾을 때 비교와 이동을 정의한 것이다. 두 반복문의 range() 함수 범위를 살펴보자.

첫 번째 for 반복문에서 range() 함수의 반복 횟수 조건 인수는 다음과 같이 정의되었다.

```
range(1,len(arr))
```

1은 시작 인수인데, 삽입 정렬 알고리즘은 처음 시작할 때 0번 인덱스 하나만 정렬된 부분으로 간주하여 시작해야 하므로, 1을 시작 인덱스값으로 하였다. 여기서 정해진 값은 두 번째 for 반복문의 반복 횟수에 영향을 주게 된다.

두 번째 for 반복문에서 range() 함수의 반복 횟수 조건 인수는 다음과 같이 정의되었다.

```
range(i,0,-1)
```

i는 첫 번째 for 반복문에서 정의한 1, 2, 3, 4, 5 값을 의미한다. 이때 i값은 정렬된 부분의 수가 되며, 정렬된 부분의 마지막 인덱스가 된다. 따라서 i값을 0까지 1씩 감소하며 비교와 이동이 반복되도록 정의하였다.

가장 처음 0번 인덱스에 저장된 40은 이미 정렬되어 있다고 가정하고, 정렬되지 않은 부분으로 인덱스 1부터 6까지로 정하고 프로그램은 시작된다. 정렬되지 않은 부분의 첫 번째 데이터인 60을 선택하여 정렬된 부분의 가장 마지막 데이터인 40과 비교하고, 60이 더 크므로 교환 연산은 이루어지지 않는다. 이와 같이 정렬된 부분의 데이터가 1개이므로, 두 번째 for 문의 반복 횟수도 1번이 되는 것을 알 수 있다.

삽입 정렬 알고리즘 성능

삽입 정렬 알고리즘의 성능을 알아보자. 파이썬 프로그래밍 언어로 표현한 삽입 정렬 알고리즘에서 대표 연산인 비교 연산과 교환 연산의 횟수를 계산해 보자. 두 번째 for 반복문은 입력되는 데이터의 수만큼 반복된다. 두 번째 for 반복문 안에서 비교 연산과 교환 연산의 횟수를 계산해 보면 다음과 같다.

```
for i in range(1,len(arr)):
    for j in range(i,0,-1):
        if arr[j-1] < arr[j]:              → 비교 연산

            arr[j],arr[j-1]=arr[j-1],arr[j]    → 교환 연산
```

i=1일 때 1번
i=2일 때 2번
i=3일 때 3번
...
i=(n−1)일 때 (n−1)번
$\rightarrow 1+2+3+...+(n-1)$
$\rightarrow \frac{n(n-1)}{2} \rightarrow O(n^2)$
(10+9+8+...+0)==(0+1+2+...+10)

입력 데이터의 수가 n개라고 했을 때 첫 번째 for 반복문의 반복 횟수를 조절하는 i값이 1부터 n까지 변화하면서 수행문을 수행하게 된다. i값이 1일 때 두 번째 for 반복문은 1번 반복 수행되는 것을 알 수 있다. i값이 2일 때 두 번째 반복문은 2번 반복 수행된다. 입력 데이터가 n일 때 전체 반복 수행되는 연산을 계산하면 다음과 같은 수식으로 표현할 수 있다.

$$\rightarrow 1+2+3+...+(n-1)$$

$$\rightarrow \frac{n(n-1)}{2} \rightarrow O(n^2)$$

연산 횟수의 수식을 통해 선택 정렬 알고리즘의 성능은 $O(n^2)$이 되는 것을 알 수 있다.

삽입 정렬 알고리즘은 특성상 데이터의 최초 입력 상태에 따라 성능이 달라진다. 최초 입력 상태는 거의 정렬된 상태인 데이터나 역 정렬, 랜덤 등의 상태에 따라 수행 시간이 달라질 수 있다. 정렬도가 높은 경우에는 삽입 정렬 알고리즘의 성능은 비교 연산 횟수가 작아져 $O(n)$이다.

2.2 자료구조 중심의 해결 정렬 알고리즘

정렬 문제를 해결하기 위하여 자료구조를 이용한 알고리즘을 알아보자. 정렬 문제를 해결하는 데 사용된 힙 자료구조를 살펴보고, 힙 자료구조를 이용한 알고리즘인 힙 정렬 알고리즘을 알아보자.

힙 자료구조

힙 자료구조는 최대값, 최소값을 빠르게 찾기 위해 만들어진 완전 이진 트리 기반의 자료구조이다. 선택 정렬, 버블 정렬, 삽입 정렬 알고리즘은 기본 자료구조로 저장된 데이터에 각각의 알고리즘을 적용하여 정렬 문제를 해결한 알고리즘이었다. 힙 정렬 알고리즘은 트리 자료구조가 갖는 부모 노드, 왼쪽 자식 노드, 오른쪽 자식 노드의 구조를 갖도록 데이터를 저장하는데, 트리 자료구조 중에서도 완전 이진 트리 자료구조를 적용한다. 이때 부모 노드, 왼쪽 자식 노드, 오른쪽 자식 노드를 생성하는 힙 규칙을 이용하여 저장된 데이터가 정렬되어 재저장되도록 수행하는 방법이다. 정렬되지 않고 트리 자료구조로 저장된 데이터들을 정렬 규칙을 갖는 트리 자료구조로 다시 저장하여 정렬 문제를 해결한다.

완전 이진 트리는 마지막 레벨을 제외한 모든 레벨이 완전히 채워져 있고, 마지막 레벨은 반드시 왼쪽부터 채워지는 규칙을 갖는다.

다음 그림은 정렬되지 않은 데이터를 완전 이진 트리 형태로 저장한 것이다. 루트 노드부터 자식 노드가 생성될 때마다 레벨이 증가하며, 레벨 2까지 완전히 채워져 있고, 마지막 레벨의 노드는 왼쪽부터 채워져 있다.

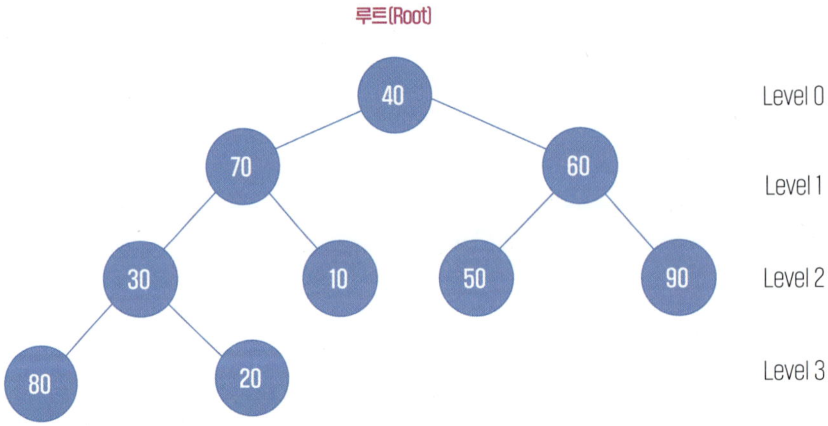

트리 자료구조는 1차원 배열, 2차원 배열, 연결 리스트로 표현하여 저장할 수 있다. 다음 그림은 완전 이진 트리로 정의된 데이터들을 1차원 배열로 표현하여 저장하는 방법이다.

[40, 70, 60, 30, 10, 50, 90, 80, 20]

index	0	1	2	3	4	5	6	7	8
value	40	70	60	30	10	50	90	80	20

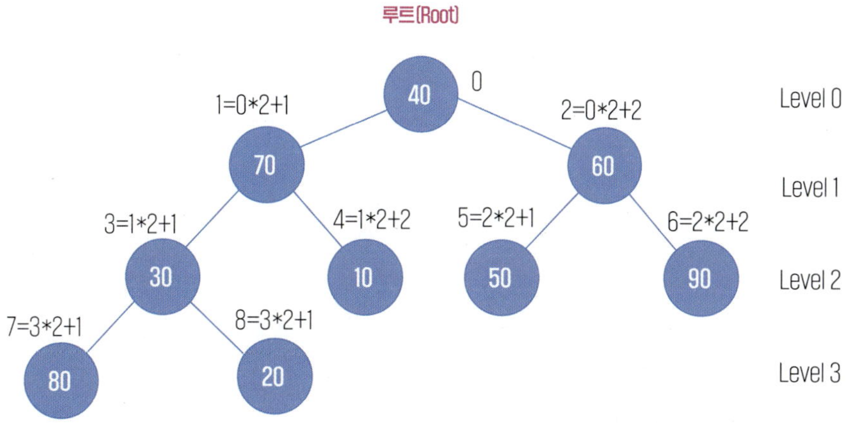

다음과 같이 주어진 9개의 데이터를 배열로 저장할 수 있다. 배열의 인덱스값으로 트리 자료구조에서 정의하는 부모와 자식의 관계를 정의할 수 있다.

```
인덱스 1 = 부모 레벨 인덱스 * 2 + 왼쪽 자식 수 1 = 0*2+1
인덱스 2 = 부모 레벨 인덱스 * 2 + 오른쪽 자식 수 2 = 0*2+2
인덱스 3 = 부모 레벨 인덱스 * 2 + 왼쪽 자식 수 1 = 1*2+1
인덱스 4 = 부모 레벨 인덱스 * 2 + 오른쪽 자식 수 2 = 1*2+2
인덱스 5 = 부모 레벨 인덱스 * 2 + 왼쪽 자식 수 1 = 2*2+1
인덱스 6 = 부모 레벨 인덱스 * 2 + 오른쪽 자식 수 2 = 2*2+2
인덱스 7 = 부모 레벨 인덱스 * 2 + 왼쪽 자식 수 1 = 3*2+1
인덱스 8 = 부모 레벨 인덱스 * 2 + 오른쪽 자식 수 2 = 3*2+2
```

트리 자료구조에서 정의해야 하는 것은 왼쪽 자식 노드와 오른쪽 자식 노드, 부모와 자식 관계이다. 부모와 왼쪽 자식 노드는 부모 인덱스에 2를 곱하고 1을 더하여 정의할 수 있고, 부모와 오른쪽 자식 노드는 부모 인덱스에 2를 곱하고 2를 더하여 정의할 수 있다. 이때 더해지는 수 1과 2는 왼쪽 자식 노드와 오른쪽 자식 노드를 표현하는 수로 정의할 수 있다.

왼쪽 자식 노드의 인덱스는 항상 홀수이고, 오른쪽 자식 노드의 인덱스값은 항상 짝수가 된다는 것도 알 수 있다. 완전 이진 트리는 레벨별로 생성되는 노드 수가 정해져 있으며, 2 레벨의 수 승으로 규칙적으로 생성되는 것을 알 수 있다.

예를 들어, 인덱스 7에 저장된 데이터는 홀수 인덱스이므로, 어떤 부모 노드의 왼쪽 자식 노드일 것이며, 부모 노드의 인덱스를 알고 싶으면 7에서 1을 빼고, 2로 나눈 몫을 계산해 보면 3이 나오는 것을 알 수 있다. 따라서 3이 7 인덱스에 저장된 데이터 부모 노드의 인덱스값이 된다. 또한 7 인덱스에 저장된 데이터에 자식 노드가 있는지 확인해 보려면 7에 2를 곱하고, 1을 더한 값인 15 인덱스에 데이터가 있는지 확인하면 된다. 현재 저장된 데이터의 가장 큰 인덱스값이 8이므로, 7에 저장된 데이터는 자식 노드가 없는 데이터이며, 리프 노드인 것을 알 수 있다. 이와 같이 인덱스값만 보고 우리는 부모와 자식 노드를 찾을 수 있도록 규칙을 정의할 수 있다.

최대 힙/최소 힙

힙 정렬 알고리즘에서는 먼저 최대 힙 또는 최소 힙을 만드는 규칙을 알아야 한다. 최대 힙은 부모 노드의 값이 자식 노드의 값보다 크거나 같은 형태의 완전 이진 트리를 말한다. 최소 힙은 부모 노드의 값이 자식 노드의 값보다 작거나 같은 형태의 완전 이진 트리를 말한다.

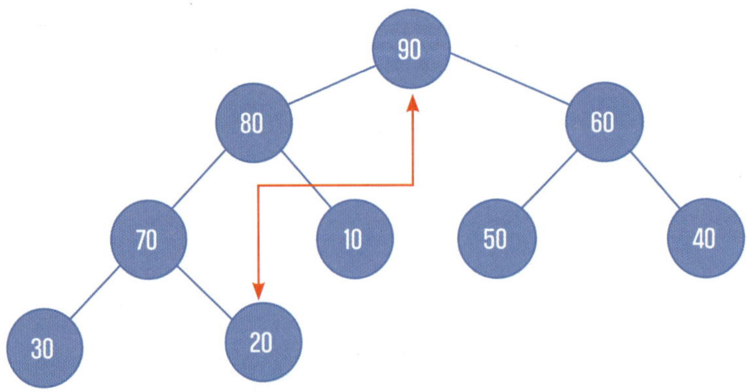

최대 힙

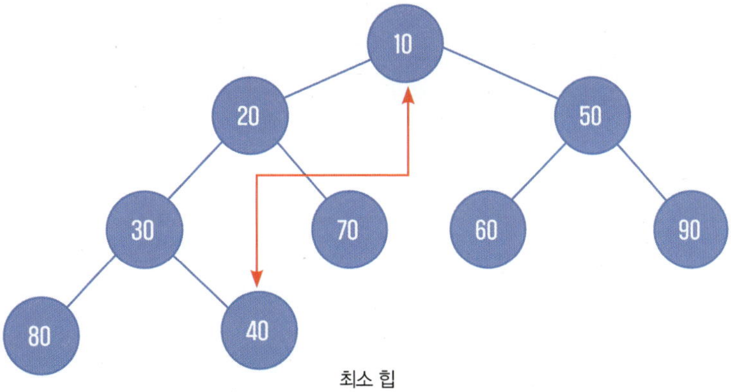

최소 힙

최대 힙과 최소 힙을 만드는 과정은 부모와 왼쪽 자식 노드, 오른쪽 자식 노드 세 개의 노드를 비교하고 교환하는 것을 반복하면 쉽게 만들 수 있다. 자식끼리 비교하여 큰 값을 부모와 비교해서 부모와의 위치만 한번 교환하면 된다. 이와 같은 방법으로 최대 힙 또는 최소 힙을 만들면 루트 노드에는 가장 큰 수 또는 가장 작은 수가 위치하게 된다.

따라서 오름차순 정렬은 최대 힙을 만들어 루트 노드의 값을 가장 마지막 노드와 교환하고, 내림차순 정렬은 최소 힙을 만들어 루트 노드의 값을 가장 마지막 노드와 교환하면 가장 큰 수 또는 가장 작은 수를 배열의 가장 마지막 인덱스 위치로 이동시킨다. 이러한 과정을 반복하여 정렬된 데이터 결과를 얻을 수 있다.

힙 정렬 알고리즘

힙 정렬 알고리즘은 힙 자료구조를 이용하여 정렬 문제를 해결한 알고리즘이다. 힙 정렬 알고리즘을 통해 우리는 다음과 같은 입력에 대한 출력을 얻을 수 있다.

```
입력 : [40,70,60,30,10,50,90,80,20]
출력 : [10,20,30,40,50,60,70,80,90]
```

힙 정렬 알고리즘의 동작을 알아보자. 힙 정렬 알고리즘의 기본 알고리즘은 다음과 같이 정의한다.

기본 알고리즘

- 최대 힙(최소 힙)을 만든다. (비교, 교환)
- 루트 노드의 값을 가장 마지막 노드로 이동한다. (교환)

힙 정렬 알고리즘은 힙 자료구조를 이용한 알고리즘이라고 정의하였고, 힙 자료구조는 최대값 최소값을 빠르게 찾기 위한 규칙을 적용한 자료구조라고 하였다. 이것을 최대 힙과 최소 힙을 만들어 최대값과 최소값을 찾는다. 힙 정렬 알고리즘은 최대 힙 또는 최소 힙을 만들고 루트 노드의 값을 가장 마지막 노드로 이동한 후 마지막 노드를 제외하고 다시 최대 힙 또는 최소 힙을 만든다. 이것을 반복하여 정렬 문제를 해결한 알고리즘이다.

힙 정렬 알고리즘의 기본 알고리즘을 컴퓨터 알고리즘의 표현 방법인 자연어를 이용해서 표현해 보면 다음과 같다.

기본 알고리즘

- 최대 힙(최소 힙)을 만든다. (비교, 교환)
- 루트 노드의 값을 가장 마지막 노드로 이동한다. (교환)

➡

자연어

1. 최대 힙(최소 힙)을 만든다.
   - 1-1. 부모 노드와 자식 노드의 값을 비교한다.
   - 1-2. 큰 값을 부모 노드로 교환한다.
2. 루트 노드의 값을 가장 마지막 노드로 이동한다.
   - 2-1. 0번 인덱스값과 마지막 인덱스값을 교환한다.
3. 마지막 노드를 제외한 나머지 노드들에 대하여 최대 힙을 수행한다.

부모 노드와 자식 노드의 값을 비교하여 최대 힙 또는 최소 힙을 만든다. 0번 인덱스값과 마지막 인덱스값을 교환하여 이미 정렬된 데이터 위치를 마지막 인덱스 위치로 이동한다. 따라서 두 번째 최대 힙 또는 최소 힙을 만들 때 입력되는 완전 이진 트리는 마지막 노드를 제외한 완전 이진 트리이다.

힙 정렬 알고리즘을 파이썬 프로그래밍 언어로 표현하고 프로그래밍 언어의 동작을 함께 살펴보자.

```
arr=[40,70,60,30,10,50,90,80,20]]
```

```
def big_heap(a,b):
    for i in range(1,b+1):
        c=i
        while c!=0:
         r=(c-1)//2
         if a[r]<a[c]:
              a[r],a[c]=a[c],a[r]
         c=r
```

```
def heap_s(a):
   for i in range(len(a)-1,0,-1):
       big_heap(a,i)
       a[0],a[i]=a[i],a[0]
```

index	0	1	2	3	4	5	6	7	8
value	40	70	60	30	10	50	90	80	20

최대 힙

index	0	1	2	3	4	5	6	7	8
value	90	80	60	70	10	50	40	30	20

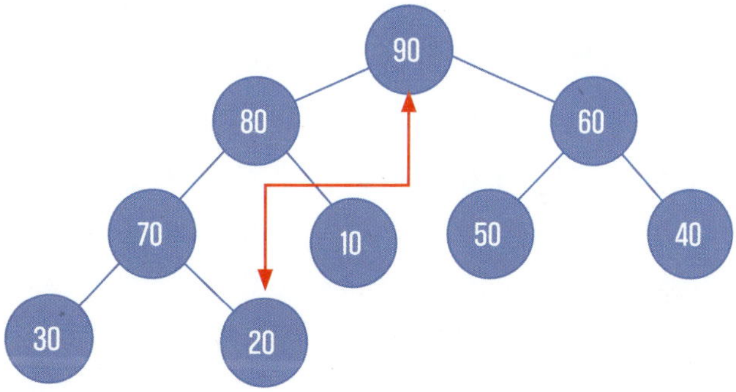

교환

index	0	1	2	3	4	5	6	7	8
value	20	80	60	70	10	50	40	30	90

최대 힙

index	0	1	2	3	4	5	6	7	8
value	80	70	60	30	10	50	40	20	90

교환

index	0	1	2	3	4	5	6	7	8
value	20	70	60	30	10	50	40	80	90

최대 힙

index	0	1	2	3	4	5	6	7	8
value	70	30	60	20	10	50	40	80	90

파이썬 프로그래밍 언어로 표현된 힙 정렬 알고리즘을 보면 정렬할 데이터를 리스트 형태로 저장하였다. 이때 리스트의 인덱스값은 부모와 자식 관계를 갖는다는 것을 기억해야 한다.

프로그램은 총 2부분으로 나눠 표현하였다. 첫 번째 함수는 최대 힙을 만드는 프로그램이고, 두 번째 함수는 힙 정렬 알고리즘을 표현한 힙 정렬 프로그램이다.

(1) 힙 정렬 함수

최대 힙 함수를 실행하여 최대 힙을 만들고, 루트 노드와 루트 노드의 값과 마지막 노드의 값을 교환하는 과정을 반복하는 반복문이다. 반복 횟수를 조절하는 i 변수를 살펴보면, range 함수의 시작 매개변수의 값은 입력받은 리스트에 저장된 전체 개수에서 1을 뺀 수로 정의되어 있다. 이것은 마지막 노드의 인덱스값임을 알 수 있다. 따라서 처음 i값은 정렬할 데이터 전체의 가장 마지막 인덱스값이며, 힙 정렬 후 루트 노드의 값과 마지막 노드의 값을 교환한 다음 마지막 노드를 제외한 나머지 노드들에 대하여 최대 힙을 만들어야 하므로, 반복문을 수행할 때마다 마지막 노드의 인덱스값이 1씩 감소하도록 정의하고 있다. 따라서 range 함수의 증가치 매개변수는 −1이 된다. 이 반복은 마지막 노드가 0이 되면 반복문에 정의된 수행문을 반복하지 않아야 하므로 1까지 반복하도록 끝 매개변수를 0으로 지정하였다.

(2) 최대 힙 함수

big_heap() 함수의 매개변수는 두 개로 지정하였다. 첫 번째 매개변수는 정렬할 데이터가 저장된 리스트형 데이터이고, 두 번째 매개변수는 최대 힙을 만들 트리의 마지막 데이터 인덱스값이다. 반복문을 살펴보면 i값은 1번 노드로 시작해 2번 노드, 3번 노드 즉, 노드를 하나씩 증가시키면서, 다시 말해 트리에 노드를 하나씩 추가하며 최대 힙을 만들고 있음을 알 수 있다. 이것을 마지막 노드까지 최대 힙을 만들기 위해서 추가해야 하므로 range 함수의 마지막 매개변수를 마지막 노드의 인덱스값에 1을 더한 값으로 정의하였다. 루트 노드에 하나가 추가되었다고 가정할 때 추가된 노드는 자식 노드이므로, 추가된 인덱스값은 마지막 노드의 인덱스값임을 알 수 있다. 따라서 자식 노드를 의미하는 변수에 추가된 마지막 노드의 인덱스값을 지정하고, 다음 반복문으로 부모 노드와 비교하여 추가된 자식 노드가 부모 노드보다 작으면 자식 노드를 부모 노드와 바꾸는 것을 반복문으로 정의하였다. 이때 한 번만 하는 것이 아니라, 여러 번 반복해야 하는 이유는 마지막으로 추가된 노드의 부모가 다시 다른 노드의 자식일 수 있으므로 마지막에 추가된 자식 노드의 부모 노드와 비교하고, 그 부모 노드를 다시 자식 노드로 정의해서 부모 노드를 다시 확인하여 교환하기 위함이다.

이때 반복문은 자식 노드의 인덱스가 0이 아닐 때 반복하도록 조건식을 정의하였다. 이 의미는 0은 루트 노드이므로, 루트 노드는 부모 노드가 당연히 없어 부모를 찾아 비교 교환하는 동작을 반복할 필요가 없기 때문이다. 자식 노드의 인덱스값이 정해지면, 우리는 부모 노드의 인덱스값을 다음과 같은 수식으로 찾을 수 있다. 즉, 자식 노드에서 무조건 1을 빼고 2로 나눈 몫이 바로 부모 노드의 인덱스값이 된다. 이것은 부모 노드를 기준으로 자식 노드의 인덱스를 찾는 수식을 반대로 정의한 것이다. 부모 노드와 자식 노드를 비교하여 큰 값을 부모 노드로 이동하고, 현재 부모 노드를 자식 노드로 바꾸고 다시 부모 노드를 찾아 부모 노드와 자식 노드를 비교하여 교환하도록 정의하였다. 이때 자식 노드끼리 비교하지 않는 것을 알 수 있다. 왜냐하면 왼쪽 자식 노드가 추가될 때는 당연히 오른쪽 자식 노드가 없는 상태이며, 오른쪽 자식 노드가 추가될 때는 이미 왼쪽 자식 노드가 추가되면서 부모 노드와 비교된 상태이기 때문이다.

이와 같이 알고리즘을 프로그래밍 언어로 표현할 때 항상 데이터값의 비교와 교환은 모두 데이터가 저장된 위치로 표현된다. 위치를 찾을 때 일반 배열 자료구조로 저장된 데이터 위치와 트리 자료구조 같은 특별한 규칙을 갖는 자료구조로 저장된 데이터 위치는 달라지므로, 특별한 규칙을 갖는 자료구조 위치를 어떻게 정의하고 사용할지 잘 결정하여 프로그래밍 언어로 표현해야 한다.

힙 정렬 알고리즘 성능

힙 정렬 알고리즘의 성능을 알아보자. 알고리즘의 성능은 비교 연산과 교환 연산을 중심으로 계산된다. 힙 정렬 알고리즘의 비교 연산과 교환 연산은 최대 힙(최소 힙) 만드는 과정에서 이루어지고, 마지막으로 최대값(최소값) 위치 교환

1번이 수행된다. 이것을 토대로 비교 연산과 교환 연산의 횟수를 계산해 보자.

최대 힙 알고리즘의 성능을 살펴보자. 최대 힙은 부모 노드와 비교하는 비교 연산과 교환하는 교환 연산을 반복한다. 그 연산의 횟수와 자식 노드를 하나 추가할 때 비교 교환 연산 횟수, 예를 들어 4번째 데이터가 입력되었을 때 비교 교환 횟수를 살펴보자. 부모를 찾고, 비교 교환한 후 다시 부모를 찾고 비교 교환하여 2번만 실행된다. 5번째 데이터도 마찬가지이고, 6번째 데이터도 마찬가지이며, 7번째 데이터도 마찬가지임을 알 수 있다. 8번째 데이터가 입력되었다고 가정해 보면 부모 노드와 비교하고, 다시 부모 노드와 비교한 다음 다시 부모 노드와 비교하기 때문에 3번만 비교 교환이 이루어짐을 알 수 있다. 이것은 9, 10, 11, 12, 13, 14, 15 노드들도 모두 마찬가지임을 알 수 있다. 이때 패턴을 찾아보면 비교 교환 횟수가 레벨 수와 같음을 알 수 있다. 15번째 노드가 추가되었다는 것은 최대 힙을 만들 때 저장된 데이터 수가 루트 노드를 제외한 자식 노드의 수가 15개라는 것이 된다. 따라서 전체 데이터의 수가 1~3개일 때 비교 교환 횟수는 1번, 4~7개일 때 두 번, 8~15개일 때 3번이 된다. 즉, 비교 횟수는 입력된, 다시 말해 저장된 데이터의 수에 로그 함수를 적용하면 비교 연산과 교환 연산의 횟수를 알 수 있다.

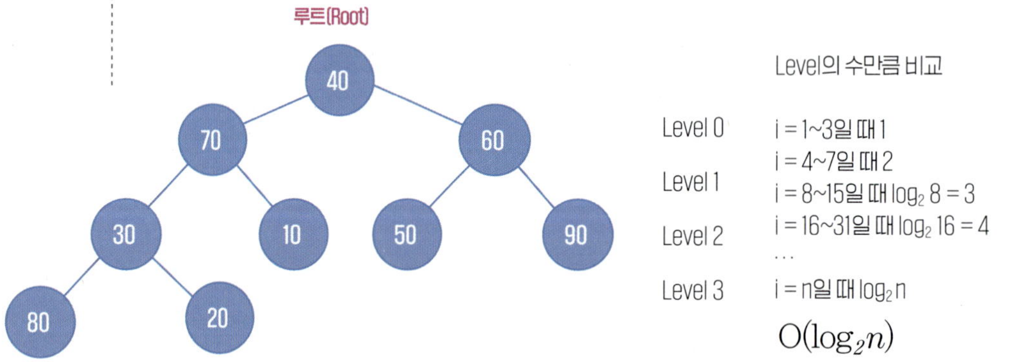

최대 힙은 몇 번 반복될까를 생각해 보면 n−1번 반복하고 있음을 알 수 있다. 왜냐하면 마지막 루트 노드 1개가 남아있을 때 최대 힙을 만들지 않기 때문이다.

따라서 힙 정렬 알고리즘의 성능은 최대 힙 알고리즘 성능에 (n−1)을 곱하면 된다. 이것을 n개 데이터가 입력되었을 때 연산 횟수의 함수로 표현하면 다음과 같이 입력 데이터 수에 로그 함수를 적용한 함수 형식으로 정의할 수 있다. 최대 힙 알고리즘의 성능은 로그 성능이며, 이것을 n−1번 반복해야 하므로 힙 정렬 알고리즘의 성능은 $O(nlog_2 n)$ 즉 선형 로그이다.

$$(n-1) \times \log_2 n = O(nlog_2\, n)$$

2.3 정렬 알고리즘의 성능 비교

다음은 정렬 알고리즘의 성능을 정리하여 비교한 표이다. 선택 정렬 알고리즘과 버블 정렬 알고리즘은 최선일 때의 성능과 평균적으로 나타나는 성능, 최악의 성능이 모두 $O(n^2)$으로 동일하다. 삽입 정렬 알고리즘은 정렬도가 높은 상태에서 O(n)의 성능을 보여 최선일 때 성능이 좋게 나타나고 있다. 힙 정렬 알고리즘과 합병 정렬 알고리즘은 $O(nlog_2 n)$의 성능을 보여 선택 정렬 알고리즘, 버블 정렬 알고리즘, 삽입 정렬 알고리즘보다 훨씬 좋은 성능을 보이는 것을 알 수 있다. 퀵 정렬 알고리즘은 평균적으로는 $O(nlog_2 n)$의 성능을 보이나, 데이터 입력 상태에 따라 최악의 경우 $O(n^2)$의 성능을 보인다.

정렬 알고리즘	최선	평균	최악	(6만)개 데이터 정렬 시간(sec)
선택 정렬	n^2	n^2	n^2	10.842
버블 정렬	n^2	n^2	n^2	22.894
삽입 정렬	n	n^2	n^2	7.438
힙 정렬	$n \log_2 n$	$n \log_2 n$	$n \log_2 n$	0.034
합병 정렬	$n \log_2 n$	$n \log_2 n$	$n \log_2 n$	0.026
퀵 정렬	$n \log_2 n$	$n \log_2 n$	n^2	0.014

6만 개의 데이터를 정렬하는데 알고리즘별 실제 정렬 시한을 살펴보면 선택 정렬 알고리즘은 10초 정도, 버블 정렬 알고리즘은 22초 정도 소요된다. 삽입 정렬 알고리즘은 7초로 빠르게 정렬되는 것을 알 수 있고, $O(nlog_2 n)$ 성능을 보이는 힙 정렬 알고리즘, 합병 정렬 알고리즘, 퀵 정렬 알고리즘은 1초도 소요되지 않고 정렬 결과를 얻을 수 있다.

| 6장 |

문제 해결 방식과 알고리즘

학습 목표

- NP 완전 문제의 종류를 알아본다.
- 그리디 문제 해결 방식을 이해한다.
- 분할 문제 해결 방식을 이해한다.
- 동적 문제 해결 방식을 이해한다.

1 〉 여러 가지 NP 완전 문제

컴퓨터과학에서 해결한 문제와 해결하고자 하는 문제에는 어떤 것들이 있는지 살펴보자.

1.1 P 문제의 예

지금까지 컴퓨터과학에서 정의하는 문제들을 살펴보았다.

현재 컴퓨터과학에서 정의하는 P 문제는 다음과 같이 탐색 문제, 정렬 문제, 압축 문제이다. 우리가 사용하는 모든 프로그램은 이 세 가지 문제 해결 알고리즘을 기반으로 만들어져 사용되고 있다. 앞서 프로그래밍은 결국 주기억장치에 저장하고, 연산하며 저장하는 것을 의미한다고 설명하였다.

이 세 가지 문제는 주기억장치에 저장하고 연산할 때 가장 많이 사용되는 알고리즘들이다. 주기억장치에서 연산하기 위해서는 저장된 데이터를 찾아야 하는데 이러한 문제가 바로 탐색 문제이다. 어떻게 하면 빨리 찾을 수 있을까 하는 문제를 해결하였으며, 순차 탐색 알고리즘, 이진 탐색 알고리즘 등이 다항 시간 알고리즘으로 탐색 문제를 해결한 알고리즘들이다.

이때 탐색이라는 단어는 저장된 데이터를 찾는 것을 의미하기도 하지만, 어떤 문제의 답을 찾는 것을 의미하기도 한다. 이러한 탐색 문제를 경험적 탐색 알고리즘 또는 최적 해 탐색 알고리즘이라고 한다. 여기에서 말하는 탐색의 개념은 데이터 탐색과는 다른 의미이며, 문제도 전혀 다르게 정의된다. 예를 들어, 미로에서 출구를 찾는 경로 찾기 문제를 경로 탐색 알고리즘으로 정의할 수 있으며,

이러한 문제는 NP 문제에 포함되어 비결정 문제 해결 방식으로 다항 시간 알고리즘을 찾을 수 있는 문제가 된다. 그래서 많은 사람이 검색과 탐색이라는 단어로 표현하기도 한다.

정렬 문제는 대표적인 P 문제이며, 정렬 문제를 해결하는 다항 시간 알고리즘에는 다음과 같이 여러 가지가 있다. 정렬 문제는 탐색 문제를 해결하기 위해 개발되었다. 즉, 주기억장치에 저장된 데이터에 빠르게 접근하는 방법으로 정렬 방법을 이용한 것이다. 순서 없이 주어진 100개의 숫자 중에서 58의 위치를 찾는 것보다 100개의 숫자를 순서대로 두고 58의 위치를 찾는 것이 훨씬 쉽다. 따라서 정렬 문제를 해결함으로써 탐색 문제도 함께 해결된 것이다. 정렬 문제를 해결한 다항 시간 알고리즘은 매우 많다. 그만큼 컴퓨터 프로그램에 있어서 중요한 문제이다. 대표적으로 삽입 정렬 알고리즘, 선택 정렬 알고리즘, 버블 정렬 알고리즘, 합병 정렬 알고리즘, 퀵 정렬 알고리즘, 힙 정렬 알고리즘 등이 있다. 지금 수행되는 프로그램들을 살펴보면 정렬을 통해 결과를 얻는 기능이 모두 포함된 것을 알 수 있다. 통계를 낸다거나, 순위를 매긴다거나, 특정한 값을 찾을 때 모두 정렬 알고리즘을 사용하고 있다.

압축 문제도 P 문제로 다항 시간 알고리즘이 개발되었다. 압축 문제를 해결한 대표적인 압축 다항 시간 알고리즘에는 허프만 압축 알고리즘이 있다. 압축이라고 하면 데이터를 작게 변환하는 방법을 말한다. 보통 가장 먼저 zip 파일을 생각하겠지만, zip은 하드디스크에 작은 파일로 저장하는 것을 말한다. 여기서 말하는 압축 문제는 주기억장치에 데이터를 저장할 때 주기억장치의 공간 제한 문제를 해결하기 위하여 만든 알고리즘이다.

지금까지 소개한 탐색/정렬/압축 문제는 P 문제들로, 컴퓨터로 해결한 문제이며 모든 입력값에 대해 다항 시간 안에 정확한 답을 출력하는 알고리즘이 있는 문제들이다. 즉 컴퓨터로 해결된 문제들이다. 다시 한번 강조하지만, 현재 사용되는 모든 프로그램은 이 세 가지 문제를 해결한 알고리즘을 기반으로 만들어졌다. 이 문제들은 지금까지 튜링 기계에서 돌아가는 모든 프로그램의 기능을 표현하는 데 아직은 부족함이 없다. 하지만 충분하지 않다는 것을 인식해야 한다. 이제 인공지능 알고리즘이라고 부르는 알고리즘들에 대해 이야기해 보자.

1.2 NP 완전 문제의 예

NP 문제는 다항 시간 안에 해결되는 비결정 문제이다. 컴퓨터과학에서는 NP 문제를 해결하는 알고리즘을 찾는 데 큰 노력을 기울이고 있다.

특히 NP 완전 문제를 해결하고자 여러 가지 알고리즘을 개발하고 있다. NP 완전 문제가 해결되면 지금까지 알려진 모든 NP 문제가 해결된다. NP 문제가 해결된다는 것은 주어진 비결정 문제의 답 또는 근사값을 다항 시간 안에 낼 수 있다는 것이다. 비결정 문제를 해 탐색 문제, 최적 해 문제, 근사치 문제, 분류 문제, 학습 문제들로 변환하여 문제의 해를 다항 시간 안에 찾는 알고리즘을 연구하고 있다.

인간의 경험을 알고리즘에 적용시켜 문제를 해결하고자 하는 휴리스틱 알고리즘, 근사한 값을 문제의 해로 찾고자 하는 근사치 알고리즘, 해 탐색 알고리즘, 최적화 알고리즘, 많은 경험적 데이터들을 이용하여 미리 결과의 규칙을 정의하고 그 규칙대로 문제를 해결하도록 하는 학습 알고리즘이나 인공지능 알고리즘 등 다양한 방법으로 연구 개발되고 있다.

그중에서 본 학습 과정에서는 문제 해결 방법을 적용한 알고리즘을 소개하고자 한다. 문제 해결 방법에는 그리디 방법, 분할 정복 방법, 동적 방법이 있다. 문제 해결 방법은 특정한 문제를 해결하기 위한 알고리즘이 아니라, 간단한 문제 해결 규칙을 정하고, 그 규칙을 알려진 NP 문제나 P 문제에 적용시켜 그 효율성과 실용성이 증명된 방법이며, 그 방법으로 실제 문제에 적용시켜 문제를 해결한 알고리즘들을 소개하고자 한다.

어떠한 NP 문제 해결을 위한 알고리즘이 개발되면, 그 알고리즘이 어디에 적용될 수 있는지 확인하고 알고리즘이 실제 효율적인 방법이며 문제 해결력이 있는지 확인하기 위하여 NP 완전 문제에 적용시킨다. 앞에서도 이미 소개한 다음의 NP 완전 문제는 각각 알고리즘에 적용할 수 있는 공개된 데이터세트가 있어 알고리즘을 개발하고 연구하는 사람들이 쉽게 적용할 수 있다. 예를 들어, 알고리즘을 개발하고 TSP 문제에 적용시켰더니 N3 성능을 보이더라면 그 알고리즘은 TSP 문제는 아니지만, 일반적인 NP 문제에 적용시켜 볼 만한 알고리즘이라고 판단하고 실제 적용시켜 볼 수 있다.

SAT 문제

SAT(Satisfiability) 문제는 이미 앞에서도 소개한 대표적인 NP 완전 문제로, 충족 가능성 문제이다. 논리식에서 논리식이 참이 되는 변숫값이 존재하는지 찾는 문제이다. 예를 들어 다음과 같은 논리식이 주어졌을 때 논리식을 참으로 만드는 X, Y, Z를 찾는 문제이다. 이때 X, Y, Z가 존재하느냐는 문제와 존재하면 무엇인가를 찾는 문제를 모두 포함한다. 이 문제가 해결되면 이 세상의 모든 NP 문제들이 해결된다는 것이다. 예를 들어, 사람의 키가 180cm가 되도록 만들어 주는 음식이 있을까? 과연 그 음식은 무엇일까? 이 논리식이 참이라는 것은 반드시 180cm가 된다는 것이며, 이 알고리즘에 입력값으로 키 180cm와 음식을 입력하면 결과로 다음과 같이 출력해야 한다는 것이다. 시금치와 고기는 꼭 같이 먹고 양파, 마늘, 돼지고기도 반드시 같이 먹어야 하며 둘 중 한 가지 세트로 음식을 먹어 반드시 키가 180cm가 된다는 의미이다. 하지만 이러한 문제를 해결하는 알고리즘은 아직 없으며, SAT 문제가 해결되면 이와 같이 우리 일상생활의 많은 문제를 해결할 수 있게 된다.

해밀턴 경로 문제

해밀턴 경로(Hamiltonian Cycle) 문제도 NP 완전 문제 중의 하나이다. 주어진 모든 지점을 한 번씩만 방문하고 제자리로 돌아오는 경로를 찾는 문제이다. 이 문제는 생각보다 쉬워 보여 NP 문제가 아닌 것처럼 보이지만, 지점의 수가 많아질수록 수행 시간이 기하급수적으로 늘어나는 문제이기 때문에 비결정 문제로 해결할 수밖에 없는 NP 문제이다. 이 문제도 해결되면 다른 NP 문제들이 해밀턴 경로 문제로 변환되어 해결될 수 있어서 NP 완전 문제이다.

TSP 문제

TSP(Travelin Salesman Problem)는 외판원 순회 문제라고 한다. 해밀턴 경로 문제와 비슷하지만, TSP 문제의 가장 큰 특징은 비용 조건이 있다는 것이다. 최소한의 비용으로 주어진 모든 지점을 순회하고 돌아오는 경로 찾기 문제이며, 최단 경로 찾기 문제라고 한다. TSP 문제도 지점의 수가 많아질수록 수행 시간이 기하급수적으로 늘어나는 문제이기 때문에 비결정 문제로 해결할 수밖에 없는 NP 문제이다. 이 문제도 해결되면 다른 NP 문제들이 TSP 경로 문제로 변환되어 해결될 수 있어서 NP 완전 문제이다.

0–1 배낭 문제

0–1 배낭(Knapsack) 문제는 배낭에 담을 수 있는 최대 무게가 정해져 있을 때, 배낭에 담을 물건들의 가치가 최대가 되도록 부분 집합을 찾는 문제이다. 조합 최적화 문제라고 하며, 0–1 배낭 문제도 배낭의 수와 배낭에 담을 물건의 수가 많아질수록 수행 시간이 기하급수적으로 늘어나는 문제이기 때문에 비결정 문제로 해결할 수밖에 없는 NP 문제이다. 이 문제도 해결되면 다른 조합 최적화 NP 문제들이 0–1 배낭 문제로 변환되어 해결될 수 있어서 NP 완전 문제이다.

인공지능

인공지능 알고리즘은 무엇일까? 어떤 문제를 해결하기 위한 알고리즘일까? 우리는 이 생각을 하지 않을 수 없다. 인공지능은 컴퓨터에게 지능을 인공적으로 수행시키는 문제를 해결하고자 한다. 그렇다면 지능은 무엇을 의미하나? 인간에게 있어서 지능은 기억, 학습, 창조를 말한다. 컴퓨터는 이미 기억을 토대로 문제를 해결하므로 인공지능이라고 할 수 있다. 하지만 지금까지의 기억을 바탕으로 하는 지능이 아니라 학습과 창조를 바탕으로 하는 지능을 인공지능이라고 정의할 수 있다. 따라서 인공지능에서 해결하고자 하는 문제는 컴퓨터를 학습시키는 문제와 학습을 통해 새로운 결과를 도출하는 창조의 결과를 얻고자 하는 것이다. 이때 인공지능의 한 분야로 자연어 처리 분야가 있는데, 지금까지 컴퓨터에 저장하는 데이터의 입력 형식을 키보드를 통한 문자와 숫자가 아닌, 자연적인 데이터의 입력 형식인 인간의 음성, 인간 신체 부위인 얼굴, 홍채, 지문 등의 이미지를 입력받아 처리하고자 하는 분야다. 이 문제들도 사실 모두 입력 데이터의 크기에 따라 수행 시간이 기하급수적으로 늘어나는 문제로, 비결정 문제로 전환해서 해결하고자 하고 있다. 따라서 인공지능 문제들도 두 NP 문제이다.

"인공지능에서 다루는 문제들이 모두 NP 문제이다."

NP 문제는 P 문제일 수 있는 예비 P 문제들이다. 비결정 문제를 해결하는 방법을 사용하여 다항 시간 알고리즘을 찾기 위해 노력하고 있다. P 문제가 아니다. 즉, 경험치를 갖는 휴리스틱 알고리즘이며, 인공지능 알고리즘으로 나온 결과값은 정답이 아닌 오류율을 가진 근사치 결과값이라는 것이다. 또 정답 확인 문제에 대해서 성능을 보일 수 있지만 완벽하지 않다. 따라서 현재 인공지능 알고리즘들을 사용하고 우리가 놀랍다고 생각하는 모든 기능과 프로그램의 결과는 정답이 아님을 알아야 하며, 이러한 알고리즘으로 개발된 프로그램을 어떻게 활용할지에 대해서 우리는 깊이 고민해야 할 것이다.

최적화 문제

P 문제와 NP 문제는 알고리즘의 수행 시간을 중심으로 문제를 분류했다면, 최적화 문제는 문제의 결과값을 중심으로 문제를 분류한다.

최적화(Optimization) 문제는 비결정 문제인 NP 문제를 해결할 때 NP 문제의 정답을 찾는 것이 아니라, NP 문제의 가장 좋은 해를 찾는 문제이다. 이러한 알고리즘을 최적화 알고리즘이라고 한다. 따라서 많은 NP 문제를 해결하는 알고리즘을 찾기 위하여 최적화 문제로 재정의해서 알고리즘을 찾는다.

최적화 문제를 해결하는 알고리즘은 문제의 최적 해를 찾는 알고리즘이므로 해 탐색 알고리즘이라고 할 수 있다.

1.3 NP 완전 문제 해결 알고리즘

NP 완전 문제가 해결되면 지금까지 알려진 모든 NP 문제들이 해결된다. NP 문제가 해결된다는 것은 비결정 문제의 답을 다항 시간 안에 낼 수 있다는 것이다. 컴퓨터로 비결정 문제를 해결하기 위해 여러 가지 방법을 연구 개발했다.

- 해를 찾는 문제, 최적화 문제, 근사치 문제 등 정확한 답이 아닌 답일 수 있는 확률을 찾는 문제로 바꾸어 해결하고자 하는 방법과 알고리즘이 있다.
- 인간의 경험과 문제의 특징을 분석하고, 문제에 대한 데이터를 수집하여 직접 문제 해결 알고리즘에 포함시키는 휴리스틱 방법을 사용해서 해결하고자 하는 방법과 알고리즘이 있다.
- 많은 경험적 데이터들을 이용하여 미리 결과의 규칙을 정의하고, 그 규칙대로 문제를 해결하도록 하는 학습 방법을 사용해서 해결하고자 하는 방법과 알고리즘이 있다.

NP 완전 문제를 해결하기 위한 수많은 알고리즘이 개발되었다. 그중 본 교재에서는 그리디 방법, 분할 정복 방법, 동적 방법을 알아보고, 각 방법이 적용된 NP 문제와 알고리즘에 대해 살펴본다.

2 〉 그리디 방법과 알고리즘

특정 문제를 해결하는 알고리즘이 아닌, 문제 해결 방법 중심으로 알려진 알고리즘을 소개한다. 그리디 문제 해결 방법과 그리디 문제 해결 방법을 적용하여 해결한 문제와 알고리즘을 알아보자.

2.1 그리디 문제 해결 방법

그리디 문제 해결 방법은 최적화 문제를 해결하는 방법이다. 그리디(Greedy)라는 영문을 그대로 사용한 명칭처럼 입력 데이터 간의 관계나 특징과 상관없이 욕심내어 가장 좋은 값, 또는 가장 나쁜 값, 최대값, 최소값 등을 선택하여 원하는 답을 찾는 탐색 방법이므로 욕심쟁이 방법, 탐욕적 방법이라고 한다.

그리디 문제 해결 방법은 한번 선택한 것은 절대 바꾸지 않는다. 따라서 계속해서 정해진 좋은 값 또는 나쁜 값만을 선택하여 문제를 해결한다.

그리디 문제 해결 방법은 규칙이 매우 단순하여 문제에 적용하기 쉽다. 하지만, 많은 문제를 해결할 때 항상 좋은 값이 최적 해가 되지 않으므로 제한된 문제들만 해결하는 방법이다.

그리디 문제 해결 방법 적용 문제

동전 거스름돈 문제를 그리디 문제 해결 방법으로 해결해 보자. 동전 거스름돈 문제는 동전으로 거스름돈을 받아야 할 때, 가장 적은 수의 동전으로 받도록 하는 문제이다. 동전 거스름돈 문제는 조합 최적화 문제이며, NP 문제이다.

예를 들어 490원의 거스름돈을 받아야 할 때, 10원짜리 49개를 받을 수도 있고, 100원짜리 4개와 10원짜리 9개인 총 13개의 동전을 받을 수도 있다. 또한 50원짜리 9개와 10원짜리 4개인 총 13개의 동전을 받을 수도 있다. 이 중에서 어떻게 동전을 구성하여 거스름돈을 주는 것이 동전의 수를 가장 적게 하는 것인가가 바로 동전 거스름돈 문제이다. 이 문제를 해결하기 위해서 그리디 문제 해결 방법을 적용해 보자.

거스름돈 금액 중에 무조건 가장 큰 액수의 동전을 거스름돈 동전으로 선택하는 것이다. 490원의 거스름돈을 결정할 때 그리디 방법을 적용하면 500원짜리 동전은 선택될 수 없고, 그다음 큰 동전이 100원짜리이므로 100원짜리 4개와 90원이 남아 있을 때 50원짜리 1개 나머지 10원짜리 4개를 선택하여 거스름돈으로 출력하게 된다. 이것을 컴퓨터가 해결할 수 있는 컴퓨터 알고리즘으로 다시 표현해 보면, 다음과 같다.

> 문제 : 최소 동전 개수 찾기
>
> 조건 : 동전의 종류 - 500원, 100원, 50원, 10원
>
> 입력 : 거스름돈 액수

그리디 문제 해결 방법을 적용하여 문제 해결 순서를 작성하면 다음과 같다.

> 1. 거스름돈 액수에서 뺄 수 있는 동전의 종류 중 가장 큰 동전의 종류만큼 뺀다.
> 2. 뺀 동전의 개수를 증가시킨다.
> 3. 1, 2를 반복한다.

670원의 거스름돈을 위의 문제 해결 순서에 적용하여 최소 동전의 수를 알아보자.

```
670-500 (동전의 종류 중에 670에서 뺄수 있는 가장 큰 동전) = 170
// 500원 1개
170-100 (동전의 종류 중에 170에서 뺄 수 있는 가장 큰 동전) =70
// 100원
70-50 (동전의 종류 중에 70에서 뺄 수 있는 가장 큰 동전) = 20
// 50원 1개
20-10 (동전의 종류 중에 20에서 뺄 수 있는 가장 큰 동전) = 10
// 10원 1개
10-10 (동전의 종류 중에 20에서 뺄 수 있는 가장 큰 동전) = 0
// 10원 1개
670원의 거스름돈의 최소 동전 수는 6이 된다.
```

이와 같이 동전 거스름돈 문제를 그리디 문제 해결 방법을 적용해 동전의 종류 중 가장 큰 동전을 욕심내어 거스름돈에서 빼는 방법으로 문제를 해결하였다.

2.2 그리디 문제 해결 방법을 적용한 알고리즘

그리디 문제 해결 방법을 적용한 알고리즘을 몇 가지 소개한다.

최소 신장 트리 찾기 문제

최소 신장 트리(MST: Minimum Spanning Tree)는 MST 문제, 최소 스패닝 트리 문제라고도 한다. 최소 신장 트리는 여러 개의 노드와 인접한 노드 간 가중치 값이 정의된 그래프에서 사이클 없이 모든 노드를 연결시킨 그래프 중 가중치 합이 가장 작은 그래프이다.

다음과 같은 가중치가 정의된 그래프가 주어졌을 때 사이클 없이 모든 노드를 연결시킨 그래프인 신장 트리는 여러 가지를 찾을 수 있다.

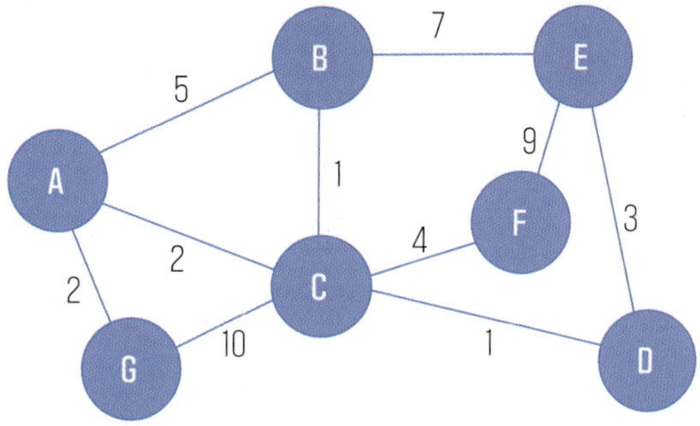

첫 번째 그래프는 사이클 없이 모든 노드를 연결하고 있으므로 신장 트리가 맞으며, 첫 번째 신장 트리의 가중치 합은 13임을 알 수 있다. 두 번째 그래프도 사이클 없이 모든 노드를 연결하고 있으므로 신장 트리이며, 두 번째 신장 트리의 가중치 합은 27이다. 세 번째 그래프도 사이클 없이 모든 노드를 연결하고 있으므로 신장 트리이며, 세 번째 신장 트리의 가중치 합은 34이다. 이와 같이 세 가지 신장 트리를 찾았다고 가정했을 때 가중치의 합이 가장 작은 첫 번째 신장 트리가 최소 신장 트리가 되며, 이와 같은 최소 신장 트리를 찾는 문제가 최소 신장 트리 문제이다.

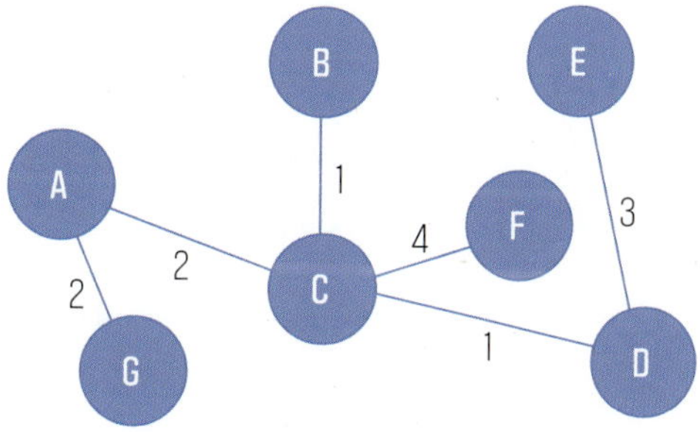

가중치의 합 : 2 + 2 + 1 + 4 + 1 + 3 + = 13

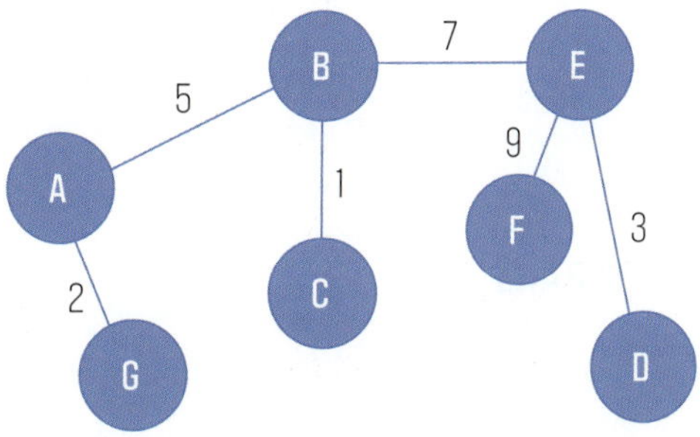

가중치의 합 : 2 + 5 + 1 + 7 + 9 + 3 = 27

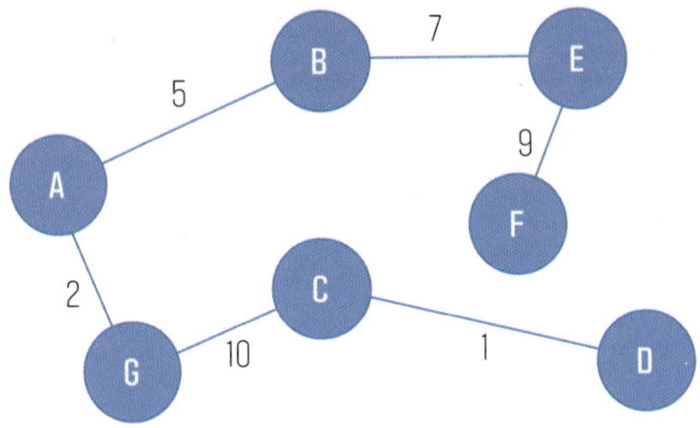

가중치의 합 : 2 + 5 + 10 + 7 + 9 + 1 = 34

다음 그림과 같은 그래프는 노드 A, G, C가 모두 연결되어 사이클이 존재하고, F 노드는 연결되어 있지 않으므로 신장 트리가 아니다.

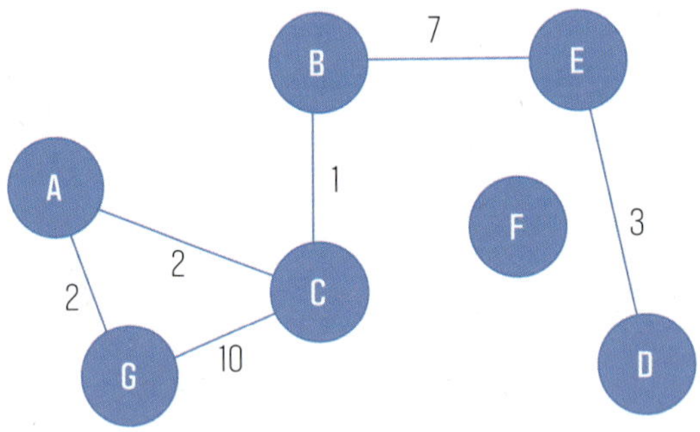

최소 신장 트리는 통신망, 도로망, 유통망 등 여러 지점을 연결해야 하는 문제에서 최소 구축 비용으로 구축하는 문제에 많이 활용된다. 최소 신장 트리를 찾는 문제를 해결하고자 그리디 문제 해결 방법을 적용한 대표적인 알고리즘에는 크러스컬(Kruskal) 알고리즘과 프림(Prim) 알고리즘이 있다. 본 장에서는 각각의 알고리즘의 개념적 구조와 방법을 간단하게 소개하고, 알고리즘의 구체적인 구현과 실행은 Part 2 파이썬 실습에서 다룬다.

크러스컬 알고리즘

크러스컬(Kruskal) 알고리즘은 그리디 문제 해결 방법을 그래프에 적용하여 최소 신장 트리를 찾는 알고리즘이다. 크러스컬 알고리즘의 문제 해결 방법은 다음과 같이 정의할 수 있다.

"가중치가 가장 작은 간선을 선택한다. 이때 선택한 간선은 사이클을 만들지 않는다."

정의된 크러스컬 알고리즘을 컴퓨터로 해결할 수 있는 문제 해결 순서대로 다시 정의하면 다음과 같다.

1. 그래프의 간선을 가중치가 가장 작은 순서대로 정렬한다.
2. 가중치가 가장 작은 간선을 선택한다.
3. 간선이 사이클을 만드는지 확인한다.
   - **3-1.** 사이클을 만들면 버린다.
   - **3-2.** 사이클을 만들지 않으면 최소 신장 트리 간선으로 추가한다.
4. 2, 3을 반복한다.
5. 최소 신장 트리를 결과로 출력한다.

주어진 그래프에서 간선들을 가중치 값을 기준으로 정렬하면 다음 그림과 같다.

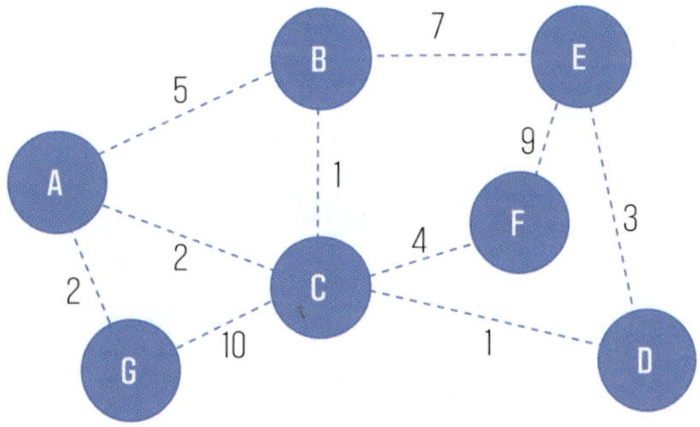

1:C---------D (1)
2:C---------B (1)
3:C---------A (2)
4:A---------G (2)
5:D---------E (3)
6:C---------F (4)
7:A---------B (5)
8:B---------E (7)
9:E---------F (9)
10:C---------G (10)

가중치가 같은 경우는 순서를 랜덤하게 정렬한다. 간선 CD와 간선 CB의 가중치는 1이므로 1번과 2번으로 순서가 되어 있다. 간선 CA와 간선 AG의 가중치는 2이므로 각각 3번과 4번으로 정렬되어 있으며, 다음은 가중치가 3인 간선 DE, 가중치가 4인 간선 CF, 가중치가 5인 AB, 가중치가 7인 간선 BF, 가중치가 9인 간선 EF, 가중치가 10인 간선 CG 순으로 정렬한다.

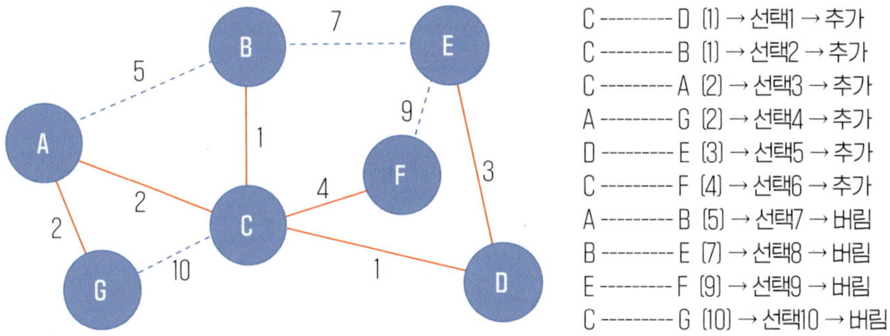

정렬된 간선들 중에서 1번 간선부터 하나씩 선택하고, 사이클을 만드는지 확인한 후 사이클을 만들지 않으면 최소 신장 트리에 추가한다. 1번 간선부터 6번 간선까지 차례대로 선택하였고, 모두 사이클을 만들지 않으므로 최소 신장 트리의 간선으로 추가한다. 7번째 선택한 7번 간선인 AB는 이미 간선 AC, 간선 CB가 선택되어 ABC 사이클을 만드는 간선이므로, 최소 신장 트리에 추가되지 않고 버리게 된다. 이와 같이 8번, 9번, 10번 간선은 모두 사이클을 만드는 간선이므로 버리게 되어 다음과 같은 최소 신장 트리를 결과로 출력할 수 있다.

크러스컬 알고리즘은 주어진 그래프에서 다음과 같이 가중치 13인 최소 신장 트리를 찾는다.

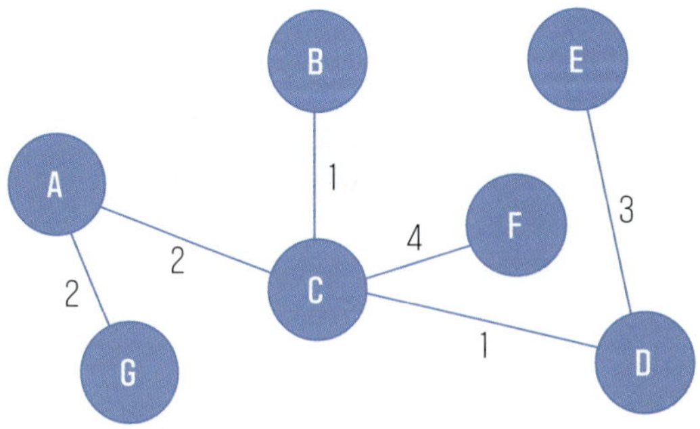

가중치의 합 : 2 + 2 + 1 + 4 + 1 + 3 + = 13

– 크리스컬 알고리즘 성능

크러스컬 알고리즘의 성능은 입력된 간선 수에 따라, 간선을 정렬하는 시간 복잡도와 간선을 하나씩 선택하여 추가하거나 버리는 시간 복잡도, 선택한 간선이 사이클을 만드는지 확인하는 시간 복잡도의 합으로 구할 수 있다. 입력된 간선의 수가 n이고 노드의 수가 V일 때, 일반적인 정렬 알고리즘을 적용하여 정렬 알고리즘의 시간 복잡도는 $O(nlog\ n)$으로 계산할 수 있다.

간선을 선택하여 연산하는 것은 최악의 경우 입력된 간선 모두를 선택해야 하므로, 입력된 간선의 수만큼 반복하여 연산하기 때문에 시간 복잡도는 $O(n)$이다.

사이클을 확인하는 시간 복잡도는 간선에 포함된 노드들이 이미 선택된 노드들 안에 있는지 확인해야 하므로, 간선의 개수가 아닌 그래프 노드의 수에 따라 달라진다. 이때 선택된 간선의 수가 증가할수록 확인해야 하는 노드의 수가 줄어들기 때문에 $O(log\ V)$ 시간 복잡도를 갖는다.

사이클 확인은 모든 간선에 대하여 이루어지므로 선택된 간선마다 사이클을 확인하는 연산에 대한 시간 복잡도는 $O(nlog\ V)$이다.

따라서 크러스컬 알고리즘의 시간 복잡도는 다음과 같은 수식에 의해 $O(nlog\ n)$이 된다.

$$O(nlog\ n) + O(n) + O(nlog\ V) = O(nlog\ n)$$

프림 알고리즘

프림(Prim) 알고리즘은 그리디 문제 해결 방법을 그래프에 적용하여 최소 신장 트리를 찾는 알고리즘이다. 프림 알고리즘의 문제 해결 방법은 다음과 같이 정의할 수 있다.

> "임의의 노드를 선택하고, 값이 가장 작은 노드를 하나씩 추가한다. 이때 노드의 값은 선택된 노드와 연결된 간선의 가중치이다."

프림 알고리즘은 새로 추가될 노드를 선택할 때 이미 선택된 노드는 고려하지 않고 항상 선택되지 않은 노드들 중에서 값이 가장 작은 노드를 하나씩 추가하므로 사이클이 발생하지 않는다. 따라서 사이클을 확인할 필요가 없다.

정의된 프림 알고리즘을 컴퓨터로 해결할 수 있는 문제 해결 순서대로 다시 정의하면 다음과 같다.

1. 모든 노드의 값을 @(무한대) 값으로 초기화한다.
2. 그래프에서 임의의 노드를 선택하고 노드의 값을 0으로 변경한다.
3. 선택된 노드와 간선이 있는 노드들의 값을 가중치로 변경한다. (중복 시 가장 작은 값을 갖는다.)
4. 값이 가장 작은 노드를 추가한다.
5. 3, 4를 반복한다.
6. 최소 신장 트리를 결과로 출력한다.

프림 알고리즘은 항상 가장 작은 값을 갖는 노드를 선택해야 하므로, 아직 간선이 정해지지 않은 노드들은 모두 노드의 값을 가장 큰 값으로 하여 선택되지 않도록 하기 위해서 모든 노드의 값을 @(무한대) 값으로 초기화한다. 초기화가 끝난 그래프 형태는 다음 그림과 같다.

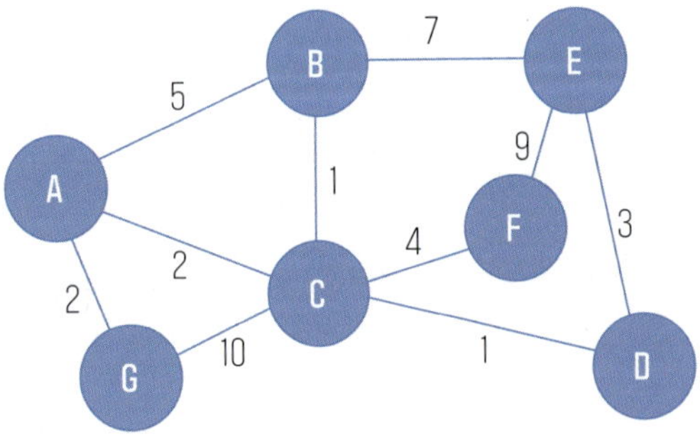

[그림 1]

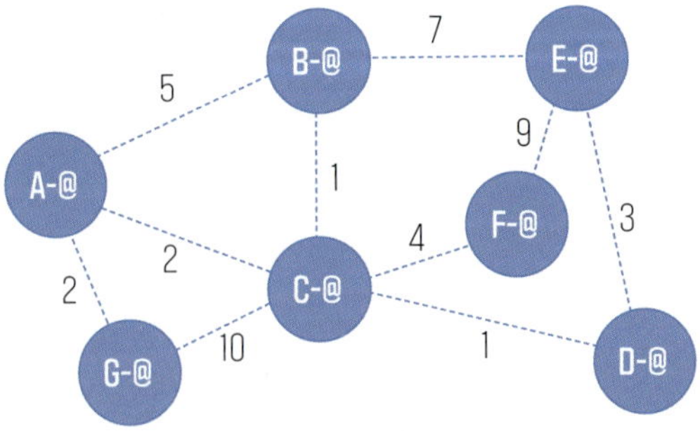

[그림 2]

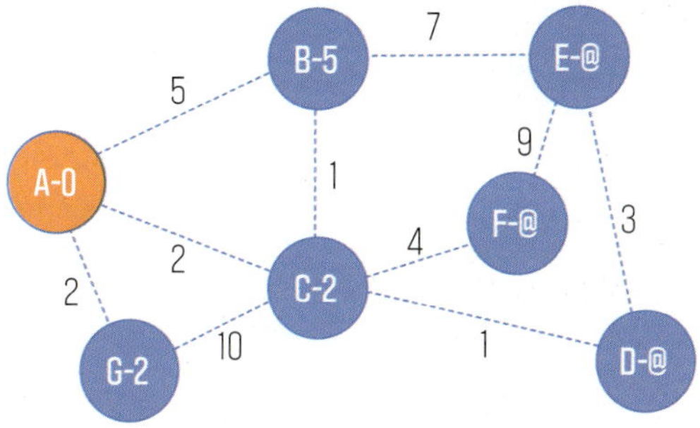

[그림 3]

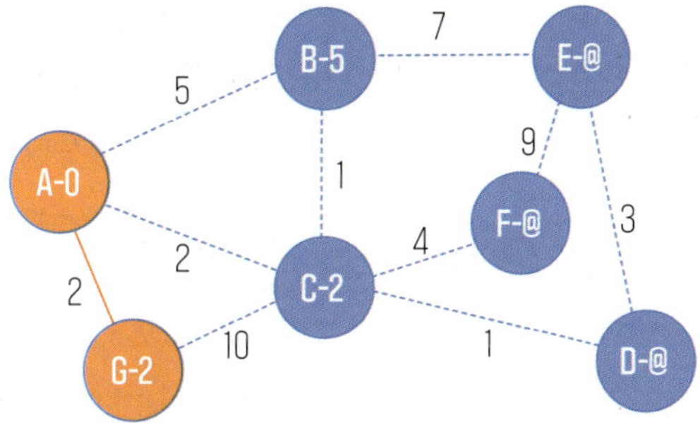

[그림 4]

[그림 3]처럼 초기화가 끝난 그래프에서 임의의 노드를 선택하고, 선택된 노드의 값은 0으로, 선택된 노드와 연결된 간선이 있는 노드들은 간선의 가중치 값으로 노드의 값을 변경한다. 노드 B의 값은 간선 AB의 가중치인 5로 변경되고, 노드 C의 값은 간선 AC의 가중치인 2로 변경되며, 노드 G의 값은 간선 AG의 가중치인 2로 변경된다. 이와 같이 변경된 값을 가진 노드들 중 가장 작은 값을 갖는 노드를 선택한다.

[그림 4]는 값이 2인 노드 C와 노드 G 중 노드 G를 선택한 것이다. 이때 노드 G에 연결된 간선을 갖는 노드 C의 값을 변경해야 하는데, 이때 간선 GC의 가중치 값은 10으로 현재 노드의 값이 2보다 크기 때문에 변경되지 않는다.

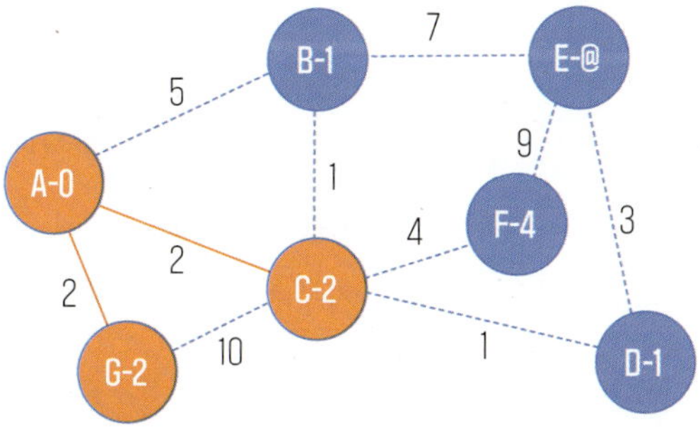

[그림 5]

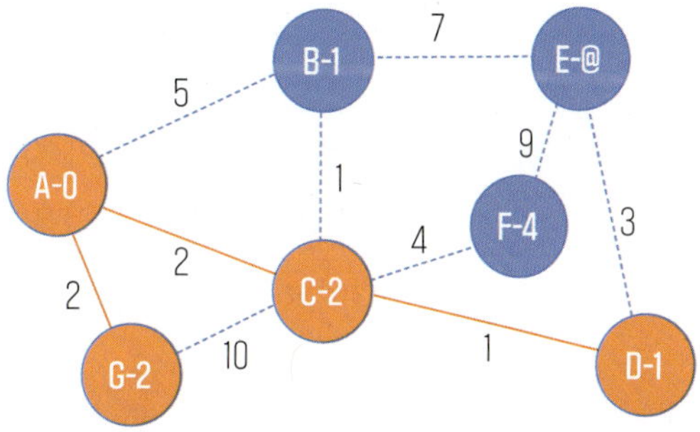

[그림 6]

[그림 5]는 노드 A와 노드 G가 선택된 후 나머지 노드인 B, C, E, F, D 중에서 노드값이 가장 작은 노드 C를 선택한 것이다. 노드 C가 선택된 후 노드 C에 연결된 간선을 갖는 노드 B, 노드 D, 노드 F의 값을 변경해야 한다. 노드 B의 값은

현재 값이 5이고, 새로운 간선인 CB의 가중치 값이 1이므로, 더 작은 값인 1로 변경된다. 노드 D의 값은 현재 @(무한대) 값이고, 간선 CD의 가중치 값이 1이므로, 더 작은 값이 1로 변경된다. 노드 F의 값은 현재 @(무한대) 값이고, 간선 CF의 가중치 값이 4이므로, 더 작은 값이 4로 변경된다.

[그림 6]은 노드 A, 노드 G, 노드 C가 차례로 선택된 후 나머지 노드인 B, E, F, D 중에서 노드의 값이 가장 작은 노드 D를 선택한 것이다. 노드 D가 선택된 후 노드 D에 연결된 간선을 갖는 노드 E의 값을 변경해야 한다. 노드 E의 값은 현재 @(무한대) 값이고, 간선 DE의 가중치 값이 3이므로, 더 작은 값이 3으로 변경된다.

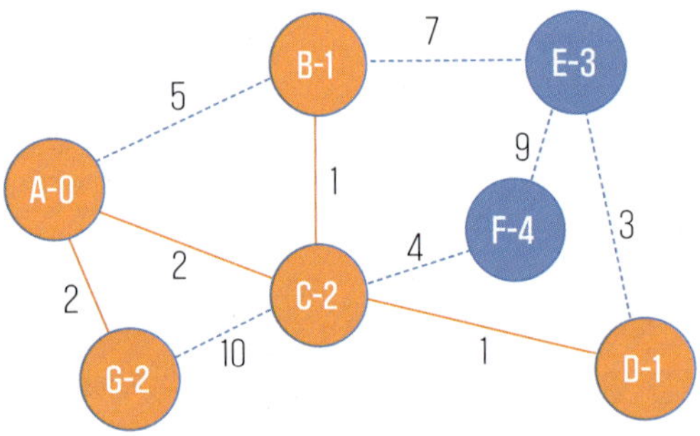

[그림 7]

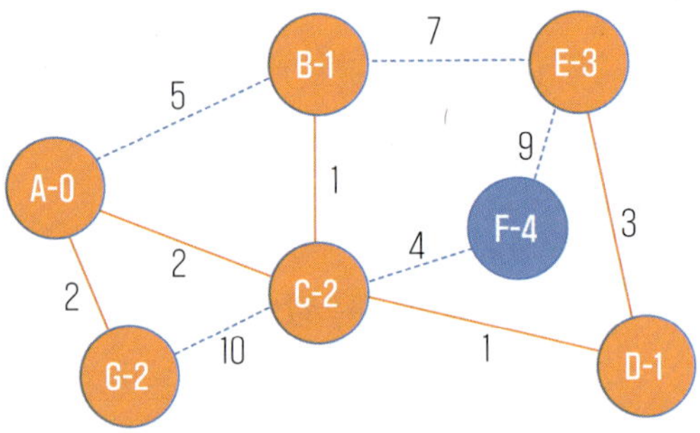

[그림 8]

[그림 7]은 노드 A, 노드 G, 노드 C, 노드 D가 차례로 선택된 후 나머지 노드인 B, F, E 중에서 노드의 값이 가장 작은 노드 B를 선택한 것이다. 노드 B가 선택된 후 노드 B에 연결된 간선을 갖는 노드 E의 값을 변경해야 한다. 노드 E의 값은 현재 3이고, 간선 BE의 가중치 값이 7이므로, 새로운 가중치 값이 더 커서 변경되지 않는다.

[그림 8]은 노드 A, 노드 G, 노드 C, 노드 D, 노드 B가 차례로 선택된 후 나머지 노드인 F, E 중에서 노드의 값이 가장 작은 노드 E를 선택한 것이다. 노드 E가 선택된 후 노드 E에 연결된 간선을 갖는 노드 F의 값을 변경해야 한다. 노드 F의 값은 현재 4이고, 간선 EF의 가중치 값이 9이므로, 새로운 가중치 값이 더 커서 변경되지 않는다.

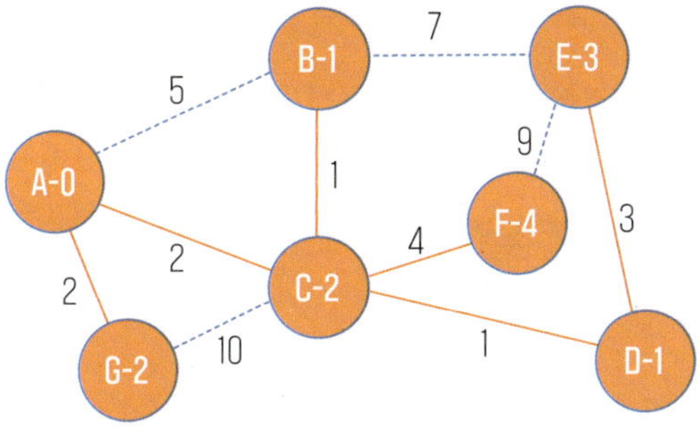

[그림 9]

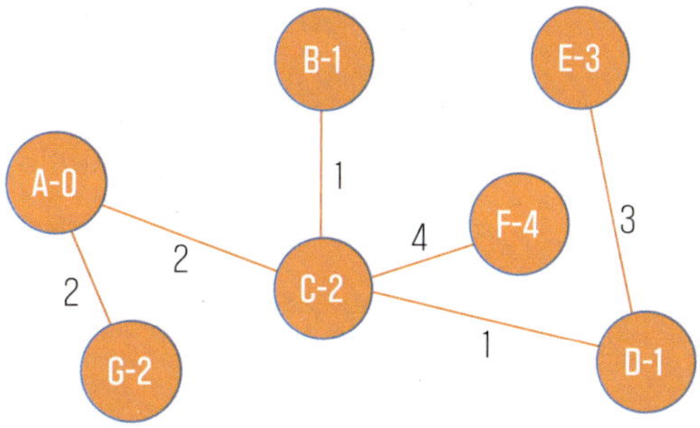

[그림 10]

[그림 9]는 노드 A, 노드 G, 노드 C, 노드 D, 노드 B, 노드 E가 차례로 선택된 후 나머지 노드인 F 중에서 노드의 값이 가장 작은 노드 F를 선택한 것이다. 노드 F가 선택된 후 노드 F에 연결된 간선을 갖는 노드 중 선택되지 않은 노드가 없으므로, 값도 변경하지 않는다.

[그림 10]은 프림 알고리즘으로 찾은 최소 신장 트리이다. 이때 최소 신장 트리의 가중치는 각 노드들을 모두 더한 값으로 13이 된다.

– 프림 알고리즘 성능

프림 알고리즘의 성능은 입력된 노드의 수에 따라, 가장 작은 값을 갖는 노드를 선택하는 시간에 노드의 수를 곱하면 구할 수 있다. 입력된 노드의 수가 n일 때, 프림 알고리즘은 모든 노드를 추가해야 끝나는데 노드를 추가하는 연산을 (n−1) 번 반복한다. 최초 노드를 하나 선택하고 알고리즘이 수행되므로 전체 노드 개수 n에서 1을 뺀 (n−1) 번 반복한다. 프림 알고리즘에서 가장 작은 값을 갖는 노드를 찾는 시간 복잡도는 전체 프림 알고리즘의 수행 시간을 의미한다. 따라서 노드를 저장하는 자료구조에 따라 최소값을 갖는 노드를 찾는 시간이 다르다.

배열로 저장된 값 중에서 하나씩 비교하여 찾는 방법을 사용하면 $O(n)$의 시간 복잡도를 갖는다. 이것을 (n−1) 번 반복하므로, 배열 자료구조를 사용한 프림 알고리즘의 시간 복잡도는 다음과 같은 수식에 의해 $O(n^2)$이 된다.

$$(n\text{-}1) \times O(n) = O(n^2)$$

프림 알고리즘을 구현할 때 모든 노드를 그래프 자료구조로 저장하고 최소 힙을 구하는 방법을 사용하여 최소값을 갖는 노드를 찾을 수 있다. 이때 최소 힙 방법으로 찾는 시간 복잡도가 $O(\log n)$이다. 이것을 (n−1) 번 반복하므로, 그래프 자료구조의 최소 힙을 구하는 방법을 사용한 프림 알고리즘의 시간 복잡도는 다음과 같은 수식에 의해 $O(nlog\ n)$이 된다.

$$(n-1) \times O(log\ n) = O(nlog\ n)$$

3 〉 분할 정복 방법과 알고리즘

분할 정복 문제 해결 방법과 분할 정복 문제 해결 방법을 적용하여 해결한 문제와 알고리즘을 알아보자.

3.1 분할 정복 문제 해결 방법

분할 정복(Divide-Conquer) 문제 해결 방법은 주어진 문제의 입력을 작은 문제로 분할하여 정복하는 방법이다. 즉, 큰 문제를 작은 문제로 분할하여 해결하기 쉬운 문제로 만들어 해결하고자 하는 방법이다. 이때, 문제를 단순히 분할만 해서는 해결할 수 없다. 따라서 분할된 문제들을 해결하고, 해결된 작은 문제들을 정복하는 과정이 필요하다. 분할 정복 문제 해결 방법은 문제를 분할하고 해결하여 정복하는 과정으로 문제를 해결한다.

문제를 분할할 때는 반드시 같은 분할 규칙을 적용하여 더 이상 분할할 수 없을 때까지 분할한다. 이때 더 이상 분할할 수 없을 때까지 분할한 문제를 부분 문제라고 하며, 부분 문제의 해를 부분 해라고 한다. 부분 해를 구할 때도 반드시 같은 문제 해결 규칙을 적용한다. 구해진 부분 해를 취합하는 정복을 통해 전체 문제를 해결할 수 있다.

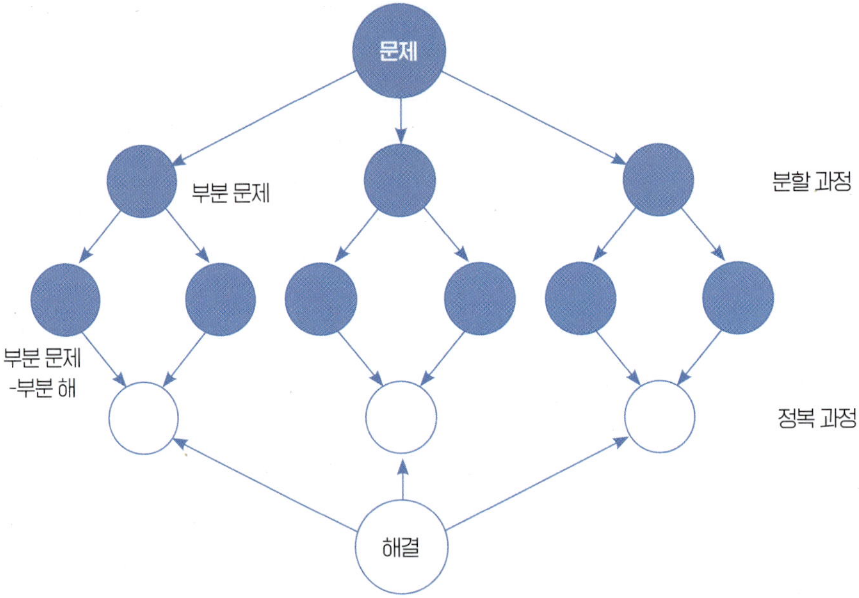

3.2 분할 정복 문제 해결 방법을 적용한 알고리즘

분할 정복 문제 해결 방법을 적용한 정렬 알고리즘을 소개한다.

정렬 문제

정렬 문제는 검색 문제를 빠르게 해결하기 위하여 연구된 문제로서 n개의 숫자가 입력으로 주어졌을 때 사용자가 지정한 기준에 맞게 순서를 찾는 문제이다. 모든 입력 데이터에 대해 다항 시간 안에 정렬된 결과를 출력하는 컴퓨터 알고리즘을 가지고 있는 대표적인 P 문제로 정렬 문제를 해결하는 알고리즘이 있고, 따라서 정렬 문제는 해결된 문제라고 할 수 있다.

정렬과 검색은 컴퓨터로 문제를 해결하고자 할 때 가장 많이 사용되는 기본 기술이다. 검색은 주기억장치에 저장된 데이터를 찾아오는 기본 기술이므로, 모든 문제 해결 알고리즘의 기반이 된다.

정렬은 검색을 쉽게 도와주는 역할을 하며, 데이터를 분류하고 분석하는 데 기반이 된다. 따라서 정렬 문제가 더 빨리 해결된다면 정렬을 기반으로 하는 문제의 성능이 더 좋아질 수 있다.

NP 문제를 해결하고자 간단한 규칙을 정한 방법인 분할 정복 방법을 P 문제인 정렬 문제에 적용하여 기존의 정렬 알고리즘보다 훨씬 좋은 성능을 보였다. 분할 정복 문제 해결 방법을 적용하여 향상된 정렬 알고리즘이 만들어졌다.

분할 정복 문제 해결 기법을 이용하여 정렬 문제를 해결한 정렬 알고리즘에는 합병 정렬 알고리즘과 퀵 정렬 알고리즘이 있다.

합병 정렬 알고리즘

합병 정렬 알고리즘은 분할 정복 문제 해결 방법을 정렬할 데이터에 적용하여 정렬 문제를 해결한 정렬 알고리즘이다.

합병 정렬(Merge Sort)은 1945년 존 폰 노이만(John Von Neumann)이 개발하였다. 합병 정렬 알고리즘의 문제 해결 방법은 다음과 같이 정의할 수 있다.

> **"n개의 데이터를 하나의 데이터가 될 때까지 분할하고, 분할된 데이터를 정렬하며 n개 데이터가 될 때까지 합병하여 정복한다."**

합병 정렬 알고리즘은 같은 크기로 분할하고, 분할된 부분 데이터를 정렬한 다음, 두 개의 정렬된 부분 데이터를 합하여 전체가 정렬된 데이터가 되도록 하는 정렬 방법이다.

정의된 합병 정렬 알고리즘을 컴퓨터로 해결할 수 있는 문제 해결 순서대로 다시 정의하면 다음과 같다.

1. 입력된 데이터를 2개로 분할한다. (분할)
2. 분할된 데이터들 각각에 대하여 1번을 데이터 크기가 2개 이상일 동안 반복한다. (분할)
3. 분할된 데이터들을 합병한다. (정복)

16개의 입력 데이터가 다음과 같이 주어졌을 때 합병 정렬로 정렬하는 과정을 그림으로 나타내면 다음과 같다.

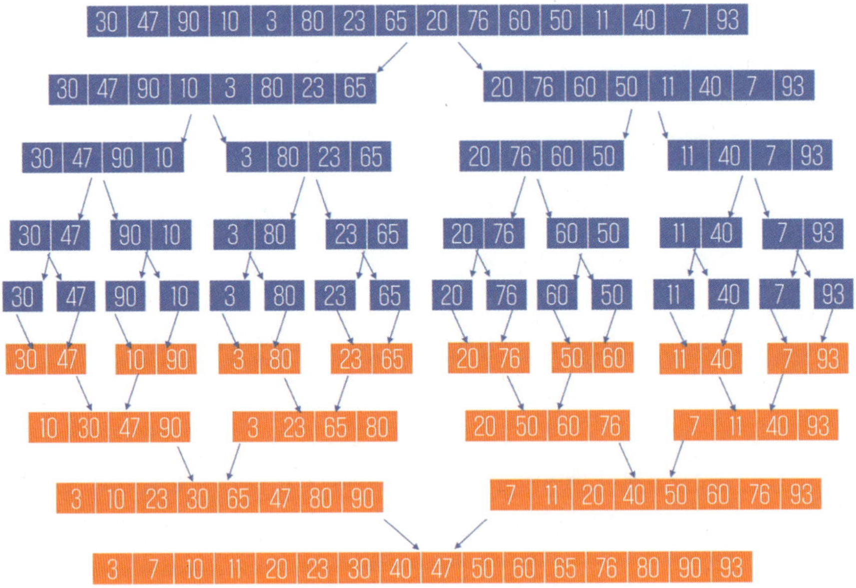

(1) 분할 과정

16개의 입력 데이터를 8개의 데이터 묶음으로 분할한 후 8개의 데이터를 다시 입력 데이터로 받아 4개의 데이터 묶음으로 분할한다. 16개는 최초 데이터 입력이므로 16개 데이터에 대한 분할은 한 번만 수행된다. 8개의 입력 데이터를 4개의 데이터 묶음으로 분할하는 과정은 2번 반복 수행된다. 4개의 데이터를 입력 데이터로 받아 2개의 데이터 묶음으로 분할하는 과정은 4번 반복된다. 2개 데이터를 입력 데이터로 받아 1개 데이터 묶음으로 분할하는 과정은 8번 반복된다.

(2) 합병 과정

데이터가 1개가 되면, 1개의 데이터는 정렬된 데이터로 간주하여 정렬된 데이터를 합병하게 된다. 합병할 때 비교 연산과 함께 합병하는데, 이때 같은 묶음에 있는 데이터들은 이미 정렬되어 있으므로 데이터 전체를 비교할 필요 없이 작은 수끼리 비교하는 방법을 적용하여 비교 횟수를 줄일 수 있다.

그림에서 (30, 47)과 (10, 90)을 합병할 때 비교 연산 횟수가 정렬할 데이터의 수를 넘지 않는다. 10과 30을 비교하고, 더 큰 수인 30과 90을 비교한 후, 다시 더 큰 수인 90과 47을 비교하면 3번의 비교 연산으로 4개의 데이터를 정렬하여 합병할 수 있다. (10, 30, 47, 90)과 (3, 23, 65, 80)의 합병도 마찬가지로 3과 10을 비교하고, 큰 수인 10과 다시 23을 비교한 후, 23과 30을 비교하고, 30과 65를 비교한 후, 65와 47을 비교하고, 65와 90을 비교한 후, 90과 80을 비교하면 7번의 비교 연산으로 8개의 데이터를 정렬하여 합병할 수 있다.

(3) 합병 정렬 알고리즘 성능

합병 정렬 알고리즘의 성능을 알아보자.

합병 정렬 알고리즘의 시간 복잡도를 계산할 때 분할 단계에서는 비교와 이동 연산이 수행되지 않으므로 분할 단계에서의 시간은 포함되지 않는다. 따라서 합병 정렬 알고리즘의 시간 복잡도는 합병 단계에서의 비교 횟수를 중심으로 계산된다.

1개의 데이터 묶음 2개를 합병할 때 비교 연산 횟수는 최대 2번이다. 이때 같은 조건에서의 전체 비교 연산 횟수를 계산해 보면 1개의 데이터 묶음이 총 n개 있고, 2개씩 비교하므로 비교 연산 과정을 $\frac{n}{2}$ 번 반복하게 된다. 따라서 모든 데이터에 대해 1개의 데이터 묶음 2개를 합병할 때 최대 비교 연산 횟수는 다음과 같이 계산할 수 있다.

$$2 \times \frac{n}{2} = n$$

2개의 데이터 묶음 2개를 합병할 때 비교 연산 횟수는 최대 4번이다. 이때 같은 조건에서의 전체 비교 연산 횟수를 계산해 보면 2개의 데이터 묶음이 총 $\frac{n}{2}$개 있고, 2개씩 비교하므로 비교 연산 과정을 $\frac{n}{4}$번 반복하게 된다. 따라서 모든 데이터에 대해 2개의 데이터 묶음 2개를 합병할 때 최대 비교 연산 횟수는 다음과 같이 계산할 수 있다.

$$4 \times \frac{n}{4} = n$$

4개의 데이터 묶음 2개를 합병할 때 비교 연산 횟수는 최대 8번이다. 이때 같은 조건에서의 전체 비교 연산 횟수를 계산해 보면 4개의 데이터 묶음이 총 $\frac{n}{4}$개 있고, 2개씩 비교하므로 비교 연산 과정을 $\frac{n}{8}$번 반복하게 된다. 따라서 모든 데이터에 대해 4개의 데이터 묶음 2개를 합병할 때 최대 비교 연산 횟수는 다음과 같이 계산할 수 있다.

$$8 \times \frac{n}{8} = n$$

8개의 데이터 묶음 2개를 합병할 때 비교 연산 횟수는 최대 16번이다. 이때 같은 조건에서의 전체 비교 연산 횟수를 계산해 보면 4개의 데이터 묶음이 총 $\frac{n}{8}$ 개 있고, 2개씩 비교하므로 비교 연산 과정을 $\frac{n}{16}$번 반복하게 된다. 따라서 모든 데이터에 대해 8개의 데이터 묶음 2개를 합병할 때 최대 비교 연산 횟수는 다음과 같이 계산할 수 있다.

$$16 \times \frac{n}{16} = n$$

앞서 살펴본 예에서 입력 데이터가 16개일 때, 분할 후 합병할 때 비교 연산 횟수는 다음과 같이 구할 수 있다.

$$(2 \times \frac{n}{2}) + (4 \times \frac{n}{4}) + (8 \times \frac{n}{8}) + (16 \times \frac{n}{16}) = n+n+n+n = 4n$$

이와 같이 합병 단계마다 n번의 비교 연산이 수행되는 것을 알 수 있고, 4번의 합병 단계를 거친 이유는 4번의 분할이 수행되었기 때문이다.

이때 분할 횟수를 합병 과정에서의 묶음의 수로 살펴보면, 합병 과정에서 묶음의 수는 각각 $\frac{n}{2}$, $\frac{n}{4}$, $\frac{n}{8}$, $\frac{n}{16}$으로 표현되는 것을 알 수 있고, 이때 $2=2^1$, $4=2^2$, $8=2^3$, $16=2^4$이다. 이것은 반대로 16개를 1번 분할하면 8개씩 2개, 2번 분할하면 4개씩 4개, 3번 분할하면 2개씩 8개로 분할되는 것이다.

데이터의 입력 크기와 분할 횟수의 수식으로 나타내면 다음과 같다.

$$1\text{번 분할} \rightarrow \frac{n}{2}$$

$$2\text{번 분할} \rightarrow \frac{n}{2^2}$$

$$3\text{번 분할} \rightarrow \frac{n}{2^3}$$

$$k\text{번 분할} \rightarrow \frac{n}{2^k}$$

이때 마지막 데이터의 개수가 1개가 될 때까지 분할하므로 다음과 같은 수식을 얻을 수 있다.

$$\frac{n}{2^k} = 1 \rightarrow n = 2^k$$

위의 수식에서 우리는 입력 데이터가 주어졌을 때 분할이 몇 번 될지 다음 수식으로 계산할 수 있다.

$$n = 2^k \rightarrow k = \log n$$

합병 정렬 알고리즘의 시간 복잡도는 분할 횟수와 비교 연산 횟수의 곱으로 다음과 같이 구할 수 있다.

$$\text{분할 횟수} \times \text{비교 연산 횟수} = \log n \times n = n\log n$$

합병 정렬 알고리즘의 시간 복잡도는 $O(n\log n)$이다.

퀵 정렬 알고리즘

퀵 정렬 알고리즘은 분할 정복 문제 해결 방법을 정렬할 데이터에 적용하여 정렬 문제를 해결한 정렬 알고리즘이다.

퀵 정렬(Quick Sort)은 정렬 수행 속도가 빠르다고 하여 붙여진 이름으로, 찰스 앤터니 리처드 호어(Charles Antony Richard Hoare)가 개발하였다.

퀵 정렬 알고리즘의 문제 해결 방법은 다음과 같이 정의할 수 있다.

> "n개의 데이터에서 피벗을 선택하고, 피벗값을 기준으로 피벗보다 작은 데이터는 왼쪽으로, 피벗보다 큰 데이터는 오른쪽으로 이동한다. 피벗 위치를 정하여 두 개의 부분으로 분할한다."

퀵 정렬 알고리즘은 합병 정렬 알고리즘과 달리 정렬할 데이터를 분할할 때 서로 다른 크기로 분할하며, 분할되기 전에 큰 수와 작은 수의 이동을 하는데, 이 과정이 퀵 정렬 알고리즘에서는 정복의 과정이다. 퀵 정렬 알고리즘은 정복하고 분할하는 과정을 반복하여 정렬 문제를 해결한다.

정의된 퀵 정렬 알고리즘을 컴퓨터로 해결할 수 있는 문제 해결 순서대로 다시 정의하면 다음과 같다.

1. 피벗값을 정한다.
2. 피벗값보다 작은 데이터는 왼쪽으로, 큰 데이터는 오른쪽으로 이동한다. (정복)
3. 피벗의 위치를 피벗보다 작으면서 가장 오른쪽에 있는 데이터의 위치와 교환한다. (분할)
4. 피벗값으로 분할된 데이터들에 대해 각각 1, 2, 3을 반복한다.

피벗을 정하는 규칙은 정해져 있지 않다. 하지만 피벗을 정하고, 피벗의 위치를 가장 앞으로 먼저 이동한 후 나머지 데이터들에 대해 피벗값보다 작은 데이터는 왼쪽으로, 피벗값보다 큰 데이터는 오른쪽으로 이동한다. 이때 비교하는 데이터는 데이터가 저장된 위치의 가장 왼쪽과 가장 오른쪽 데이터를 하나씩 짝지어 비교한다.

본 예제에서는 피벗의 위치를 가장 앞으로 이동하는 단계를 줄이고, 피벗을 무조건 가장 앞에 저장된 값으로 선정하였다.

다음과 같은 순서대로 저장된 입력 데이터에 대해서 퀵 정렬을 수행해 보자.

30	47	90	10	3	80	23	65	20	76	60	50	11	40	7	93

가장 앞에 저장된 30을 피벗으로 정하고 30을 제외한 나머지 데이터들에 대하여 30보다 작은 데이터는 왼쪽, 30보다 큰 데이터는 오른쪽으로 이동하는 과정은 다음과 같다.

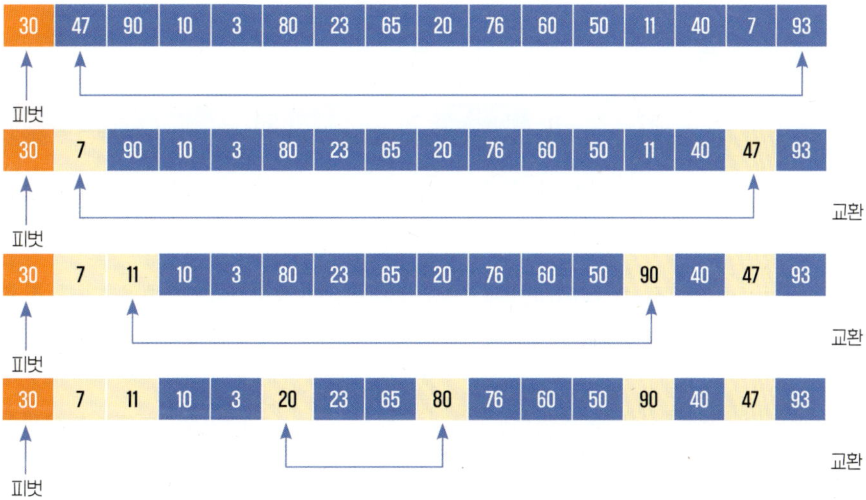

가장 왼쪽에 저장된 47과 가장 오른쪽에 저장된 93을 비교하는데, 이때 47과 93 모두 30보다 크므로 교환하지 않는다. 피벗값보다 작은 값들을 왼쪽으로 보내야 하므로 왼쪽 데이터는 유지하면서 오른쪽 데이터의 위치만 하나 앞으로 이동하여 선택한다. 왼쪽 데이터 47과 오른쪽 데이터인 7이 선택되어 30보다 작은 데이터인 7이 왼쪽으로 이동하도록 47과 7의 위치를 교환한다. 가장 왼쪽의 데이터가 피벗값보다 작은 값으로 저장되었으므로, 왼쪽 데이터의 위치를 하나 증가시키고, 오른쪽 데이터의 위치도 하나씩 감소시키면서 비교와 교환을 반복한다. 이렇게 수행했을 때 90과 40이 선택되었지만 둘 다 30보다 크므로 교환하지 않고, 오른쪽 데이터의 위치만 감소시켜 90과 11이 비교되며, 11이 30보다 작은 값이므로 90과의 위치를 교환한다. 이렇게 수행한 결과 피벗을 30으로 정한 후 교환은 3번 이루어진다.

교환 과정이 끝나면 피벗의 위치를 피벗보다 작은 데이터 중에서 가장 큰 데이터의 위치와 교환한다.

피벗의 위치가 결정되면, 저장된 데이터들을 피벗보다 작은 데이터와 피벗보다 큰 데이터 2개 부분으로 분할된다.

분할된 각 데이터들에 대하여 같은 퀵 정렬 알고리즘을 다시 적용해서 정렬 문제를 해결한다.

피벗값 왼쪽 데이터들에 대하여 퀵 정렬 알고리즘을 수행한 결과를 그림으로 나타내면 다음과 같다. 가장 앞의 데이터를 피벗값으로 결정하고, 나머지 데이터인 7, 11, 10, 3, 20에 대하여 비교와 교환을 수행한다. 이때 모두 피벗값보다 작으므로 데이터 교환은 수행되지 않고, 피벗의 위치 교환만 수행된다. 피벗값보다 큰 데이터가 하나도 없으므로 다시 피벗의 왼쪽 데이터들인 20, 7, 11, 3에 대하여 가장 앞에 저장된 20을 피벗값으로 결정하고, 나머지 데이터인 7, 11, 10, 3에 대하여 비교와 교환을 수행한다. 이때 모두 피벗값보다 작으므로 데이터 교환은 수행되지 않고, 피벗의 위치 교환만 수행된다.

3, 7, 11, 10 데이터에 대해 가장 앞에 저장된 3을 피벗값으로 정하면 7, 11, 10이 모두 3보다 크므로 피벗 위치가 변하지 않는다. 위의 과정을 마치고 나면 가장 처음 결정된 피벗에 의해 분할된 피벗 왼쪽 데이터들의 정렬을 마치게 된다.

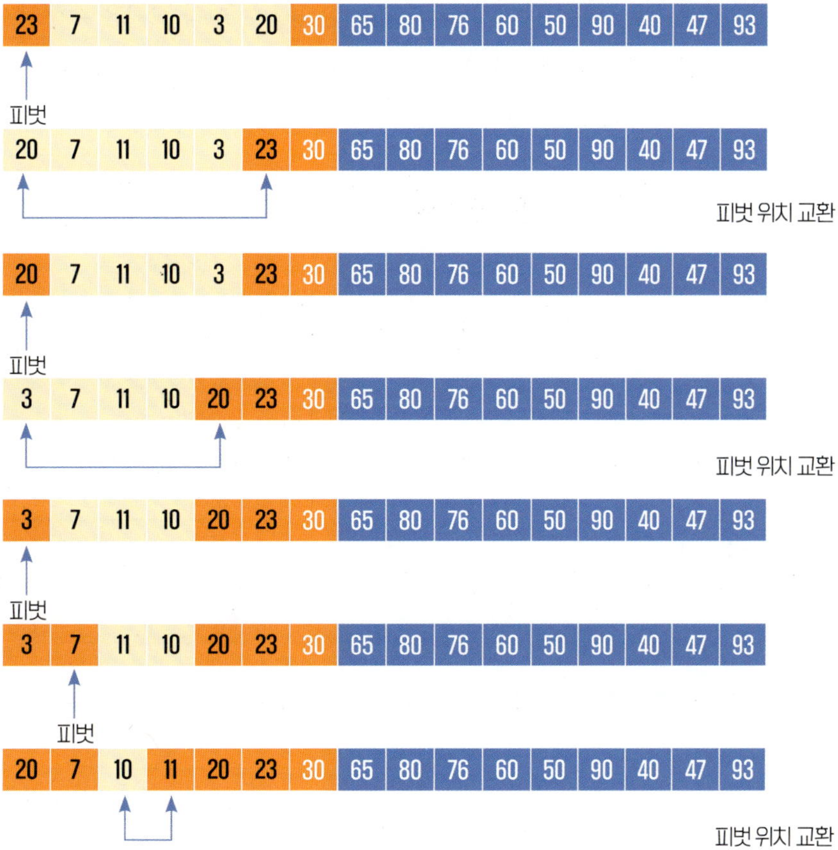

처음 결정된 피벗 오른쪽에 저장된 데이터 65, 80, 76, 60, 50, 90, 40, 47, 93에 대해 다시 퀵 정렬 알고리즘을 수행하면 다음과 같다.

가장 앞에 저장된 65를 피벗으로 결정하고, 나머지 데이터인 80, 76, 60, 50, 90, 40, 47, 93에 대해 비교와 교환을 수행한다. 수행 후 피벗 위치 교환으로 다시 피벗을 중심으로 저장된 데이터들은 피벗보다 작은 데이터와 피벗보다 큰 데이터 2개 부분으로 분할된다. 65 왼쪽에 저장된 50, 47, 40, 60에 대해 퀵 정렬 알고리즘을 수행하면 50이 피벗으로 결정되고 47, 40, 60은 데이터의 비교와 교환 규칙에 따라 교환은 수행되지 않는다. 피벗의 위치 교환만 수행되어 65 왼쪽에 저장된 데이터는 바로 정렬이 완성되는 것을 알 수 있다. 65 오른쪽에 저장된 90, 76, 80, 93에 대하여 퀵 정렬 알고리즘을 수행하면, 90이 피벗으로 결정되고

76, 80, 93은 데이터의 비교와 교환 규칙에 따라 교환은 수행되지 않고, 피벗 위치 교환만 수행된다. 다시 90의 왼쪽에 저장된 80, 76에 대하여 퀵 정렬 알고리즘이 수행되고, 80이 피벗으로 결정된 후 피벗 위치 교환으로 정렬이 완료된다.

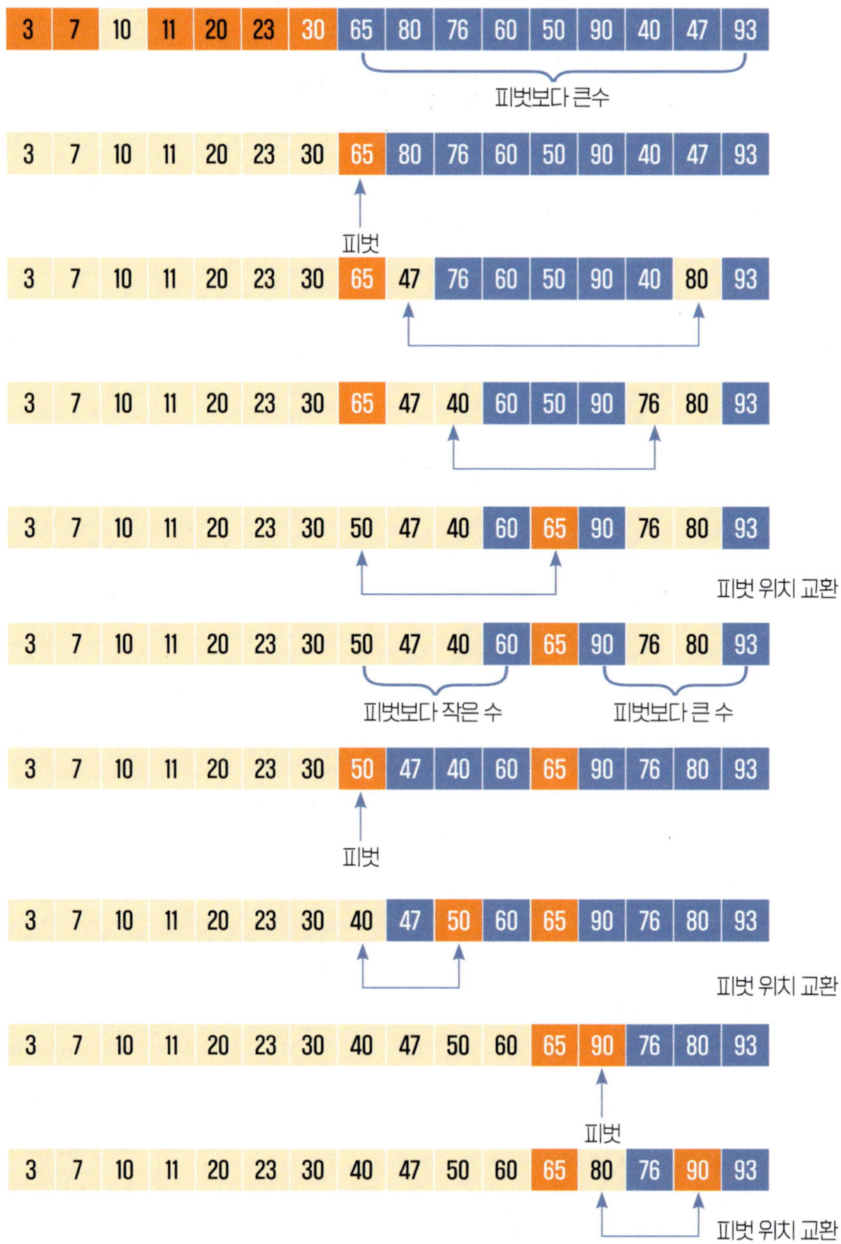

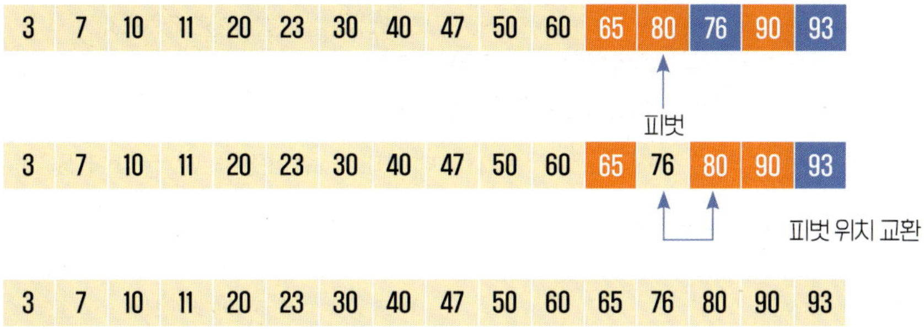

정렬 종료

– 퀵 정렬 알고리즘 성능

퀵 정렬 알고리즘의 성능을 알아보자.

퀵 정렬 알고리즘의 시간 복잡도는 분할 횟수와 피벗과 비교하는 비교 연산 횟수의 곱으로 구할 수 있다. 피벗을 중심으로 분할되고 나면 나머지 데이터들에 대해 피벗과 비교하므로 총 비교 횟수는 $O(n)$이다.

퀵 정렬 알고리즘의 분할되는 횟수는 피벗 선택에 따라 다르게 나타난다. 가장 이상적인 분할은 피벗이 가장 잘 선택되어 데이터가 항상 $\frac{1}{2}$로 나누어지는 경우이다. 항상 $\frac{1}{2}$로 분할된다고 가정하면 분할되는 수는 다음과 같이 구할 수 있다. 데이터의 입력 크기와 분할 횟수의 수식으로 나타내면 다음과 같다.

$$1\text{번 분할} \rightarrow \frac{n}{2}$$

$$2\text{번 분할} \rightarrow \frac{n}{2^2}$$

$$3\text{번 분할} \rightarrow \frac{n}{2^3}$$

$$k\text{번 분할} \rightarrow \frac{n}{2^k}$$

이때 마지막 데이터의 개수가 1개가 될 때까지 분할하므로 다음과 같은 수식을 얻을 수 있다.

$$\frac{n}{2^k} = 1 \rightarrow \mathrm{n} = 2^k$$

위의 수식에서 우리는 입력 데이터가 주어졌을 때 분할이 몇 번 될지 다음 수식으로 계산할 수 있다.

$$\mathrm{n} = 2^k \rightarrow \mathrm{k} = log\, n$$

따라서 퀵 정렬 알고리즘의 가장 이상적인 피벗이 결정되었을 때의 시간 복잡도는 다음과 같이 계산되어 $O(nlog\, n)$이다.

$$\text{분할 횟수} \times \text{피벗 비교 연산 횟수} = log\, n \times n = nlog\, n \rightarrow O(nlog\, n)$$

최악의 피벗은 피벗으로 가장 작은 값이나 가장 큰 값이 결정되는 경우이다. 가장 작은 값이 결정되면 피벗보다 작은 데이터가 없기 때문에 피벗을 중심으로 나머지 데이터들이 모두 피벗의 오른쪽으로 저장되어 피벗을 중심으로 데이터들이 분할되지 않는다. 매번 피벗이 가장 작은 값으로 결정된다고 가정하면 분할되어도 항상 데이터 수가 n−1이 된다. 따라서 총 n−1 번 분할되는 것을 알 수 있다.

$$\begin{aligned} &\text{1번 분할} \rightarrow (\mathrm{n}-1)\ (\text{데이터}-\text{피벗 수}) \\ &\text{2번 분할} \rightarrow (\mathrm{n}-1)-1 = \mathrm{n}-2 \\ &\qquad\cdots \\ &\mathrm{N}-1\ \text{번 분할} \rightarrow \mathrm{n}-(\mathrm{n}-1) = 1 \end{aligned}$$

따라서 퀵 정렬 알고리즘의 최악의 피벗이 결정되었을 때의 시간 복잡도는 다음과 같이 계산되어 $O(n^2)$이다.

$$\text{분할 횟수} \times \text{피벗 비교 연산 횟수} = n \times n = n^2 \rightarrow O(n^2)$$

4 〉동적 방법과 알고리즘

동적 방법에 대해서 알아보고, 대표적인 프로그래밍 방법 중 재귀 방법을 간단하게 소개한 후 재귀 방법과 동적 방법의 차이를 살펴보자. 동적 방법을 적용해 문제를 해결한 알고리즘을 알아보자.

4.1 동적 문제 해결 방법

동적 문제 해결 방법(Dynamic Programming)은 최적화 문제를 해결하기 위하여 제안된 방법이다. 앞서 알아본 그리디(Greedy)나 분할 정복(Divide-Conquer)은 문제 해결 방법이 명칭에 잘 나타나 있다. 탐욕적인 방법으로 문제 해결 방법을 정의하고, 분할하고 정복하는 방법으로 문제 해결 방법을 정의하였다. 동적 문제 해결 방법의 명칭은 정의된 문제 해결 방법과 무관하다.

동적 문제 해결 방법은 1953년에 수학자인 리처드 벨만(Richard Ernest Bellman)에 의해 고안된 문제 해결 방법이다. 리처드 벨만은 큰 문제 안에 작은 문제가 중첩된 문제를 해결하기 위하여 동적 문제 해결 방법을 제안하였다. 당시 그는 동적(Dynamic)이라는 용어를 '시간 변적이며, 다단계적인' 특성을 나타내기 위해 채택하였지만, 당시엔 큰 의미를 부여하지 않고 '멋져 보이는, 그럴듯한' 용어로 선택되었다고 알려져 있다.

동적 문제 해결 방법은 다음과 같은 특징을 갖는 문제에 적용한다.

- 반복되는 부분 문제가 있는 문제
- 부분 문제의 답이 항상 같은 문제

분할 정복 문제 해결 방법은 큰 문제를 해결하기 위하여 단순하게 문제의 크기, 입력 데이터의 크기를 줄여서 해결하는 방법이지만, 동적 문제 해결 방법은 큰 문제 안에서 반복되는 문제를 찾고, 반복되는 문제의 답을 이용하여 큰 문제의 답을 찾는 방법이다. 동적 문제 해결 방법은 문제 안에서 반복되는 부분 문제를 찾는 것이 중요하다. 이때 부분 문제의 답은 항상 같아야 하며, 부분 문제의 답을 재사용하여 전체 문제를 해결하는 방법이다.

동적 문제 해결 방법은 다음과 같은 세 가지 방법을 이용하여 문제를 해결한다.

- 메모이제이션(Memoization)
- 재사용(Re-use)
- 상향식 방법(Botton-Up)

메모이제이션(Memoization)은 동적 문제 해결 방법에서 재정의하여 사용되는 용어이다. 문제를 해결하는 과정에서 부분 문제의 해를 저장하는 수행 과정을 의미하며, 부분 문제의 해를 저장하는 방법이다.

재사용(Re-use)은 메모이제이션으로 저장된 부분 문제의 해를 이용하여 큰 문제를 해결하는 방법이다.

상향식 방법(Botton-Up)은 문제 해결 순서와 방향을 아래에서 위로, 작은 문제에서 큰 문제 방향으로 해결하는 방법이다. 큰 문제에서 찾은 부분 문제를 가장 작은 데이터에 적용하여 문제를 해결하기 시작하는 방법이다. n개의 데이터가 입력되었을 때, 부분 문제를 n개에 적용하지 않고 1개, 2개, 3개 등 부분 문제의 가장 작은 입력 단위로 문제를 해결하고, 반복하여 큰 문제 전체를 해결한다. 분할 정복 문제 해결 방법은 하향식 방법(Up-Down)이라고 할 수 있다. 분할 시 전체 데이터에 적용하여 점점 부분 데이터들에 적용해서 문제를 작게 분할한다.

재귀 문제 해결 방법

재귀 방법은 프로그래밍 방법 중 코드를 줄이고, 반복을 통해 문제를 해결할 때 많이 사용되는 대표적인 프로그래밍 방법이다. 자기 자신을 반복적으로 수행시키도록 프로그래밍하는 방법이다. 대표적인 하향식 방법(Top-down)으로 문제 해결의 순서와 방향을 큰 문제에서 작은 문제로 발전시켜 나가면서 해결하는 방법이다. 재귀 방법에서 자기 자신을 반복적으로 수행할 때 자기 자신이 바로 동적 방법에서 부분 문제가 된다.

피보나치 수 문제

피보나치 수 문제를 동적 문제 해결 방법에 적용해서 해결해 보자. 수학에서 피보나치 수는 첫째 및 둘째 항이 1이며, 그 위의 모든 항은 바로 앞 두 항의 합인 수열이다.

1, 1, 2, 3, 5, 8, 13, 21, 34, 89, 144, 233, 377...

피보나치 수를 F라고 했을 때 피보나치 수의 점화식은 다음과 같다.

$$F_0=0,\ F_1=1,\ \ldots\ F_n = F_{n-1}+F_{n-2}$$

$F_1=F_2=1$이므로 이것을 0번째 항부터 표현하면 0번째 피보나치 수 F_0은 0이고, 1번째 피보나치 수 F_1은 1이며, n번째 피보나치 수는 (n−1) 번째 피보나치 수와 (n−2) 번째 피보나치 수의 합이다.

피보나치 수열(1, 1, 2, 3, 5, 8, 13, 21, 34, 55, 89, 144, 233, 377...)에서 각각의 피보나치 수는 점화식에 따라 다음과 같이 구할 수 있다.

$$F_n = F_{n-1} + F_{n-2}$$

$$F_{14}(377) = F_{13}(233) + F_{12}(144)$$
$$F_{13}(233) = F_{12}(144) + F_{11}(89)$$
$$F_{12}(144) = F_{11}(89) + F_{10}(55)$$
$$F_{11}(89) = F_{10}(55) + F_{9}(34)$$
$$F_{10}(55) = F_{9}(34) + F_{8}(21)$$
$$F_{9}(34) = F_{8}(21) + F_{7}(13)$$
$$F_{8}(21) = F_{7}(13) + F_{6}(8)$$
$$F_{7}(13) = F_{6}(8) + F_{5}(5)$$
$$F_{6}(8) = F_{5}(5) + F_{4}(3)$$
$$F_{5}(5) = F_{4}(3) + F_{3}(2)$$
$$F_{4}(3) = F_{3}(2) + F_{2}(1)$$
$$F_{3}(2) = F_{2}(1) + F_{1}(1)$$

다시 정의하면 n번째 피보나치 수 F_n은 (n−1) 번째 피보나치 수 F_{n-1}과 (n−2) 번째 피보나치 수 F_{n-2}를 알면 구할 수 있다.

피보나치 수 문제에 동적 문제 해결 방식을 적용하기 위하여 부분 문제는 다음과 같이 정의할 수 있다.

$$F_n = F_{n-1} + F_{n-2} \ (n>=3,\ F_1=F_2=1)$$

부분 문제가 반복되고 있고, 부분 문제의 해는 항상 동일하며, 부분 문제의 해가 큰 문제의 답을 구하는 데 사용되고 있다.

피보나치 수를 구하는 문제를 다음과 같이 두 가지 방법으로 표현해 보았다. 기본 점화식에 기반해서 프로그래밍 언어로 표현해 보았고, 재귀 문제 해결 방법을 적용하여 프로그래밍 언어로 표현해 보았다.

```
def fib_naive(n):
    if n==0:
        return 0
    elif n==1:
        return 1
    else:
        fib=fib_naive(n-1)+fib_naive(n-2)
        return fib
```

기본 점화식에 기반하여 프로그래밍 언어로 표현

위의 프로그래밍 언어로 표현된 함수를 살펴보면, $F_0 = 0$, $F_1 = 1$, … $F_n = F_{n-1} + F_{n-2}$을 그대로 프로그래밍 언어로 표현하였다. 찾고자 하는 피보나치 수를 n으로 입력받고, n이 0이거나 1이면 바로 1을 출력하고, 그렇지 않으면 $F_n = F_{n-1} + F_{n-2}$식에 따라 계산하여 피보나치 수를 구하도록 하였다.

```
def fib_recur(n):
    fib_m=[0,1]

    if n<len(fib):
        return fib_m[n]
    else:
        fib=fib_recur(n-1)+fib_recur(n-2)
        fib_m.append(fib)
        return fib
```

재귀 문제 해결 방법을 적용하여 프로그래밍 언어로 표현

위의 프로그래밍 언어로 표현된 함수를 살펴보면, 찾고자 하는 피보나치 수를 찾을 때까지 앞의 모든 피보나치 수를 구하여 저장한다.

```
fib_m=[0,1]
```

$F_0 = 0$, $F_1 = 1$ 조건에 따라 첫 번째 피보나치 수와 두 번째 피보나치 수는 0과 1로 저장하였다. 저장된 데이터에 찾는 피보나치 수가 있으면 그 수를 출력하도록 다음과 같이 구현하였다.

```
if n<len(fib):
    return fib_m[n]
```

피보나치 수를 구하는 과정에서 정의된 함수를 재귀적으로 수행시켜 피보나치 수를 구하도록 구현하였다.

```
fib=fib_recur(n-1)+fib_recur(n-2)
fib_m.append(fib)
return fib
```

이때 자기 자신 함수를 불러올 때 n의 값을 살펴보면, 찾고자 하는 최초의 값부터 시작된다. 즉, 8번째 피보나치 수를 구하려고 하면, fib_recur(7)과 fib_recut(6)의 순서로 함수를 수행하고, 마지막 fib_recur(2)까지 수행된 후 모든 값을 저장한다. 이것은 재귀 문제 해결 방법을 적용한 것이며, 하향식 방법(Top-down)으로 문제를 해결해 나가고 있음을 알 수 있다.

피보나치 수 문제를 동적 문제 해결 방법을 이용하여 프로그래밍 언어로 표현하면 다음과 같다.

```
def fib_dp(n):
    if n==0:
        return 0
    elif n==1:
        return 1
    fib_m=[0,1]

    for i in range(2,n+1):
        num=fib_m[i-1]+fib_m[i-2]
        fib_m.append(num)
    return fib_m[n]
```

피보나치 수의 부분 문제는 피보나치 수 점화식이다. 이때 부분 문제를 해결하기 위하여 동적 문제 해결 요소인 '메모이제이션', '재사용', '상향식 방법'을 적용하였다.

```
fib_m=[0,1]
num=fib_m[i-1]+fib_m[i-2]
fib_m.append(num)
```

피보나치 수를 구할 때 이미 구하여 저장된 피보나치 수를 사용하도록 구현하였다.

```
for i in range(2,n+1):
    num=fib_m[i-1]+fib_m[i-2]
```

피보나치 수를 계산할 때 우리가 찾을 피보나치 수가 n일 때 n부터 계산하지 않고, 2번째 피보나치 수부터 계산하여 찾을 피보나치 수까지 순차적으로 계산하도록 구현하였다. 즉 상향식 방법으로 표현한 것이다.

구하는 피보나치 수에 대하여 각각의 방법을 적용했을 때 수행 시간을 비교해 보면 다음과 같다. (본 실험은 google colab 실행 기준이다.)

피보나치 수	fib_naive()	fib_recur()	fib_dp()
35	약 4.5s	약 9.2s	7.04ms
1000	N.A	N.A	236ms

35번째 피보나치 수를 점화식에 기반한 함수를 수행하여 찾는 데 약 4.5초가 걸린다. 재귀 문제 해결 방법을 적용한 함수를 수행하여 찾는 데는 약 9.5초가 걸려 기본 점화식 기반 방법보다 오래 걸리는 것을 알 수 있다. 동적 문제 해결 방법을 적용한 함수를 수행하면 7.1마이크로초 시간 안에 35번째 피보나치 수를 결과값으로 출력한다.

1000번째 피보나치 수를 점화식에 기반한 함수를 수행하거나 재귀 문제 해결 방법을 적용한 함수를 수행하면 결과값을 얻지 못한다. 동적 문제 해결 방법을 적용한 함수를 수행하면 236마이크로초 시간 안에 1000번째 피보나치 수를 결과값으로 출력한다.

이와 같이 두 가지 예를 통해서도 문제 해결 방식에 따라 프로그램 수행 속도가 차이가 있음을 알 수 있다.

동적 문제 해결 방법을 적용하여 피보나치 수 구하는 문제를 해결한 알고리즘을 다시 정리해 보면 다음과 같다.

- 문제 : 피보나치 수 구하기
- 조건 : $F_1 = F_2 = 1$, 양의 정수
- 입력 : 구하고자 하는 피보나치 수 n

동적 문제 해결 방법을 적용한 문제 해결 순서를 작성하면 다음과 같다.

1. F_1, F_2을 1로 저장한다. (상향식 방법)
2. 저장된 피보나치 수를 불러온다. (재사용)
3. 새로운 피보나치 수를 가한다. (부분 문제 반복)
4. 새로운 피보나치 수를 저장한다. (메모이제이션)
5. 2, 3, 4를 반복한다.
6. 저장된 피보나치 수를 출력한다.

동적 문제 해결 방법을 적용한 문제 해결 순서를 하나씩 살펴보자.

첫 번째 단계는 피보나치 수 조건에 따라 첫 번째와 두 번째 피보나치 수는 1이므로, 먼저 저장하여 두 피보나치 수를 이용해서 세 번째 피보나치 수를 구한다. 동적 문제 해결 방법의 상향식 방법을 적용하여 문제로 주어진 구하고자 하는 피보나치 수와 상관없이 세 번째 피보나치 수 구하기부터 시작한다.

두 번째 단계는 이미 저장된 피보나치 수를 불러와서 재사용하여 피보나치 수 구하는 방법에 따라 피보나치 수를 구한다.

세 번째 단계는 피보나치 수 구하는 방법을 찾는 것이 부분 문제에 대한 정의이다. 피보나치 수의 특징에서 피보나치 수 구하는 부분 문제로 피보나치 수 점화식을 이용하였다. 이때 점화식의 결과는 항상 같아야 하며, 항상 피보나치 수가 해임을 알 수 있다.

네 번째 단계는 새로 계산되어 구해진 피보나치 수를 저장하는 메모이제이션 단계이다.

이와 같이 피보나치 수 구하는 문제에 동적 문제 해결 방법을 적용하여 메모이제이션, 재사용, 상향식 방법으로 해결할 수 있다.

4.2 동적 문제 해결 방법을 적용한 알고리즘

동적 문제 해결 방법을 적용한 알고리즘을 소개한다.

최단 경로 찾기 문제

최단 경로 찾기 문제는 TSP 문제라고도 하며, 최소한의 비용으로 주어진 모든 지점을 순회하고 돌아오는 경로 찾기 문제이다. TSP 문제는 지점의 수가 많아질수록 수행 시간이 기하급수적으로 늘어나는 문제이기 때문에 비결정 문제 해결 방법으로 해결해야 한다. 최단 경로 찾기 문제는 대표적인 NP 완전 문제로 최단 경로 찾기 문제가 해결되면 모든 NP 문제들이 해결된다.

지금까지 최단 경로 찾기 문제를 해결한 알려진 알고리즘은 없다. 본 교재에서는 최단 경로 찾기 문제를 다음과 같이 재정의하여 축소시켜 해결한 알고리즘을 알아본다.

> **"주어진 가중치 그래프에서 어느 한 출발점에서 다른 도착점까지의 최단 경로를 찾는 문제(모든 지점을 방문할 필요 없음)"**

재정의한 최단 경로 찾기 문제에서는 모든 지점을 방문할 필요가 없다. 출발점에서 도착점까지 다른 지점의 방문 여부와 상관없이 최소 비용의 경로를 찾는 문제이다.

변형된 최단 경로 찾기 문제는 문제 해결 방법 중 그리디 방법을 적용하여 해결한 다익스트라(Dijkstra) 알고리즘과 동적 방법을 적용하여 해결한 플로이드–워셜(Floyd–Warshall) 알고리즘이 대표적이다.

다익스트라 알고리즘은 앞서 살펴본 최소 신장 트리 문제 해결 알고리즘인 프림 알고리즘과 비슷한 방법으로 최단 경로 찾기 문제를 해결한 알고리즘이다.

변형된 최단 경로 찾기 문제에 적용해 해결한 알고리즘은 맵퀘스트(Mapquest)와 구글(Google) 지도 서비스, 자동차 내비게이션, 네트워크와 통신, 교통공학, 로봇공학 등 다양한 분야에서 사용되고 있다.

플로이드-워셜 알고리즘

컴퓨터과학에서 플로이드-워셜(Floyd-Warshall) 알고리즘은 가중치 그래프에서 최단 경로를 찾는 알고리즘이다. 알고리즘을 한번 수행하면 세 개의 노드로 구성된 노드들 간 최소 가중치의 합을 찾는다. 알고리즘 자체는 경로를 반환하지 않지만, 알고리즘의 변형에 의해 최단 경로를 찾을 수 있다.

플로이드-워셜 알고리즘은 가중치 그래프에 동적 문제 해결 방법을 적용하여 최단 경로 찾기 문제를 해결한 알고리즘이다. 스티븐 워셜(Steven Warshall)이 제안한 '그래프에서 모든 쌍의 경로를 찾아내는 동적 문제 해결 방법을 적용한 알고리즘'을 로버트 플로이드(Robert W Floyd)가 1962년에 '경로를 찾는 알고리즘'으로 변형하여 제안하였다.

잠깐만요

플로이드-워셜 알고리즘은 동적 계획법의 한 예로, 로버트 플로이드가 1962년에 현재 알려진 형태로 발표했다.[1] 하지만, 이 알고리즘은 본질적으로 버나드 로이가 1959년에 발표한 알고리즘[2]과 스티븐 워셜이 1962년에 발표한 알고리즘[3]과 그래프의 추이적 폐포를 찾는다는 점[4], 그리고 결정적 유한 오토마타를 정규 표현식으로 변환할 때, 클레이니 알고리즘(1956년에 발표됨)과 밀접한 관련이 있다는 점에서 동일하다.[5]

이 알고리즘은 플로이드 알고리즘, 로이-워셜 알고리즘, 로이-플로이드 알고리즘, 또는 WFI 알고리즘으로 알려져 있다.

[1] Floyd, Robert W. (June 1962). "Algorithm 97: Shortest Path". 《Communications of the ACM》 5 (6): 345. doi:10.1145/367766.368168.

[2] Roy, Bernard (1959). "Transitivite et connexite.". 《C. R. Acad. Sci. Paris》 249: 216-218.

[3] Warshall, Stephen (January 1962). "A theorem on Boolean matrices". 《Journal of the ACM》 9 (1): 11-12. doi:10.1145/321105.321107.

[4] Weisstein, Eric Wolfgang. "Floyd–Warshall Algorithm". 《Wolfram MathWorld》 (영어). Wolfram Research.
[5] Kleene, S. C. (1956). 〈Representation of events in nerve nets and finite automata〉. C. E. Shannon and J. McCarthy. 《Automata Studies》. Princeton University Press. 3–42p.

동적 문제 해결 방법을 문제에 적용하여 해결하기 위해서는 부분 문제를 찾아야 한다. 반복되는 부분 문제가 있는지, 부분 문제의 답은 항상 같은지 확인해야 한다. 부분 문제를 찾은 후 부분 문제의 해를 찾아가는 과정을 정의할 때 메모이제이션, 재사용, 상향식 방법을 적용한다.

플로이드–워셜 알고리즘으로 해결하고자 하는 최단 경로 문제는 모든 지점을 거쳐야 하는 조건이 없는 문제이므로, 플로이드–워셜 알고리즘은 출발점에서 도착점까지의 최소 비용을 계산해 최단 경로를 찾는다.

플로이드–워셜 알고리즘에서 정의한 부분 문제를 알아보자. 경로가 있는 가장 작은 그래프는 다음과 같이 정의할 수 있다.

첫 번째 그래프는 두 개의 노드와 하나의 경로만 가진 그래프이다. 이 그래프는 경로가 있는 가장 작은 그래프이고, A에서 B까지 또는 B에서 A까지 가는 경로는 하나이며, 경로의 비용은 항상 같다.

두 번째 그래프는 첫 번째 그래프에 경유 지점 하나를 추가한 그래프이다. A에서 B까지 가는 경로에 경유 지점이 추가됨으로써 두 가지 경로가 생긴다. A에서 B로 바로 가는 경로와 지점 1을 경유해서 가는 경로이다. 이때 A에서 B까지 바로 가는 경로의 비용은 5이며, 지점 1을 경유해서 가는 경로의 비용은 3이 된다. 이와 같이 경유 지점이 생기면 여러 개의 경로가 생기고 각각의 경로 비용이 계산되어 최단 경로를 선택할 수 있다.

플로이드-워셜 알고리즘에서는 경유 지점 하나를 추가한 그래프 형태에서 최단 경로 비용을 계산하는 것을 부분 문제로 정의한다. 이때 경유 지점의 순서는 중요하지 않으며, 주어진 가중치 그래프에서 모든 노드를 하나씩 경유 노드로 추가하고, 추가할 때마다 모든 경로 비용을 계산한 후, 그중 최단 경로 비용을 선택하여 저장한다.

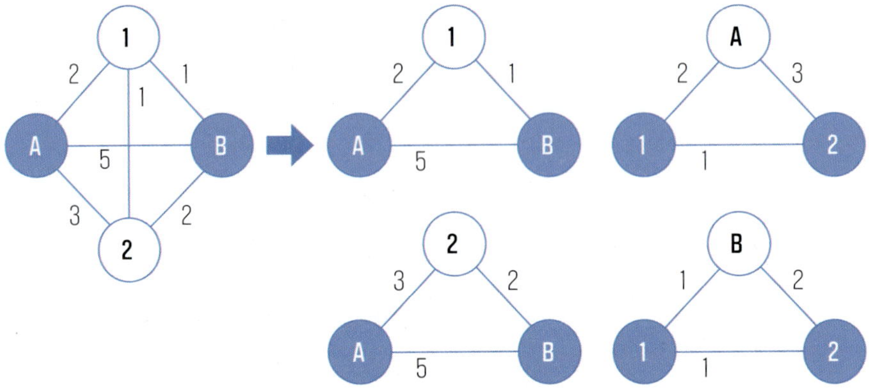

다음 그림처럼 4개의 노드로 구성된 가중치 그래프에 대한 경로를 생각해 보자.

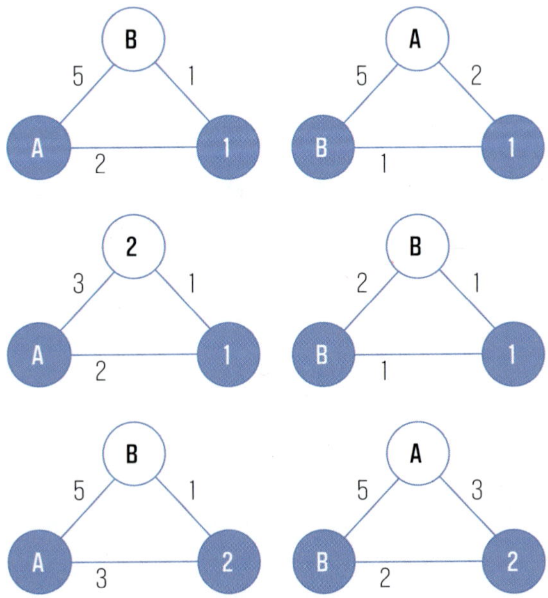

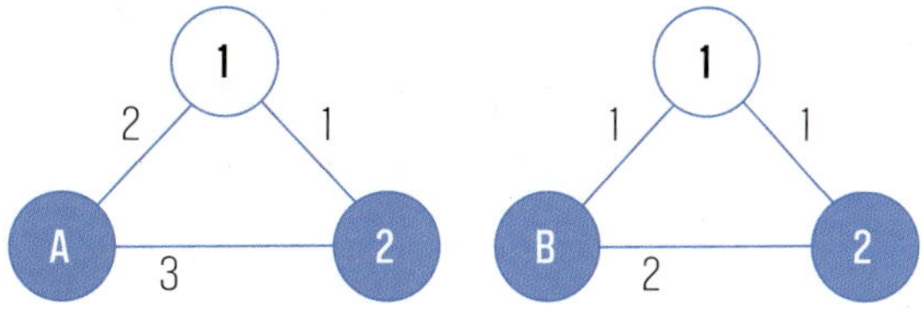

주어진 그래프에서 최단 경로는 반드시 A에서 시작하여 B로 가는 경로만 찾는 것이 아니다. 각 노드가 출발점이 될 수 있고, 도착점도 될 수 있다. 또 출발점과 도착점이 정해지면 각각에 따라 경유 지점도 다시 추가될 수 있다. 따라서 최단 경로 비용을 계산할 때 모든 경우에 대한 비용 계산을 해야 한다.

정의된 플로이드–워셜 알고리즘을 컴퓨터로 해결할 수 있는 문제 해결 순서대로 다시 정의하면 다음과 같다.

1. 가중치 그래프에서 각 노드와 간선의 가중치 값(경로 비용)을 2차원 배열로 저장한다. [경유 지점이 없을 때로 가정 : 인접한 간선이 없으면 직접 경로가 없으므로 ∞(무한대 : 가장 큰 값)으로 설정한다.] (재사용)
2. 노드를 선택하여 경유 노드로 결정하고, 경로 비용을 계산한다. (부분 문제)
3. 계산된 경로 비용과 이전에 저장된 경로 비용 중에 더 작은 값을 선택하여 저장한다. (메모이제이션)
4. 2, 3을 반복한다.
5. 모든 경로에 대한 최단 경로 비용을 저장한 2차원 배열을 출력한다.

다음 그래프에 플로이드–워셜 알고리즘을 적용하여 보자.

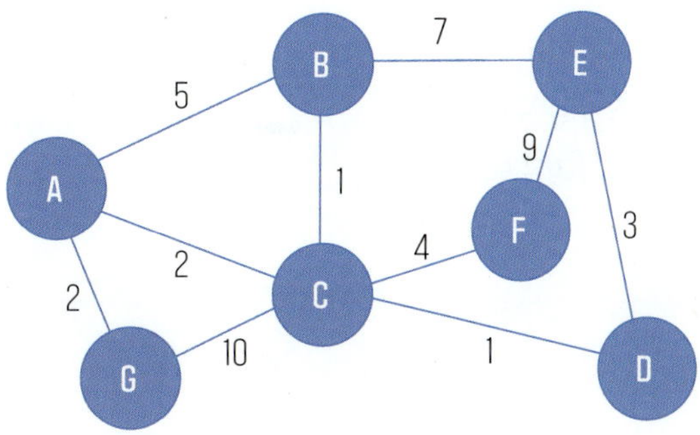

- 입력 : 노드와 간선의 가중치
- 출력 : 모든 노드의 최단 경로 비용

주어진 그래프에서 노드와 간선의 가중치를 2차원 배열로 정의하면 다음과 같다. 자기 자신으로 연결된 경로는 정의되지 않았으므로 0으로 정의하였고, 인접하지 않은 노드들의 가중치는 ∞(무한대 : 가장 큰 값)으로 정의하였다.

	A	B	C	D	E	F	G
A	0	5	2	∞	∞	∞	2
B	5	0	1	∞	7	∞	∞
C	2	1	0	1	∞	4	10
D	∞	∞	1	0	3	∞	∞
E	∞	7	∞	3	0	9	∞
F	∞	∞	4	∞	9	0	∞
G	2	∞	10	∞	∞	∞	0

가장 처음 정의된 2차원 배열 안의 값은 경유 지점이 하나도 없을 때 각 노드에서 다른 노드까지의 최소 비용이 된다. 여기에 다음의 플로이드-워셜 알고리즘을 적용한다.

하나의 노드를 경유 노드로 추가하여 경로 비용을 계산한다. 현재 저장된 경로 비용과 비교하여 더 작은 경로 비용을 최단 경로 비용으로 저장한다.

A 노드가 경유 노드일 때
B 노드가 경유 노드일 때
C 노드가 경유 노드일 때
...

이와 같이 플로이드-워셜 알고리즘은 7번 반복하게 되고, 반복할 때마다 2차원 배열의 값은 변하게 된다. 따라서 알고리즘이 수행될 때마다 최단 경로 비용이 저장되며, 저장된 최단 경로 비용은 다음 알고리즘 수행에서 사용된다.

A 노드가 경유 노드일 때 플로이드-워셜 알고리즘을 적용한 결과 최단 경로 비용은 다음과 같다. 빨간색으로 된 값이 변경된 최단 경로 비용이다.

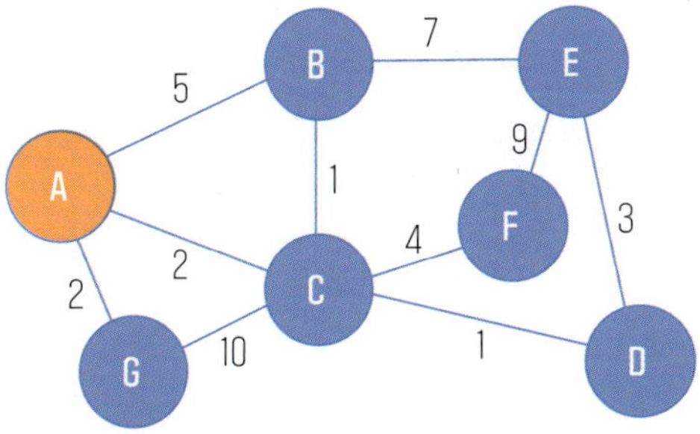

	A	B	C	D	E	F	G
A	0	5	2	∞	∞	∞	2
B	5	0	1	∞	7	∞	7
C	2	1	0	1	∞	4	4
D	∞	∞	1	0	3	∞	∞
E	∞	7	∞	3	0	9	∞
F	∞	∞	4	∞	9	0	∞
G	2	7	4	∞	∞	∞	0

각각의 계산은 다음과 같이 한다. A 노드가 경유 노드이므로 A를 시작으로 하는 행의 값은 제외한다.

B 행의 값을 하나씩 계산해 보면 다음과 같다. 둘 중 더 작은 값을 선택하는 의미인 min[]으로 표현하였다.

```
(B,C) : min [(B,A)+(A,C) , (B,C)] = min[5+2,1] = 1 (현재값)
(B,D) : min [(B,A)+(A,D) , (B,D)] = min[5+∞,∞] = ∞ (현재값)
(B,E) : min [(B,A)+(A,E) , (B,E)] = min[5+∞,7] = 7 (현재값)
(B,F) : min [(B,A)+(A,F) , (B,F)] = min[5+∞,∞] = ∞ (현재값)
(B,G) : min [(B,A)+(A,G) , (B,G)] = min[5+2,∞] = 7 (경유한 값으로 변경)

(C,B) : min [(C,A)+(A,B) , (C,B)] = min[2+5,1] = 1 (현재값)
(C,D) : min [(C,A)+(A,D) , (C,D)] = min[2+∞,1] = 1 (현재값)
(C,E) : min [(C,A)+(A,E) , (C,E)] = min[2+∞,∞] = ∞ (현재값)
(C,F) : min [(C,A)+(A,F) , (C,F)] = min[2+∞,4] = 4 (현재값)
(C,G) : min [(C,A)+(A,G) , (C,G)] = min[2+2,10] = 4 (경유한 값으로 변경)
```

(D,B)(D,C)(D,E)(D,F)(D,G)(E,B)(E,C)(E,D)(E,F)(E,G)(F,B)(F,C)(F,D)(F,E)(F,G)(G,B)(G,C)(G,D)(G,E)(G,F)를 위와 같은 방법으로 모두 계산하여 최단 경로 비용 값을 저장한다.

이 과정을 마치고 난 후 저장된 최단 경로 비용 값은 선택된 노드를 경유 지점으로 했을 때의 최단 경로 비용이므로, 다음 노드를 경유 지점으로 선택하여 경로 비용을 계산할 때 사용하면 이전 최단 경로 비용을 사용하게 된다.

B 노드가 경유 노드일 때 플로이드-워셜 알고리즘을 적용한 결과 최단 경로 비용은 다음과 같다. 파란색 값이 변경된 최단 경로 비용이다.

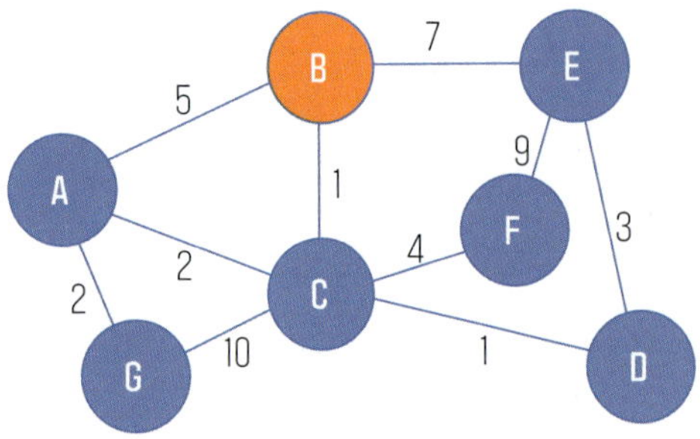

	A	B	C	D	E	F	G
A	0	5	2	∞	12	∞	2
B	5	0	1	∞	7	∞	7
C	2	1	0	1	8	4	4
D	∞	∞	1	0	3	∞	∞
E	14	7	8	3	0	9	14
F	∞	∞	4	∞	9	0	∞
G	2	7	4	14	14	∞	0

C 노드가 경유 노드일 때 플로이드-워셜 알고리즘을 적용한 결과 최단 경로 비용은 다음과 같다. 연두색 값이 변경된 최단 경로 비용이다.

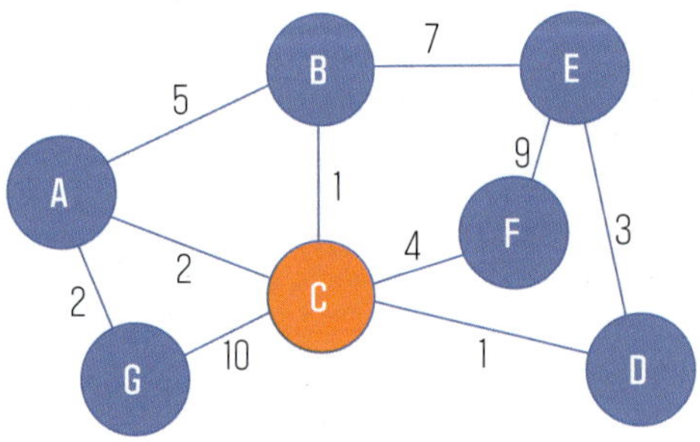

	A	B	C	D	E	F	G
A	0	3	2	3	10	6	2
B	3	0	1	2	7	5	5
C	2	1	0	1	8	4	4
D	3	2	1	0	3	5	5
E	10	7	8	3	0	9	12
F	6	5	4	5	9	0	8
G	2	5	4	5	12	8	0

D 노드가 경유 노드일 때 플로이드-워셜 알고리즘을 적용한 결과 최단 경로 비용은 다음과 같다. 보라색 값이 변경된 최단 경로 비용이다.

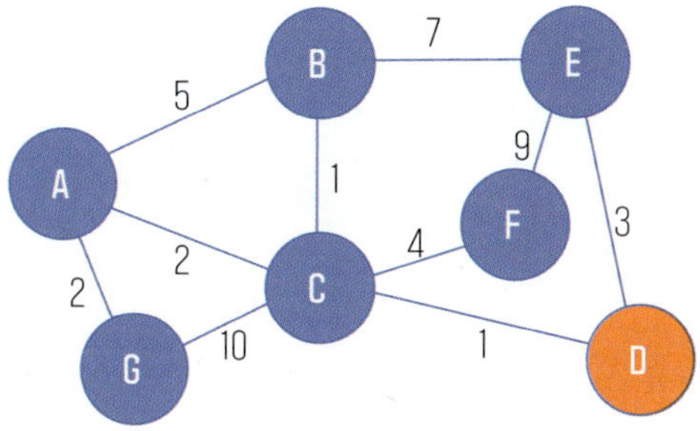

	A	B	C	D	E	F	G
A	0	3	2	3	6	6	2
B	3	0	1	2	5	5	5
C	2	1	0	1	4	4	4
D	3	2	1	0	3	5	5
E	6	5	4	3	0	8	8
F	6	5	4	5	8	0	8
G	2	5	4	5	8	8	0

E 노드가 경유 노드일 때, F 노드가 경유 노드일 때, G 노드가 경유 노드일 때 플로이드-워셜 알고리즘을 적용하는 그래프의 형태는 다음 그림과 같다.

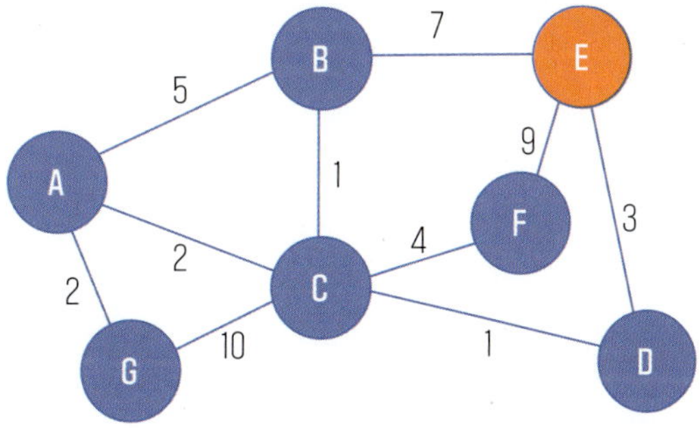

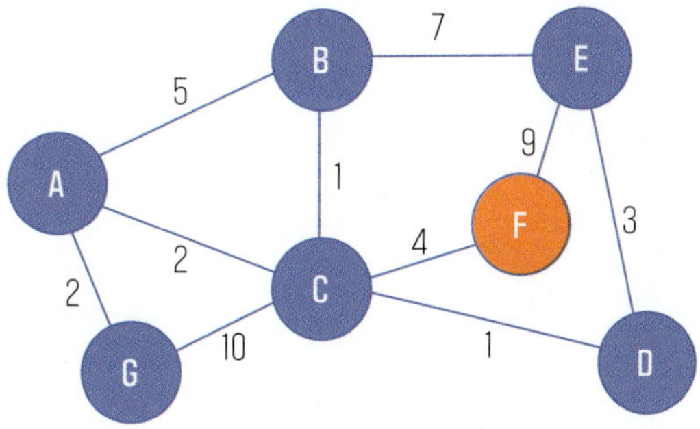

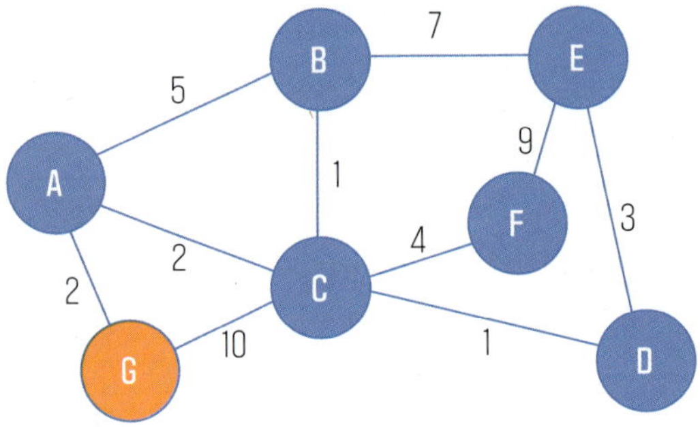

E 노드가 경유 노드일 때, F 노드가 경유 노드일 때, G 노드가 경유 노드일 때 플로이드-워셜 알고리즘을 적용한 결과는 모두 다음과 같으며, 변경된 최단 경로 비용은 없다. 따라서 주어진 그래프에 플로이드-워셜 알고리즘을 적용하여 최단 경로 비용을 다음과 같은 2차원 배열로 출력한다.

	A	B	C	D	E	F	G
A	0	3	2	3	6	6	2
B	3	0	1	2	5	5	5
C	2	1	0	1	4	4	4
D	3	2	1	0	3	5	5
E	6	5	4	3	0	8	8
F	6	5	4	5	8	0	8
G	2	5	4	5	8	8	0

결과를 살펴보면 A에서 B까지 최단 경로 비용은 3이다. A에서 G까지 최단 경로 비용은 2가 된다. 이때 어느 경로를 거쳐야 하는지는 결과에 포함되어 있지 않다. 하지만 최단 경로 비용을 변화할 때마다 추가된 경유 지점을 저장하면 경로도 찾을 수 있다.

플로이드-워셜 알고리즘의 시간 복잡도를 알아보자.

플로이드-워셜 알고리즘에서 사용되는 연산은 가중치 계산과 비교, 갱신 연산이다. 이때 가중치 계산과 비교 연산을 몇 번 해야 하는지 계산하여 시간 복잡도를 알 수 있다.

주어진 그래프의 노드 수가 n개라고 할 때, 한번 플로이드–워셜 알고리즘이 수행될 때, 모든 노드 n에 대하여 선택된 노드를 제외한 모든 노드와의 가중치 계산과 비교, 갱신한다.

$$n \times ((n-1)+(n-1)+(n-1)) = n \times (3n-3) = O(n^2)$$

이러한 플로이드–워셜 알고리즘을 경유 노드를 하나씩 추가하면서 반복하므로 n번 반복하는 것을 알 수 있다.

$$n \times O(n^2) = O(n^3)$$

플로이드–워셜 알고리즘의 시간 복잡도는 $O(n^3)$이다.

자료구조를 문제 해결에 응용해 보고, 알고리즘을 직접 구현해 보기 위하여 파이썬 프로그래밍 언어를 이용해서 실습합니다.
모든 코드를 이해하기 쉽게 하기 위해서 완전한 형태의 코드를 통해 직접 수행해 볼 수 있도록 하였습니다.

< Part 2 >

자료구조와 알고리즘의 구현

| 7장 |

파이썬 기본 문법과 실습

학습 목표

Part 2부터는 Part 1에서 이론적으로 배운 내용을 실제 응용해서 구현하려고 한다. 이를 위해 가장 기본이 되는 파이썬 기본 문법을 간단한 실습 문제를 통해서 파이썬 자료형, 연산자, 제어문, 함수, 모듈을 포함한 실습 예제로 점검해 보는 시간을 가져보자.

1 〉 파이썬 기본 문법

파이썬의 기본 문법을 여러 가지 문제를 통해서 간단하게 정리해 보자.

자료형은 크게 기본과 컬렉션(군집/컨테이너)으로 나뉜다. 이때 기본은 수치형(정수형, 실수형), 논리형(부울형)에 속하고, 컬렉션형(군집/컨테이너)에는 문자열, 리스트, 튜플, 딕셔너리, 세트가 있다.

이들 자료형을 이용해 계산할 수 있고 연결과 반복할 수도 있다. 산술 연산자를 이용해 수치형 계산을 하고, 문자열과 문자열, 리스트와 리스트 등을 연결뿐만 아니라 반복할 때도 연산자가 필요하다. 그뿐만 아니라 해당 데이터가 있는지 없는지 등을 확인할 때도 연산자가 필요하다.

제어문은 크게 순차 구조와 선택 구조, 반복 구조의 3가지로 볼 수 있으며 제어를 어떻게 하느냐에 따라 순차, 선택, 반복으로 나뉜다. 순차 구조는 차례대로 처음부터 끝까지 순차적으로 진행하는 것이며, 주어진 조건에 따라 어떻게 선택하는지에 따라 결과가 달라질 수 있다. 반복은 주어진 조건을 만족할 때는 계속해서 반복하고, 만족하지 않을 때는 반복의 상황을 빠져나오도록 한다.

함수는 여러 개의 코드 또는 명령문을 하나의 함수로 묶어서 만들고 필요할 때 언제든지 호출하게 함으로써 프로그램을 구조화시키고, 가독성이 좋아지도록 하는 효과가 있다. 특히 반복적으로 사용하는 코드를 함수로 정의해서 관리하면 훨씬 효과적이다. 사용자 정의(사용자 지정) 함수는 우리가 원하는 모든 작업을 할 수 있도록 사용자가 직접 임의로 만들어 사용하는 것으로, def라는 예약어를 이용해 함수 이름을 정의한다. 함수를 정의했다고 해서 수행되는 것이 아니고 반드시 함수를 호출(call)해야 한다.

함수 모듈은 비슷한 함수끼리 또는 변수끼리 모아둔 파일로, 쉽게 생각하면 밀키트(MealKit)와 같은 간편식과 같다. 이미 만들어져 있는 코드 중 특정 기능을 함수로 만들고 저장한 파일이 모듈이다. 모듈을 사용하면 프로그램을 만드는 데 노력이 절감되고 이미 검증된 코드이므로 오류가 적다는 장점이 있다. 대표적으로 자주 사용되는 라이브러리로는 sys, os, time, calendar, random, math 등이 있다.

실습 예제

파이썬 기본 문법 1

〈문제〉
사용자로부터 총 2개의 문자열을 입력받아 이를 연결(+)해서 문장을 출력해 보자.

〈제약사항〉
각 입력 문자열은 각각 1개씩만 입력받는다.

〈입력 및 출력 형태〉
(입력 예)
어떤 문자를 입력하겠습니까? 애플
어떤 문자를 입력하겠습니까? 망고
(출력 예)
당신이 입력한 애플+망고를 연결한 문장은 애플망고입니다.

```
s1=input("어떤 문자를 입력하겠습니까?")
s2=input("어떤 문자를 입력하겠습니까?")

result=s1+s2

print(f'당신이 입력한 {s1}+{s2}를 연결한 문장은 {result}입니다.')
```

실습 예제는 사용자로부터 2개의 문자를 입력받아 더하기(+) 연산자를 사용해 문자열+문자열처럼 문자열을 이어 붙인다. 더하기(+) 연산자는 두 개의 숫자를 더해 그 계산 결과를 출력하지만, 문자열에서는 문자열과 문자열을 연결해서 이어 붙이는 역할을 한다. '애플'과 '망고'를 더하기 연산자를 이용해 '애플망고'라는 하나의 이어지는 문자열로 출력되는 것이다.

잠깐만요

실습 예제를 보면 파이썬 print 함수에서 f-string 포맷팅을 사용해 표시했다. 이 방식은 파이썬 3.6 이상 버전부터 사용할 수 있는 최신 기능으로 이전의 % 형식 지정자나 이전 파이썬 3.x 포맷팅 방식보다 상당히 직관적이다. 왜냐하면 어떤 값이 들어올지 바로 알 수 있기 때문이다.

f와 { }만을 이용해 표현하는데 사용 형식은 다음과 같다.

〈사용 형식 예〉
f'문자열{변수}문자열'
f'문자열{변수}'
f'{변수}문자열'

〈사용 예〉

```
print(f'당신이 입력한 단어는 {s1}입니다.')
print(f'추가된 내용: {add_num}')
print(f'{result}개 있습니다.')
```

※ 따옴표는 큰따옴표, 작은따옴표 둘 다 쓸 수 있다. 단 시작이 작은따옴표면 끝도 작은따옴표로 맞춰야 한다.

실습 예제

파이썬 기본 문법 2

〈문제〉

빈 리스트(list_1)에 3개의 단어를 사용자로부터 입력받아 그 결과를 출력하고, 두 개의 리스트에서 1번째 인덱스값을 연결(+)해 출력하시오.

〈제약사항〉

3개의 단어를 입력받을 때 반복문(for 문, while 문 중 1개 선택)을 이용하여 입력받아 빈 리스트(list_1)에 추가한다.

list_2=["시간","2023","가나다라"]로 작성한다.

〈입력 및 출력 형태〉

(입력 예)

원하는 단어를 입력하세요〉〉 참고사항
원하는 단어를 입력하세요〉〉 프로그래밍을통한문제해결
원하는 단어를 입력하세요〉〉 upside down

(출력 예)

리스트(list_1)에 입력된 내용: ['참고사항', '프로그래밍을통한문제해결', 'upside down']
list_1의 index[1]과 list_2의 index[1]을 연결(+)하면 프로그래밍을통한문제해결2023이다.

<코드 - for 문 사용>

```
list_1=list( )  #빈 리스트
list_2=["시간","2023","가나다라"]

for i in range(3):
  temp=input("원하는 단어를 입력하세요>> ")
  list_1.append(temp)

print(f'리스트(list_1)에 입력된 내용: {list_1}')
print(f'list_1의 index[1]과 list_2의 index[1]을 연결(+)하면
{list_1[1]+list_2[1]}이다.')
```

<코드 - while 문 사용>

```
list_1=list( )  #빈 리스트
list_2=["시간","2023","가나다라"]

i=1  #시작값(초기값)
while i<4:
  temp=input("원하는 단어를 입력하세요>> ")
  list_1.append(temp)
  i=i+1

print(f'리스트(list_1)에 입력된 내용: {list_1}')
print(f'list_1의 index[1]과 list_2의 index[1]을 연결(+)하면
{list_1[1]+list_2[1]}이다.')
```

실습 예제는 리스트와 반복문을 사용하는 방법의 예로 빈 리스트(list_1)에 3개의 단어를 입력받기 위해 반복문을 이용해서 입력받았다. 이렇게 받은 3개의 단어를 빈 리스트에 append()를 이용해 리스트의 각 인덱스 위치 값에 입력되고 이렇게 입력된 값 중 인덱스 [1] 번째 값과 두 번째 리스트(list_2)의 인덱스 [1] 번째를 더하기(+) 연산자를 이용해 출력한다.

이를 통해 리스트에서 인덱스와 반복문의 개념을 짚어볼 수 있다.

잠깐만요

문자열, 리스트, 튜플 등은 인덱스(index)를 이용해 원하는 위치에 접근할 수 있는데, 이를 **인덱싱(Indexing)**이라고 한다. 또한 일정 범위를 인덱스를 이용해 불러올 수 있는데 이를 **슬라이싱(Slicing)**이라고 한다. 인덱싱과 슬라이싱 둘 다 인덱스를 이용하는데 인덱스는 항상 0부터 시작한다. 물론 리버스 인덱싱(Reverse Indexing)을 이용해 마이너스(-)를 이용한 표현도 가능하다.

〈인덱스와 슬라이싱 예〉

test1=	[2023,	"음악",	3.14]
index	[0]	[1]	[2]
	[-3]	[-2]	[-1]

사용 예)

```
test1[2]  #인덱스2 출력, test1[-1]과 출력 결과 같음
test1[-3]  #인덱스-3 출력, test1[0]과 출력 결과 같음
test1[0:2] #인덱스 0~1까지의 값 출력
```

잠깐만요

반복 구조는 반복적인 상황을 표현하는 방식으로 크게 for 문과 while 문이 있다. for 문은 대부분 반복할 횟수를 정확히 알고 있을 때 많이 사용하고, while 문은 조건을 만족하는 동안 반복할 때 사용한다.

사용 예를 통해 사용 방법을 다시 짚어보자.

for 문	while 문
for 변수 in range(시작값, 종료값, 증감 단계): 　반복할 문장	시작값 while 조건식 : 　반복할 문장 　증감 단계

for 문에서 시작값은 생략이 가능한데, 이때 컴퓨터는 0부터 시작하는 것으로 인식하고 진행한다. 증감 단계에서 1씩 증가하는 경우는 생략할 수 있다. 단, 2씩 이상 증가하는 경우는 생략하면 안 된다.

사용 예)

```
for i in range(10):
    반복할 문장
```

```
for t in range(2,10):
    반복할 문장
```

실습 예제

파이썬 기본 문법 3

〈문제〉

빈 딕셔너리에 게임 아이템 총 3개를 입력받고 이들 딕셔너리에서 찾고자 하는 아이템을 검색해 만약 있다면 몇 개가 있는지를 출력하고, 찾는 아이템이 없다면 없다고 메시지를 출력해 보자.

〈제약사항〉

게임 아이템=dict( ) 즉, 처음에는 빈 딕셔너리로 표현한다.

빈 딕셔너리에 게임 아이템 입력 시 반복문(for 문)을 이용해 입력받는다.

게임 아이템명과 개수를 사용자로부터 입력받는다.

게임 아이템에서 찾고자 하는 아이템이 있다면 get( )을 이용해 몇 개가 있는지 출력한다.

〈입력 및 출력 형태〉

(입력 예)

게임 아이템 입력하기>>> 영롱한 망토

구매할 개수는 몇 개입니까? 1

게임 아이템 입력하기>>> 땅콩

구매할 개수는 몇 개입니까? 5

게임 아이템 입력하기>>> 붉고 푸른 검

구매할 개수는 몇 개입니까? 2

(출력 예)

〈찾는 아이템이 있는 경우〉

당신이 확인하고 싶은 아이템은 무엇입니까? 땅콩

당신이 찾는 땅콩은/는 5개 있습니다

〈찾는 아이템이 없는 경우〉

당신이 확인하고 싶은 아이템은 무엇입니까? 마법사

당신이 찾는 마법사은/는 없습니다

```
게임 아이템=dict( )  #빈 딕셔너리
print("+++딕셔너리를 이용해 게임 아이템 입력받기+++")
for i in range(3):
  item=input("게임 아이템 입력하기>>> ")
  count=int(input("구매할 개수는 몇 개입니까? "))
  게임 아이템[item]=count
```

```
print("="*50)
result=input("당신이 확인하고 싶은 아이템은 무엇입니까? ")
test=게임 아이템.get(result)
if result in 게임 아이템:
    print(f'당신이 찾는 {result}은/는 {test}개 있습니다')
else:
    print(f'당신이 찾는 {result}은/는 없습니다.')
```

실습 예제는 딕셔너리와 반복문(for 문), 선택 구조를 이용한 문제이다. 딕셔너리는 항상 {키(key) : 값(value)}와 같이 하나의 쌍으로 구성된다. 이를 이용하여 게임 아이템과 개수를 저장하고, 찾고자 하는 게임 아이템을 검색해 보는 문제이다. 이때 만약 검색에서 내가 찾는 게임 아이템이 있으면 몇 개인지 보여주고, 찾는 게임 아이템이 없으면 없다고 메시지를 보여줄 수 있게 만드는 것이다.

이를 위해 처음 빈 딕셔너리에 게임 아이템을 총 3개 입력받도록, 반복문을 이용해 빈 리스트에 입력받도록 한다. 이때 각각의 item이 키(key)가 되고, count가 값(value)이 되어 딕셔너리에 저장된다.

딕셔너리로 잘 저장되어 있는지 확인하기 위해서는 다음과 같이 작성해 결과를 출력해볼 수 있다.

```
print("당신이 구매한 게임 아이템은 다음과 같습니다.")
print(게임 아이템)
```

〈실행 결과 예〉

당신이 구매한 게임 아이템은 다음과 같습니다.

{'영롱한 망토': 1, '땅콩': 5, '붉고 푸른 검': 2}

파이썬에서는 get()을 이용해 딕셔너리의 키(key)에 대응되는 값(value)을 보여준다. 실습 예제에서도 이를 이용해 게임 아이템(키, key)을 검색하면 해당 아이템에 해당하는 개수(값, value)를 보여준다. 일반적으로는 찾는 키(key)가 없다면 오류를 화면에 보여준다. 그러나 get()을 이용할 때 찾는 키(key)가 없으면 아무것도 반환하지 않는다는 특징을 가지고 있다.

```
게임 아이템.get(result)
```

이때 게임 아이템이 존재하는지, 그렇지 않은지에 따라 결과가 달라지기 때문에 선택 구조인 if-else 문을 이용해 표현한다.

```
if result in 게임 아이템:
  print(f'당신이 찾는 {result}은/는 {test}개 있습니다')
else:
  print(f'당신이 찾는 {result}은/는 없습니다.')
```

게임 아이템이 존재하면 if 문의 조건을 만족했기에 그에 따른 문장인 "당신이 찾는 OOO은/는 △△개 있습니다"와 같이 출력하지만, 게임 아이템이 존재하지 않으면 else 문을 만족하는 것이기 때문에 "당신이 찾는 OOO은/는 없습니다"와 같이 출력한다.

딕셔너리는 이 외에도 items(), values(), keys()와 같은 것을 이용해 딕셔너리 키(key)와 값(value)을 검색하기 편하다. 여기서는 여러분이 이미 알고 있다는 가정하에 설명을 생략하겠다.

실습 예제

파이썬 기본 문법 4

〈문제〉

리스트1, 리스트2를 각각 세트1, 세트2로 변환하여 교집합, 합집합, 차집합 연산을 해보자.

〈제약사항〉
함수를 이용해 집합 연산을 계산할 수 있도록 표현해서 결과를 출력하게 한다.

〈함수 정의〉

def list_set(a,b):

  교집합

  합집합

  차집합

〈함수 호출〉

list_set(s1,s2)

〈입력 및 출력 형태〉
(입력 예)

리스트1=[1,3,2,3,4,5,6,5,7]

리스트2=[1,2,6,10,11,12]

(출력 예)

교집합 : a&b= {1, 2, 6}

합집합 : a|b= {1, 2, 3, 4, 5, 6, 7, 10, 11, 12}

차집합 : a-b= {3, 4, 5, 7}

```
#함수 정의
def list_set(a,b):
    교집합=a&b
    print("교집합: a&b=",교집합)
    합집합=a|b
    print("합집합:a|b=",합집합)
    차집합=a-b
    print("차집합:a-b=",차집합)

#함수 호출
리스트1=[1,3,2,3,4,5,6,5,7]
리스트2=[1,2,6,10,11,12]
세트1=set(리스트1)   #리스트를 세트로 변환
세트2=set(리스트2)   #리스트를 세트로 변환
list_set(세트1,세트2)    #list_set() 함수 호출
```

세트(set)는 중복 요소가 있는 경우에 사용하면 좋은 방식 중 하나이다. 또한 순서가 중요하지 않다. 인덱스 연산은 할 수 없으나 집합에서 사용되는 연산자인 교집합(&), 합집합(|), 차집합(−) 등과 같은 연산자들을 이용해 원하는 결과를 얻을 수 있다. 세트에 대한 연산 개념을 이해하기 위해 집합의 연산자들을 사용자 정의 함수 list_set()으로 만들어 정의하고 이 안에 교집합, 합집합, 차집합의 값들을 계산해 출력하도록 한 것이다.

실습 예제

파이썬 기본 문법 5

〈문제〉

제어문 중 반복문을 이용해 다음의 리스트 내용을 enumerate와 zip을 이용해서 튜플 형식으로 출력하시오.

〈제약사항〉

반복문 for 문을 사용한다. enumerate에서는 test 리스트를 사용하고, zip에서는 list_1과 list_2를 이용한다.

〈입력 및 출력 형태〉

(입력 예)

리스트를 다음과 같이 구성한다.

test=[1,2,3,4,5]

list_1=['새삥','That That','attention']

list_2=[96,12,10,27]

(출력 예)

〈리스트〉

인덱스번호[0]: 1

인덱스번호[1]: 2

인덱스번호[2]: 3

인덱스번호[3]: 4

인덱스번호[4]: 5

〈튜플 형식 변환〉

인덱스번호와 값: (0, 1)

인덱스번호와 값: (1, 2)

인덱스번호와 값: (2, 3)

```
인덱스번호와 값: (3, 4)
인덱스번호와 값: (4, 5)
('새삥', 96)
('That That', 12)
('attention', 10)
```

```
#일반적으로 인덱스 번호를 출력하려면
test=[1,2,3,4,5]

for i in range(0,len(test)):
  print(f"인덱스번호[{i}]:", end=" ")
  print(test[i])

#enumerate 사용해 인덱스 번호 출력하기
for i in enumerate(test):
  print(f'인덱스번호와 값: {i}')

#동일한 위치 자료들끼리 튜플로 묶는 역할
list_1=['새삥','That That','attention']
list_2=[96,12,10,27]
for i in zip(list_1, list_2):
  print(i)
```

enumerate는 '열거하다', '나열하다'라는 뜻으로 반복문에서 사용할 수 있다. enumerate()는 반복문을 사용할 때 인덱스와 값을 튜플로 반환해 인덱스 번호를 알고 싶을 때 좀 더 쉽게 확인할 수 있다. 실습 예제처럼 for 반복문을 이용해 인덱스 번호와 값을 쉽게 확인할 수 있다.

```
for i in enumerate(test):
  print(f'인덱스 번호와 값: {i}')
```

조금 더 응용하면 인덱스와 값을 각각 불러와서 출력할 수도 있다.

```
for i,j in enumerate(test):
  print(f'인덱스번호와 값: {i},{j}')
```

zip()은 반복문을 이용해서 동일한 리스트 인덱스 위치의 값이 같은 자료들끼리 묶어 준다. 이때 튜플 형태로 묶어서 출력해 준다.

```
list_1=['새삥','That That','attention']
list_2=[96,12,10,27]

for i in zip(list_1, list_2):
  print(i)
```

이 역시도 조금 응용해 각각의 리스트에서 동일한 위치의 값을 불러올 수 있도록 표현할 수 있다. 결과는 같지만 이처럼 다양한 방식으로 응용할 수 있다.

```
for i,j in zip(list_1, list_2):
  print(i,j)
```

실습 예제

파이썬 기본 문법 6

〈문제〉

다음과 같이 사용자 정의 함수 밖의 리스트를 사용해서 이 값들을 입력받아 각각 값을 출력해 보자.

〈제약사항〉

단, 12라는 값이 입력되면 리스트에 값이 남아 있더라도 "12가 확인되어 반복문을 빠져나갑니다." 라는 메시지와 함께 반복문을 빠져나오고 종료한다.

〈입력 및 출력 형태〉

(입력 예)

num=[1,2,3,[4,5],12,6,[7,9]]

(출력 예)

1 2 3 [4, 5]

12가 확인되어 반복문을 빠져나갑니다.

```
#함수 정의
def func_1(a):
  for i in a:
    if i == 12:
      print("\n")
      print("12가 확인되어 반복문을 빠져나갑니다.")
      break
    else:
      print(i,end=" ")
#함수 호출
num=[1,2,3,[4,5],12,6,[7,9]]
func_1(num)
```

실습 예제는 함수의 사용을 잘 기억하고 있는지 확인하기 위한 것으로 함수와 반복문, 선택 구조, break 문을 이용했다. 이를 통해 반복문이 다 끝나지 않아도 특정 조건을 만족하면 빠져나올 수 있다.

실습 예제

파이썬 기본 문법 7

〈문제〉

다음은 함수 모듈이다. 이 모듈들이 어떠한 결과를 출력하는지 확인해 보자.

〈제약사항〉

많은 모듈 중 6개의 모듈 time, random, math, sys, os, calendar에 대해서 간단히 다뤄보자.

```
#time, random, math 모듈
import time
import random
import math

print(f'현재시간:{time.time()}')
time.sleep(0.5) #0.5초 쉬라는 의미
print(f'연도,월,시,분,초 : {time.localtime()}')
print(f'연도:{time.localtime(time.time()).tm_year}')

alpabet_list=["a","b","c","d","e"]
text1=random.choice(alpabet_list)
text2=random.sample(alpabet_list,3)
text3=random.randrange(2,10)
text4=random.randint(2,10)
num1=math.pow(2,3)
num2=math.ceil(3.16)
num3=math.floor(2.9)
print(text1,text2, text3, text4,"\n", num1,num2,num3)

#sys 모듈
import sys
sys.path

#os 모듈
import os
os.system("dir")
os.environ

#calendar 모듈
import calendar
print(calendar.calendar(2023))
calendar.prcal(2023)
calendar.weekday(2023, 12, 10)
calendar.monthrange(2023,12)
```

함수 모듈 중 time은 시간과 관련된 모듈로 매우 많지만, 많이 사용되는 몇 가지인 time, localtime, sleep 등을 다뤄보았다. time.time은 UTC(Universal Time Coordinated, 세계 표준시)를 사용하여 현재 시각을 초 단위로 보여준다. 이때 초의 기준은 1970년 1월 1일 0시 0분 0초 이후 경과한 시간을 초 단위로 반환한다. time.localtime은 연도, 월, 시, 분, 초 등의 형태로 보여준다. time.sleep은 일정 시간 간격을 쉬는 형태를 보여준다.

random은 난수를 발생시키는 것과 관련된 모듈로 랜덤으로 선택해야 하는 경우에 필요하다. choice, sample, radiant, randrange 등을 다뤄보았다. random.choice(리스트)는 리스트의 값 중 하나를 임의로 선택하여 보여준다. random.sample(리스트, 뽑을_개수) 리스트 값 중에서 지정한 개수만큼 중복 없이 임의로 선택하여 보여준다. random.radiant(시작값, 종료값)나 random.randrange(시작값, 종료값) 같은 경우는 지정한 범위에서 정수 하나를 임의로 선택하여 보여준다.

math는 사칙연산보다는 조금 더 어려운 식이 필요한 수학과 관련된 모듈로, pow, ceil, floor 등을 다뤘다. math.pow()에서 pow는 power에서 온 것으로 '거듭제곱'이라는 뜻이며 a의 b 제곱 값을 반환한다. math.ceil()에서 ceil은 ceiling(천장)에서 온 것으로 소수점 아래 숫자를 무조건 올림 하여 정수를 반환한다. 반대로 math.floor()에서 floor는 소수점 아래 숫자를 무조건 버림으로 정수를 반환하는 방법이다.

sys는 파이썬 인터프리터가 제공하는 변수와 함수를 직접 제어하는 방법이다. path와 exit 등이 있는데 여기서는 간단하게 path만 다뤘다. sys.path는 파이썬 모듈들이 저장된 위치 즉 파이썬 어느 위치에 있는지 확인할 수 있다. sys.exit는 강제로 스크립트를 종료하는 기능을 한다. 프로그램 파일 안에서 사용하면 프로그램을 중단시킬 수 있다. 본 교재에서는 코랩(Colab)을 기준으로 설명하기에 강제 스크립트 종료하기에 관한 예는 설명하지 않았다.

OS 모듈은 환경 변수나 디렉터리, 파일 등의 다양한 OS 자원을 제어하는 방법이다. os.environ은 현재 시스템 환경 변수값을 보여준다. 시스템마다 다른 환경을 가지고 있다는 점도 참고하기를 바란다. os.system은 시스템 자체 프로그램이나 그 외 명령어를 호출할 수 있다. 그 외에도 여러 가지가 있다.

calendar는 파이썬에서 달력을 볼 수 있게 하는 방법으로 calendar.calendar(연도)로 사용하면 그해의 전체 달력을 보여준다. calendar.prcal(연도)을 사용해도 역시 같은 결과를 볼 수 있다. calendar.weekday에서는 weekday(연도,월,일)로 하면 해당 날짜에 해당하는 요일 정보를 보여준다. 이때 특이한 게 숫자로 결과를 보여주는데 월요일 0, 화요일 1, 수요일 2, 목요일 3, 금요일 4, 토요일 5, 일요일 6이라는 값으로 표현된다. 그 밖에도 calendar.monthrange를 사용하면 입력받은 달의 1일이 무슨 요일인지를 알 수 있고, 그달이 며칠까지 있는지도 확인할 수 있다. 이때 튜플 형식으로 보여준다.

직접 실행해 보면서 어떤 형식인지 살펴보기를 바란다.

연습 문제

연습 01 **다음의 함수 디폴트 인수를 사용해서 매개변수에 값을 전달했을 때 어떤 값이 나오는지 확인하시오.**

〈제약사항〉

n과 s로 매개변수를 받는데, 이때 s를 디폴트 함수로 "***"를 받도록 한다(s="***").

사용할 함수는 func_1로 정한다.

반복문(for 문)을 사용하여 반복한다.

〈입력 및 출력 형태〉

(입력 예)

함수 호출은 func_1(3)로 한다. 이 함수를 매개변수 n이 받아서 출력 결과처럼 각각 3개씩 출력할 수 있도록 for 문으로 표현한다.

(출력 예)

```
***
******
*********
0
1
2
```

〈코드〉

연습 문제

연습 02

사용자가 입력한 수부터 30까지 중 홀수와 짝수를 구별해 출력하시오.

〈제약사항〉

반복문 while 문을 사용한다.

숫자 중 28이 나오면 뒤에 숫자가 남아 있어도 중단하고 반복문을 빠져나온다.

사용자가 입력한 값부터 홀수와 짝수를 출력한다.

〈입력 및 출력 형태〉

(입력 예)

시작할 수를 입력하세요: 25

(출력 예)

25는/은 홀수

26는/은 짝수

27는/은 홀수

28는/은 중단하고자 했던 28입니다.

〈코드〉

도전 문제

도전 01 **리스트를 이용해서 점수를 입력받고 이들 중 최고점과 최소점, 그리고 평균을 검색하는 프로그램을 작성해 보자.**

〈제약사항〉

리스트는 사용자로부터 5명의 성적을 입력받고, 함수를 이용해서 각각 최고점(maxfunc), 최소점(minfunc), 평균(avgfunc)을 구하는 함수를 만든다.

사용자가 질문을 통해 최고점, 최저점, 평균을 확인할 수 있도록 만들어보자.

사용자가 0을 입력하면 종료 전까지는 무한 반복하도록 하시오.

〈입력 및 출력 형태〉

(입력 예)

점수를 입력하세요.90
점수를 입력하세요.87
점수를 입력하세요.96
점수를 입력하세요.74
점수를 입력하세요.62

(출력 예)

점수를 입력하세요.80
점수를 입력하세요.96
점수를 입력하세요.57
점수를 입력하세요.62
점수를 입력하세요.41

5명의 성적은 [80, 96, 57, 62, 41]

검색하고 싶은 내용을 선택하세요(0:종료, 1:최고점, 2:최저점, 3:평균) 1
5명 중 최고 점수는 96입니다.
검색하고 싶은 내용을 선택하세요(0:종료, 1:최고점, 2:최저점, 3:평균) 5
잘못 입력하셨습니다.
검색하고 싶은 내용을 선택하세요(0:종료, 1:최고점, 2:최저점, 3:평균) 2
5명 중 최저 점수는 41입니다.
검색하고 싶은 내용을 선택하세요(0:종료, 1:최고점, 2:최저점, 3:평균) 3
5명의 평균 점수는 67.2입니다.
검색하고 싶은 내용을 선택하세요(0:종료, 1:최고점, 2:최저점, 3:평균) 0

〈코드〉

| 8장 |

자료구조 구현

학습 목표

앞서 기본 자료구조의 내용인 배열, 연결 리스트, 확장형 자료구조인 스택, 큐, 그래프, 트리에 대해 이론적으로 배웠다. 이번 장에서는 이를 실습하면서 정리해 보자.

1 〉 기본 자료구조

자료구조는 메모리에 저장하는 것에 중점을 두어 만들어진 방법이라고 앞서 Part 1에서 설명했다. 주기억장치에 어떤 데이터를 저장할지 고민하는 것은 자료형이며, 데이터를 어떻게 저장할지 고민하는 것이 바로 자료구조이다.

지금까지 알려진 방법을 기반으로 앞서 설명했던 부분 자료구조를 다시 그림과 함께 짚어보자.

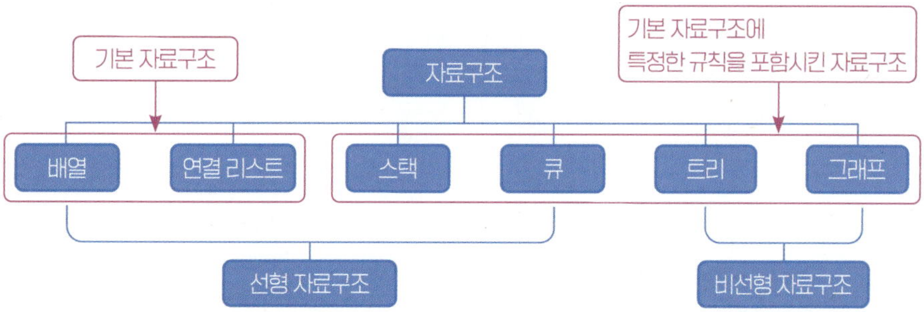

자료구조

그림과 같이 배열, 연결 리스트, 스택, 큐, 트리, 그래프가 대표적인 자료구조이다. 이는 또한 선형 자료구조와 비선형 자료구조로 나뉜다. 선형 자료구조는 순서가 정해진 구조이고, 비선형 자료구조는 순서가 정해지지 않고 저장되는 것이다. Part 1의 《3장. 기본 자료구조와 확장형 자료구조》를 실습을 통해서 정리해 보자.

1.1 배열

배열(Array)은 인덱스와 인덱스에 대응하는 데이터들로 이루어진 선형 자료구조로, 순차적으로 데이터를 저장하고 저장된 데이터에 빨리 접근할 수 있다는 점은 장점이다.

배열의 개념을 이해하는 데 파이썬의 리스트 자료구조를 포함한 자료형과 비교해 볼 수 있다. 또한 파이썬에서는 numpy라는 라이브러리를 이용해 배열을 쉽게 표현할 수 있다.

numpy는 인공지능 기반의 문제 해결을 할 경우 수치적인 데이터를 쉽게 계산하기 위해 사용하는 라이브러리로, 많은 양을 빠르게 처리하고자 할 때 필요한 라이브러리다. 특히 배열은 데이터 처리를 효율적으로 하기 위한 자료구조이다.

1차원 배열은 리스트와 비슷한 구조를 가지지만 조금 차이가 있다.

리스트	배열
• 다양한 종류의 데이터를 담을 수 있다. • 반복문을 사용하여 연산을 수행하기에 상대적으로 수행하는 속도가 느리다. • 연산 처리 시 전체 리스트로 연산한다.	• 동일한 종류의 데이터만 담을 수 있다. • 연속된 메모리에 데이터를 저장한다. • 간단한 연산 처리가 가능하고 수행하는 속도가 빠르다. • 연산 처리 시 각 요소별로 연산한다.

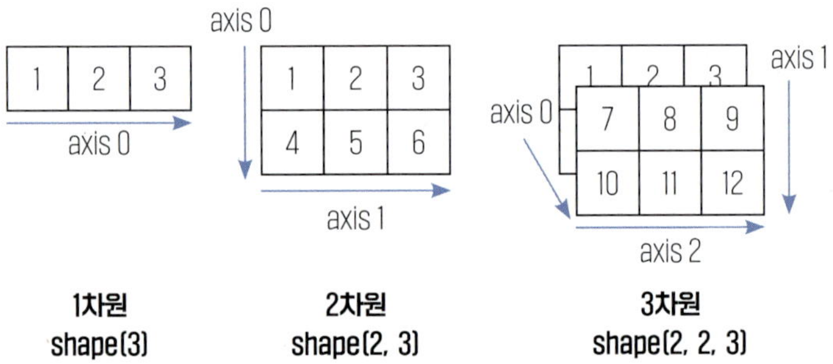

배열의 종류

배열에 대해 조금 더 쉽게 이해할 수 있도록 리스트 자료구조를 사용했다. 실제 주기억장치에 배열로 저장되는지는 알 수 없지만, 좀 더 이해하기 쉽게 리스트 자료구조를 썼다. 리스트 자료구조는 데이터 접근 방법이 배열과 비슷하여 배열 개념을 이해하는 데 도움을 받기 위해서 파이썬의 리스트 자료형을 이용했다.

다음의 실습 예제를 통해 살펴보자.

실습 예제

리스트와 배열의 차이점 1

```
#리스트
list_1=[1,"가",3.14,["a","신호등","3"]]
print(list_1, type(list_1))

#리스트로 1차원 배열 표현하기 : for 문 사용
list_1=[]
for i in range(1,7):
   list_1.append(i)
print(list_1, type(list_1))

#하나의 리스트로 2차원 배열 표현하기 (1) : 직접 입력
list_1=[[1,2,3],
        [4,5,6] ]
print(list_1, type(list_1))

#하나의 리스트로 2차원 배열 표현하기 : for 문 사용 (1)
list_1=[]
for i in range(2):
   list_1.append([0]*3)
print(list_1, type(list_1))

#하나의 리스트로 2차원 배열 표현하기 : for 문 사용 (2)
list_1=[[0]*3 for i in range(2)]
print(list_1, type(list_1))
```

```
#배열(1)
#방법1 : 1차원 배열(numpy 사용하는 방법)
import numpy as np
arr=np.arange(1,7)
print(arr, type(arr))

#방법2 : 1차원 배열(numpy 사용 방법)
import numpy as np
arr=np.array([1,2,3,4,5,6])
print(arr, type(arr))

#방법3 : 2차원 배열(numpy 사용 방법)
import numpy as np
arr=np.array([[1,2],[3,4],[5,6]])
print(arr)
```

〈실행 결과 예〉

```
[1, '가', 3.14, ['a', '신호등', '3']] <class 'list'>

[1, 2, 3, 4, 5, 6] <class 'list'>

[[1, 2, 3], [4, 5, 6]] <class 'list'>

[[0, 0, 0], [0, 0, 0]] <class 'list'>

[[0, 0, 0], [0, 0, 0]] <class 'list'>

[1 2 3 4 5 6] <class 'numpy.ndarray'>

[1 2 3 4 5 6] <class 'numpy.ndarray'>

[[1 2]
 [3 4]
 [5 6]]
```

잠깐만요

import는 '불러오다'라는 의미를 가지고 이를 통해 numpy, pandas라는 라이브러리를 사용하기 위해 import를 이용해서 numpy와 pandas를 불러온다.

〈사용 형식〉 import numpy as np	〈사용 형식〉 import pandas as pd

여기서 as는 alias의 약자로, 쉽게 생각하면 별명이라고 볼 수 있다. 즉, numpy를 np라는 이름으로, pandas는 pd라는 이름으로 별명 관계를 붙여 쉽게 참조할 수 있도록 한다.

리스트는 실습 예제처럼 다양한 종류의 데이터를 담을 수 있지만, 배열은 동일한 종류의 데이터만 담을 수 있다. 리스트를 이용해 1차원, 2차원으로 표현했기 때문에 배열 같지만, 실제로는 1개의 리스트 요소이다. 리스트를 이용해 표현하는 방법과 numpy를 이용한 1차원 배열, 2차원 배열의 예를 살펴보았다.

이번에는 numpy를 사용하지 않고 일반적인 파이썬 문법을 이용해서 표현해 보자. 물론 numpy보다 조금 복잡하게 느껴지지만, 우리에게 가장 친숙하게 다가오는 문법이라 걱정하지 않아도 된다.

다음의 실습 예제를 통해 살펴보자.

실습 예제

리스트와 배열의 차이점 2

```
#배열(2) – 2차원 배열(일반적인 파이썬을 이용한 방법)
#방법1 : for 문을 1번 사용해 2차원 배열 만들기
arr1=[[1,2],[3,4],[5,6]]
for i in arr1:
  print(i)

#방법2 : for 문을 1번 사용해 2차원 배열 만들기
arr1=[[1,2],[3,4],[5,6]]
for i,j in arr1:
  print(i,j)
```

```
#방법3 : while 문을 1번 사용해 2차원 배열 만들기
arr1=[[1,2],[3,4],[5,6]]
n=0   #n은 index, 인덱스는 0부터 시작
while n<len(arr1):
  i=arr1[n]
  print(i)
  n=n+1  #인덱스 1개씩 이동하면서 반복해야 하므로 증가

#방법4 : 중첩 반목문(2중 for 문) 사용해 2차원 배열 만들기
arr1=[[1,2],[3,4],[5,6]]
for i in arr1:
  for j in i:
    print(j,end=" ")
  print('')
```

〈실행 결과 예〉

```
[1, 2]
[3, 4]
[5, 6]

1 2
3 4
5 6

[1, 2]
[3, 4]
[5, 6]

1 2
3 4
5 6
```

이번에는 실습 예제에서 파이썬 numpy 라이브러리가 아닌 일반적인 파이썬 리스트의 방법을 이용해 2차원 배열 부분을 살펴보았다. for 문과 while 문을 이용

해 각각 2차원 배열을 만들어 출력했다. 물론 numpy를 이용하면 훨씬 간단하지만 우선 일반적인 파이썬 리스트 방법을 이용해 반복문과 함께 표현했다.

#배열(2)의 〈방법 1〉은 for 문을 사용해 2차원 배열을 표현한 것으로 리스트 안쪽에 들어있는 리스트 [1,2],[3,4],[5,6]을 i를 통해 불러와서 이를 하나씩 출력한 것이다. 이를 조금 더 쉽게 그림으로 표현하면 다음과 같다.

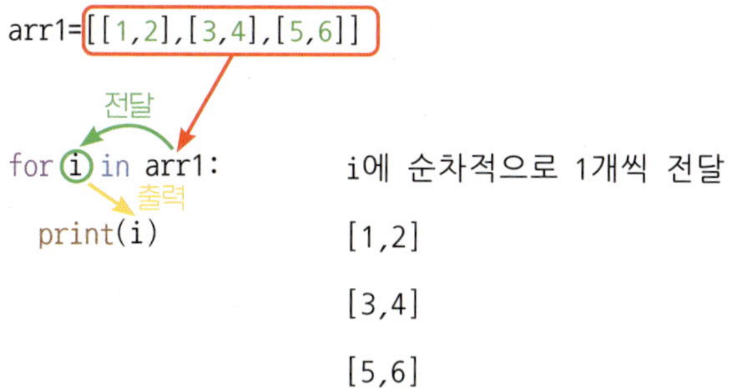

for 문을 이용해 2차원 배열 만들기

〈방법 2〉는 〈방법 1〉에서 i로 전체 받은 것을 쪼개서 받은 것으로 예를 들면 [1,2]로 되어 있는 것을 i,j에 각각 1개씩 받도록 한 것으로, i=1,j=2가 들어가서 이를 i,j에서 결과를 받아 출력하도록 한 것이다.

〈방법 3〉은 for 문이 아닌 while 문을 이용해서 2차원 배열을 만든 것으로, 리스트 크기를 이용하여 크기를 구하고 인덱스 번호를 이용해서 접근하여 값을 불러와 출력할 수 있도록 한 방식이다. 인덱스는 항상 시작이 0부터임을 잊어서는 안 된다.

〈방법 4〉는 중첩 반복문(중첩 for 문)을 이용해 2차원 배열을 만드는 방법을 다뤄보았다. 전체 리스트는 i를 통해 [[1,2],[3,4],[5,6]]을 전달받고, 다시 전체 리스트 안쪽에 들어있는 리스트 [1,2],[3,4],[5,6]들을 j를 통해 불러와서 하나씩 출력한 것이다. 이를 그림으로 표현하면 다음과 같다.

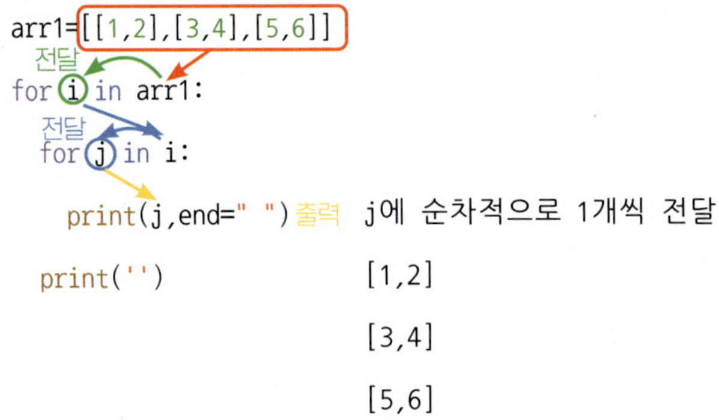

중첩 for 문을 이용해 2차원 배열 만들기

이번에는 배열값을 변경하는 과정을 실습 예제를 통해 살펴보자.

실습 예제

2차원 배열값 변경하기

```
#주어진 2차원 배열값 변경하기
arr1=[[1,2],[3,4],[5,6]]
for i in arr1:
  print(i)
print(arr1[1][1])   #arr[1,1]로도 가능, 2차원 배열(1,1) 위치의 값 출력
arr1[1][1]=10   #2차원 배열(1,1) 위치의 값을 10으로 변경
arr1   #변경이 적용된 내용 출력
```

〈실행 결과 예〉

```
[1, 2]
[3, 4]
[5, 6]
4
[[1, 2], [3, 10], [5, 6]]
```

생성된 배열의 값도 실습 예제처럼 해당 위치의 값을 지정한 뒤 바꾸고자 하는 값을 넣으면 된다.

	column(열) [0]	column(열) [1]
row(행) [0]	1	2
row(행) [1]	3	4
row(행) [2]	5	6

row(행)과 column(열) 순서로 읽어야 함

[0][0] 1

[0][1] 2

[1][0] 3

[1][1] 4

[2][0] 5

[2][1] 6

배열 구조(row, column)

따라서 [중첩 for 문을 이용해 2차원 배열 만들기] 그림과 같이 해당 row와 column*을 확인하고 원하는 위치의 값을 변경할 수 있다. 실습 예제처럼 [1][1]은 row가 1이고 column이 1인 위치의 값을 10으로 변경하고 변경된 값이 적용된 배열을 출력한 것이다.

만약 6의 값을 200으로 변경하고 싶다면 row 2, column 1인 [2][1]의 값을 arr[2][1]=200으로 변경하면 된다.

이번에는 배열값을 추가하는 과정을 실습 예제를 통해 살펴보자.

실습 예제

1차원 배열값 추가하기

```
#숫자 8, 4, 9, 10을 arr2에 추가
arr2=[ ] #빈 리스트

#삽입1 : 순서대로 맨 뒤에 차례대로 입력(append)
for i in range(4):
  arr2.append(int(input(f'1차원 arr2의 인덱스[{i}]에 추가할 값은? ')))
print(arr2)

#삽입2 : 원하는 인덱스 위치에 숫자 값 추가(insert)
while True:
```

* row와 column은 행과 열이라고도 읽을 수 있으나 가능하면 row와 column이라고 읽으면 더 좋다. 데이터 분석 및 인공지능에서도 대부분 row(로우)와 column(컬럼)으로 많이 사용된다.

```
i2=input("원하는 인덱스 위치 번호는 무엇입니까? ")

if i2==" ":  #스페이스 입력되면 종료
  print("스페이스키를 입력하여 종료합니다.")
  break

add_arr=int(input(f'arr2의 인덱스[{i2}]위치에 추가할 값은? '))

arr2.insert(int(i2), add_arr)    #insert를 이용하여 원하는 위치에 값 입력
print(arr2)
```

<실행 결과 예>

```
1차원 arr2의 인덱스[0]에 추가할 값은? 8
1차원 arr2의 인덱스[1]에 추가할 값은? 4
1차원 arr2의 인덱스[2]에 추가할 값은? 9
1차원 arr2의 인덱스[3]에 추가할 값은? 10
[8, 4, 9, 10]

원하는 인덱스 위치 번호는 무엇입니까? 2
arr2의 인덱스[2] 위치에 추가할 값은? 12
[8, 4, 12, 9, 10]
원하는 인덱스 위치 번호는 무엇입니까?
스페이스키를 입력하여 종료합니다.
```

주어진 1차원 배열에서 들어오는 순서대로 맨 뒤에 하나씩 추가하는 방법(append)과 원하는 위치를 선택하여 그 위치에 값을 추가하는 방법(insert)이다. 이때, append()에서 괄호 안에 원하는 값을 입력하면 되고, insert()은 괄호 안에 각각 원하는 위치의 인덱스 번호와 그 안에 넣을 값을 입력하면 된다. 이렇게 입력하면 기존 인덱스 번호에 있던 값들이 하나씩 뒤로 이동된다. 이를 그림으로 간단히 표현하면 다음과 같다.

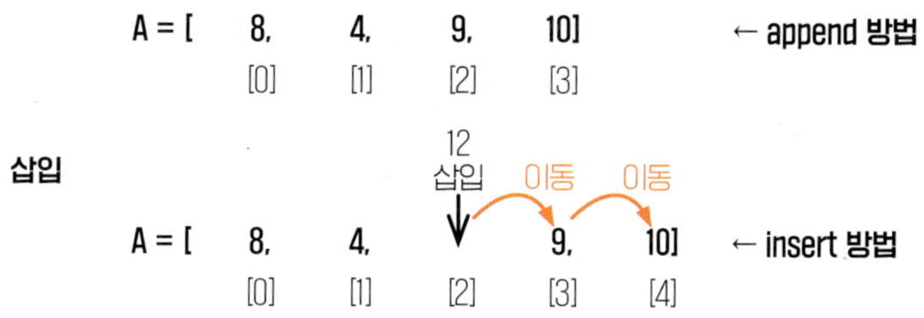

배열에 삽입하는 방법 : append와 insert

이번에는 배열값을 삭제하는 과정을 실습 예제를 통해 살펴보자. 인덱스를 이용해서 삭제하는 방법(pop, del)이 있고, 해당 값을 직접 입력해서 삭제하는 방법(remove)이 있다. 이 방법 중 pop은 삭제한 값을 반환해주지만 remove는 삭제한 값을 반환하지 않는다. 이번에는 그림으로 먼저 보고 이해한 후 이를 코드로 살펴보자.

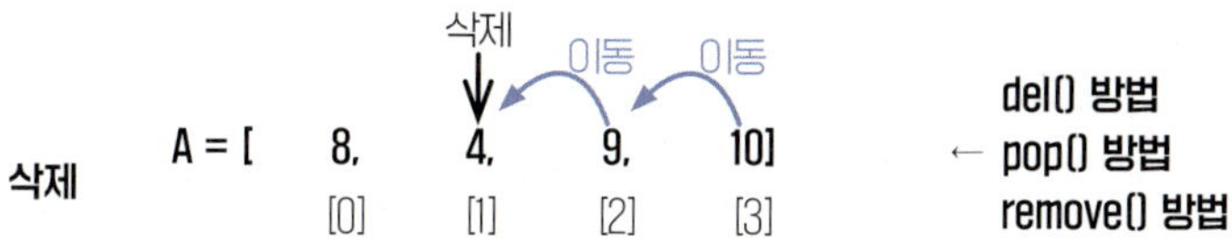

배열에서 삭제하는 방법 : pop과 remove, 그리고 del

실습 예제

1차원 배열값 삭제하기

```
arr3=[8,4,9,10]

while True:
  mode=int(input("삭제할 방법을 선택하세요(1: pop, 2:del, 3:remove): "))
  if mode==1:  #pop(인덱스 번호)로 삭제
    t1=int(input("삭제하기 원하는 인덱스 위치 번호는 무엇입니까? "))

    result=arr3.pop(t1)  #pop을 이용해서 원하는 위치에 값을 입력해 삭제
    print(f'pop을 이용해 삭제한 값은 {result}입니다.')
    print(arr3)
    break
```

```
    elif mode==2: #del(1차원 배열 이름[인덱스])
      t1=int(input("삭제하기 원하는 인덱스 위치 번호는 무엇입니까? "))

      del(arr3[t1]) #del을 이용하여 원하는 위치에 값 입력해 삭제
      print(arr3)
      break

    else:
      print(arr3)
      t1=int(input("삭제하기 원하는 값은 무엇입니까? "))

      arr3.remove(t1)  #remove(삭제 원하는 값)을 이용해 삭제
      print(arr3)
      break
```

〈실행 결과 예〉

```
──pop을 이용해 삭제한 경우의 결과───
삭제할 방법을 선택하세요(1:pop, 2:del, 3:remove): 1
삭제하기 원하는 인덱스 위치 번호는 무엇입니까? 1
pop을 이용해 삭제한 값은 4입니다.
[8, 9, 10]
──del을 이용해 삭제한 경우의 결과───
삭제할 방법을 선택하세요(1:pop, 2:del, 3:remove): 2
삭제하기 원하는 인덱스 위치 번호는 무엇입니까? 1
[8, 9, 10]
──remove을 이용해 삭제한 경우의 결과───
삭제할 방법을 선택하세요(1:pop, 2:del, 3:remove): 3
[8, 4, 9, 10]
삭제하기 원하는 값은 무엇입니까? 4
[8, 9, 10]
```

1.2 연결 리스트

연결 리스트(Linked List)는 리스트들이 연결되어 있다는 의미이고 이러한 리스트들이 한 줄로 연결된 방식의 선형 자료구조이다. 연결 리스트의 각 원소를 노드(node)라 하고, 이 노드는 데이터와 뒤쪽 노드를 가리키는 주소(포인터)를 가지고 있다. 이때 바로 앞에 있는 노드를 앞쪽 노드, 뒤에 있는 노드를 뒤쪽 노드라고 한다. 시작 노드는 헤드(head)라고 한다.

연결 리스트는 메모리 사용 효율성이 높아 많은 데이터를 저장할 때 유리하지만, 데이터 접근이 느린 단점이 있다. 연결 리스트에 C 언어를 이용하면 포인터(*)라는 것을 이용해 쉽게 표현할 수 있으나 파이썬에서는 포인터 개념이 없기에 이를 딕셔너리 자료형을 이용해서 구현했다. 물론 일반적으로 클래스를 이용해 표현하는 것이 훨씬 쉬우나 클래스를 배우지 않은 학생들을 위해 본 교재에서는 클래스를 이용한 방법이 아닌 딕셔너리와 함수를 이용해 표현하는 방법으로 단순 연결 리스트의 구조를 파악해보려고 한다.

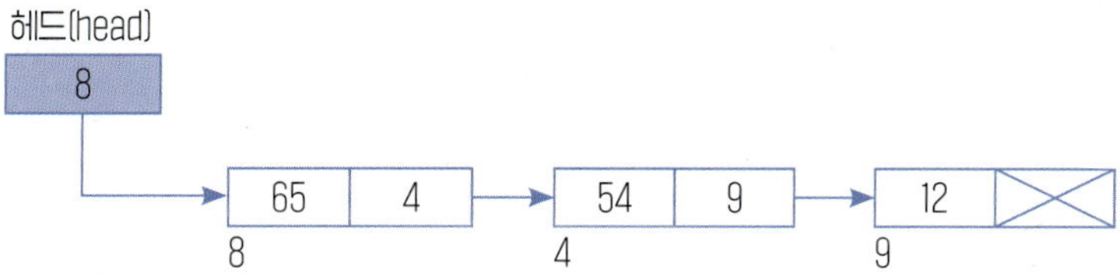

단순 연결 리스트 예 (1)

단순 연결 리스트의 과정을 단계적으로 살펴보면 그림과 같다.

단계	설명
1	헤드 8이 가리키는 노드에 접근해 데이터를 보니 65로 이 데이터를 출력한다.
2	뒤쪽 노드를 가리키는 값 4를 따라 다음 노드에 접근해 데이터를 보니 54로 이 데이터를 출력한다.
3	뒤쪽 노드를 가리키는 값 9를 따라 다음 노드에 접근해 데이터를 보니 12로 이 데이터를 출력한다.
4	뒤쪽 노드를 가리키는 값을 확인해 보니 더는 없으므로 이 과정을 종료한다.

이 단계를 실습 예제를 통해 살펴보자.

실습 예제

단순 연결 리스트 1 – 딕셔너리와 함수만을 이용한 방법

```
A={8:[65,4],4:[54,9],9:[12,None]}
print(A)

#현재 데이터가 다음 데이터 주소와 함께 정의
A[8][0]=65
A[8][1]=4  #다음 데이터 키
A[4][0]=54
A[4][1]=9  #다음 데이터 키
A[9][0]=12
A[9][1]=None  #다음 데이터 키

def SinglyLinkedList(A,root):
  head=root
  node_next=head

  while node_next!=None:
    node_value=A[node_next][0]
    node_next=A[node_next][1]
    print('value:',node_value)

SinglyLinkedList(A,8)
```

〈실행 결과 예〉

```
{8: [65, 4], 4: [54, 9], 9: [12, None]}
value: 65
value: 54
value: 12
```

앞 예제와 비슷한 형태로 이번에는 Part 1의 2장에서 배웠던 a={"h":[8,"t"],"

t":[4,"u"],"u":[9, None]}의 예를 작성해 보자. Part 1에서 살펴본 실습 예제와 원리는 같다. 대신 이번에는 문자를 시작(head)으로 했고 이를 통해 각각 8, 4, 9 값을 출력해 보자. 이번에는 약간 C 언어 스타일의 구조처럼 구성해 보자.

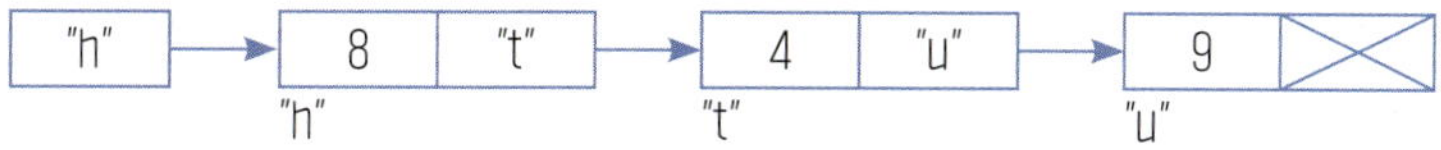

단순 연결 리스트 예 (2)

이 과정을 코드로 표현하면 다음과 같다.

실습 예제

단순 연결 리스트 2 – C 언어 스타일처럼 딕셔너리와 함수를 이용한 표현 방법

```
#딕셔너리를 이용한 방법
a={"h":[8,"t"],"t":[4,"u"],"u":[9, None]}
print(a)

#현재 데이터가 다음 데이터 주소를 함께 정의
a["h"][0]=8
a["h"][1]="t"  #다음 데이터 키
a["t"][0]=4
a["t"][1]="u"  #다음 데이터 키
a["u"][0]=9
a["u"][1]=None  #다음 데이터 키

#노드 순회
def test1(a,root_key):
    head=root_key
    node_next=head
    while True:
        node_value  = a[node_next][0]
        node_next = a[node_next][1]
        print('value:',node_value)

        if node_next == None:
            print('final node ')
            break
test1(a,"h")
```

〈실행 결과 예〉

```
{'h': [8, 't'], 't': [4, 'u'], 'u': [9, None]}
value: 8
value: 4
value: 9
final node
```

2 〉 확장형 자료구조

Part 1에서 설명한 대로 자료구조는 주기억장치에 데이터를 저장하는 방식을 구조적으로 정의하는 것을 말하고, 알고리즘은 문제를 해결하는 방식을 말한다. 자료구조인 데이터를 저장하는 방식에 특별한 문제를 해결하기 위하여 문제 해결의 절차를 포함한 자료구조를 확장형 자료구조라고 정의했다. 그리고 확장형 자료구조에 스택, 큐, 트리, 그래프를 포함시켜 설명했다.

스택과 큐는 선형 자료구조에 속하여 데이터가 저장될 때 순서를 가지고 저장되도록 하는 구조를 가지므로, 순서에 맞추어 데이터에 접근하고, 수정, 삭제할 수 있다. 스택과 큐는 아주 간단한 규칙을 가지고 있으며, 이 규칙을 알고리즘이라고 표현하면 스택과 큐는 알고리즘을 포함한 자료구조이다.

2.1 스택

스택(Stack)은 기본 자료구조에 규칙을 포함한 확장형 자료구조이며, 규칙은 데이터를 저장하는 규칙이다. 스택의 규칙은 새로운 데이터를 저장할 때 항상 가장 마지막에 저장하며 이러한 저장 동작을 push, 저장된 데이터를 불러올 때 가장 마지막에 저장된 데이터를 읽어오며 이러한 불러오기 동작을 pop 동작이라고 정의한다. 이와 같은 규칙을 갖고 있어서 스택을 데이터가 들어가고 나오는 출구가 하나인 자료구조라 하기도 하고, 가장 늦게 저장된 데이터를 가장 빨리 불러올 수 있는 의미로 LIFO(Last In First Out) 구조라고도 한다.

Part 1의 3장 기본 자료구조와 확장형 자료구조 중 스택에 대해 설명하는 그림을 다시 살펴보면 다음과 같다.

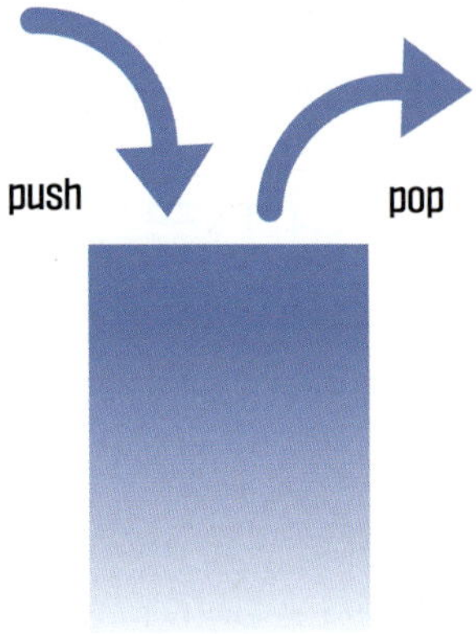

스택

배열 자료구조를 이용한 스택 구현을 해보자.

실습 예제

간단한 스택 추가 및 삭제하기

기존 스택에 [10,20,30]이 있다. 기존 스택 값을 출력한다. 그다음 40을 추가하고 스택의 결과를 화면에 출력한 후, 40을 제거하고 다시 스택의 결과를 화면에 출력해 보자.

```
stk=[10,20,30]
print(f'기존 값:{stk}')
stk.append(40)      #stkt에 40 추가, 이때 append(값) 사용
print(f'40 추가한 후 결과:{stk}')
stk.pop( ) #stkt에서 40 삭제, 이때 pop( ) 사용
print(f'40 삭제한 후 결과:{stk}')
```

〈실행 결과 예〉

기존 값:[10, 20, 30]

40 추가한 후 결과:[10, 20, 30, 40]

40 삭제한 후 결과:[10, 20, 30]

왼쪽 예제는 배열 자료구조를 이용한 스택 구현 방식으로 스택의 크기를 미리 정해둔 채 사용하는 것으로 10, 20, 30 다음에 40을 삽입(push)하고, 다시 제일 마지막에 입력된 값을 삭제하는 것을 표현한 것이다. 이 실습 예제를 그림으로 표현하면 다음과 같다.

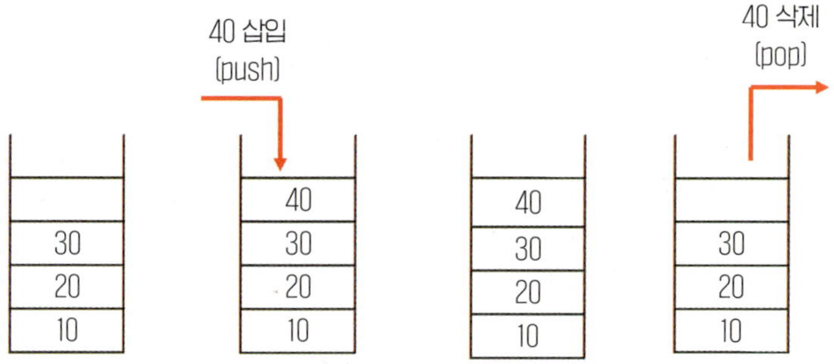

스택 구조

이번에도 역시 배열을 이용한 스택 방식, 즉 데이터를 저장해서 해결하는 방식을 통해 데이터를 스택 배열에 삽입하고 삭제해 보자. 이때 아무것도 없는 빈 스택에서부터 시작해 하나씩 입력하고 다시 삭제하는 형태로 구성해 보자.

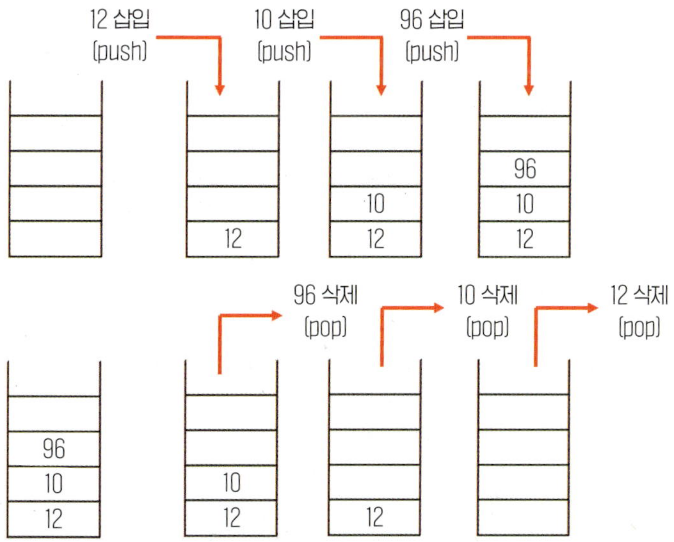

빈 스택에서의 삽입, 삭제 과정

실습 예제

빈 스택에 데이터 추가, 삭제하기

〈제약 조건〉

- 빈 스택에서 시작해 데이터를 하나씩 추가하는 과정을 보여준다. 또 삭제하는 과정도 보여준다.
- 이를 위해 "1:삽입, 2:삭제, 3:종료" 중 1개를 선택해 해당 내용의 과정들이 나타나도록 한다.
- "1:삽입" 선택 시 삽입할 데이터를 직접 입력받아 이 값들을 스택에 저장한다.
- 만약 스택에서 데이터 삭제 시 더 이상 삭제할 데이터가 없다면 즉, len(stk)==0이라면 "스택이 비었습니다", "더 이상 삭제할 데이터가 없습니다"라는 메시지를 나타낸다.

〈입력〉

- 3개 중 하나의 종류를 선택하게 한다.

```
input("1:삽입, 2:삭제, 3:종료 중 선택>>> ")
```

- "1. 삽입"이 선택된 경우 사용자로부터 값을 입력받는다.

```
input("삽입할 데이터= ")
```

〈출력〉

삽입되는 과정을 나타낸다.

삭제하는 과정를 나타낸다.

만약 스택이 비어있으면 스택이 비었습니다, 더 이상 삭제할 데이터가 없습니다.를 출력한다.

```
stk_1=[ ]   #배열 방식의 빈 스택(리스트)

while True:
    num=int(input("1:삽입, 2:삭제, 3:종료 중 선택>>> "))
    if num==1:
      push=int(input("삽입할 데이터= "))
      stk_1.append(push)
      print(stk_1)
    elif num==2:
      if len(stk_1)==0:
        print("스택이 비었습니다.")
        print("더 이상 삭제할 데이터가 없습니다.")
      else:
        del_data=stk_1.pop( )
        print(f"삭제된 데이터={del_data}")
        print(stk_1)
    else:
      print("3:종료를 입력하였습니다.")
      break
```

〈실행 결과 예〉

```
1:삽입, 2:삭제, 3:종료 중 선택>>> 1
삽입할 데이터= 12
[12]
1:삽입, 2:삭제, 3:종료 중 선택>>> 1
삽입할 데이터= 10
[12, 10]
1:삽입, 2:삭제, 3:종료 중 선택>>> 1
삽입할 데이터= 96
[12, 10, 96]
1:삽입, 2:삭제, 3:종료 중 선택>>> 2
삭제된 데이터= 96
[12, 10]
1:삽입, 2:삭제, 3:종료 중 선택>>> 2
삭제된 데이터= 10
[12]
1:삽입, 2:삭제, 3:종료 중 선택>>> 2
삭제된 데이터= 12
[]
1:삽입, 2:삭제, 3:종료 중 선택>>> 2
스택이 비었습니다.
더 이상 삭제할 데이터가 없습니다.
1:삽입, 2:삭제, 3:종료 중 선택>>> 3
3:종료를 입력하였습니다.
```

컴퓨터에는 산술 연산자마다 우선순위가 있다. 이때 우선순위에 따른 연산이 달라진다. 컴퓨터에서 연산자와 피연산자를 표현하는 방법은 크게 3가지가 있는데 전위 표기법, 중위 표기법, 후위 표기법이 있다. 중위 표기법은 일반적으로 우리가 3+2와 같이 수식으로 표현하는 방법이다. 전위 표기법과 후기 표기법은 연산자와 피연산자를 분리하여 표기하는 방식이다. 이 중 연산자가 피연산자들 뒤쪽에 표기하는 방법을 어떻게 스택으로 표현할 수 있는지 살펴보자.

- 중위 표기법 : 일반적으로 사용하는 수식. 예) 2+3
- 전위 표기법 : 연산자를 피연산자 앞에 표기. 예) +23
- 후위 표기법 : 연산자를 피연산자 뒤에 표기. 예) 23+

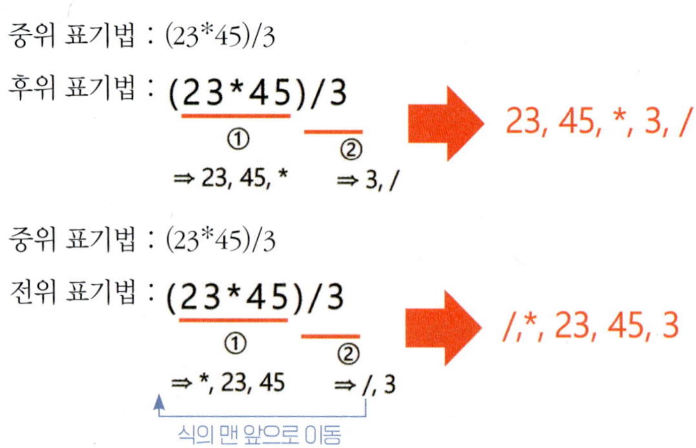

중위 표기법: (23*45)/3

후위 표기법: 23, 45, *, 3, /

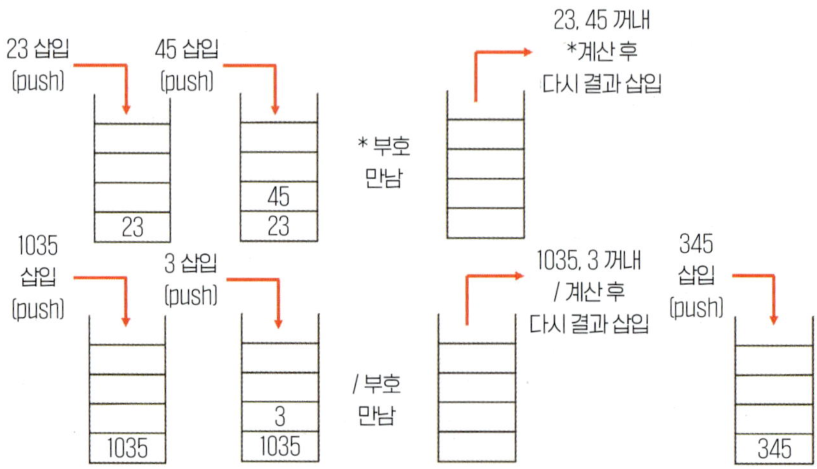

실습 예제

후기 표기법을 사용한 우선순위 연산

〈제약조건〉

push( ) : 스택 가장 마지막에 데이터 삽입

pop( ) : 스택의 가장 마지막 데이터 읽음, 스택의 가장 마지막 데이터 삭제

〈처리 과정〉

피연산자는 push( )

연산자를 만나면 피연산자를 pop( )

연산

연산 결과 push( )

〈입력〉

본인이 원하는 연산식을 후위 표기법으로 받는다.

일반적인 식이 만약 3+4이라면 후위 표기법으로는 3,4,+과 같이 입력한다.

(입력 예)

계산식을 후위 표기법으로 입력하세요.

연산자와 피연산자는 ","로 분리해서 입력하세요.

3,4,+

〈출력〉

pop( )으로 연산한 결과 출력한다.

(출력 예)

7

〈실행 결과 예〉

계산식을 후위 표기법으로 입력하세요.

연산자와 피연산자는 ","로 분리해서 입력하세요.

3,4,+

삽입과정:[3]

삽입과정:[3, 4]

계산을 위해 스택에서 빼야 하는 값:4

계산을 위해 스택에서 빼야 하는 값:3

삽입과정:[7]

```
a_stack=[]

def push(push_data):  #피연산자를 push
    a_stack.append(int(push_data))
    print(f'삽입과정:{a_stack}')

def pop( ): #연산자를 만나면 계산하기 위해 스택에서 뺌
    a=a_stack[-1]
    print(f"계산을 위해 스택에서 빼야하는 값:{a}")
    a_stack.remove(a_stack[-1])
    return a

a=list(input("계산식을 후위표기법으로 입력하세요.\n연산자와 피연산자는
\",\"로 분리해서 입력하세요.\n").split(','))

for i in a:
    if i == '+' or i == '-' or i == '*' or i == '/':
      pop_data1=pop( )
      pop_data2=pop( )
      if i == '+':
        push(pop_data2+pop_data1)
      elif i == '-':
        push(pop_data2-pop_data1)
      elif i == '*':
        push(pop_data2*pop_data1)
      elif i == '/':
        push(pop_data2/pop_data1)
    else:
      push(i)
```

실습 예제 실행 과정을 풀어보면 다음과 같다.

1. 입력받은 문자열을 리스트형으로 분리하여 저장한 후 하나씩 읽어 와서 연산을 수행한다. 이때 split(",")는 연속으로 입력받는 값을 ,(콤마)로 입력하면 ,(콤마)를 기준으로 분리해서 읽어올 수 있도록 만드는 방법이다.
2. for 문으로 리스트에 저장된 데이터를 하나씩 불러와서 수행한다.
3. 가장 먼저 '3'이 i에 저장되어 첫 번째 if 문인 `i == '+' or i == '-' or i == '*' or i == '/'`를 수행하는데 3은 연산자가 아니므로 push 함수를 수행한다. 이것이 바로 스택에 push 동작을 하는 것이다.
4. 스택에 '3'이 정수형으로 변환되어 저장된다.
5. 다시 for 문으로 돌아와 두 번째 데이터인 '4'가 i에 저장되고, 다시 `i == '+' or i == '-' or i == '*' or i == '/'`를 수행하는데 4는 연산자가 아니므로 다시 push 함수가 수행한다.
6. 다시 for 문으로 돌아와 세 번째 데이터인 '+'가 i에 저장되고, `i == '+' or i == '-' or i == '*' or i == '/'`에서 비교해 연산자이기 때문에 pop 함수가 두 번 수행되어 스택에 저장된 정수형 데이터 3과 4를 하나씩 불러와서 저장한다.
7. 그다음 pop으로 불러온 데이터에 기호에 맞는 연산을 하고 다시 push 함수를 수행하여 스택에 결과값을 저장하게 된다. 즉, 스택에는 3+4의 결과인 7이 정수형으로 저장된다.

이렇게 하면 모든 연산이 끝난다. 스택은 LIFO 규칙을 갖는 자료구조임을 잊지 말자.

잠깐만요

a=a_stack[-1]에서 [-1]은 pOP을 이용해 원래는 스택에서 원소를 제거해야 하지만 계산을 위해 제거하지 않고 가져오기만 할 때 사용하는 것으로 사용된다.

2.2 큐

큐(Queue)는 기본 자료구조에 규칙을 포함한 확장형 자료구조로 다음과 같은 규칙을 가지고 데이터를 저장한다. 새로운 데이터를 저장할 때 항상 가장 마지막에 저장하는데, 이 저장 동작을 Enqueue라고 한다. 또한 큐는 저장된 데이터를 불러올 때 가장 처음에 저장된 데이터를 읽어오며, 이러한 불러오기 동작을 Dequeue라고 한다. 이와 같은 규칙을 갖고 있어서 저장된 데이터를 가장 빨리 불러올 수 있는 의미로 FIFO(First In First Out) 구조라고 부른다. Part 1의 3장 기본 자료구조와 확장형 자료구조 중 큐에 대한 그림을 다시 살펴보면 다음과 같다.

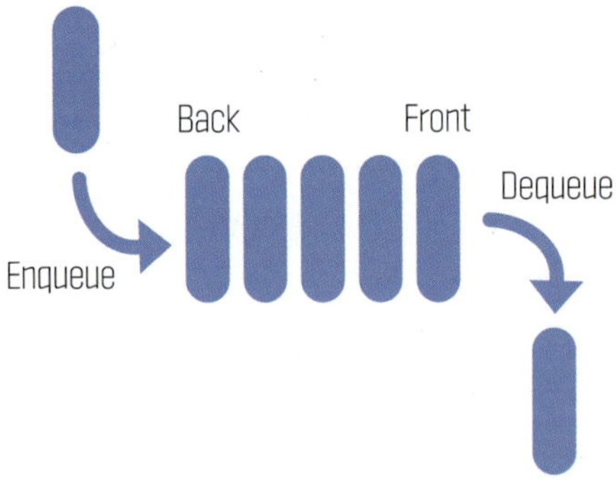

큐의 구조

우선 큐에서 front는 첫 번째 요소를 가리킨다. rear는 큐의 마지막 요소를 가리킨다. 큐가 처음 상태일 때는 어떤 데이터도 없는 상태이므로 front와 rear는 둘 다 −1이 된다.

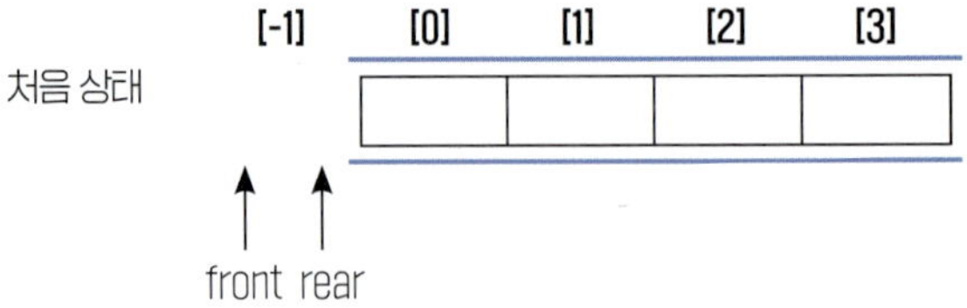

큐 처음 상태 : 어떤 데이터도 없는 상태(−1)

Enqueue는 큐에 데이터를 추가하는 연산으로 큐에 데이터가 삽입되면 rear가 하나씩 증가하며 해당 위치에 데이터가 삽입된다.

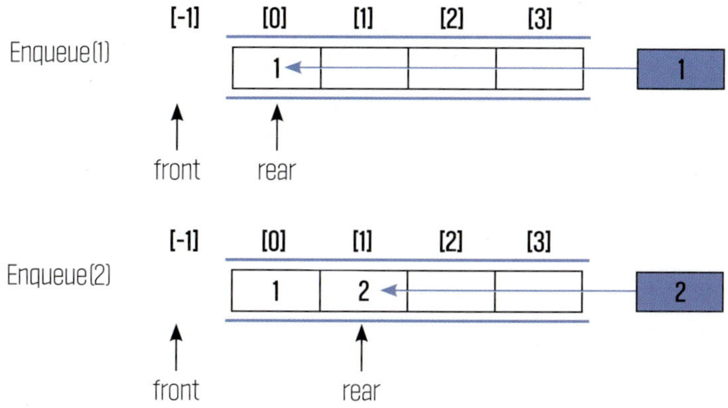

큐에 데이터 삽입하기

Dequeue는 큐에서 맨 앞에 있는 데이터를 삭제하는 연산으로 큐의 첫 번째 요소를 가리키는 front를 하나씩 증가시키면서 삭제 연산을 구현한다.

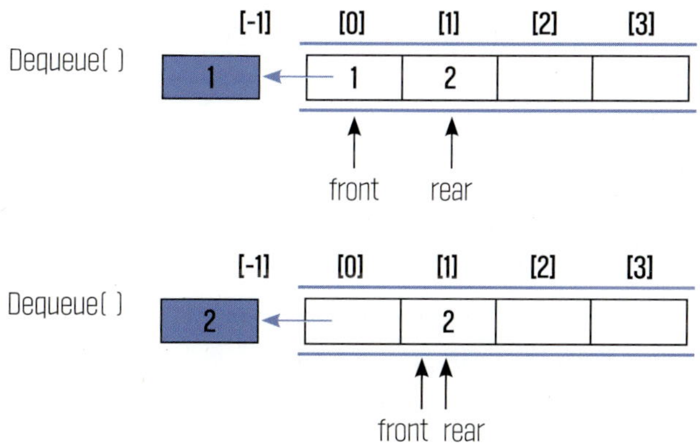

큐에서 데이터 삭제하기

큐도 배열 자료구조를 이용하여 구현할 수 있고, 연결 리스트 자료구조를 이용하여 구현할 수도 있다. 큐를 이용하여 해결하는 문제를 살펴보며 큐의 동작을 이해해 보자. 먼저 간단한 구조부터 살펴보자.

배열 자료구조를 이용한 큐 구현으로 큐의 크기를 미리 정해 놓고 사용한다. 이때 선형 큐는 삭제 후 데이터의 위치 이동 및 재사용이 불가하다.

실습 예제

간단하게 큐 구성하기

큐에 기존 [1,2,3]이 있다. 이때 데이터 4와 5를 추가하고 결과를 출력한다. 그리고 큐에서 데이터를 1개 삭제해 보자. 이를 통해 나온 결과를 출력해 보자.

```
#간단하게 큐 구성하기
queue=[1,2,3]
print(f'현재 큐 :{queue}')

queue.append(4)
queue.append(5)
print(f'데이터 추가 이후:{queue}')

print(f'큐에서 지워진 내용 : {queue.pop(0)}')
print(f'큐에 남은 데이터 :{queue}')
```

〈실행 결과 예〉

현재 큐 : [1, 2, 3]

데이터 추가 이후: [1, 2, 3, 4, 5]

큐에서 지워진 내용 : 1

큐에 남은 데이터 : [2, 3, 4, 5]

실습 예제에서 간단하게 큐의 원리를 파악해 보았다. 추가할 때는 맨 뒤에 추가되고, 삭제할 때는 맨 앞에 값이 삭제되는 내용을 확인할 수 있다.

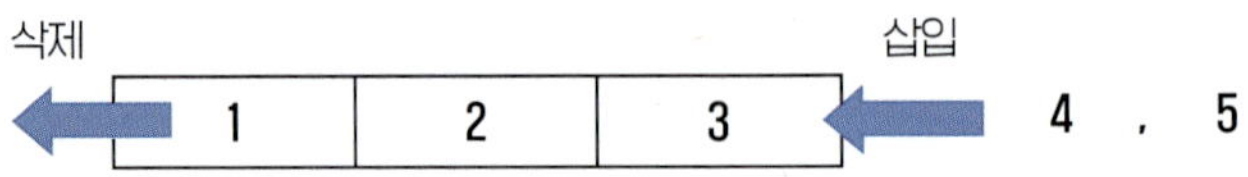

큐의 원리

이번에는 다른 예를 들어보자. 은행 업무를 보기 위해 은행에 가면 대기표를 뽑아서 대기해야 한다. 먼저 온 순서대로 은행 업무를 보는데 이런 은행 업무 관리 프로그램이 대표적인 큐로 해결한 문제이다. 대기표를 뽑으면 큐의 가장 마지막에 대기표 번호가 삽입되고, 은행 업무 순서 버튼이 눌리면 큐의 가장 앞에 저장된 대기표 번호가 나타나 이를 통해 업무를 볼 수 있다. 큐에서는 가장 앞에 저장된 번호는 삭제된다. 은행 업무를 수행하는 직원 화면에는 큐의 가장 앞 대기 번호가 출력되고, 대기표를 뽑은 고객 화면에는 큐의 마지막에 저장된 번호가 출력되는 것이다.

은행 업무 관리 프로그램을 실습 예제로 다뤄보면서 이해해 보자.

실습 예제

큐를 이용한 은행 업무 대기 프로그램

〈제약사항〉

대기표를 뽑으면 큐의 가장 마지막에 대기표 번호가 삽입된다. 은행 업무 순서 버튼을 누르면 큐의 가장 앞에 저장된 대기표 번호가 출력(즉, 큐에서는 삭제)된다. 만약 큐에 아무것도 없으면 "큐에 아무것도 없습니다."라는 메시지를 보여준다. 함수를 이용해 삽입과 삭제할 수 있도록 구성한다.

〈입력〉

무한 반복을 이용해 대기표 뽑기, 업무처리, 종료 중 1개를 선택하도록 한다.

(입력 예)

1: 대기표 뽑기, 2: 업무처리, 3:종료>>>

〈출력〉

현재 대기표번호, 현재 업무처리번호, 종료 결과를 보여준다.

(출력 예)

현재 대기표번호:101

현재 업무처리번호:102

큐에 아무것도 없습니다.

종료버튼을 눌렀습니다.

〈실행 결과 예〉

1: 대기표 뽑기, 2: 업무처리, 3:종료>>> 1

```
현재 대기표번호:101
1: 대기표 뽑기, 2: 업무처리, 3:종료>>> 1
현재 대기표번호:102
1: 대기표 뽑기, 2: 업무처리, 3:종료>>> 2
현재 업무처리번호:100
1: 대기표 뽑기, 2: 업무처리, 3:종료>>> 1
현재 대기표번호:103
1: 대기표 뽑기, 2: 업무처리, 3:종료>>> 2
현재 업무처리번호:101
1: 대기표 뽑기, 2: 업무처리, 3:종료>>> 2
현재 업무처리번호:102
1: 대기표 뽑기, 2: 업무처리, 3:종료>>> 2
큐에 아무 것도 없습니다.
현재 업무처리번호:None
1: 대기표 뽑기, 2: 업무처리, 3:종료>>>3
종료버튼을 눌렀습니다.
```

〈코드〉

```
#은행 업무 대기 프로그램
bank_w_no=100   #대기 번호 시작값
queue=[]

def enqueue(data):
  queue.append(data)

def dequeue( ):
  dequeue_object=None
  if len(queue)==0:
    print("큐에 아무 것도 없습니다.")
  else:
    dequeue_object=queue[0]
    queue.remove(queue[0])

    return dequeue_object
```

```
while (1):
  num=int(input("1: 대기표 뽑기, 2: 업무처리, 3:종료>>> \n"))
  if num==1:
    enqueue(bank_w_no)
    bank_w_no=bank_w_no+1
    print(f'현재 대기표번호:{bank_w_no}')
  elif num==2:
    b=dequeue( )
    print(f'현재 업무처리번호:{b}')
  else:
    print("종료버튼을 눌렀습니다.")
    break
```

실습 예제 코드를 설명하면 다음과 같다. enqueue() 함수와 dequeue() 함수는 큐 동작을 정의한 함수로, enqueue() 함수는 번호를 큐에 추가하는 함수, dequeue() 함수는 큐에서 번호를 하나 빼는 함수이다. 여러 개의 데이터를 저장할 수 있는 자료형인 리스트 자료형을 사용하였고, 각각의 리스트 자료형에서 사용할 수 있는 append() 함수와 remove() 함수를 적용했다. dequeue() 함수에서 인덱스 0의 데이터를 불러오고 그 값을 지웠다. 이와 같이 큐 자료구조를 정의하고 정의된 큐 자료구조를 이용하여 은행 업무 문제를 해결해 보면, 프로그램의 실행을 선택하여 입력값으로 받고 입력받은 값을 기준으로 세 가지 작업을 하도록 했는데, 첫 번째 대기표를 뽑는 기능을 선택하면 대기 번호가 큐에 추가되고 대기표 번호를 1씩 증가시켰다.

은행직원이 업무처리를 위하여 선택하면 큐에서 첫 번째 번호를 가져와 업무처리 번호가 출력되고, 마지막 반복문 종료를 위하여 종료 조건을 추가해서 선택하게 한 것이다. 실행 결과를 보면, 대기표 뽑기를 선택하면 현재 대기 번호가 출력되는 것을 볼 수 있고, 업무처리를 선택하면 저장되었던 대기표 번호 중 가장 앞 번호부터 출력되는 것을 볼 수 있다. 본 은행 업무 프로그램에서 저장하여 사용한 데이터는 대기 번호이며, 대기 번호를 저장할 때 큐 자료구조로 저장하고, 큐 자료구조의 특징을 이용하여 문제를 해결한 것이다.

이번에는 queue 라이브러리를 이용해 보자. import queue를 이용해 다음과 같이 표현할 수 있다. queue 라이브러리를 이용해 어떻게 나타내는지 살펴보자.

queue 라이브러리를 이용할 때 삽입은 기존처럼 append()나 insert()가 아닌 put()을 사용하고, 삭제 역시도 pop()이 아닌 get()을 사용한다.

실습 예제

queue 라이브러리 이용하기

```
#queue 라이브러리를 이용한 방법
import queue

data=[1,2,3,4,5]
que=queue.Queue( )

#que에 data값 입력
for i in data:
  que.put(i)
  #put( )이후 queue 크기 확인
  print(f'put( )할 때마다 변화된 queue크기:{que.qsize( )}')

#que에서 값 출력(삭제)
for i in range(que.qsize( )):
  print(f'data 나가는 순서:{que.get( )}')
  #get( )이후 queue 크기 확인
  print(f'get( )할 때마다 변화된 queue크기:{que.qsize( )}')
```

〈실행 결과 예〉

```
put( )할 때마다 변화된 queue크기:1
put( )할 때마다 변화된 queue크기:2
put( )할 때마다 변화된 queue크기:3
put( )할 때마다 변화된 queue크기:4
put( )할 때마다 변화된 queue크기:5
data 나가는 순서:1
get( )할 때마다 변화된 queue크기:4
data 나가는 순서:2
get( )할 때마다 변화된 queue크기:3
```

```
data 나가는 순서:3
get()할 때마다 변화된 queue크기:2
data 나가는 순서:4
get()할 때마다 변화된 queue크기:1
data 나가는 순서:5
get()할 때마다 변화된 queue크기:0
```

이번에는 데크(deque)를 이용해서 표현해 보자. 데크(deque: double-ended queue)는 덱이라고도 읽는다. 큐는 큐이지만 스택과 큐의 기능을 모두 가지고 있어 데이터를 양방향에서 추가하고 제거할 수 있는 자료구조이다. 이때 push와 pop을 하기 위한 몇 가지 함수들을 간단하게 소개한다.

- deque.append() : deque의 오른쪽 끝에 삽입, 리스트에도 있는 기능(맨 끝에 자료 추가)이다.
- deque.appendleft() : deque의 왼쪽 끝에 삽입, 리스트에는 없는 기능이다.
- deque.insert() : 특정 index에 값을 삽입하며, 리스트에도 있는 기능이다.
- deque.extend() : 주어진 값(배열 포함) deque 오른쪽에 추가하며, 리스트에도 있는 기능이다.
- deque.pop() : deque의 오른쪽 끝값을 제거 및 반환하며, 리스트에도 있는 기능이다.
- deque.popleft() : deque의 왼쪽 끝값을 제거 및 반환하며, 리스트에는 없는 기능이다.
- deque.remove() : 삭제하고 싶은 값을 deque에서 찾으며, 삭제, 리스트에도 있는 기능이다.

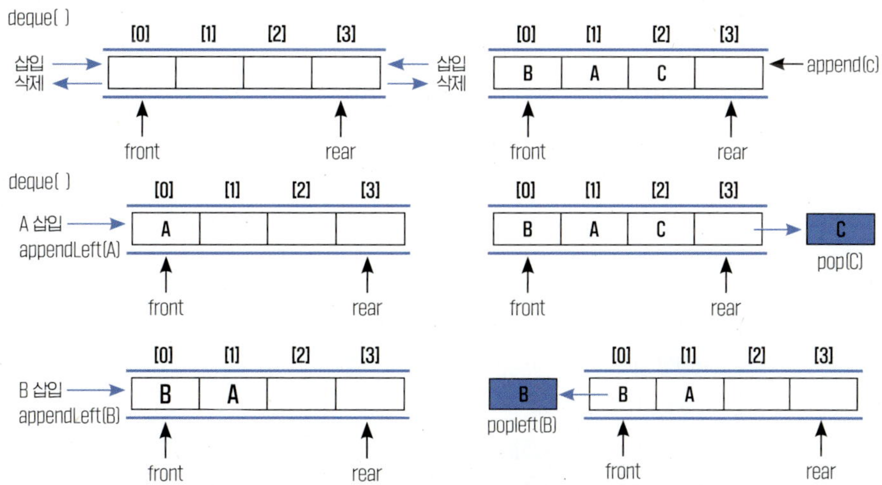

데크를 이용한 삽입, 삭제하기

실습 예제

deque 라이브러리 이용하기

```
#데크(deque) 라이브러리를 이용한 방법
from collections import deque

que=deque([1,2,3])
que.append(4)
que.append(5)
print(que)

que.appendleft(0)  #왼쪽에 0 추가
print(que)

que.insert(2,7)  #원하는 인덱스 위치에 값 추가
print(que)

arr=[8,9]
que.extend(arr)  #여러 개의 값을 오른쪽에 추가
print(que)

print(f'큐에서 지워진 내용 : {que.pop( )}')  #오른쪽 끝값 삭제 및 반환
print(que)

print(f'큐에서 지워진 내용 : {que.popleft( )}')  #왼쪽 끝값 삭제 및 반환
print(que)

que.remove(7)  #삭제하고 싶은 값을 데크에서 찾아 삭제
print(que)
```

<실행 결과 예>

```
deque([1, 2, 3, 4, 5])
deque([0, 1, 2, 3, 4, 5])
deque([0, 1, 7, 2, 3, 4, 5])
deque([0, 1, 7, 2, 3, 4, 5, 8, 9])
```

```
큐에서 지워진 내용 : 9
deque([0, 1, 7, 2, 3, 4, 5, 8])
큐에서 지워진 내용 : 0
deque([1, 7, 2, 3, 4, 5, 8])
deque([1, 2, 3, 4, 5, 8])
```

2.3 그래프

그래프는 인접하게 정점(Vertex)과 서로 이웃한 정점 간의 연결된 관계를 표현해주는 비선형 자료구조이며 확장형 자료구조로, 다음과 같이 표현할 수 있다.

G=(V,E) **이때** G**는 그래프,** V**는 정점**(Vertex), E**는 간선**(Edge)

그래프의 종류로는 무방향 그래프와 방향 그래프가 있다. 무방향 그래프는 간선(Edge)에 방향성이 없는 그래프로 정점 간의 순서가 없다. 즉, (A,B)나 (B,A)는 동일한 간선이다. 반면 방향성 그래프는 간선에 방향이 있는 그래프로 정점에서 어디로 가는지의 방향과 함께 순서를 표현할 수 있다. 즉, 〈A,B〉와 〈B,A〉는 다른 간선이다.

관계가 있는 데이터들끼리 하나의 배열에 저장하는 경로 배열의 예를 살펴보자.

실습 예제

딕셔너리를 이용한 무방향 그래프 표현

다음 그래프의 구성을 딕셔너리를 이용해 무방향 그래프를 표현하시오.

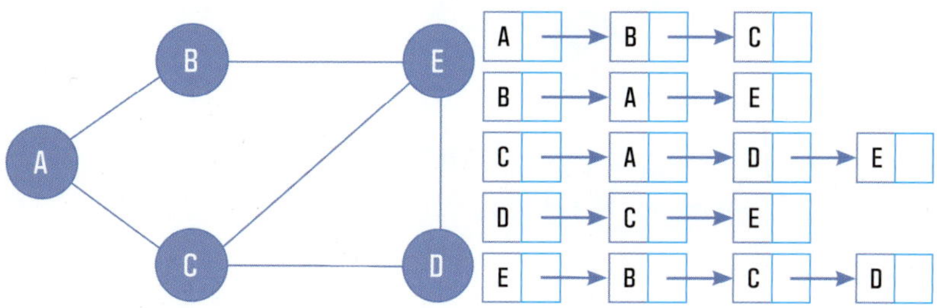

〈코드〉

```
#딕셔너리를 이용해 표현한 그래프
graph_d=dict( )   #빈 딕셔너리
graph_d['A']=['B','C']
graph_d['B']=['A','E']
graph_d['C']=['A','D','E']
graph_d['D']=['C','E']
graph_d['E']=['B','C','D']
print(graph_d)
```

〈실행 결과 예〉

```
{'A': ['B', 'C'], 'B': ['A', 'E'], 'C': ['A', 'D', 'E'], 'D': ['C', 'E'], 'E': ['B', 'C', 'D']}
```

이번에는 2차원 배열 자료구조를 사용하는 인접 행렬을 이용해 그래프를 살펴보자. 인접 행렬은 각 노드의 모든 이웃에 대해 하나의 행을 갖는다. 각 행의 값은 1(True)과 0(Flase)으로 구성되며, 이를 이용해 다음과 같이 표현할 수 있다.

실습 예제

무방향 그래프 인접 행렬 표현

다음 무방향 그래프를 이중 리스트(중첩 리스트)를 이용해서 인접 행렬을 표현해 보자. 그리고 찾고자 하는 위치의 값이 1인지, 0인지 입력해서 확인해 인접한지 아닌지도 확인해 보시오.

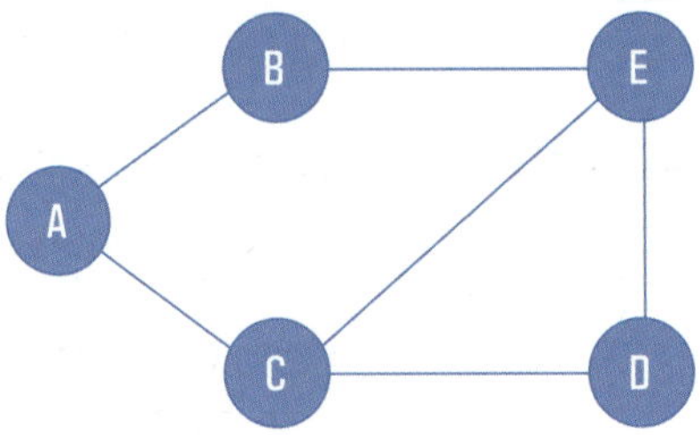

	A	B	C	D	E
A	0	1	1	0	0
B	1	0	0	0	1
C	1	0	0	1	1
D	0	0	1	0	1
E	0	1	1	1	0

〈코드〉

```
#인접 행렬: 간선이 존재하면 1(True), 존재하지 않으면 0(False)으로 행렬값 표현
a,b,c,d,e=range(5)
graph_array=[[0,1,1,0,0],[1,0,0,0,1],[1,0,0,1,1],[0,0,1,0,1],[0,1,1,1,0]]
print(f'A와 B의 인접행렬 결과 여부(1:인접, 0:인접아님) : {graph_array[a]
[b]}')
print(f'A와 D의 인접행렬 결과 여부(1:인접, 0:인접아님) : {graph_array[a]
[d]}')
```

〈실행 결과 예〉

```
A와 B의 인접행렬 결과 여부(1:인접, 0:인접아님) : 1
A와 D의 인접행렬 결과 여부(1:인접, 0:인접아님) : 0
```

2.4 트리

트리 역시 그래프의 일종인 비선형 자료구조이자 확장형 자료구조로 여러 노드가 한 노드를 가리킬 수 없는 구조이다. 트리도 그래프처럼 정점(노드)과 간선(엣지)으로 구성된다. 이때 주의할 점은 트리는 노드와 연결된 노드들 사이에 부모와 자식 관계가 있으며, 한 방향으로만 연결되어 있고, 자식 노드는 반드시 하나의 부모만 갖도록 하는 규칙을 갖는다.

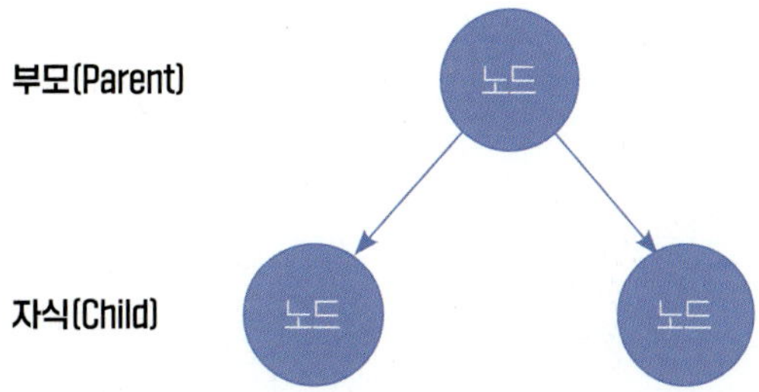

트리 구조

이중 리스트를 2차원 배열을 이용하여 트리를 표현해 보자.

실습 예제

간단하게 트리 표현하기

다음 트리를 이중 리스트를 이용하여 구현해 보자. 또한 내가 원하는 위치 값도 찾아보자.

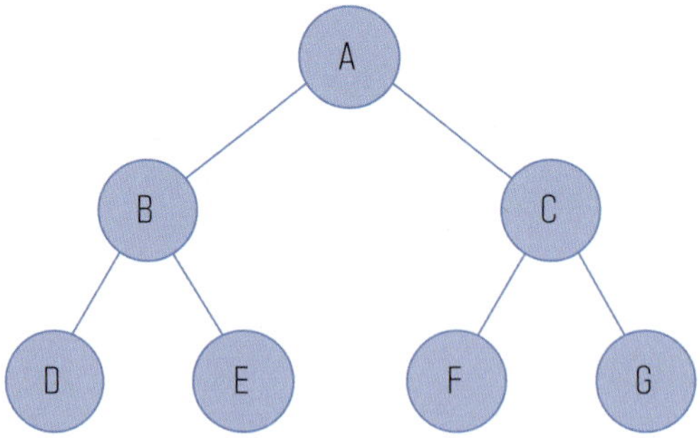

〈코드〉

```
#트리 표현하기 : 이중 리스트로 표현
Tree=['A',['B',['D','E']], ['C',['F',"G"]]]
print(Tree)
print(Tree[0])    #A
print(Tree[1][0])  #B
print(Tree[2][0])  #C
print(Tree[1][1])  #D, E
print(Tree[1][1][0])  #D
```

〈실행 결과 예〉

```
['A', ['B', ['D', 'E']], ['C', ['F', 'G']]]
A
B
C
['D', 'E']
D
```

실습 예제

딕셔너리를 이용해 트리 표현하기

이번에는 트리를 딕셔너리를 이용해서 구현해 보자.

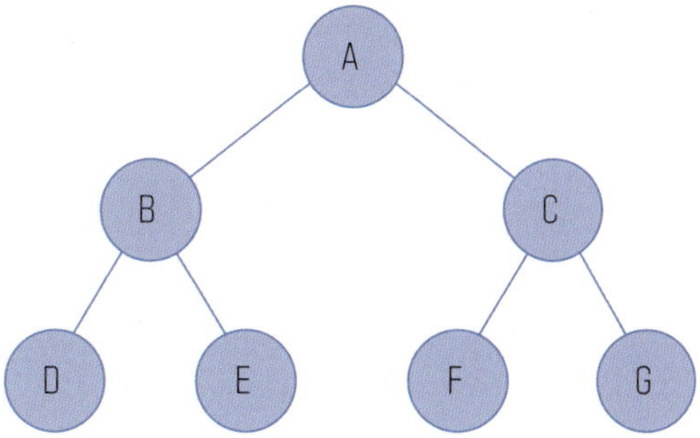

〈코드〉

```
#트리 표현하기 : 딕셔너리로 표현
Tree={'A':['B','C'], 'B':['D','E'],'C':['F','G']}
print(Tree)
for i in Tree:
  print(f'{i}→{Tree[i]}')
```

〈실행 결과 예〉

```
{'A': ['B', 'C'], 'B': ['D', 'E'], 'C': ['F', 'G']}
A→['B', 'C']
B→['D', 'E']
C→['F', 'G']
```

잠깐만요

완전 이진 트리(Complete Binary Tree)란 마지막 노드를 빼고 균형있게 유지하며 구성되는 트리로, 자식노드를 추가할 때 왼쪽부터 오른쪽으로 추가한다.

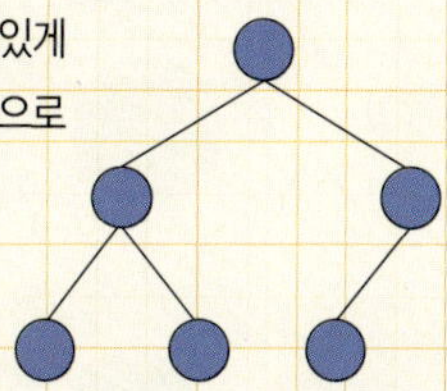

2.5 그래프 순회

그래프, 트리와 같은 연결구조에서는 모든 정점(노드)을 순차적으로 탐색할 수 있다. 즉, 하나의 정점(노드)으로부터 시작해서 차례대로 모든 정점(노드)을 한 번씩 방문한다. 예를 들어 도시와 도로를 그래프로 표현하고, 특정 도시(A)에서 특정 도시(E)까지 다른 도시 길로 갈 수 있는 방법 등이 있다.

순회는 그래프 자료구조를 바탕으로 여러 가지 문제를 해결하기 위해 정의되어 탐색 알고리즘으로 알려져 있다. 이를 기반으로 순회 방법을 이용한 탐색 문제 중 깊이 우선 순회와 너비 우선 순회를 다뤄보자.

깊이 우선 순회

깊이 우선 순회(DFS: Depth First Search)는 시작 정점을 정하고 방문하지 않은 정점이 존재할 때까지 방문하는 방법이며, 다음과 같은 규칙이 존재한다.

1. 현재 노드의 인접 노드 중 방문하지 않은 노드를 방문한다.
2. 방문한 노드의 인접 노드 중 더 이상 방문하지 않은 인접 노드가 존재하지 않으면 방문했던 경로를 되돌아간다.
3. 방문하지 않은 노드가 더 이상 존재하지 않으면 종료한다.

실습 예제

인접 행렬로 깊이 우선 순회 구하기

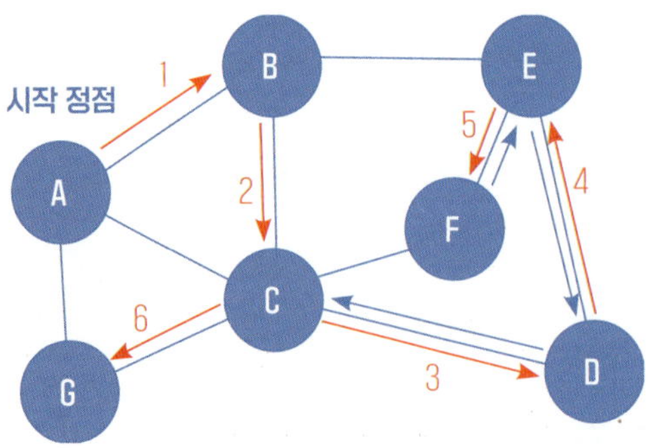

	A	B	C	D	E	F	G
A	0	1	1	0	0	0	1
B	1	0	1	0	1	0	0
C	1	1	0	1	0	1	1
D	0	0	1	0	1	0	0
E	0	1	0	1	0	1	0
F	0	0	1	0	1	0	0
G	1	0	1	0	0	0	0

〈코드〉

```
#깊이 우선 순회 : 인접 행렬 알아보기
a,b,c,d,e,f,g=range(7)
graph_array=[ [0,1,1,0,0,0,1],[1,0,1,0,1,0,0],[1,1,0,1,0,1,1],
              [0,0,1,0,1,0,0],[0,1,0,1,0,0,0],[0,0,1,0,1,0,0],
              [1,0,1,0,0,0,0] ]
print(f'A와 B의 인접행렬 결과 여부(1:인접, 0:인접아님) : {graph_array[a][b]}')
print(f'B와 C의 인접행렬 결과 여부(1:인접, 0:인접아님) : {graph_array[b][c]}')
print(f'C와 D의 인접행렬 결과 여부(1:인접, 0:인접아님) : {graph_array[c][d]}')
print(f'D와 E의 인접행렬 결과 여부(1:인접, 0:인접아님) : {graph_array[d][e]}')
```

〈실행 결과 예〉

```
A와 B의 인접행렬 결과 여부(1:인접, 0:인접아님) : 1
B와 C의 인접행렬 결과 여부(1:인접, 0:인접아님) : 1
C와 D의 인접행렬 결과 여부(1:인접, 0:인접아님) : 1
D와 E의 인접행렬 결과 여부(1:인접, 0:인접아님) : 1
```

트리 자료구조를 이용한 깊이 우선 순회(DFS)를 해보면서 이해해보자.

실습 예제

깊이 우선 순회

그래프를 대상으로 하는 깊이 우선 순회 문제를 풀어보자. 다음과 같은 그림이 있다.

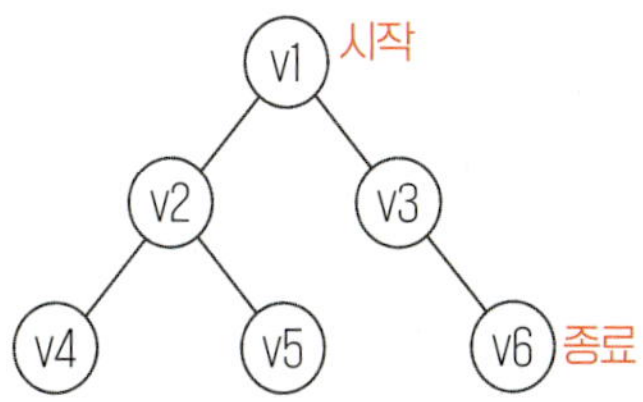

〈조건〉

시작은 v1부터, 종료는 v6으로 탐색을 끝낸다. 함수(depth_first_search)를 통해 현재 지점에 방문한 적이 없다면 "방문 노드"리스트에 추가하도록 한다. 또한 방문한 적이 없는 노드와 현재 방문한 노드는 무엇인지 나타나도록 하자. v1부터 시작해서 왼쪽을 기준으로 다음과 같은 순서가 되도록 탐색해 보자.

순서 : v1→v2→v4→v5→v3→v6

이때 각 노드는 딕셔너리로 표현한다.

```
DFS그래프={'v1': ['v2', 'v3'],
           'v2': ['v1', 'v4', 'v5'],
           'v3': ['v1', 'v6'],
           'v4': ['v2'],
           'v5': ['v2'],
           'v6': ['v3']}
```

깊이 우선 순회의 과정을 살펴보자.

〈실행 결과 예〉

```
==============================
{'v1': ['v2', 'v3'], 'v2': ['v1', 'v4', 'v5'], 'v3': ['v1', 'v6'], 'v4': ['v2'], 'v5': ['v2'], 'v6': ['v3']}
처음 노드별 방문 기록 : []
==============================
현재 방문한 적이 없는 노드:v2
현재 방문한 노드:v1
방문노드의 모든 경로 출력:['v1', 'v2']

현재 방문한 적이 없는 노드:v4
현재 방문한 노드:v2
방문노드의 모든 경로 출력:['v1', 'v2', 'v4']

현재 방문한 적이 없는 노드:v5
현재 방문한 노드:v2
방문노드의 모든 경로 출력:['v1', 'v2', 'v4', 'v5']

현재 방문한 적이 없는 노드:v3
현재 방문한 노드:v1
방문노드의 모든 경로 출력:['v1', 'v2', 'v4', 'v5', 'v3']
```

현재 방문한 적이 없는 노드:v6

현재 방문한 노드:v3

방문노드의 모든 경로 출력:['v1', 'v2', 'v4', 'v5', 'v3', 'v6']

〈코드〉

```
DFS그래프={'v1': ['v2', 'v3'],
           'v2': ['v1', 'v4', 'v5'],
           'v3': ['v1', 'v6'],
           'v4': ['v2'],
           'v5': ['v2'],
           'v6': ['v3']}

#초기 각 노드가 방문된 정보 표현 – 빈 리스트
방문노드=list( )

print("="*30)
print(DFS그래프)
print(f'처음 노드별 방문 기록 : {방문노드}')
print("="*30)

def depth_first_search(DFS_graph,start):
    #만약 현재 지점에 방문한 적이 없다면 방문 노드에 추가
    방문노드.append(start)

    for node in DFS_graph[start]:
        if node in 방문노드:
          print(f'현재 방문한 노드:{node}')
          print(f'방문노드의 모든 경로 출력:{방문노드}')  #방문 경로 출력
          print( )
          continue
        elif node not in 방문노드:
          print(f'현재 방문한 적이 없는 노드:{node}')
          depth_first_search(DFS_graph, node) #재귀함수 호출

depth_first_search(DFS그래프,'v1')
```

너비 우선 순회

너비 우선 순회(BFS: Breadth First Search)는 시작 노드를 정하고 인접한 노드를 모두 방문하는 순회 방법이며, 규칙은 다음과 같다.

1. 현재 노드의 인접 노드를 모두 방문한다.
2. 인접 노드 중 더 이상 방문하지 않은 인접 노드가 없으면 방문했던 경로를 되돌아간다.
3. 방문하지 않은 노드가 더 이상 존재하지 않으면 종료한다.

실습 예제

인접 행렬로 너비 우선 순회 구하기

그래프를 대상으로 하는 깊이 우선 순회 문제를 풀어보자. 다음과 같은 그림이 있다.

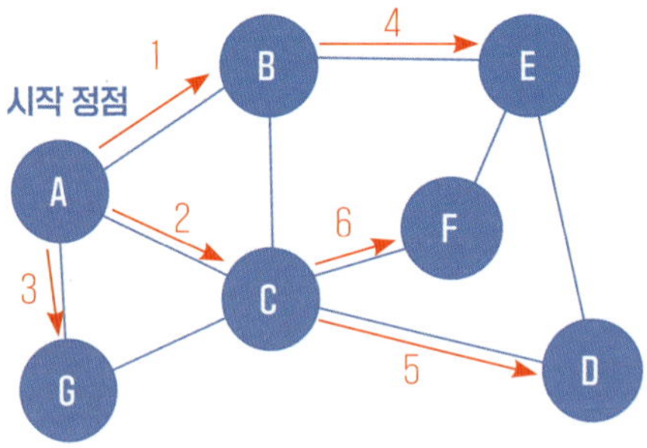

	A	B	C	D	E	F	G
A	0	1	1	0	0	0	1
B	1	0	1	0	1	0	0
C	1	1	0	1	0	1	1
D	0	0	1	0	1	0	0
E	0	1	0	1	0	1	0
F	0	0	1	0	1	0	0
G	1	0	1	0	0	0	0

〈코드〉

```
#너비 우선 순회 : 인접 행렬 알아보기
a,b,c,d,e,f,g=range(7)
graph_array=[ [0,1,1,0,0,0,1],[1,0,1,0,1,0,0],[1,1,0,1,0,1,1],
              [0,0,1,0,1,0,0],[0,1,0,1,0,1,0],[0,0,1,0,1,0,0],
              [1,0,1,0,0,0,0] ]
print(f'A와 B의 인접행렬 결과 여부(1:인접, 0:인접아님) : {graph_array[a][b]}')
print(f'A와 C의 인접행렬 결과 여부(1:인접, 0:인접아님) : {graph_array[a][c]}')
```

〈실행 결과 예〉

A와 B의 인접행렬 결과 여부(1:인접, 0:인접아님) : 1

A와 C의 인접행렬 결과 여부(1:인접, 0:인접아님) : 1

트리 자료구조를 이용한 너비 우선 순회(BFS)를 해보면서 이해해보자.

실습 예제

너비 우선 순회

그래프를 대상으로 하는 너비 우선 순회 문제를 풀어보자. 다음과 같은 그림이 있다.

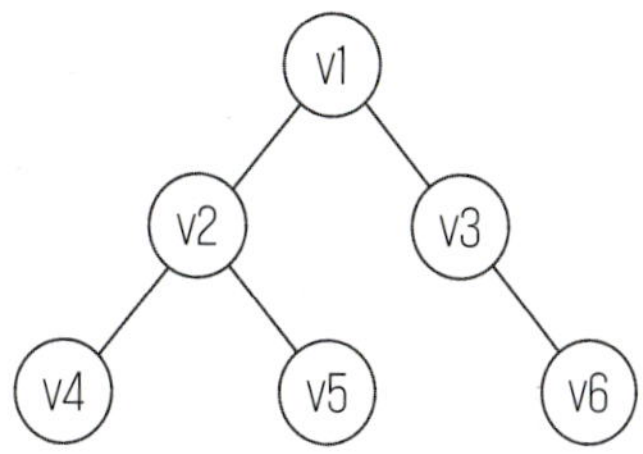

〈조건〉

시작은 v1부터, 종료는 v6으로 탐색을 끝낸다.

함수(breadth_first_search)를 통해 현재 지점에 방문한 적이 없다면 "방문노드" 리스트에 추가한다. 또한 현재 방문한 노드와 방문 노드의 모든 경로를 나타내 보자.

v1부터 시작해서 왼쪽을 기준으로 다음과 같은 순서가 되도록 탐색해 보자.

순서 : 1→2→3→4→5→6

각 노드가 연결된 정보는 딕셔너리로 표현한다.

```
BFS그래프={'v1': ['v2', 'v3'],
           'v2': ['v1', 'v4', 'v5'],
           'v3': ['v1', 'v6'],
           'v4': ['v2'],
           'v5': ['v2'],
           'v6': ['v3']}
```

너비 우선 순회의 과정을 살펴보자.

〈실행 결과 예〉

```
=================================
{'v1': ['v2', 'v3'], 'v2': ['v1', 'v4', 'v5'], 'v3': ['v1', 'v6'], 'v4': ['v2'], 'v5': ['v2'], 'v6': ['v3']}
처음 노드별 방문 기록 : []
=================================
현재 방문한 노드:v1
방문노드의 모든 경로 출력:['v1']

현재 방문한 노드:v2
방문노드의 모든 경로 출력:['v1', 'v2']

현재 방문한 노드:v3
방문노드의 모든 경로 출력:['v1', 'v2', 'v3']

현재 방문한 노드:v4
방문노드의 모든 경로 출력:['v1', 'v2', 'v3', 'v4']

현재 방문한 노드:v5
방문노드의 모든 경로 출력:['v1', 'v2', 'v3', 'v4', 'v5']

현재 방문한 노드:v6
방문노드의 모든 경로 출력:['v1', 'v2', 'v3', 'v4', 'v5', 'v6']
```

〈코드〉

```
#너비 우선 순회
from collections import deque

#각 노드가 연결된 정보 표현
BFS그래프={'v1': ['v2', 'v3'],
          'v2': ['v1', 'v4', 'v5'],
          'v3': ['v1', 'v6'],
```

```
        'v4': ['v2'],
        'v5': ['v2'],
        'v6': ['v3'] }

#초기 각 노드가 방문된 정보 표현 – 빈 리스트
방문노드=list( )
print("="*30)
print(BFS그래프)

print(f'처음 노드별 방문 기록 : {방문노드}')
print("="*30)

#너비 우선 탐색을 위한 함수 정의
def breadth_first_search(BFS_graph, start):
    que = deque([start]) #queue 이용

    while que: #queue 리스트에 아무것도 없을 때까지 계속 반복
        node = que.pop( ) #현재 방문하고 있는 지점(노드)

        if node in 방문노드:
            continue

        #만약 현재 지점에 방문한 적이 없다면 방문 노드에 추가
        elif node not in 방문노드:
            print(f'현재 방문한 노드:{node}')

            방문노드.append(node)
            print(f'방문노드의 모든 경로 출력:{방문노드}')  #방문 경로 출력
            print( )

            que.extendleft(BFS_graph[node])

breadth_first_search(BFS그래프,'v1')  #breadth_first_search 함수 호출
```

연습 문제

연습 01

스택과 큐를 이용한 문제 해결 방법을 구현해보려고 한다. 회문 찾기 문제를 풀어보자.

회문(Palindrome)이란 거꾸로 읽어도 제대로 읽는 것과 같은 문장이나 단어, 숫자, 또는 문자열 등을 말한다.
예) 'WOW', 'MADAM', '기러기', '내 아내', '소주', '주소', '토마스' 등

입력된 문자열이 회문인지 아닌지 확인해 보자.

❶ 큐와 스택에 문자열을 저장한다.

❷ 큐의 첫 번째 문자와 스택의 마지막 문자(pop( ))를 비교하여 회문의 결과가 참이면 True, 거짓이면 False를 출력한다.

〈실행 결과 예〉

```
True
True
True
True
True
False
```

〈코드〉

연습 문제

연습 02

다음 출력문에서 괄호를 확인하는 스택 문제를 풀어보자.

print("계산결과는{0}입니다.".format((int(a)+int(b))))

❶ 스택 정의

- push( ) : 스택의 가장 마지막에 데이터 삽입
- pop( ) : 스택의 가장 마지막 데이터 삭제

❷ 스택을 이용한 연산 알고리즘

(입력) : 괄호의 개수를 확인할 문자열을 입력받는다.

(처리)

- 왼쪽 괄호를 만나면 스택에 push( )
- 오른쪽 괄호를 만나면 스택에서 pop( )

(출력)

- 스택의 요소 수를 확인
- 스택에 데이터가 있으면 error
- 스택에 데이터가 없으면 OK

〈실행 결과 예〉

괄호가 포함된 문장을 입력하세요: print("계산결과는{0}입니다.".format((int(a)+int(b))))
스택에 추가되는 과정:['(']
스택에 추가되는 과정:['(', '(']
스택에 추가되는 과정:['(', '(', '(']
스택에 추가되는 과정:['(', '(', '(', '(']
스택에서 제거를 위해 대기하는 값:['(', '(', '(']
스택에 추가되는 과정:['(', '(', '(', '(']
스택에서 제거를 위해 대기하는 값:['(', '(', '(']
스택에서 제거를 위해 대기하는 값:['(', '(']
스택에서 제거를 위해 대기하는 값:['(']
스택에서 제거를 위해 대기하는 값:[]
스택이 비어있음 : OK

〈코드〉

연습 문제

연습 03

다음의 트리 자료구조 DFS를 탐색해 보시오.

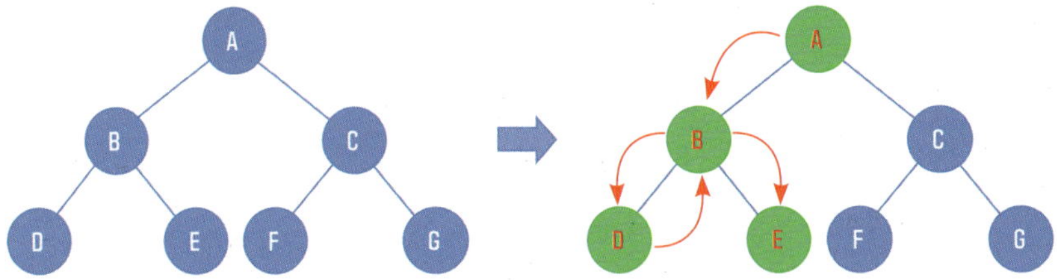

A부터 시작해 왼쪽에서 진행하면서 E를 만나면 종료하려고 한다. 이를 DFS 코드를 작성해 보자.

〈실행 결과 예〉

방문지점:['A']

node: B

방문지점:['A', 'B']

node: D

방문지점:['A', 'B', 'D']

node: B

node: E

방문지점:['A', 'B', 'D', 'E']

node: B

node: C

STOP

〈코드〉

연습 문제

연습 04 **다음의 트리 자료구조를 이용해서 BFS를 탐색해 보시오.**

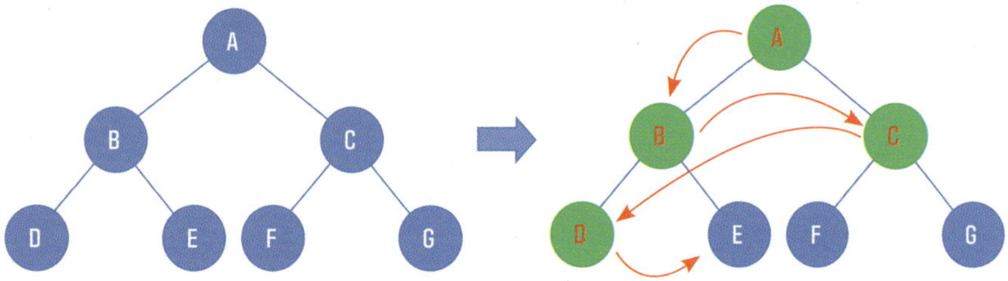

A부터 시작해 왼쪽에서 진행하면서 E를 만나면 종료하려고 한다. 이를 BFS 코드로 작성해 보자.

〈실행 결과 예〉

node: A

방문지점:['A']

node: B

방문지점:['A', 'B']

node: C

방문지점:['A', 'B', 'C']

node: D

방문지점:['A', 'B', 'C', 'D']

node: E

STOP

〈코드〉

도전 문제

도전 01 **스택 자료구조를 이용하여 역순 출력 문제를 해결하는 프로그램을 작성하시오. 사용자로부터 다음과 같이 입력한 문자를 다시 역순으로 출력해 보자.**

예) abcdefg → gfedcba

〈알고리즘 tip〉

문자가 끝날 때까지 push()

스택에 데이터가 없을 때까지 pop()

〈실행 결과 예〉

```
+++삽입되는 순서+++
['a']
['a', 'b']
['a', 'b', 'c']
['a', 'b', 'c', 'd']
['a', 'b', 'c', 'd', 'e']
['a', 'b', 'c', 'd', 'e', 'f']
['a', 'b', 'c', 'd', 'e', 'f', 'g']
+++삭제되는 순서+++
g f e d c b a
```

〈코드〉

도전 문제

도전 02 **단순 연결 리스트를 이용하여 문자형 데이터 7개를 자료구조로 저장하고 출력해 보자.**

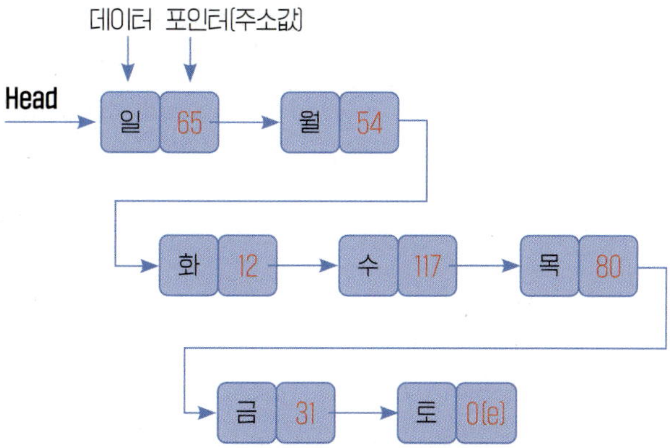

〈실행 결과 예〉

value: 일

value: 월

value: 화

value: 수

value: 목

value: 금

value: 토

final node

〈코드〉

| 9장 |

문제 중심의 알고리즘 구현

학습 목표

Part 2에서는 Part 1에서 배운 내용을 응용해서 구현해 보고자 한다. 이번 장에서는 검색 문제, 정렬 문제, 최단 거리 문제, 문자열 검색 문제에 대해 살펴보자. 이를 위해 간단하게 무엇인지부터 살펴보고 직접 코드로 구현해 보자.

1 〉 검색 문제

탐색 문제는 방대한 데이터에서 목적에 맞는 데이터를 찾아내기 위한 알고리즘으로 탐색뿐만 아니라 데이터의 삽입, 삭제 연산 기능을 위해서도 사용되므로, 탐색뿐만 아니라 빈번히 이루어지는 삽입과 삭제 동작 성능에도 영향을 미친다. 따라서 컴퓨터과학에서 탐색은 프로그램 성능에 큰 영향을 미치므로 효율적인 탐색 방법이 필요하다.

정렬 문제도 탐색 문제를 해결하기 위한 문제 중 하나이다.

대표적인 예로는 선형 검색 알고리즘, 이진 검색 알고리즘, 해 탐색 알고리즘이 있다. 이를 그림으로 정리하면 다음과 같다.

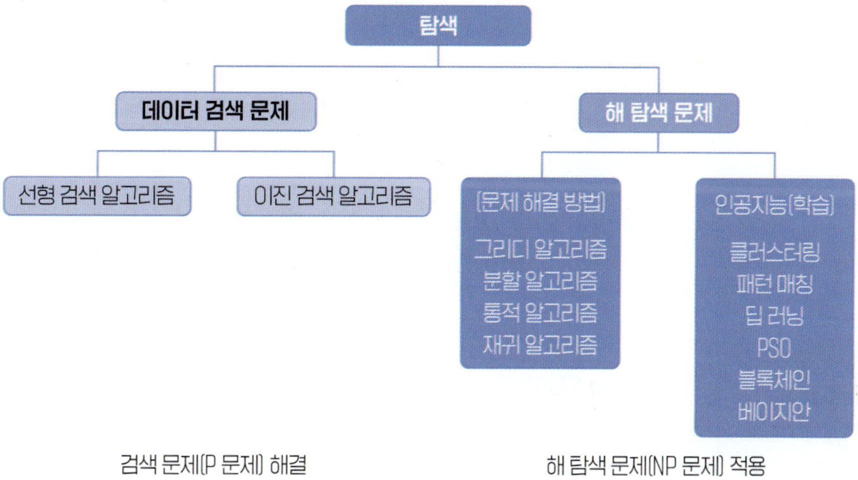

탐색 구조

1.1 선형 검색 알고리즘

데이터 검색 문제 해결 알고리즘인 선형 검색(Linear Search) 알고리즘은 순차 탐색, 순차 검색, 선형 탐색으로도 불리는 가장 간단한 검색 방법으로, 전수 검사 방법이라고도 한다. 정렬되지 않은 초기 리스트를 처음부터 끝까지 차례로 검사하여 원하는 데이터를 찾는 알고리즘이다.

선형 검색 알고리즘의 규칙은 다음과 같다.

1. 데이터에서 맨 처음 값을 찾는다.
2. 맨 처음 인덱스 위치의 값과 찾고자 하는 값을 비교한다.
3. 만약 비교했을 때 찾는 값과 다르면, 오른쪽으로 한 칸 이동해 두 번째 인덱스 위치로 간다.
4. 두 번째 인덱스 위치와 찾고자 하는 값을 다시 비교한다.
5. 만약 비교했을 때 찾는 값과 다르면, 다시 오른쪽으로 한 칸 이동해서 세 번째 인덱스 위치로 간다.

   ...중략....
6. 이때, 만약 각 인덱스 위치의 값과 찾는 값을 서로 비교하는 과정에서 찾고자 하는 값을 찾으면 검색을 마친다.
7. 그러나 마지막까지 찾고자 하는 값이 없으면 검색을 실패하고 마친다.

선형 검색 알고리즘 규칙을 다음 실습 예제를 통해서 직접 구현해 보자. 이를 통해 선형 검색이 어떻게 이뤄지는지도 살펴보자.

실습 예제

선형 검색 알고리즘 - while 문

```
#선형 검색
LSearch_list=[12,10,27,51,7,96]
print(LSearch_list)

i=0     #인덱스 시작값
#찾고자 하는 값
search=int(input("당신이 찾고자 하는 수를 입력해 검색해보세요>>> "))
```

```
while i<len(LSearch_list):
  print(f'index {i}:',LSearch_list[i])
  if LSearch_list[i]==search:    #만약 리스트[인덱스]==찾고자 하는 값
    print(f'인덱스[{i}]에서 탐색 성공')   #탐색 성공
    print('탐색 종료')
    break  #반복문 탈출
  else:
    i=i+1  #인덱스값 1씩 증가
```

〈실행 결과 예〉

```
[12, 10, 27, 51, 7, 96]
당신이 찾고자 하는 수를 입력해 검색해보세요>>> 7
index 0 : 12
index 1 : 10
index 2 : 27
index 3 : 51
index 4 : 7
인덱스[4]에서 탐색 성공
탐색 종료
```

선형 탐색은 위의 실습 예제 결과처럼 처음부터 하나씩 비교하여 찾고자 하는 값이 나올 때까지 계속 탐색하는 것이다. 이번에는 for 문으로 위의 코드를 구현해 보자.

실습 예제

선형 검색 알고리즘 – for 문

```
LSearch_list=[12,10,27,51,7,96]
print(LSearch_list)

i=0    #인덱스 시작값
#찾고자 하는 값
search=int(input("당신이 찾고자 하는 수를 입력해 검색해보세요>>> "))
```

```
for i in range(0, len(LSearch_list)):
    print(f'index {i}:',LSearch_list[i])
    if LSearch_list[i]==search:       #만약 리스트[인덱스]==찾고자 하는 값
        print(f'인덱스[{i}]에서 탐색 성공')    #탐색 성공
        print("탐색 종료")
        break #반복문 탈출
```

〈실행 결과 예〉

```
[12, 10, 27, 51, 7, 96]
당신이 찾고자 하는 수를 입력해 검색해보세요>>> 7
index 0 : 12
index 1 : 10
index 2 : 27
index 3 : 51
index 4 : 7
인덱스[4]에서 탐색 성공
탐색 종료
```

결과로만 보면 실행 결과는 똑같다. while 문을 사용했느냐 아니면 for 문을 사용해서 표현했느냐만 다를 뿐 전체적인 구조는 같다.

맨 처음부터 하나씩 비교하면서 찾고자 하는 값을 찾으면 뒤에 숫자가 남아있어도 중단하고 찾은 값이 있는 위치를 알려주고 종료한다.

이번에는 빈 리스트에 사용자로부터 키보드로 5개의 임의의 값(수)을 입력받아 이들 중에서 찾고자 하는 수를 입력하여 이를 검색하는 과정을 알아보자.

실습 예제

사용자로부터 값을 입력받고 선형 검색하기

빈 리스트에 사용자로부터 임의로 5개의 데이터를 입력받고, 선형 검색을 통해 찾고자 하는 숫자를 찾도록 작성해 보자.

```
LSearch_list=list( )  #빈 리스트

for i in range(5):
  num=int(input("입력할 수를 입력하세요:"))
  LSearch_list.append(num)

print("리스트=", LSearch_list)

search=int(input("찾고자 하는 수를 입력하세요:"))  #찾고자 하는 수 입력
for idx in range(0,len(LSearch_list)):
  print(f'index {idx}:',LSearch_list[idx])
  if LSearch_list[idx]==search:      #만약 리스트[인덱스]==찾고자 하는 값
    print(f'인덱스[{idx}]에서 탐색 성공')  #탐색 성공
    print("탐색 종료")
    break
```

〈실행 결과 예〉

입력할 수를 입력하세요:4

입력할 수를 입력하세요:1

입력할 수를 입력하세요:6

입력할 수를 입력하세요:10

입력할 수를 입력하세요:8

리스트= [4, 1, 6, 10, 8]

찾고자 하는 수를 입력하세요:6

index 0 : 4

index 1 : 1

index 2 : 6

인덱스[2]에서 탐색 성공

탐색 종료

1.2 이진 검색 알고리즘

선형 검색은 간단한 리스트 크기의 범위에서는 빠르고 좋으나 리스트 크기(범위)가 커지면 시간이 오래 걸리는 검색 알고리즘이다. 따라서 리스트 크기가 커지면 효율적이지 못하다. 이를 해결하는 방법이 바로 이진 검색 알고리즘이다. 데이터 검색 문제 해결 알고리즘인 이진 검색(Binary Search) 알고리즘은 선형 검색에 비해 빠르게 탐색할 수 있는데, 대신 데이터 리스트가 정렬되어 있다는 전제하에서 적용하기 좋은 검색 알고리즘이다. 따라서 이진 검색을 사용하려면 반드시 정렬해야 한다. 이진 트리 규칙 자료구조와 비슷하여 이진 트리 자료구조를 많이 사용한다. 이진 검색 알고리즘의 규칙은 다음과 같다.

1. 전체 리스트값 중에서 중앙의 인덱스 위치값을 찾는다.

$$\text{중앙의 인덱스 위치값}(middle) = \frac{(low + high)}{2}$$

2. 중앙의 인덱스 위치값과 찾고자 하는 값을 비교한다.
3. 만약 비교했을 때 찾는 값이 중앙의 인덱스 위치값보다 작으면 리스트의 뒤쪽 부분을 검색 범위에서 제외시킨다.

   찾는 값 < 중앙 인덱스 위치값

4. 반대로, 만약 비교했을 때 찾는 값이 중앙의 인덱스 위치값보다 더 크면 리스트의 앞쪽 부분을 검색 범위에서 제외시킨다.

   찾는 값 > 중앙 인덱스 위치값

5. 남아있는 리스트 값 중에서 다시 중앙의 인덱스 위치값을 찾고, 2, 3, 4의 과정을 반복한다.
6. 이렇게 하면 해당 과정을 통해 한 번씩 비교할 때마다 검색 범위가 반으로 줄어든다.
7. 이때 만약 원하는 값을 찾았다면 검색을 마친다.

   찾는 값 = 중앙 인덱스 위치값 → 일치

8. 마지막까지 찾고자 하는 값을 못 찾으면 검색을 실패하고 마친다.

배열 자료구조를 이용한 이진 검색 알고리즘 규칙을 다음 실습 예제를 통해서 직접 구현해 보자. 이를 통해 이진 검색이 어떻게 이뤄지는지도 살펴보자.

실습 예제

이진 검색 알고리즘 – while 문

```
BSearch_list=[7,10,12,25,27,96,1004]  #반드시 순서대로 정렬 필요
search=12       #찾고자 하는 값
low=0    #맨 처음 인덱스
high=6   #맨 마지막 인덱스
count=0  #찾는 횟수

while low <= high:
  middle=int((low+high)/2)

  if search==BSearch_list[middle]: #찾고자 하는 값==리스트[중앙 위치값]
      count=count+1
      print(f'주어진 리스트에서 인덱스[{middle}]위치의 값인 {search}을/를 총 
{count}번만에 검색성공')     #탐색 성공
      print("탐색종료")
      break      #반복문 탈출

  elif search > BSearch_list[middle]: #찾고자 하는 값 > 리스트[중앙 위치값]
      low=middle+1   #리스트 중앙값의 오른쪽으로 이동
      count=count+1
  else:
      high=middle-1    #리스트 중앙값의 왼쪽으로 이동
      count=count+1
```

<실행 결과 예>

주어진 리스트에서 인덱스[2] 위치의 값인 12을/를 총 3번 만에 검색 성공

탐색 종료

이번에는 for 문을 이용해서 위의 실습 내용을 조금 더 응용해 보자. 만약 찾고자 하는 값이 없을 때 "검색 실패!! 당신이 찾는 값은 없습니다"가 나오도록 추가적으로 구현해 보자.

실습 예제

이진 검색 알고리즘 – for 문

```
BSearch_list=[7,10,12,25,27,96,1004]  #반드시 순서대로 정렬 필요
search=12 #찾고자 하는 값
low=0  #맨 처음 인덱스
high=len(BSearch_list)-1  #맨 마지막 인덱스
count=0 #찾는 횟수

for i in range(len(BSearch_list)):
    if low<=high:
        middle=int((low+high)/2)

        if search==BSearch_list[middle]:
            count=count+1
            print(f'주어진 리스트에서 인덱스[{middle}]위치의 값인 {search}을/를 총 {count}번만에 검색성공')    #탐색 성공
            print("탐색 종료")
            break    #반복문 탈출

        elif search > BSearch_list[middle]: #찾고자 하는 값 > 리스트[중앙 위치값]
            low=middle+1  #리스트 중앙값의 오른쪽으로 이동
            count=count+1
        else:
            high=middle-1  #리스트 중앙값의 왼쪽으로 이동
            count=count+1

    else:
        print(f'탐색실패!! 당신이 검색한 숫자 {search}은/는 없습니다.')
```

〈실행 결과 예〉

(찾는 값이 있는 경우)

주어진 리스트에서 인덱스[2]위치의 값인 12을/를 총 3번만에 검색 성공

탐색 종료

(찾는 값이 없는 경우)

탐색 실패!! 당신이 검색한 숫자 28은/는 없습니다.

탐색 실패!! 당신이 검색한 숫자 28은/는 없습니다.

탐색 실패!! 당신이 검색한 숫자 28은/는 없습니다.

탐색 실패!! 당신이 검색한 숫자 28은/는 없습니다.

2 〉 정렬 문제

정렬 문제는 Part 1에서 설명했듯이 n개의 숫자가 입력으로 주어졌을 때, 사용자가 지정한 기준에 맞게 순서를 찾는 문제이다. 특히 검색 문제를 좀 더 빠르게 해결하기 위해 연구된 문제이다. '모든 입력 데이터에 대해, 일정한 시간 안에, 정답(순서)을 찾는다'와 같은 컴퓨터 알고리즘을 가지는 대표적인 P 문제로 정렬 문제를 해결하는 알고리즘이 있으며, 따라서 정렬 문제는 해결된 문제이다.

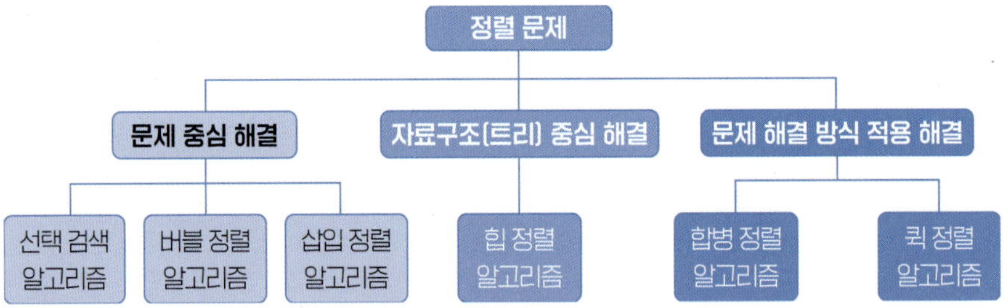

정렬 문제의 종류

정렬 문제를 해결한 알고리즘은 다음과 같다.

1. 문제 중심 해결 정렬 알고리즘

- 선택 정렬 : 입력된 배열 전체 중에 가장 작은 최소값을 찾아 선택한 후 배열의 맨 앞쪽으로 이동시키는 방법이다.
- 버블 정렬 : 이웃하는 두 값을 비교해 작은 수를 앞쪽, 큰 수를 뒤쪽으로 이동하는 방법이다.
- 삽입 정렬 : 입력된 배열을 정렬된 부분과 정렬되지 않은 부분으로 나누어 정렬되지 않은 부분의 가장 왼쪽 값을 정렬된 부분의 값과 비교하여 적절한 위치에 삽입해서 정렬하는 방법이다.

2. 자료구조 중심 해결 정렬 알고리즘

- 힙 정렬 : 데이터를 정렬된 트리 구조에 배치하여 해결하는 정렬 문제로 정렬되지 않고 트리 자료구조로 저장된 데이터들을 정렬 규칙을 갖는 트리 자료구조로 다시 저장하여 해결하는 방법이다.

3. 문제 해결 방식 적용 해결 정렬 알고리즘

- 합병 정렬 : n개의 데이터를 하나의 데이터가 될 때까지 같은 크기로 분할하고, 분할된 부분 데이터를 정렬한 다음, M개의 정렬된 부분 데이터를 합하여 전체가 정렬된 데이터가 되도록 하는 정렬 방법이다.
- 퀵 정렬 : n개의 데이터에서 중간값을 기준으로 데이터들을 반복적으로 나누어 정렬하는 방법인데, 이때 합병 정렬과는 다르게 서로 다른 크기로 분할하여 분할되기 전에 큰 수와 작은 수를 이동하는 방법이다.

정렬 문제를 해결한 알고리즘을 실습 예제를 통해 하나씩 살펴보자.

2.1 선택 정렬 알고리즘

기본 자료구조를 사용하는 선택 정렬 알고리즘은 입력된 배열 데이터 중에 가장 작은 값 또는 가장 큰 값을 찾아 맨 앞에 보내는 방법으로 정렬 문제를 해결한다. 정렬 알고리즘의 기본 동작인 선택과 교환 연산을 사용하여 정렬 문제를 해결한다. 반복을 통해 마지막 2개의 원소 중 최소값을 선택하여 자리를 바꿈으로써 오름차순 정렬을 마친다.

실습 예제

선택 정렬

```
#선택 정렬
arr=[40,70,60,30,10,50]
print(f'선택정렬 전 : {arr}')
print("+"*40)
for i in range(len(arr)-1):
        min_idx = i    #최소값 저장(초기화)
        for j in range(min_idx + 1, len(arr)):  #최소값을 찾아감
          if arr[j] < arr[min_idx]:
             min_idx = j  #최소값
        #만약 최소값 위치와 가장 앞 인덱스 위치의 값 변경
        arr[i], arr[min_idx] = arr[min_idx], arr[i]
        print(f'{i+1}단계:{arr}') #단계별 리스트 출력
```

```
print("+"*40)
print(f'선택정렬 결과 : {arr}') #정렬 후 리스트 출력
```

〈실행 결과 예〉

```
선택정렬 전 : [40, 70, 60, 30, 10, 50]
++++++++++++++++++++++++++++++++++++++++
1단계:[10, 70, 60, 30, 40, 50]
2단계:[10, 30, 60, 70, 40, 50]
3단계:[10, 30, 40, 70, 60, 50]
4단계:[10, 30, 40, 50, 60, 70]
5단계:[10, 30, 40, 50, 60, 70]
++++++++++++++++++++++++++++++++++++++++
선택정렬 결과 : [10, 30, 40, 50, 60, 70]
```

이 과정을 정리하면 다음과 같다.

1. 입력된 배열의 데이터 중 가장 작은 값을 찾는다.
2. 이때 선택한 가장 작은 값을 배열의 가장 왼쪽에 위치한 첫 번째 인덱스 위치 [0]에 있는 값과 비교하여 기존 인덱스[0]의 위치에 있는 값보다 작으면 교환한다.
3. 맨 앞 인덱스[0]의 값이 정렬되었다. 정렬된 이 첫 번째 인덱스[0]의 값을 제외하고 나머지 정렬되지 않은 배열의 데이터들에서 다시 제일 작은 값을 찾는다.
4. 이때 선택한 가장 작은 값을 배열의 인덱스[1]에 있는 값과 비교하여 기존 인덱스[1]의 위치에 있는 값보다 작으면 교환한다.
5. 계속해서 1, 2, 3의 과정을 거치면서 모든 값이 정렬될 때까지 반복한다.
6. 정렬 결과를 출력한다.

선택 정렬 알고리즘을 위 과정을 통해 선택 정렬 원리를 이해해 보자.

실습 예제

선택 정렬 알고리즘 1

```
def select_sort(arr):
 min_idx=0  #초기화
 print(f'선택정렬 전: {arr}')
 for i in range(len(arr)-1):
     min_idx = i   #최소값 저장
     print(f'인덱스[{min_idx}]의 값인 {arr[min_idx]}의 위치', end='->')
     for j in range(min_idx + 1, len(arr)):  #최소값 찾기
       if arr[j] < arr[min_idx]:
          min_idx = j  #최소값 위치 index

     #만약 최소값 위치와 가장 앞 인덱스 위치의 값 변경
     arr[i], arr[min_idx] = arr[min_idx], arr[i]
     print(f'배열에서 가장 작은 값인 {arr[i]}위치[{min_idx}]와 변경')
     print(f'인덱스[{i}]단계 교환 후 결과:{arr}') #단계별 리스트 출력
     print( )
 print("="*70)
 print(f'선택 정렬된 이후: {arr}') #정렬 후 리스트 출력

array=[40,70,60,30,10,50]
select_sort(array)
```

<실행 결과 예>

```
선택정렬 전: [40, 70, 60, 30, 10, 50]
인덱스[0]의 값인 40의 위치->배열에서 가장 작은 값인 10위치[4]와 변경
인덱스[0]단계 교환 후 결과:[10, 70, 60, 30, 40, 50]

인덱스[1]의 값인 70의 위치->배열에서 가장 작은 값인 30위치[3]와 변경
인덱스[1]단계 교환 후 결과:[10, 30, 60, 70, 40, 50]

인덱스[2]의 값인 60의 위치->배열에서 가장 작은 값인 40위치[4]와 변경
인덱스[2]단계 교환 후 결과:[10, 30, 40, 70, 60, 50]
```

인덱스[3]의 값인 70의 위치->배열에서 가장 작은 값인 50위치[5]와 변경
인덱스[3]단계 교환 후 결과:[10, 30, 40, 50, 60, 70]

인덱스[4]의 값인 60의 위치->배열에서 가장 작은 값인 60위치[4]와 변경
인덱스[4]단계 교환 후 결과:[10, 30, 40, 50, 60, 70]

===

선택 정렬된 이후: [10, 30, 40, 50, 60, 70]

이번 실습에서는 앞 문제를 약간 응용하여 아무것도 없는 빈 리스트에 사용자로부터 정렬되지 않은 임의의 수 5개를 입력받아 이를 선택 정렬을 통해서 정렬하는 방법을 표현해 보자.

실습 예제

선택 정렬 알고리즘 2

다음과 같이 6개의 숫자(40, 70, 60, 30, 10, 50)를 입력받아 오름차순으로 선택 정렬을 이용해서 정렬해 보자. 이때 변경되는 과정을 나열해 보자.

〈실행 결과 예〉

초기 리스트값을 차례로 입력하세요: 40
초기 리스트값을 차례로 입력하세요: 70
초기 리스트값을 차례로 입력하세요: 60
초기 리스트값을 차례로 입력하세요: 30
초기 리스트값을 차례로 입력하세요: 10
초기 리스트값을 차례로 입력하세요: 50
++
선택정렬 전: [40, 70, 60, 30, 10, 50]
인덱스[0]의 값인 40의 위치->배열에서 가장 작은 값인 10위치[4]와 변경
인덱스[0]단계 교환 후 결과:[10, 70, 60, 30, 40, 50]

인덱스[1]의 값인 70의 위치->배열에서 가장 작은 값인 30위치[3]와 변경
인덱스[1]단계 교환 후 결과:[10, 30, 60, 70, 40, 50]

인덱스[2]의 값인 60의 위치->배열에서 가장 작은 값인 40위치[4]와 변경
인덱스[2]단계 교환 후 결과:[10, 30, 40, 70, 60, 50]

인덱스[3]의 값인 70의 위치->배열에서 가장 작은 값인 50위치[5]와 변경
인덱스[3]단계 교환 후 결과:[10, 30, 40, 50, 60, 70]

인덱스[4]의 값인 60의 위치->배열에서 가장 작은 값인 60위치[4]와 변경
인덱스[4]단계 교환 후 결과:[10, 30, 40, 50, 60, 70]

정렬이 끝났습니다.

선택정렬된 이후: [10, 30, 40, 50, 60, 70]

<코드>

```
#선택 정렬
select=list()  #빈 리스트

def select_sort(sel_num):
  print(f'선택정렬 전: {sel_num}')

  for i in range(len(sel_num)-1):
    min=i #초기화
    print(f'인덱스[{min}]의 값인 {sel_num[min]}의 위치', end='->')

    for j in range(min+1,len(sel_num)):
      if sel_num[j]<sel_num[min]:
        min=j

    sel_num[i],sel_num[min]=sel_num[min],sel_num[i]
    print(f'배열에서 가장 작은 값인 {sel_num[i]}위치[{min}]와 변경')
    print(f'인덱스[{i}]단계 교환 후 결과:{sel_num}') #단계별 리스트 출력
    print()

  print("정렬이 끝났습니다.")
  print("="*70)
  print(f'선택정렬된 이후: {sel_num}') #정렬 후 리스트 출력

#함수 호출
for i in range(6):
  num=int(input("초기 리스트값을 차례로 입력하세요: "))
  select.append(num)
print("+"*70)

select_sort(select)
```

2.2 버블 정렬 알고리즘

버블 정렬 알고리즘도 역시 기본 자료구조인 배열과 연결 리스트로 저장된 데이터에 적용하는 알고리즘이다. 버블 정렬 알고리즘은 서로 인접한 두 데이터를 비교하여 작은 수는 앞쪽으로, 큰 수는 뒤쪽으로 이동시키는 과정을 반복하여 정렬하는 방법으로 정렬 문제를 해결하는 알고리즘이다.

버블 정렬 알고리즘을 만약 오름차순으로 정렬한다면, 작은 수는 배열의 앞부분으로 이동하게 되는데, 정렬하는 과정을 보면 마치 작은 수가 '거품'처럼 위로 올라가는 것처럼 보여서 버블 정렬 알고리즘이라고 부른다.

이 과정을 정리하면 다음과 같다.

1. 정렬되지 않은 데이터에서 맨 처음 값을 찾는다.
2. 맨 처음 인덱스[0] 위치의 값과 바로 옆에 인접한 인덱스[1]의 값을 비교한다.
3. 만약 비교했을 때 이웃한 인덱스[1]보다 값이 크다면 데이터를 교환한다.
4. 인덱스값을 하나 증가시킨다.
5. 다시 인덱스[1] 위치값과 바로 옆에 인접한 인덱스[2]의 값을 비교한다.
6. 만약 비교했을 때 이웃한 인덱스[2]보다 값이 크다면 데이터를 교환한다.
7. 인덱스값을 하나 증가시킨다.
8. 2, 3, 4, 5, 6, 7 과정을 반복한다.
9. 마지막에 확인해 보면 가장 오른쪽 데이터가 가장 큰 값으로 오름차순 정렬이 된다.

위의 과정을 실제 코드로 작성해 보자.

실습 예제

버블 정렬 1

다음과 같은 실행 결과의 예와 같이 나오게 하고 싶다. 이를 위해서는 우선 정렬되지 않은 문자 리스트 arr=["다", "나", "마", "가", "사", "바","라"]를 버블 정렬을 이용해 정렬시키는 과정을 살펴보자.)

〈실행 결과 예〉

정렬 전: ['다', '나', '마', '가', '사', '바', '라']

리스트에서 서로 이웃한 값 현재 값 중 작은 값인 "나"의 인덱스[1]의 위치를 변경하면
[단계별 교환 후 정렬 과정 :['나', '다', '마', '가', '사', '바', '라']

[단계별 교환 후 정렬 과정 :[다]와 ['마']의 값 크기가 변동없음

리스트에서 서로 이웃한 값 현재 값 중 작은 값인 "가"의 인덱스[3]의 위치를 변경하면
[단계별 교환 후 정렬 과정 :['나', '다', '가', '마', '사', '바', '라']

[단계별 교환 후 정렬 과정 :[마]와 ['사']의 값 크기가 변동없음

리스트에서 서로 이웃한 값 현재 값 중 작은 값인 "바"의 인덱스[5]의 위치를 변경하면
[단계별 교환 후 정렬 과정 :['나', '다', '가', '마', '바', '사', '라']

리스트에서 서로 이웃한 값 현재 값 중 작은 값인 "라"의 인덱스[6]의 위치를 변경하면
[단계별 교환 후 정렬 과정 :['나', '다', '가', '마', '바', '라', '사']

[단계별 교환 후 정렬 과정 :[나]와 ['다']의 값 크기가 변동없음

리스트에서 서로 이웃한 값 현재 값 중 작은 값인 "가"의 인덱스[2]의 위치를 변경하면
[단계별 교환 후 정렬 과정 :['나', '가', '다', '마', '바', '라', '사']

[단계별 교환 후 정렬 과정 :[다]와 ['마']의 값 크기가 변동없음

[단계별 교환 후 정렬 과정 :[마]와 ['바']의 값 크기가 변동없음

리스트에서 서로 이웃한 값 현재 값 중 작은 값인 "라"의 인덱스[5]의 위치를 변경하면
[단계별 교환 후 정렬 과정 :['나', '가', '다', '마', '라', '바', '사']

리스트에서 서로 이웃한 값 현재 값 중 작은 값인 "가"의 인덱스[1]의 위치를 변경하면
[단계별 교환 후 정렬 과정 :['가', '나', '다', '마', '라', '바', '사']

[단계별 교환 후 정렬 과정 :[나]와 ['다']의 값 크기가 변동없음

[단계별 교환 후 정렬 과정 :[다]와 ['마']의 값 크기가 변동없음

리스트에서 서로 이웃한 값 현재 값 중 작은 값인 "라"의 인덱스[4]의 위치를 변경하면
[단계별 교환 후 정렬 과정 :['가', '나', '다', '라', '마', '바', '사']

[단계별 교환 후 정렬 과정 :[가]와 ['나']의 값 크기가 변동없음

[단계별 교환 후 정렬 과정 :[나]와 ['다']의 값 크기가 변동없음

[단계별 교환 후 정렬 과정 :[다]와 ['라']의 값 크기가 변동없음

[단계별 교환 후 정렬 과정 :[가]와 ['나']의 값 크기가 변동없음

[단계별 교환 후 정렬 과정 :[나]와 ['다']의 값 크기가 변동없음

[단계별 교환 후 정렬 과정 :[가]와 ['나']의 값 크기가 변동없음

++
정렬 후: ['가', '나', '다', '라', '마', '바', '사']

〈코드〉

```
arr=["다", "나", "마", "가", "사", "바","라"]
print(f'정렬 전: {arr}')  #정렬 전 리스트
print('='*50)

for i in range(len(arr)-1, 0, -1): #정렬 후 반복 과정을 1씩 줄임
  for j in range(i):     #두 수를 비교해서 자리 교환
   if arr[j] > arr[j+1]:
     arr[j], arr[j+1] = arr[j+1], arr[j]
     print(f'리스트에서 서로 이웃한 현재 값 중 작은 값인 "{arr[j]}"의 인덱
스[{j+1}]의 위치를 변경하면')
     print(f'[단계별 교환 후 성렬 과정 :{arr}') #단계별 정렬 과정 값 출력
   else:
     print(f'[단계별 교환 후 정렬 과정 :[{arr[j]}]와 {[arr[j+1]]}의 값 크
기가 변동없음')
     print( )
```

```
    print('+'*50)
    print(f'정렬 후: {arr}')  #단계별 정렬 후 리스트 출력
```

앞의 실습 예제를 조금 더 응용해 보자.

이번에는 사용자로부터 임의의 수를 입력받는 것이 아닌 random으로 수를 자동으로 6개를 할당받아 이를 버블 정렬을 이용해 정렬해 보자. 이때 random으로 수를 받기 위해 random 모듈 중 sample을 이용해 6개의 데이터를 랜덤으로 받아서 이를 이용해서 버블 정렬해 보자.

실습 예제

버블 정렬 2

```
import random

def bubble(arr):
 for i in range(len(arr)-1, 0, -1): #정렬 후 반복 과정을 1씩 줄임
    for j in range(i):
      if arr[j] > arr[j+1]:
        arr[j], arr[j+1] = arr[j+1], arr[j]
        print(f'리스트에서 서로 이웃한 현재 값 중 작은값인 "{arr[j]}"의 인덱스[{j+1}] 위치를 변경하면')
        print(f'[단계별 교환 후 정렬 과정 :{arr}') #단계별 정렬 과정 값 출력
      else:
        print(f'[단계별 교환 후 정렬 과정 :[{arr[j]}]와 {[arr[j+1]]}의 값 크기가 변동없음')
      print( )

 print('+'*50)
 print(f'정렬 후: {arr}')  #단계별 정렬 후 리스트 출력

#함수 호출
array1=random.sample(range(1,101),6)  #1부터 100까지 숫자 랜덤으로 6개 뽑기
print(f'정렬 전: {arr}')  #정렬 전 리스트
print('='*50)
bubble(array1)
```

〈실행 결과 예〉

정렬 전: [5, 10, 20, 46, 71, 92]

리스트에서 서로 이웃한 값 현재 값 중 작은 값인 "12"의 인덱스[1]의 위치를 변경하면
[단계별 교환 후 정렬 과정 :[12, 93, 7, 40, 88, 71]

리스트에서 서로 이웃한 값 현재 값 중 작은 값인 "7"의 인덱스[2]의 위치를 변경하면
[단계별 교환 후 정렬 과정 :[12, 7, 93, 40, 88, 71]

리스트에서 서로 이웃한 값 현재 값 중 작은 값인 "40"의 인덱스[3]의 위치를 변경하면
[단계별 교환 후 정렬 과정 :[12, 7, 40, 93, 88, 71]

리스트에서 서로 이웃한 값 현재 값 중 작은 값인 "88"의 인덱스[4]의 위치를 변경하면
[단계별 교환 후 정렬 과정 :[12, 7, 40, 88, 93, 71]

리스트에서 서로 이웃한 값 현재 값 중 작은 값인 "71"의 인덱스[5]의 위치를 변경하면
[단계별 교환 후 정렬 과정 :[12, 7, 40, 88, 71, 93]

리스트에서 서로 이웃한 값 현재 값 중 작은 값인 "7"의 인덱스[1]의 위치를 변경하면
[단계별 교환 후 정렬 과정 :[7, 12, 40, 88, 71, 93]

[단계별 교환 후 정렬 과정 :[12]와 [40]의 값 크기가 변동없음

[단계별 교환 후 정렬 과정 :[40]와 [88]의 값 크기가 변동없음

리스트에서 서로 이웃한 값 현재 값 중 작은 값인 "71"의 인덱스[4]의 위치를 변경하면
[단계별 교환 후 정렬 과정 :[7, 12, 40, 71, 88, 93]

[단계별 교환 후 정렬 과정 :[7]와 [12]의 값 크기가 변동없음

[단계별 교환 후 정렬 과정 :[12]와 [40]의 값 크기가 변동없음

[단계별 교환 후 정렬 과정 :[40]와 [71]의 값 크기가 변동없음

[단계별 교환 후 정렬 과정 :[7]와 [12]의 값 크기가 변동없음

```
[단계별 교환 후 정렬 과정 :[12]와 [40]의 값 크기가 변동없음

[단계별 교환 후 정렬 과정 :[7]와 [12]의 값 크기가 변동없음

++++++++++++++++++++++++++++++++++++++++++++++++++++
정렬 후: [7, 12, 40, 71, 88, 93]
```

2.3 삽입 정렬 알고리즘

삽입 정렬 알고리즘도 선택 정렬, 버블 정렬과 같이 기본 자료구조인 배열과 연결 리스트로 저장된 데이터에 적용하는 알고리즘이다. 삽입 정렬 알고리즘은 전체 데이터를 정렬된 부분과 정렬되지 않은 부분으로 나누어 수행하는데, 이때 정렬되지 않은 부분의 가장 왼쪽 원소를 정렬된 부분의 원소들과 비교하여 적절한 위치에 삽입해서 정렬하는 방법으로 정렬 문제를 해결한다. 선택 정렬 알고리즘의 기본 알고리즘은 다음과 같은 절차로 표현할 수 있다.

1. 정렬이 안 된 부분의 첫 데이터와 정렬된 부분의 마지막 데이터를 비교한다.
2. 만약 값을 비교했을 때, 큰 값을 가지고 있는 인덱스 위치와 작은 값을 가지고 있는 인덱스 위치를 변경한다.
3. 정렬된 부분의 인덱스를 감소시킨다.
4. 1, 2, 3 과정을 반복한다.
5. 정렬이 안 된 부분의 인덱스를 증가시킨다.
6. 1, 2, 3, 4, 5 과정을 반복한다.
7. 정렬 결과를 출력한다. 단, 처음 시작할 때 인덱스[0] 하나만 정렬된 부분으로 간주한다.

이 과정을 실습 코드로 작성해 보면 다음과 같다.

실습 예제

삽입 정렬 알고리즘 – 내림차순

```
arr=[40,60,70,50,10,20,30]          #리스트 자료형으로 정렬하고자 하는 데이터 저장

print(f'"정렬 전: {arr}')
print("*"*60)

for i in range(1,len(arr)):   #정렬 안 된 부분의 인덱스 증가
 for j in range(i, 0,-1):      #정렬된 부분의 인덱스 감소
  if arr[j-1] < arr[j]:   #정렬된 부분의 값과 비교해서 내림차순으로
    arr[j],arr[j-1]=arr[j-1], arr[j]    #교환
    print(f'리스트에서 현재 값 중 작은 값인 "{arr[j]}"의 인덱스[{j-1}]의
위치를 변경하면')
    print(f'[단계별 교환 후 정렬 과정 :{arr}') #단계별 정렬 과정 값 출력
  else:
    print(f'[단계별 교환 후 정렬 과정 :[{arr[j]}]와 {[arr[j-1]]}의 값 크
기가 변동없음')
  print( )

print('+'*60)
print(f'정렬 후: {arr}')  #단계별 정렬 후 리스트 출력
```

〈실행 결과 예〉

정렬 전: [40, 60, 70, 50, 10, 20, 30]

****

리스트에서 현재 값 중 작은 값인 "40"의 인덱스[0]의 위치를 변경하면

[단계별 교환 후 정렬 과정 :[60, 40, 70, 50, 10, 20, 30]

리스트에서 현재 값 중 작은 값인 "40"의 인덱스[1]의 위치를 변경하면

[단계별 교환 후 정렬 과정 :[60, 70, 40, 50, 10, 20, 30]

리스트에서 현재 값 중 작은 값인 "60"의 인덱스[0]의 위치를 변경하면

[단계별 교환 후 정렬 과정 :[70, 60, 40, 50, 10, 20, 30]

리스트에서 현재 값 중 작은 값인 "40"의 인덱스[2]의 위치를 변경하면
[단계별 교환 후 정렬 과정 :[70, 60, 50, 40, 10, 20, 30]

[단계별 교환 후 정렬 과정 :[50]와 [60]의 값 크기가 변동없음

[단계별 교환 후 정렬 과정 :[60]와 [70]의 값 크기가 변동없음

[단계별 교환 후 정렬 과정 :[10]와 [40]의 값 크기가 변동없음

[단계별 교환 후 정렬 과정 :[40]와 [50]의 값 크기가 변동없음

[단계별 교환 후 정렬 과정 :[50]와 [60]의 값 크기가 변동없음

[단계별 교환 후 정렬 과정 :[60]와 [70]의 값 크기가 변동없음

리스트에서 현재 값 중 작은 값인 "10"의 인덱스[4]의 위치를 변경하면
[단계별 교환 후 정렬 과정 :[70, 60, 50, 40, 20, 10, 30]

[단계별 교환 후 정렬 과정 :[20]와 [40]의 값 크기가 변동없음

[단계별 교환 후 정렬 과정 :[40]와 [50]의 값 크기가 변동없음

[단계별 교환 후 정렬 과정 :[50]와 [60]의 값 크기가 변동없음

[단계별 교환 후 정렬 과정 :[60]와 [70]의 값 크기가 변동없음

리스트에서 현재 값 중 작은 값인 "10"의 인덱스[5]의 위치를 변경하면
[단계별 교환 후 정렬 과정 :[70, 60, 50, 40, 20, 30, 10]

리스트에서 현재 값 중 작은 값인 "20"의 인덱스[4]의 위치를 변경하면
[단계별 교환 후 정렬 과정 :[70, 60, 50, 40, 30, 20, 10]

[단계별 교환 후 정렬 과정 :[30]와 [40]의 값 크기가 변동없음

[단계별 교환 후 정렬 과정 :[40]와 [50]의 값 크기가 변동없음

```
[단계별 교환 후 정렬 과정 :[50]와 [60]의 값 크기가 변동없음

[단계별 교환 후 정렬 과정 :[60]와 [70]의 값 크기가 변동없음

++++++++++++++++++++++++++++++++++++++++++++++++++++++++++++++++++
정렬 후: [70, 60, 50, 40, 30, 20, 10]
```

이번에는 앞서 배운 삽입 정렬의 방식을 다시 확인하기 위해 다음과 같이 정렬이 안 되어 있는 컬러 이름 문자들의 순서를 오름차순 방식으로 출력해 보자.

잠깐만요

비교하기 위해 특히 문자열은 영어면 영어, 한글이면 한글로 통일해야 한다. 안 그러면 비교하기 불가능하다. 또한 숫자와 문자를 같이 사용하고 비교할 수 없다. 즉, 순서가 어떤 것이 앞인지 비교가 불가능하기에 문자열을 이용할 때는 영어 → 영어, 한글 → 한글, 숫자 → 숫자를 이용할 때 반드시 통일시켜야 한다.

실습 예제

삽입 정렬 알고리즘 – 오름차순

```
def s_insert(arr):
 for end in range(0,len(arr)):   #정렬 안 된 부분의 인덱스 증가
  for current in range(end, 0,-1):   #정렬된 부분의 인덱스 감소
   if arr[current-1] > arr[current]:   #정렬된 부분의 값과 비교
    arr[current],arr[current-1]=arr[current-1], arr[current]   #교환
    print(f'리스트에서 현재 값 중 작은 값인 "{arr[current]}"의 인덱스
[{current-1}]의 위치를 변경하면')
    print(f'[단계별 교환 후 정렬 과정 :{arr}') #단계별 정렬 과정 값 출력
   else:
    print(f'[단계별 교환 후 정렬 과정 :[{arr[current]}]와 {[arr[current-1]]}의
값 크기가 변동 없음')
   print( )
```

```
#함수 호출
s_arr=['orange','blue','red','green','pink','yellow','magenta','black']
print(f'정렬 전: {s_arr}')
print("*"*60)

s_insert(s_arr)

print('+'*60)
print(f'정렬 후: {s_arr}')  #단계별 정렬 후 리스트 출력
```

〈실행 결과 예〉

정렬 전: ['orange', 'blue', 'red', 'green', 'pink', 'yellow', 'magenta', 'black']

****

리스트에서 현재 값 중 작은 값인 "orange"의 인덱스[0]의 위치를 변경하면

[단계별 교환 후 정렬 과정 :['blue', 'orange', 'red', 'green', 'pink', 'yellow', 'magenta', 'black']

[단계별 교환 후 정렬 과정 :[red]와 ['orange']의 값 크기가 변동없음

[단계별 교환 후 정렬 과정 :[orange]와 ['blue']의 값 크기가 변동없음

리스트에서 현재 값 중 작은 값인 "red"의 인덱스[2]의 위치를 변경하면

[단계별 교환 후 정렬 과정 :['blue', 'orange', 'green', 'red', 'pink', 'yellow', 'magenta', 'black']

리스트에서 현재 값 중 작은 값인 "orange"의 인덱스[1]의 위치를 변경하면

[단계별 교환 후 정렬 과정 :['blue', 'green', 'orange', 'red', 'pink', 'yellow', 'magenta', 'black']

[단계별 교환 후 정렬 과정 :[green]와 ['blue']의 값 크기가 변동없음

리스트에서 현재 값 중 작은 값인 "red"의 인덱스[3]의 위치를 변경하면

[단계별 교환 후 정렬 과정 :['blue', 'green', 'orange', 'pink', 'red', 'yellow', 'magenta', 'black']

[단계별 교환 후 정렬 과정 :[pink]와 ['orange']의 값 크기가 변동없음

[단계별 교환 후 정렬 과정 :[orange]와 ['green']의 값 크기가 변동없음

[단계별 교환 후 정렬 과정 :[green]와 ['blue']의 값 크기가 변동없음

[단계별 교환 후 정렬 과정 :[yellow]와 ['red']의 값 크기가 변동없음

```
[단계별 교환 후 정렬 과정 :[red]와 ['pink']의 값 크기가 변동없음

[단계별 교환 후 정렬 과정 :[pink]와 ['orange']의 값 크기가 변동없음

[단계별 교환 후 정렬 과정 :[orange]와 ['green']의 값 크기가 변동없음

[단계별 교환 후 정렬 과정 :[green]와 ['blue']의 값 크기가 변동없음

리스트에서 현재 값 중 작은 값인 "yellow"의 인덱스[5]의 위치를 변경하면
[단계별 교환 후 정렬 과정 :['blue', 'green', 'orange', 'pink', 'red', 'magenta', 'yellow', 'black']

리스트에서 현재 값 중 작은 값인 "red"의 인덱스[4]의 위치를 변경하면
[단계별 교환 후 정렬 과정 :['blue', 'green', 'orange', 'pink', 'magenta', 'red', 'yellow', 'black']

리스트에서 현재 값 중 작은 값인 "pink"의 인덱스[3]의 위치를 변경하면
[단계별 교환 후 정렬 과정 :['blue', 'green', 'orange', 'magenta', 'pink', 'red', 'yellow', 'black']

리스트에서 현재 값 중 작은 값인 "orange"의 인덱스[2]의 위치를 변경하면
[단계별 교환 후 정렬 과정 :['blue', 'green', 'magenta', 'orange', 'pink', 'red', 'yellow', 'black']

[단계별 교환 후 정렬 과정 :[magenta]와 ['green']의 값 크기가 변동없음

[단계별 교환 후 정렬 과정 :[green]와 ['blue']의 값 크기가 변동없음

리스트에서 현재 값 중 작은 값인 "yellow"의 인덱스[6]의 위치를 변경하면
[단계별 교환 후 정렬 과정 :['blue', 'green', 'magenta', 'orange', 'pink', 'red', 'black', 'yellow']

리스트에서 현재 값 중 작은 값인 "red"의 인덱스[5]의 위치를 변경하면
[단계별 교환 후 정렬 과정 :['blue', 'green', 'magenta', 'orange', 'pink', 'black', 'red', 'yellow']

리스트에서 현재 값 중 작은 값인 "pink"의 인덱스[4]의 위치를 변경하면
[단계별 교환 후 정렬 과정 :['blue', 'green', 'magenta', 'orange', 'black', 'pink', 'red', 'yellow']

리스트에서 현재 값 중 작은 값인 "orange"의 인덱스[3]의 위치를 변경하면
[단계별 교환 후 정렬 과정 :['blue', 'green', 'magenta', 'black', 'orange', 'pink', 'red', 'yellow']

리스트에서 현재 값 중 작은 값인 "magenta"의 인덱스[2]의 위치를 변경하면
[단계별 교환 후 정렬 과정 :['blue', 'green', 'black', 'magenta', 'orange', 'pink', 'red', 'yellow']

리스트에서 현재 값 중 작은 값인 "green"의 인덱스[1]의 위치를 변경하면
[단계별 교환 후 정렬 과정 :['blue', 'black', 'green', 'magenta', 'orange', 'pink', 'red', 'yellow']
```

```
리스트에서 현재 값 중 작은 값인 "blue"의 인덱스[0]의 위치를 변경하면
[단계별 교환 후 정렬 과정 :['black', 'blue', 'green', 'magenta', 'orange', 'pink', 'red', 'yellow']

++++++++++++++++++++++++++++++++++++++++++++++++++++++++++++

정렬 후: ['black', 'blue', 'green', 'magenta', 'orange', 'pink', 'red', 'yellow']
```

2.4 힙 정렬 알고리즘

힙 정렬 알고리즘은 최대값 또는 최소값을 빠르게 찾고자 만들어진 완전 이진 트리 기반의 트리 자료구조이다. 이미 Part 1에서 힙 정렬 알고리즘에 대해 설명했지만 다시 정리해 보자.

루트로부터 시작해서 인덱스값을 이용해 부모와 자식 간의 관계를 표현한다. Part 1에서 사용했던 예시를 다시 살펴보자.

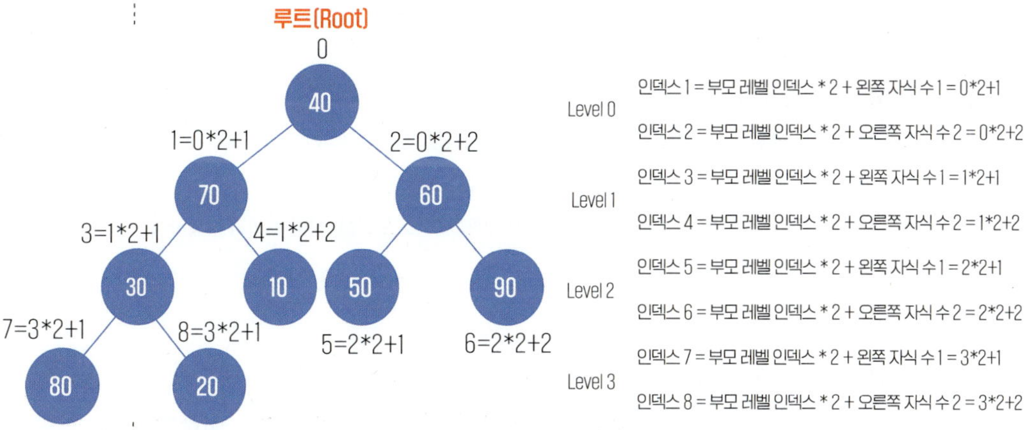

힙 정렬 알고리즘의 부모와 자식 관계

힙 정렬 알고리즘은 최대 힙 또는 최소 힙을 만들어 정렬하는 것이다. 이때 최대 힙은 부모 노드값이 자식 노드의 값보다 크도록 만들어 교환하는 방식이다. 반

대로 최소 힙은 부모 노드값이 자식 노드값보다 작도록 교환하는 방식이다.

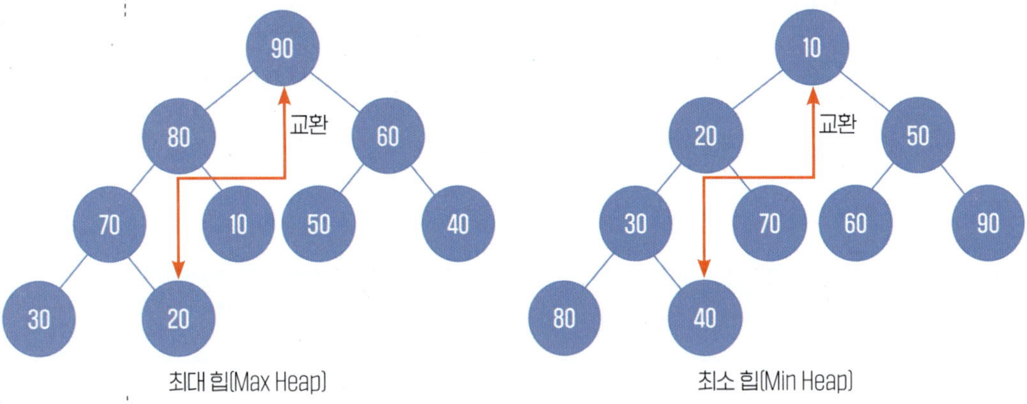

힙 정렬을 위한 최대 힙과 최소 힙

해당 과정을 정리하면 다음과 같다. 이때 설명을 위해 최대 합을 기준으로 설명한다.

1. 최대 힙 만들기
   1. 1. 부모 노드와 자식 노드값 비교하기
   1. 2. 자식 노드가 부모 노드보다 크다면 큰 값을 부모 노드로 교환하기
2. 루트 노드값과 가장 마지막 노드값을 서로 교환하기
   2. 1. **0번** 인덱스(루트 노드) 값과 마지막 인덱스값 서로 교환하기
3. 마지막 노드를 제외한 나머지 노드에 대해 다시 최대 힙 만들기
4. 1, 2, 3까지 과정을 통해 마지막으로 0번 인덱스(루트 노드)만 남을 때까지 반복하기

이 과정을 예시를 들어 진행 과정 및 코드로 함께 살펴보자. 다음과 같이 정렬되지 않은 [4,10,3,5,1]를 최대 힙을 이용한 힙 정렬 알고리즘을 이해해 보고, 이를 코드로 표현해 보자.

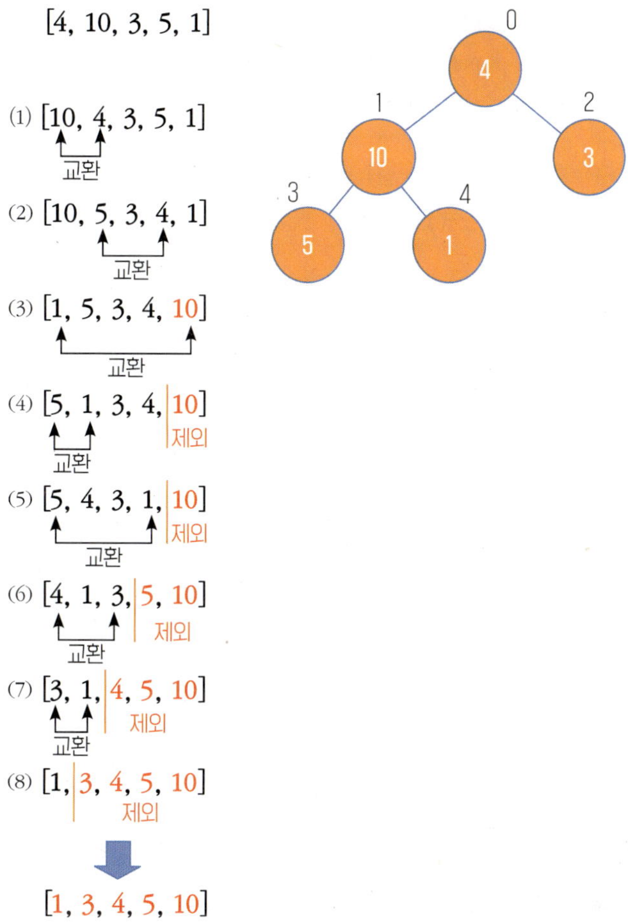

실습 예제

힙 정렬 알고리즘 1

```
#힙 정렬
def max_heap(b,c):
  for i in range(1,c+1):
    c=i
    while c!=0:
      r=(c-1)//2
      print("부모노드 인덱스위치=", r, ", 해당값=",b[r], end=" ")
      print("자식노드 인덱스위치=", c, ", 해당값=",b[c], end=" ")
      if b[c]>b[r]: #자식 노드 > 부모 노드
```

```
            b[c],b[r]=b[r],b[c]  #교환
            print("서로 교환")
          else:
            print(f"index{r}의{b[r]}와/과 index{c}의 {b[c]}는 교환필요없음")
          c=r  #현재 위치의 부모 노드가 다시 자식 노드가 되어야 함
          print()

def heap_sort(a):
  for i in range(len(a)-1,0,-1):
    print()
    max_heap(a,i)
    print(f"a[{0}]값={a[0]}, a[{i}]값={a[i]}서로 교환")
    a[0],a[i]=a[i],a[0]  #부모 노드, 마지막 위치값 교환

    print("변경된 리스트값", a)
    print("+"*25)
    print()

array=[4,10,3,5,1]

print(f'정렬전:{array}')
print()
print("====알고리즘 동작과정 ====")
heap_sort(array)
print("="*25)
print(f'힙정렬 후:{array}')
```

〈실행 결과 예〉

정렬전:[4, 10, 3, 5, 1]

====알고리즘 동작과정 ====

부모노드 인덱스위치= 0 , 해당값= 4 자식노드 인덱스위치= 1 , 해당값= 10 서로 교환

부모노드 인덱스위치= 0 , 해당값= 10 자식노드 인덱스위치= 2 , 해당값= 3 index0의10와/과 index2의 3는 교환필요없음

부모노드 인덱스위치= 1 , 해당값= 4 자식노드 인덱스위치= 3 , 해당값= 5 서로 교환

```
부모노드 인덱스위치= 0 , 해당값= 10 자식노드 인덱스위치= 1 , 해당값= 5 index0의10와/과
index1의 5는 교환필요없음

부모노드 인덱스위치= 1 , 해당값= 5 자식노드 인덱스위치= 4 , 해당값= 1 index1의5와/과
index4의 1는 교환필요없음

부모노드 인덱스위치= 0 , 해당값= 10 자식노드 인덱스위치= 1 , 해당값= 5 index0의10와/과
index1의 5는 교환필요없음

a[0]값=10, a[4]값=1 서로 교환
변경된 리스트값 [1, 5, 3, 4, 10]
++++++++++++++++++++++++

부모노드 인덱스위치= 0 , 해당값= 1 자식노드 인덱스위치= 1 , 해당값= 5 서로 교환

부모노드 인덱스위치= 0 , 해당값= 5 자식노드 인덱스위치= 2 , 해당값= 3 index0의5와/과
index2의 3는 교환필요없음

부모노드 인덱스위치= 1 , 해당값= 1 자식노드 인덱스위치= 3 , 해당값= 4 서로 교환

부모노드 인덱스위치= 0 , 해당값= 5 자식노드 인덱스위치= 1 , 해당값= 4 index0의5와/과
index1의 4는 교환필요없음

a[0]값=5, a[3]값=1 서로 교환
변경된 리스트값 [1, 4, 3, 5, 10]
++++++++++++++++++++++++

부모노드 인덱스위치= 0 , 해당값= 1 자식노드 인덱스위치= 1 , 해당값= 4 서로 교환

부모노드 인덱스위치= 0 , 해당값= 4 자식노드 인덱스위치= 2 , 해당값= 3 index0의4와/과
index2의 3는 교환필요없음

a[0]값=4, a[2]값=3 서로 교환
변경된 리스트값 [3, 1, 4, 5, 10]
++++++++++++++++++++++++

부모노드 인덱스위치= 0 , 해당값= 3 자식노드 인덱스위치= 1 , 해당값= 1 index0의3와/과
index1의 1는 교환필요없음

a[0]값=3, a[1]값=1 서로 교환
변경된 리스트값 [1, 3, 4, 5, 10]
++++++++++++++++++++++++
========================

힙정렬 후:[1, 3, 4, 5, 10]
```

힙 정렬 알고리즘의 원리를 이용했다면 다음과 같이 힙 정렬을 이용해서 오름차순으로 정렬해 보자. 랜덤하게 생성된 10개 데이터를 오름차순으로 정렬하고자 한다. 이때 랜덤한 숫자는 import random을 이용해 데이터를 추출한다.

잠깐만요

주어진 범위에서 랜덤하게 10개의 데이터를 뽑기 위해서는 다음과 같이 표현한다.

```
import random
random.sample(range(1,21),10)
```

실습 예제

힙 정렬 알고리즘 2

〈실행 결과 예〉

정렬전:[18, 11, 12, 13, 15, 7, 14, 16, 9, 4]
===알고리즘 동작과정 ===
부모노드 인덱스위치= 0 , 해당값= 18 자식노드 인덱스위치= 1 , 해당값= 11 index0의18와/과 index1의 11는 교환필요없음
부모노드 인덱스위치= 0 , 해당값= 18 자식노드 인덱스위치= 2 , 해당값= 12 index0의18와/과 index2의 12는 교환필요없음
부모노드 인덱스위치= 1 , 해당값= 11 자식노드 인덱스위치= 3 , 해당값= 13 서로 교환
부모노드 인덱스위치= 0 , 해당값= 18 자식노드 인덱스위치= 1 , 해당값= 13 index0의18와/과 index1의 13는 교환필요없음
부모노드 인덱스위치= 1 , 해당값= 13 자식노드 인덱스위치= 4 , 해당값= 15 서로 교환
부모노드 인덱스위치= 0 , 해당값= 18 자식노드 인덱스위치= 1 , 해당값= 15 index0의18와/과 index1의 15는 교환필요없음
부모노드 인덱스위치= 2 , 해당값= 12 자식노드 인덱스위치= 5 , 해당값= 7 index2의12와/과 index5의 7는 교환필요없음
부모노드 인덱스위치= 0 , 해당값= 18 자식노드 인덱스위치= 2 , 해당값= 12 index0의18와/과 index2의 12는 교환필요없음
부모노드 인덱스위치= 2 , 해당값= 12 자식노드 인덱스위치= 6 , 해당값= 14 서로 교환
부모노드 인덱스위치= 0 , 해당값= 18 자식노드 인덱스위치= 2 , 해당값= 14 index0의18와/과 index2의 14는 교환필요없음
부모노드 인덱스위치= 3 , 해당값= 11 자식노드 인덱스위치= 7 , 해당값= 16 서로 교환
부모노드 인덱스위치= 1 , 해당값= 15 자식노드 인덱스위치= 3 , 해당값= 16 서로 교환

부모노드 인덱스위치= 0 , 해당값= 18 자식노드 인덱스위치= 1 , 해당값= 16 index0의18와/과 index1의 16는 교환필요없음
부모노드 인덱스위치= 3 , 해당값= 15 자식노드 인덱스위치= 8 , 해당값= 9 index3의15와/과 index8의 9는 교환필요없음
부모노드 인덱스위치= 1 , 해당값= 16 자식노드 인덱스위치= 3 , 해당값= 15 index1의16와/과 index3의 15는 교환필요없음
부모노드 인덱스위치= 0 , 해당값= 18 자식노드 인덱스위치= 1 , 해당값= 16 index0의18와/과 index1의 16는 교환필요없음
부모노드 인덱스위치= 4 , 해당값= 13 자식노드 인덱스위치= 9 , 해당값= 4 index4의13와/과 index9의 4는 교환필요없음
부모노드 인덱스위치= 1 , 해당값= 16 자식노드 인덱스위치= 4 , 해당값= 13 index1의16와/과 index4의 13는 교환필요없음
부모노드 인덱스위치= 0 , 해당값= 18 자식노드 인덱스위치= 1 , 해당값= 16 index0의18와/과 index1의 16는 교환필요없음

a[0]값=18, a[9]값=4 서로 교환
변경된 리스트값 [4, 16, 14, 15, 13, 7, 12, 11, 9, 18]
++++++++++++++++++++++++++

...중간 생략...

==========================

힙정렬 후:[4, 7, 9, 11, 12, 13, 14, 15, 16,

〈코드〉

```
#힙 정렬
import random
def max_heap(b,c):
  for i in range(1,c+1):
    c=i
    while c!=0:
      r=(c-1)//2
      print("부모노드 인덱스위치=", r, ", 해당값=",b[r], end=" ")
      print("자식노드 인덱스위치=", c, ", 해당값=",b[c], end=" ")
      if b[c]>b[r]: #자식 노드 > 부모 노드
```

```
        b[c],b[r]=b[r],b[c]  #교환
        print("서로 교환")
      else:
        print(f"index{r}의{b[r]}와/과 index{c}의 {b[c]}는 교환필요없음")
      c=r
      print()

def heap_sort(a):
  for i in range(len(a)-1,0,-1):
    print()
    max_heap(a,i)
    print(f"a[{0}]값={a[0]}, a[{i}]값={a[i]}서로 교환")
    a[0],a[i]=a[i],a[0]  #부모 노드, 마지막 위치값 교환

    print("변경된 리스트값", a)
    print("+"*25)
    print()

array=random.sample(range(1,21),10)
print(f'정렬전:{array}')
print()
print("====알고리즘 동작과정 ====")
heap_sort(array)
print("="*25)
print(f'힙정렬 후:{array}')
```

3 〉 최단 거리 문제

최소 신장 트리는 여러 개의 무방향 연결 노드와 인접한 노드 간 가중치 값이 정의된 그래프에서 사이클 없이 모든 노드를 연결시킨 그래프 중 가중치 합이 가장 작은 그래프를 찾는 방법 즉, 최소 비용의 트리를 찾는 방법이다. 최소 신장 트리는 특히 통신망, 도로망, 유통망 등 여러 지점을 연결해야 하는 문제에서 최소 구축비용으로 구축하는 문제에 많이 활용된다. 최소 신장 트리를 찾는 문제를 해결하고자 그리디 문제 해결 방법을 적용한 대표적인 알고리즘에는 크러스컬(Kruskal) 알고리즘과 프림(Prim) 알고리즘이 있다.

3.1 크러스컬 알고리즘

그리디 문제 해결 방법을 그래프에 적용하여 최소 신장 트리를 찾는 크리스컬(Kruskal) 알고리즘의 과정을 정리하면 다음과 같다.

1. 그래프의 간선을 가중치가 가장 작은 순서대로 정렬한다.
2. 가중치가 가장 작은 간선을 선택한다.
3. 간선이 사이클을 만드는지 확인한다.
   3-1. 사이클을 만들면 최소 신장 트리에 추가하지 않는다.
   3-2. 사이클을 만들지 않으면 최소 신장 트리 간선으로 추가한다.
4. 2, 3을 반복한다.
5. 최소 신장 트리를 결과로 출력한다.

실제 예제를 통해서 이 과정을 이해해 보자. 이 문제를 직접 그림으로 표현해 예에서 사용했던 숫자는 Part 1에서 설명에 사용했던 예시를 이용하여 코드로 실제 구현했다.

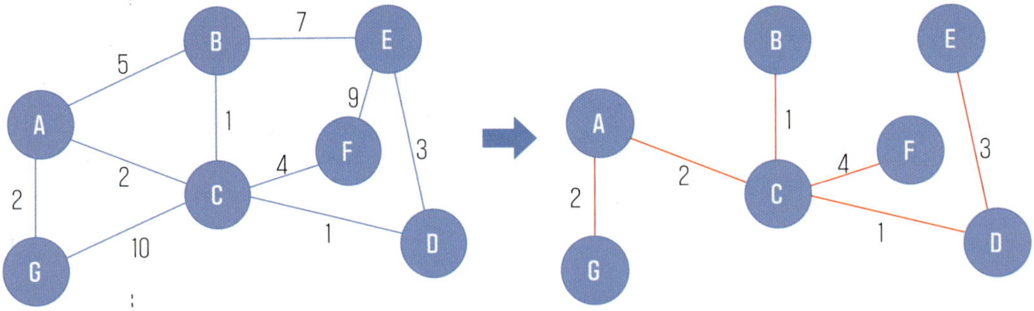

크러스컬 알고리즘 진행 과정

위의 그래프에서 최소 신장 트리의 가중치 합을 구해 보자.

크러스컬 알고리즘의 원리를 이해하기 위해 위의 예시에 대한 해당 그래프에만 특화된 코드를 우선 살펴보자.

실습 예제

예시 그래프에 특화된 크러스컬 알고리즘

다음 주어진 그래프에서 최소 신장 트리의 가중치 합을 구하시오.

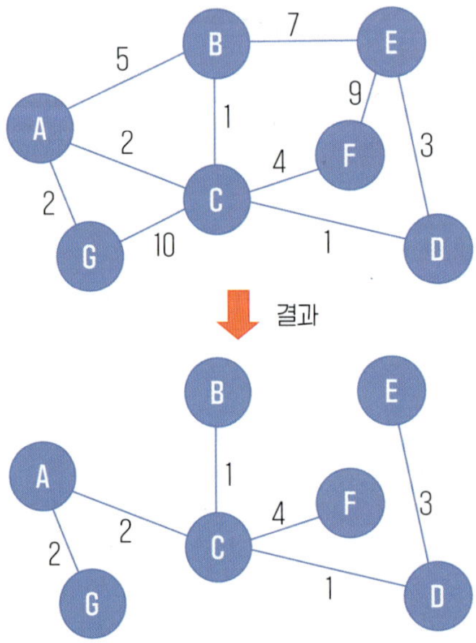

❶ 가중치를 기준으로 간선을 정렬한다.
❷ 가중치가 가장 작은 간선을 선택한다.
❸ 간선이 사이클을 만드는지 확인한다.
  ③-1. 사이클을 만들면 최소 신장 트리에 추가하지 않는다.
  ③-2. 사이클을 만들지 않으면 최소 신장 트리에 추가한다.
❹ ②, ③을 반복한다.
❺ 최소 신장 트리를 결과로 출력한다.

〈코드〉

```
#해당 그래프에만 특화된 코드 예
#[가중치, 노드, 노드]
g_list=[[5,'a','b'],[2,'a','g'],[2,'a','c'],[1,'b','c'],[7,'b','e'],[9,
'e','f'],[4,'c','f'],[10,'g','c'],[1,'c','d'],[3,'e','d']]
print("정렬전: ", g_list)
print()
short_list=[]  #빈 리스트, 최소 신장 트리 값 넣기 위함
ch_node=[]  #빈 리스트, 각각 선택된 노드값 넣기 위함
g_list.sort()   #오름차순 정렬
print(f'가중치 가장 작은 간선 기준 정렬후:\n{g_list}')
print()
for i in g_list:
    a=i[1]  #첫 번째 노드값
    b=i[2]  #두 번째 노드값
    if (a in ch_node) and (b in ch_node):  #이미 선택된 값(사이클 생성)
        continue
    else: #선택된 값이 없다면 추가
        ch_node.append(a)
        ch_node.append(b)
        short_list.append(i)
sum=0
#가중치 합
for i in short_list:
    sum=sum+i[0]
print("최소신장트리:", short_list)
print("가중치합:", sum)
```

위 코드는 [[5,'a','b'],[2,'a','g'],[2,'a','c'],[1,'b','c'],[7,'b','e'],[9,'e','f'],[4,'c','f'],[10,'g','c'],[1,'c','d'],[3,'e','d']]의 순서에만 특화된 코드로 크러스컬 알고리즘 원리를 이해하기 위해 작성해본 것이다. 이를 통해 다음과 같은 결과를 얻을 수 있다.

〈실행 결과 예〉

정렬전: [[5, 'a', 'b'], [2, 'a', 'g'], [2, 'a', 'c'], [1, 'b', 'c'], [7, 'b', 'e'], [9, 'e', 'f'], [4, 'c', 'f'], [10, 'g', 'c'], [1, 'c', 'd'], [3, 'e', 'd']]

가중치 가장 작은 간선 기준 정렬후:
[[1, 'b', 'c'], [1, 'c', 'd'], [2, 'a', 'c'], [2, 'a', 'g'], [3, 'e', 'd'], [4, 'c', 'f'], [5, 'a', 'b'], [7, 'b', 'e'], [9, 'e', 'f'], [10, 'g', 'c']]

최소신장트리: [[1, 'b', 'c'], [1, 'c', 'd'], [2, 'a', 'c'], [2, 'a', 'g'], [3, 'e', 'd'], [4, 'c', 'f']]
가중치합: 13

원리를 이해했다면 이제는 위에서처럼 특화된 코드가 아닌 어떤 순서로 적용해도 가능한 코드를 이용해 다시 구성해 보자.

실습 예제

크러스컬 알고리즘

```
#크러스컬 알고리즘 - 전체적으로 어떤 문제라도 적용 시 가능한 코드
def union_find(parent,x1,x2):
    a=parent[x1]
    b=parent[x2]
  if a<b:
     parent[x2]=a
     for i in range(6):
      if parent[i]==b:
          parent[i]=a
  else:
     parent[x1]=b
     for i in range(6):
      if parent[i]==a:
          parent[i]=b

gg=[[0,1,5],[0,2,2],[0,6,2],[1,2,1],[1,4,7],[2,5,4],[2,3,1],[3,4,3],[4,
5,9],[6,2,10]]
print("인덱스로 변경시 A=0, B=1,C=2, D=3, E=4,F=5, G=6")
print("Original(노드, 노드, 가중치):",gg)
```

```
gg.sort(key=lambdax:x[2])  #가중치 값을 기준으로 오름차순 정렬
print("가중치 가장 작은 순서 정렬(노드, 노드, 가중치):\n",gg)
print()

min_tree=[]  #최소 신장 트리를 넣을 빈 리스트 생성
sum=0    #가중치 합을 구하기 위한 변수 초기화

#사이클인지 아닌지를 체크할 노드값을 인덱스로 재정의
#A=0, B=1,C=2, D=3, E=4,F=5, G=6
f_u=[0,1,2,3,4,5,6]

for i in gg:
 if len(min_tree)==6:  #간선 개수가 주어진 범위를 넘어가지 않도록 하기 위해
   break
 x=i[0]  #"A"
 y=i[1]  #"B"
 #사이클인지 아닌지 확인
 if f_u[x]==f_u[y]:
   continue
 else:
    min_tree.append(i)
    union_find(f_u,x,y)
    print("작은 가중치값 찾아가는 순서:", min_tree)
print()

#가중치 값 계산
for i in min_tree:
  sum=sum+i[2]

print("최소신장트리 노드:", min_tree)
print("가중치합:", sum)
```

〈실행 결과 예〉

인덱스로 변경시 A=0, B=1,C=2, D=3, E=4,F=5, G=6

Original(노드, 노드, 가중치): [[0, 1, 5], [0, 2, 2], [0, 6, 2], [1, 2, 1], [1, 4, 7], [2, 5, 4], [2, 3, 1], [3, 4, 3], [4, 5, 9], [6, 2, 10]]

가중치 가장 작은 순서 정렬(노드, 노드, 가중치):

```
[[1, 2, 1], [2, 3, 1], [0, 2, 2], [0, 6, 2], [3, 4, 3], [2, 5, 4], [0, 1, 5], [1, 4, 7], [4, 5, 9], [6, 2, 10]]

작은 가중치값 찾아가는 순서: [[1, 2, 1]]
작은 가중치값 찾아가는 순서: [[1, 2, 1], [2, 3, 1]]
작은 가중치값 찾아가는 순서: [[1, 2, 1], [2, 3, 1], [0, 2, 2]]
작은 가중치값 찾아가는 순서: [[1, 2, 1], [2, 3, 1], [0, 2, 2], [0, 6, 2]]
작은 가중치값 찾아가는 순서: [[1, 2, 1], [2, 3, 1], [0, 2, 2], [0, 6, 2], [3, 4, 3]]
작은 가중치값 찾아가는 순서: [[1, 2, 1], [2, 3, 1], [0, 2, 2], [0, 6, 2], [3, 4, 3], [2, 5, 4]]

최소신장트리 노드: [[1, 2, 1], [2, 3, 1], [0, 2, 2], [0, 6, 2], [3, 4, 3], [2, 5, 4]]
가중치합: 13
```

3.2 프림 알고리즘

프림 알고리즘은 그리디 문제 해결 방법을 그래프에 적용하여 최소 신장 트리를 찾는 알고리즘이다. 프림 알고리즘의 문제 해결 방법은 다음과 같이 정의할 수 있다.

1. 모든 노드의 값을 ∞(무한대)로 초기화한다.
2. 그래프에서 임의의 노드를 선택하고 노드의 값을 0으로 변경한다.
3. 선택된 노드와 간선이 있는 노드들의 값을 가중치로 변경한다. (중복 시 가장 작은 값을 갖는다.)
4. 값이 가장 작은 노드를 추가한다.
5. 3, 4를 반복한다.
6. 최소 신장 트리를 결과로 출력한다.

프림 알고리즘 정의 과정에서 1번과 같이 무한대(∞)로 초기화해야 하는 이유는 항상 가장 작은 값을 갖는 노드를 선택해야 하므로, 아직 간선이 정해지지 않은 노드들은 모두 노드의 값을 가장 큰 값으로 하여 선택되지 않도록 하기 위해서 모든 노드의 값을 무한대(∞) 값으로 초기화한다.

이 과정을 그림으로 보며 이해해 보고 이를 직접 코드로 실습해 보자.

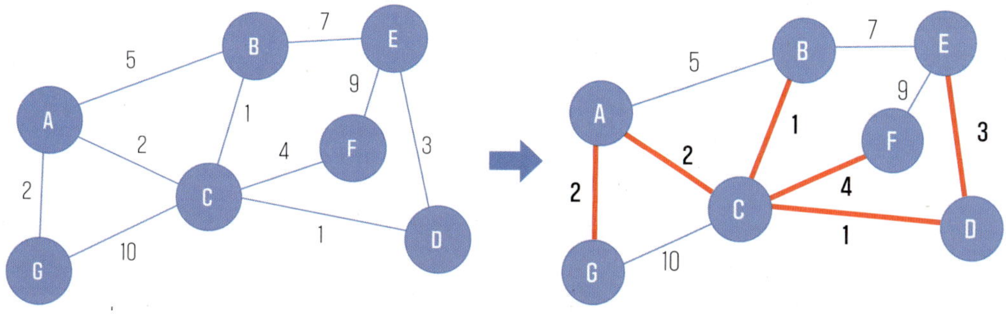

i	A	B	C	D	E	F	G
distance[i]	∞	∞	∞	∞	∞	∞	∞
	0	5	2	∞	∞	∞	2
		1				4	2<10 ⇒2
					7		
				1		4	
					3		

MST
A-C
C-B
C-D
D-E
C-F
A-G

프림 알고리즘 진행 과정

주어진 그래프에서 최소 신장 트리의 가중치를 구해 보자.

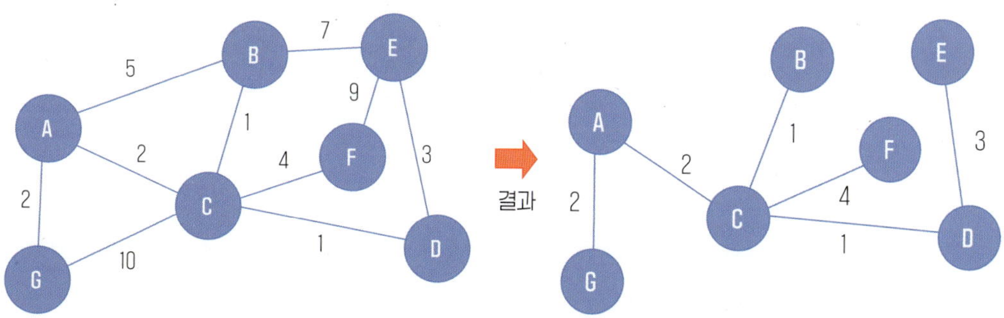

가중치의 합 : 2+2+1+4+1+3=13

❶ 모든 노드의 값을 무한대 값으로 초기화한다.
❷ 그래프에서 임의 노드를 선택하고 노드의 값을 0으로 변경한다.
❸ 선택된 노드와 인접한 노드의 값을 가중치 값으로 변경한다. (단, 중복될 경우 작은 값으로 변경)
❹ 값이 가장 작은 노드를 선택해 최소 신장 트리에 추가한다.
❺ ③, ④를 반복한다.
❻ 최소 신장 트리를 결과로 출력한다.

이 그래프를 프림 알고리즘 과정을 코드로 작성해 보자.

실습 예제

프림 알고리즘

```
#프림 알고리즘
a=float("inf")  #무한대
node=[a,a,a,a,a,a,a]   #처음값은 무한대로 시작
print("초기상태 :", node)
print()

#가중치 있는 그래프를 2차원 배열로 표현 → 노드값 업데이트 시 적용
#      A         B         C         D         E         F         G
b=[[a,5,2,a,a,a,2],[5,a,1,a,7,a,a],[2,1,a,1,a,4,10],[a,a,1,a,3,a,a],[a,7,a,3,a,9,a],[a,a,4,a,9,a,a],[2,a,10,a,a,a,a]]

sel_node=[]  #선택할 노드를 넣을 노드 만들기. 처음에는 빈 리스트로 진행
node[0]=0  #처음 노드 선택
min_index=0   #노드에서 선택된 값
e_sum=0

while sum(node)!=0:  #노드값 총합이 0이 아닐 때까지 반복
  for i in range(0,len(b[min_index]),1):
    if node[i]>b[min_index][i]:   #가장 작은 값을 찾음
     print(node[i],"->", b[min_index][i])
     node[i]=b[min_index][i]

  min_data=a #현재 가장 작은 값

  for j in range(0,len(node),1):  #노드 개수만큼 반복. 여기서는 7번(인덱스 번호로 표시 시)
    if node[j]!=0 andnode[j]<min_data:   #노드값에서 0인 값을 제외하고 작은 데이터 저장
     min_data=node[j]
     min_index=j

 e_sum=e_sum+min_data
 sel_node.append(min_index)
 node[min_index]=0
```

```
    print("현재노드:", node)

print("선택된 노드:", sel_node)  #A=0, B=1,C=2, D=3, E=4,F=5, G=6
print("가중치합", e_sum)
print()
```

〈실행 결과 예〉

초기상태 : [inf, inf, inf, inf, inf, inf, inf]

현재노드: [0, 5, 0, inf, inf, inf, 2]
현재노드: [0, 0, 0, 1, inf, 4, 2]
현재노드: [0, 0, 0, 0, 7, 4, 2]
현재노드: [0, 0, 0, 0, 3, 4, 0]
현재노드: [0, 0, 0, 0, 0, 4, 0]
현재노드: [0, 0, 0, 0, 0, 0, 0]
선택된 노드: [2, 1, 3, 6, 4, 5]
가중치합 13

연습 문제

연습 01 **사용자로부터 6개의 숫자를 입력받아 리스트에 정렬해 리스트 결과를 출력하고, 이진 검색 알고리즘을 이용해서 찾고자 하는 숫자를 검색했을 때 리스트에서 몇 번째 만에 검색하고자 하는 숫자를 찾았는지를 나타내는 과정을 출력해 보자.**

〈제시조건〉

- 5개의 숫자를 반드시 순서대로 정렬해야 한다.　예) 5,2,1,4,3,6 → 1,2,3,4,5,6으로 정렬
- 함수와 for 문을 이용해서 표현해 보자.
- 함수는 크게 2개로 입력받는 값의 함수(input_func)와 검색하는 함수(find_func)로 구성한다.
- 탐색 성공일 때 몇 번만에 검색했는지를 표시한다.
- 탐색 실패 시에는 "탐색 실패! 당신이 찾는 값 oo은/는 없습니다"와 같이 출력한다.

〈실행 결과 예〉

❶ **검색 성공의 경우 출력 결과 예**

```
이진 검색을 위한 숫자를 입력하세요: 5
이진 검색을 위한 숫자를 입력하세요: 7
이진 검색을 위한 숫자를 입력하세요: 2
이진 검색을 위한 숫자를 입력하세요: 1
이진 검색을 위한 숫자를 입력하세요: 6
이진 검색을 위한 숫자를 입력하세요: 3
정렬 전 b_list: [5, 7, 2, 1, 6, 3]
정렬 후 b_list: [1, 2, 3, 5, 6, 7]
찾고자 하는 숫자 입력>>> 6
주어진 리스트에서 인덱스[4] 위치의 값인 6을/를
총 2번만에 검색 성공
탐색 종료
```

❷ **검색 실패의 경우 출력 결과 예**

```
이진 검색을 위한 숫자를 입력하세요: 5
이진 검색을 위한 숫자를 입력하세요: 7
이진 검색을 위한 숫자를 입력하세요: 2
이진 검색을 위한 숫자를 입력하세요: 1
이진 검색을 위한 숫자를 입력하세요: 6
이진 검색을 위한 숫자를 입력하세요: 3
정렬 전 b_list: [5, 7, 2, 1, 6, 3]
정렬 후 b_list: [1, 2, 3, 5, 6, 7]
찾고자 하는 숫자 입력>>> 4
탐색 실패!! 당신이 검색한 숫자 4은/는 없습니다.
탐색 실패!! 당신이 검색한 숫자 4은/는 없습니다.
탐색 실패!! 당신이 검색한 숫자 4은/는 없습니다.
```

〈코드〉

연습 문제

연습 02

알파벳 모음인 arr=["u","a","o","e","i"]를 삽입 정렬 알고리즘을 이용해서 오름차순으로 정렬해 보자.

〈제시조건〉

- 초기의 값 순서 : "u","a","o","e","i"
- 정렬 전과 정렬 후의 변화를 화면에 출력한다.
  정렬 전: ['u', 'a', 'o', 'e', 'i']
  정렬 후: ['a', 'e', 'i', 'o', 'u']
- 삽입 정렬 과정 변화를 단계별 교환 후 정렬 과정을 화면에 출력한다.

〈실행 결과 예〉

```
정렬 전: ['u', 'a', 'o', 'e', 'i']
***************************************************************
[단계별 교환 후 정렬 과정 :['a', 'u', 'o', 'e', 'i']
[단계별 교환 후 정렬 과정 :['a', 'o', 'u', 'e', 'i']
[단계별 교환 후 정렬 과정 :[o]와 ['a']의 값 크기가 변동 없음
[단계별 교환 후 정렬 과정 :['a', 'o', 'e', 'u', 'i']
[단계별 교환 후 정렬 과정 :['a', 'e', 'o', 'u', 'i']
[단계별 교환 후 정렬 과정 :[e]와 ['a']의 값 크기가 변동 없음
[단계별 교환 후 정렬 과정 :['a', 'e', 'o', 'i', 'u']
[단계별 교환 후 정렬 과정 :['a', 'e', 'i', 'o', 'u']
[단계별 교환 후 정렬 과정 :[i]와 ['e']의 값 크기가 변동 없음
[단계별 교환 후 정렬 과정 :[e]와 ['a']의 값 크기가 변동 없음
+++++++++++++++++++++++++++++++++++++++++++++++++++++++++++++++
정렬 후: ['a', 'e', 'i', 'o', 'u']
```

〈코드〉

연습 문제

연습 03 **다음과 같이 정렬되지 않은 값을 최대 힙을 이용하여 힙 정렬해 보자. 이때 정렬은 오름차순을 기준으로 한다.**

〈제시조건〉

arr=[4,7,6,3,1,5,9,8,2]

정렬 조건 : 오름차순

최대 힙을 이용해 힙 정렬을 한다.

〈실행 결과 예〉

정렬전:[4, 7, 6, 3, 1, 5, 9, 8, 2]
변경된 리스트값 [2, 8, 7, 4, 1, 5, 6, 3, 9]
변경된 리스트값 [2, 4, 7, 3, 1, 5, 6, 8, 9]
변경된 리스트값 [5, 3, 6, 2, 1, 4, 7, 8, 9]
변경된 리스트값 [4, 3, 5, 2, 1, 6, 7, 8, 9]
변경된 리스트값 [1, 3, 4, 2, 5, 6, 7, 8, 9]
변경된 리스트값 [1, 2, 3, 4, 5, 6, 7, 8, 9]
변경된 리스트값 [2, 1, 3, 4, 5, 6, 7, 8, 9]
변경된 리스트값 [1, 2, 3, 4, 5, 6, 7, 8, 9]
최대힙을 이용한 힙정렬 후:[1, 2, 3, 4, 5, 6, 7, 8, 9]

〈코드〉

연습 문제

연습 04

실습 예제를 조금 변형한 문제이다. 다음 주어진 그래프에서 최소 신장 트리의 가중치 합을 구해 보자. 이때 크러스컬 알고리즘 방법과 프림 알고리즘 방법을 이용해 각각 풀어보자.

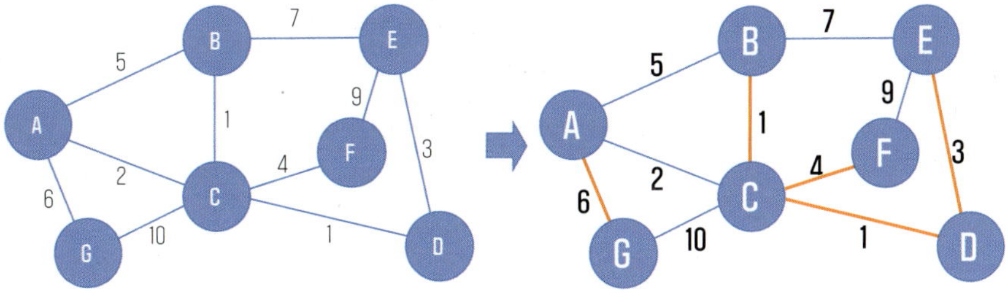

〈실행 결과 예〉

- 크러스컬 알고리즘의 경우

  가중치합: 17

- 프림 알고리즘의 경우

  가중치합: 17

〈크러스컬 알고리즘 코드〉

〈프림 알고리즘 코드〉

도전 문제

도전 01

다음과 같이 정렬되지 않은 리스트 a가 있다.

a=[37,29,69,30,15,55,90,87,73,20]

선형 검색 알고리즘과 이진 검색 알고리즘 함수를 각각 만들고 이를 호출하여 찾고자 하는 값이 있는지와 몇 번 만에 찾았는지를 출력해 보자.

〈제시조건〉

- 함수는 선형 검색(my_in)과 이진 검색(my_in_bi)으로 지정한다.
  출력할 때 내가 찾고자 하는 값이 있다면 True를 출력하고, 몇 번 만에 찾았는지를 출력한다.
  예) 87는/은 리스트에 있다(True, False): True, 있다면 8번 만에 찾음
  이진 검색 함수에서는 sort()를 이용해 정렬하고 이진 검색을 한다.

〈실행 결과 예〉

```
선형검색을 위한 리스트:[37, 29, 69, 30, 15, 55, 90, 87, 73, 20]
87는/은 리스트에 값이 있다(True,False):True, 있다면 8번 만에 찾음

이진검색을 위해 정렬된 후:[15, 20, 29, 30, 37, 55, 69, 73, 87, 90]
69는/은 리스트에 값이 있다(True,False):True, 있다면 4번 만에 찾음
```

〈코드〉

도전 문제

도전 02

〈도전 1〉의 문제와 같이 정렬되지 않은 리스트 a가 있다.

a=[37,29,69,30,15,55,90,87,73,20]

선형 검색에서 〈도전 문제 1〉처럼 True로 출력하는 것이 아닌 인덱스로 찾고자 하는 위치값을 출력해 보자.

이진 검색에서는 정렬한 후 중앙값을 찾아 출력하고 찾고자 하는 값을 몇 번 만에 찾았는지 확인해 보자.

〈실행 결과 예〉

```
선형검색을 위한 리스트:[37, 29, 69, 30, 15, 55, 90, 87, 73, 20]
선형검색을 통해 찾고자 하는 87의 index 위치값: 7

정렬된 후:[15, 20, 29, 30, 37, 55, 69, 73, 87, 90]
중앙값: 6
찾고자 하는 69를/을 이진 검색에서는 4번 만에 찾음
```

〈코드〉

| 10장 |

문제 해결 방식의 알고리즘 구현

학습 목표

Part 1의 6장에서 우리는 컴퓨터과학에서 해결한 문제(P 문제)와 해결하고자 하는 문제(NP 문제)에 대해 살펴봤다. 그중 특정 문제 해결이 아닌 문제 해결 방법 중심으로 알려진 방법과 관련 다양한 방법이 있는데 이를 이용해서 직접 실습해 보자.

1 〉 그리디 문제 해결 방법

그리디(Greedy) 문제 해결 방법은 최적화 문제를 해결하는 방법으로 입력 데이터 간의 관계나 특징과 상관없이 욕심내어 현재 상황에서 가장 좋은 값을 선택하여 원하는 답을 찾는 탐색 방법이다. 현재 상황에서 가장 좋은 것을 선택하여 반영하기 때문에 그 이후에 발생하는 상황은 고려하지 않는다고 볼 수 있다. 그래서 여러 가지 많은 문제를 해결할 때 가장 좋은 값이 반드시 최적 해라고 말할 수 없다. 지금 당장의 상황에서만 최적의 답을 선택하기 때문에 앞뒤 또는 전체 상황을 고려하지 않아 최적의 해라고 장담할 수 없는 것이다. 그래서 그리디 문제 해결 방법은 욕심쟁이 방법, 탐욕적 방법이라고 부른다. 그렇다고 그리디가 필요 없는 것은 아니다. 물론 전체적으로 완벽한 해를 찾는 부분은 장담 못 하지만, 제한된 문제 해결에는 좋은 방법이다.

그리디 문제 해결을 적용한 방법으로는 대표적으로 동전 거스름돈 문제, 배낭 문제 등이 있다. 이에 해당하는 문제들을 다뤄보자.

1.1 동전 거스름돈 문제

동전 거스름돈 문제는 말 그대로 동전으로 거스름돈을 받아야 할 때의 상황에서 해결해야 하는 문제이다. 전체 거스름돈에서 가장 적은 수의 동전으로 받도록 하는 문제이다.

예를 들어 490원의 거스름돈을 돌려받아야 한다면, 최악의 상황이라면 10원짜리 49개를 받을 수도 있고, 다른 방법으로 100원짜리 4개와 10원짜리 9개인 총

13개의 동전을 받거나 50원짜리 9개와 10원짜리 4개인 13개의 동전을 받을 수 있는 경우 등 다양한 방식이 존재한다. 이러한 상황에서 핵심은 즉, 어떻게 동전을 구성하여 거스름돈을 주는 것이 동전의 수를 가장 적게 하는 것인가를 해결하기 위한 문제 해결 방법이다.

실습 예제

동전 거스름돈 문제

고객에게 잔돈을 지불하려고 한다. 이때 거스름돈 종류는 coins = [500, 100, 50, 10]과 같다. 키보드로부터 입력을 통해 고객에게 지불할 돈을 입력받아 이를 동전별로 몇 개씩 거슬러주면 되는지를 작성해 보자.

〈제시조건〉

- 거스름돈 종류는 다음과 같다.
  예) coins = [500, 100, 50, 10]
- 최종 거스름돈을 딕셔너리를 이용해 출력한다.
  예) {500: 1, 100: 1, 50: 1, 10: 2}
- 동전별 개수도 출력해준다.
  예) 500원의 개수:1, 100원의 개수:1, 50원의 개수:1, 10원의 개수:2

〈실행 결과 예〉

거스름으로 바꿀 수 있는 동전 종류: [500, 100, 50, 10]
고객에게 지불할 돈을 입력해주세요: 670
500원의 개수:1
500을 뺀 남은 액수:170
100원의 개수:1
100을 뺀 남은 액수:70
50원의 개수:1
50을 뺀 남은 액수:20
10원의 개수:2
10을 뺀 남은 액수:0
따라서, 거스름돈은 동전별 각각 {500: 1, 100: 1, 50: 1, 10: 2}개 지불하면 됩니다.

〈코드〉

```
#거스름돈 문제
coins = [500, 100, 50, 10]  #거스름돈 종류
result= {500: 0, 100: 0, 50: 0, 10: 0}  #딕셔너리 형식으로 표현, 초기 상태,
result={x: 0 for x in coins}로도 표현 가능
print(f'거스름으로 바꿀 수 있는 동전 종류: {coins}')

pay_money=int(input("고객에게 지불할 돈을 입력해주세요: "))

for coin in coins:
  coin_num=pay_money //coin
  print(f'{coin}원의 개수:{coin_num}')
  pay_money=pay_money-(coin_num*coin)

  result[coin]=coin_num  #딕셔너리에 키와 값 대입

  print(f'{coin}을 뺀 남은 액수:{pay_money}')

print(f'따라서, 거스름돈은 동전별 각각 {result}개 지불하면 됩니다.')
```

1.2 배낭 문제

배낭 문제(Knapsack Problem)는 배낭의 용량이 정해져 있는 상태에서 최대한의 가치를 가지는 n개의 물건을 담아 배낭을 싸야 하는 것이다. 즉, 주어진 물건들의 용량(무게, Weight)과 가치(Value)를 고려하여 담을지, 담지 않을지를 결정하는 문제이다.

이때 반드시 고려해야 하는 두 가지가 있다. 바로 쪼갤 수 있는 물건의 경우와 쪼갤 수 없는 물건의 경우를 각각 어떻게 해야 하는지를 고려해야 한다.

1. 물건을 나눌 수 있는 경우 : 분할 배낭 문제(Fraction Knapsack Problem)
   이 경우는 가치가 큰 짐부터 무조건 담고, 남은 무게만큼의 짐을 나눠서 담는다.
   이때, 소수점이 있을 수 있도록 나눠서 최적의 해를 구하는 방식이다.
2. 물건을 나눌 수 없는 경우 : 0–1 배낭 문제(0–1 Knapsack Problem)
   짐을 쪼갤 수 없는 경우는 무게 대비 가치, 즉 무게당 가치(V/W)가 높은 순서로 담는 게 반드시 해답이라고 할 수 없다. 이를 해결하기 위해서는 동적(Dynamic) 계획 방법을 이용해 해결해야 한다.

예를 들어 10kg 배낭이 있다고 가정해 보자. 또한 배낭에 담을 수 있는 아이템(Item)의 무게와 가치는 각각 다음과 같다.

아이템(Item)	1	2	3	4
가치(Value)	12	48	30	40
무게(Weight)	3	4	6	5
무게당 가치(V/W)	4	12	5	8

배낭 문제

먼저 욕심을 내 배낭에 최대한 가져갈 수 있도록 가장 먼저 가치(Value)가 가장 높은(비싼) 아이템 2를 선택해 보자. 그다음 가치가 높은 아이템 4를 선택한다. 무게를 계산해 여유가 있는지, 없는지 확인하고 여유가 있다면 추가로 담을 수 있도록 한다. 그러나 계산 결과 4+5=9로 1kg 여유밖에 없음을 확인했다. 나머지 가치가 있는 아이템들이 있는지 확인해 보니 1보다 크기에 큰 물건은 더 이상 담기 어렵다는 것을 확인했다. 따라서 이때 얻은 가치는 48+40=88이다.

이번에도 역시 10kg 배낭이 있다고 가정해 보자. 무게당 가치가 가장 높은(비싼) 것을 확인하기 위해 각 아이템 무게별 가치를 계산하면 아이템 1은 12/3=4, 아이템 2는 48/4=12, 아이템 3은 30/6=5, 아이템 4는 40/5=8이라는 것을 확인했다. 이를 통해 무게당 가장 가치가 있는 아이템은 아이템 2이다. 아이템 2를 담고 그다음엔 아이템 4를 담아 확인해 보니 배낭의 여유가 1kg밖에 없어서 그 다음 아이템 3의 무게당 가치를 5로 1kg에 해당하는 5(30/6)의 가치만큼 담는다. 이렇게 10kg 배낭을 꽉 채웠다. 이제 더 이상 아이템을 담기 어렵다. 이때 얻은 가치는 48+40+5=93이다.

실습 예제

0-1 배낭 문제

10kg 배낭에 4개의 아이템을 담으려고 한다. 이때 0-1 배낭 문제를 이용해서 얻을 수 있는 가치를 구해 보자. 각 아이템은 다음과 같다.

아이템(Item)	1	2	3	4
가치(Value)	12	48	30	40
무게(Weight)	3	4	6	5
무게당 가치(V/W)	4	12	5	8

```
#0-1 배낭 문제
item_count = 4  #짐의 개수에 대한 개수
BW = 10  #배낭의 최대 무게 10kg
w = [3,4,6,5]  #짐의 무게(weight)
v = [12,48,30,40]  #짐의 가치(value)
ratio = [[0, 0], [0, 0], [0, 0], [0, 0]] #초기 비율 값[무게당 가치,아이템 index
번호]
print("아이템 개수: ", item_count)
print("배낭 무게: ", BW, "kg")
print("각 짐의 무게: ", w)
print("각 짐의 가치: ", v)
print()

for i in range(item_count):
```

```
        vm= v[i]/w[i]   #무게당 가치
        ratio[i][0] = vm
        ratio[i][1] = i   #아이템 index 번호
        #무게당 가치 비율 출력
        print("무게당 가치(v/w):", ratio[i][0], ",", "아이템:",(ratio[i][1])+1)
    print()

    f_value = 0   #가치 초기 값

    #비교 함수에 익명 함수(lambda)를 이용하여 정의
    #key 인자 함수를 넘겨주면 해당 함수의 반환 값을 비교하여 내림차순 정렬
    #sorted([리스트 or 딕셔너리], key=lambda x:[key로 지정하고 싶은 요소])와 같이 표시
    #리스트 첫 번째 요소를 key로 하여 내림차순 정렬
    for i in sorted(ratio, key=lambdax:-x[0]):
        print("무게당 가치가 가장 높은 것 : ", i[0])
        if w[i[1]] <= BW:    #만약 짐의 무게가 배낭 최대값보다 작다면
            BW=BW-w[i[1]]
            f_value=f_value+v[i[1]]
        else:    #만약 짐의 무게가 배낭 최대값보다 크다면
            f_value=f_value+(BW * i[0])
            break

    print()
    print(f'따라서, 이때 얻을 수 있는 가치: {f_value}')
```

〈실행 결과 예〉

아이템 개수: 4
배낭 무게: 10 kg
각 짐의 무게: [3, 4, 6, 5]
각 짐의 가치: [12, 48, 30, 40]

무게당 가치(v/w): 4.0 , 아이템: 1
무게당 가치(v/w): 12.0 , 아이템: 2
무게당 가치(v/w): 5.0 , 아이템: 3
무게당 가치(v/w): 8.0 , 아이템: 4

무게당 가치가 가장 높은 것 : 12.0
무게당 가치가 가장 높은 것 : 8.0
무게당 가치가 가장 높은 것 : 5.0

따라서, 이때 얻을 수 있는 가치: 93.0

2 〉 분할 정복 문제 해결 방법을 적용한 알고리즘

분할 정복은 입력된 값을 분할하여 각 문제를 해결한 후 다시 취합해서 문제를 해결하는 방법이다. 이때 다시 취합하는 과정을 '정복했다'라고 표현한다. 이처럼 부분 문제와 그에 따른 부분 해를 구해 취합하면서 전체 문제를 해결하는 방법을 분할 정복 방법이라고 한다. 대표적인 방법에는 합병 정렬 알고리즘과 퀵 정렬 알고리즘이 있다.

2.1 합병 정렬 알고리즘

합병 정렬(Merge Sort) 알고리즘은 분할 정복 문제 해결 방법을 정렬할 데이터에 적용하여 정렬 문제를 해결한 정렬 알고리즘으로 1945년 존 폰 노이만(John Von Neumann)이 개발했다.

합병 정렬 알고리즘의 문제 해결 방법을 그림과 더불어 이와 관련된 알고리즘을 보면 다음과 같다.

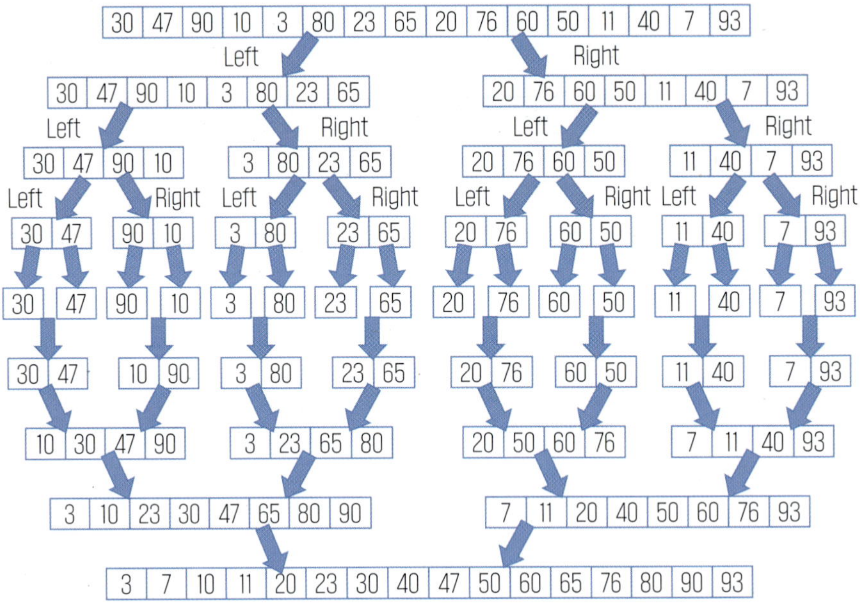

합병 정렬 과정

합병 정렬 기본 알고리즘

1. 입력된 데이터를 2개로 분할한다. (분할)
2. 분할된 데이터들 각각에 대하여 1을 반복한다.
3. 분할된 데이터들을 합병한다. (정복)
4. 정렬된 데이터를 출력한다.

실습 예제

합병 정렬 알고리즘

```
#합병 정렬
def merge_sort(list):
  if len(list)<=1:  #배열의 길이가 1보다 작거나 같으면
     return list

  mid=len(list) // 2  #전체 길이 중 절반을 기준으로 잡음 즉, 16//2=8
  print(f'중앙값:{mid}')
  left=list[:mid]  #처음부터 중앙값까지
  right=list[mid:] #중앙값부터 끝까지
```

```
    print(f'중앙값을 기준으로 절반으로 나눈 왼쪽:{left}')
    print(f'중앙값을 기준으로 절반으로 나눈 오른쪽:{right}')
    L=merge_sort(left)
    R=merge_sort(right)
    merged=merge(L, R) #인접한 배열 합병
    print("merged:",merged)
    return merged

def merge(Left,Right):
    merged = [] #빈 리스트, 합병한 값을 넣기 위함

    #왼쪽, 오른쪽 길이(크기)가 0보다 작으면 반복문 빠져나가기
    while 0<len(Left) and 0<len(Right):
        print(f'왼쪽 길이(크기):{len(Left)}, 값:{Left}')
        print(f'오른쪽 길이(크기):{len(Right)}, 값:{Right}')
        #만약 0보다 길이(크기)가 크면 왼쪽과 오른쪽 값 비교해서 작은 값을 추가
        if Left[0] <= Right[0]:
            merged.append(Left.pop(0))
            print("값:", merged)
        else:
            merged.append(Right.pop(0))
            print("값:", merged)
    if len(Left)>0: #만약 왼쪽만 있고 왼쪽 길이(크기)가 0보다 크면
        merged.append(Left[0])
    if len(Right)>0:  #만약 오른쪽만 있고 오른쪽 길이(크기)가 0보다 크면
        merged.append(Right[0])
    return merged

ms_list = [30,47,90,10,3,80,23,65,20,76,60,50,11,40,7,93]
merge_sort(ms_list)
```

〈실행 결과 예〉

중앙값:8

중앙값 기준으로 절반으로 나눈 왼쪽:[30, 47, 90, 10, 3, 80, 23, 65]

중앙값 기준으로 절반으로 나눈 오른쪽:[20, 76, 60, 50, 11, 40, 7, 93]

중앙값:4

```
중앙값 기준으로 절반으로 나눈 왼쪽:[30, 47, 90, 10]
중앙값 기준으로 절반으로 나눈 오른쪽:[3, 80, 23, 65]
중앙값:2
중앙값 기준으로 절반으로 나눈 왼쪽:[30, 47]
중앙값 기준으로 절반으로 나눈 오른쪽:[90, 10]
중앙값:1
중앙값 기준으로 절반으로 나눈 왼쪽:[30]
중앙값 기준으로 절반으로 나눈 오른쪽:[47]

〈...중간 생략....〉

왼쪽 길이(크기):2, 값:[80, 90]
오른쪽 길이(크기):2, 값:[76, 93]
값: [3, 7, 10, 11, 20, 23, 30, 40, 47, 50, 60, 65, 76]
왼쪽 길이(크기):2, 값:[80, 90]
오른쪽 길이(크기):1, 값:[93]
값: [3, 7, 10, 11, 20, 23, 30, 40, 47, 50, 60, 65, 76, 80]
왼쪽 길이(크기):1, 값:[90]
오른쪽 길이(크기):1, 값:[93]
값: [3, 7, 10, 11, 20, 23, 30, 40, 47, 50, 60, 65, 76, 80, 90]

merged: [3, 7, 10, 11, 20, 23, 30, 40, 47, 50, 60, 65, 76, 80, 90, 93]

[3, 7, 10, 11, 20, 23, 30, 40, 47, 50, 60, 65, 76, 80, 90, 93]
```

2.2 퀵 정렬 알고리즘

퀵 정렬(Quick Sort) 알고리즘은 찰스 앤터니 리처드 호어(Charles Antony Richard Hoare)가 개발한 방법으로 분할 정복 문제 해결 방법을 정렬할 데이터에 적용하여 정렬 문제를 해결한 정렬 알고리즘이다. 퀵 정렬 알고리즘은 정렬 수행 속도가 빠르다고 하여 붙여진 이름으로 문제 해결 방법은 다음과 같이 정의한다.

1. 피벗 값을 설정한다.
2. 만약 피벗 값보다 값이 작으면 왼쪽, 크면 오른쪽으로 이동한다. (정복)
3. 이때 피벗 위치는 피벗보다 값이 작으면 가장 오른쪽 데이터의 위치와 교환한다. (분할)
4. 피벗 값으로 분할된 데이터들에 대해 각각 1, 2, 3 과정을 반복한다.
5. 정렬된 데이터를 출력한다.

이때 피벗을 정하는 규칙은 정해져 있지는 않지만, 일반적인 퀵 정렬은 맨 왼쪽 첫 번째 데이터를 피벗(Pivot) 즉 기준 데이터로 설정한다.

실습 예제

퀵 정렬 알고리즘

```
#퀵 정렬
def quick_sort(arr, pivot, last):
    if pivot >= last: #만약 데이터가 1개라면
        return   #함수 종료

    #피벗은 첫 번째 데이터(index 0)
    print("피봇 위치 index:", pivot, "피봇값:", arr[pivot])
    left = pivot + 1
    right = last  #마지막 데이터

    while True:
      #피벗보다 작으면 left 위치를 증가
      while (left <= last) and (arr[left] < arr[pivot]):
        left=left+1
      #피벗보다 크면 right 위치를 감소
      while (right > pivot) and (arr[right] > arr[pivot]):
        right=right-1

      if left>=right:
        break

      arr[left],arr[right]=arr[right],arr[left]
```

```python
            print("작은 데이터와 큰 데이터 위치 변경: ", end=" ")
            print(arr[right], arr[left], "=>", arr[left],arr[right])
            left=left+1
            right=right-1
            print(f"left index:{left},{arr[left]},right index:{right},{arr[right]}")

        arr[pivot],arr[right]=arr[right],arr[pivot]   #피벗 교체
        print("피봇과 작은 데이터 위치를 변경: ", end=" ")
        print(arr[pivot], arr[right], "=>", arr[right],arr[pivot])

        #왼쪽 부분과 오른쪽 부분에서 각각 정렬 수행
        quick_sort(arr, pivot, right-1)  #재귀 호출
        quick_sort(arr, right+1, last)   #재귀 호출

array = [30,47,90,10,3,80,23,65,20,76,60,50,11,40,7,93]
print("정렬 전 상태:", array)
print("="*50)
quick_sort(array, 0, len(array)-1)   #퀵 정렬 호출
print("="*50)
print("퀵 정렬된 상태:", array)
```

〈실행 결과 예〉

```
정렬 전 상태: [30, 47, 90, 10, 3, 80, 23, 65, 20, 76, 60, 50, 11, 40, 7, 93]
==================================================
피봇 위치 index: 0 피봇값: 30
작은 데이터와 큰 데이터 위치 변경:  47 7 => 7 47
left index:2,90,right index:13,40
작은 데이터와 큰 데이터 위치 변경:  90 11 => 11 90
left index:3,10,right index:11,50
작은 데이터와 큰 데이터 위치 변경:  80 20 => 20 80
left index:6,23,right index:7,65
피봇과 작은 데이터 위치를 변경:  23 30 => 30 23
피봇 위치 index: 0 피봇값: 23
피봇과 작은 데이터 위치를 변경:  20 23 => 23 20
```

```
피봇 위치 index: 0 피봇값: 20
피봇과 작은 데이터 위치를 변경:  3 20 => 20 3
피봇 위치 index: 0 피봇값: 3
피봇과 작은 데이터 위치를 변경:  3 3 => 3 3
피봇 위치 index: 1 피봇값: 7
피봇과 작은 데이터 위치를 변경:  7 7 => 7 7
피봇 위치 index: 2 피봇값: 11
피봇과 작은 데이터 위치를 변경:  10 11 => 11 10
피봇 위치 index: 7 피봇값: 65
작은 데이터와 큰 데이터 위치 변경:  80 47 => 47 80
left index:9,76,right index:13,40
작은 데이터와 큰 데이터 위치 변경:  76 40 => 40 76
left index:10,60,right index:12,90
피봇과 작은 데이터 위치를 변경:  50 65 => 65 50
피봇 위치 index: 7 피봇값: 50
피봇과 작은 데이터 위치를 변경:  40 50 => 50 40
피봇 위치 index: 7 피봇값: 40
피봇과 작은 데이터 위치를 변경:  40 40 => 40 40
피봇 위치 index: 12 피봇값: 90
피봇과 작은 데이터 위치를 변경:  80 90 => 90 80
피봇 위치 index: 12 피봇값: 80
피봇과 작은 데이터 위치를 변경:  76 80 => 80 76
==========================================================
퀵 정렬된 상태: [3, 7, 10, 11, 20, 23, 30, 40, 47, 50, 60, 65, 76, 80, 90, 93]
```

3 〉 동적 문제 해결 방법을 적용한 알고리즘

동적 문제 해결(Dynamic Programming)은 1953년 리처드 벨만(Richard Ernest Bellman)이 고안한 문제 해결 방법으로, 적용되는 문제들은 반복되는 부분 문제가 있는 문제 또는 항상 같은 규칙을 갖는 문제, 큰 문제의 결과에 영향을 주는 일부분의 문제 답 등이 있다.

잠깐만요

Part 1의 6장에서 설명했으나 이곳에서도 다시 한번 더 설명한다.
동적 문제 해결 방법은 다음과 같은 세 가지 방법을 이용하여 문제를 해결한다.

1. 재사용(Re-use) : 메모이제이션으로 저장된 부분 문제의 해를 이용하여 큰 문제를 해결하는 방법이다.
2. 메모이제이션(Memoization) : 동적 문제 해결 방법에서 재정의하여 사용되는 용어로, 문제를 해결하는 과정에서 부분 문제의 해를 저장하는 수행 과정을 의미한다. 즉, 메모이제이션은 부분 문제의 해를 저장하는 방법이다.
3. 상향식 방법(Bottom-Up) : 문제 해결 순서와 방향을 아래에서 위로, 작은 문제에서 큰 문제 방향으로 해결하는 방법이다. 큰 문제에서 찾은 부분 문제를 가장 작은 데이터에 적용하여 문제를 해결하기 시작하는 방법이다. N개의 데이터가 입력되었을 때, 부분 문제를 N개에 적용하지 않고 1개, 2개, 3개 등 부분 문제의 가장 작은 입력 단위로 문제를 해결하고, 반복하여 큰 문제 전체를 해결한다.

분할-정복 문제 해결 방법은 하향식 방법(Up-Down)이라고 할 수 있다. 분할 시 전체 데이터에 적용하여 점점 부분 데이터들에 적용하여 문제를 작게 분할한다.

3.1 재귀 방식 알고리즘

재귀 방법은 반복을 통해 문제를 해결할 때까지 자기 자신을 불러와 문제를 해결하는 방법이다. 대표적인 방법은 하향식 방법(Top-down)으로 이는 문제 해결 순서와 방향을 큰 문제에서 작은 문제로 발전시켜 나가면서 해결하는 방법이다.

> 수학에서 피보나치 수는 첫째 또는 둘째 항이 1이며, 그 위의 모든 항은 바로 앞 두 항의 합인 수열이다.

피보나치 수 문제를 통해 동적 문제 해결 방법을 적용해 보자.

1, 1, 2, 3, 5, 8, 13, 21, 34, 89, 144, 233, 377 ...

피보나치 수를 n이라고 했을 때 피보나치 수의 점화식은 다음과 같다.

$$F_n = F_{n-1} + F_{n-2}$$

$$\begin{aligned}
&F_{14}(377) = F_{13}(233) + F_{12}(144)\\
&F_{13}(233) = F_{12}(144) + F_{11}(89)\\
&F_{12}(144) = F_{11}(89) + F_{10}(55)\\
&F_{11}(89) = F_{10}(55) + F_{9}(34)\\
&F_{10}(55) = F_{9}(34) + F_{8}(21)\\
&F_{9}(34) = F_{8}(21) + F_{7}(13)\\
&F_{8}(21) = F_{7}(13) + F_{6}(8)\\
&F_{7}(13) = F_{6}(8) + F_{5}(5)\\
&F_{6}(8) = F_{5}(5) + F_{4}(3)\\
&F_{5}(5) = F_{4}(3) + F_{3}(2)\\
&F_{4}(3) = F_{3}(2) + F_{2}(1)\\
&F_{3}(2) = F_{2}(1) + F_{1}(1)
\end{aligned}$$

피보나치 수 문제는 다음과 같은 방법을 이용해서 풀 수 있다.

기본 알고리즘을 이용 즉, 점화식을 사용한 문제 해결 방법, 재귀 방법을 이용한 문제 해결 방법, 동적 방법을 이용하여 문제 해결 방법이 있다. 여기서는 재귀 방법을 이용한 문제 해결 방법과 동적 방법을 이용하여 문제 해결하는 방법에 대해 살펴보자.

실습 예제

피보나치 수(기본 알고리즘 사용)

```
#피보나치 수열(기본 알고리즘 사용)
def fib_naive(n):
    if n==0:
        return 0
    elif n==1:
        return 1
    else:
        fib=fib_naive(n-1)+fib_naive(n-2)
        return fib
#Commented out IPython magic to ensure Python compatibility.
#%%timeit
#fib_naive(35)
print(fib_naive(10))
```

〈실행 결과 예〉

55

실습 예제

피보나치 수(재귀 함수 사용)

```
#피보나치 수열(재귀 함수 사용)
#fibonacii recursive function(재귀 함수)
def fib_recur(n):
    fib_m=[0,1]
    if n<len(fib_m):
        return fib_m[n]
    else:
        fib=fib_recur(n-1)+fib_recur(n-2)
        fib_m.append(fib)
        return fib
#Commented out IPython magic to ensure Python compatibility.
```

```
#%%timeit
#fib_recur(35)
print(fib_recur(10))
```

〈실행 결과 예〉

55

실습 예제

피보나치 수(동적 프로그래밍)

```
#피보나치 수(동적 프로그래밍)

def fib_dp(n):
    if n==0:
        return 0
    elif n==1:
        return 1
    fib_m=[0,1]
    for i in range(2,n+1):
       num=fib_m[i-1]+fib_m[i-2]
       fib_m.append(num)
    return fib_m[n]

print(fib_dp(10))
```

〈실행 결과 예〉

55

3.2 플로이드 워셜 알고리즘

플로이드 워셜(Floyed-Warshall) 알고리즘은 길 찾기 알고리즘의 대표로 불리는 최단 경로 알고리즘의 하나로, 모든 노드에서 다른 모든 노드까지의 최단 경로를 모두 계산해서 찾는 알고리즘이다. 단계별로 거쳐 가는 노드를 기준으로 알고리즘을 수행한다. 가중치 그래프에 동적 문제 해결 방법을 적용하여 최단 경로 찾기 문제를 해결한 알고리즘이다.

스티븐 워셜(Steven Warshall)이 제안한 '그래프에서 모든 쌍의 경로를 찾아내는 동적 문제해결 방법을 적용한 알고리즘'을 로버트 플로이드(Robert W Floyd)가 1962년에 '경로를 찾는 알고리즘'으로 변형하며 제안한 것이 바로 플로이드 워셜 알고리즘이다.

플로이드-워셜을 이용해 문제를 해결하기 위한 과정을 간단히 정리하면 다음과 같다.

1. 가중치 그래프에서 각 노드와 간선의 가중치 값(경로 비용)을 2차원 배열로 저장한다. [경유 지점이 없을 때로 가정 : 인접한 간선이 없으면, 직접 경로가 없으므로 ∞ (무한대 :가장 큰 값)으로 설정한다.] (재사용)
2. 노드를 선택하여 경유 노드로 결정하고, 경로 비용을 계산한다. (부분 문제)
3. 계산된 경로 비용과 이전에 저장된 경로 비용 중에 더 작은 값을 선택하여 저장한다. (메모이제이션)
4. 2, 3의 과정을 반복한다.
5. 모든 경로에 대한 최소 경로 비용을 저장한 2차원 배열을 출력한다.

위의 과정을 그림으로 표현하면 다음과 같다.

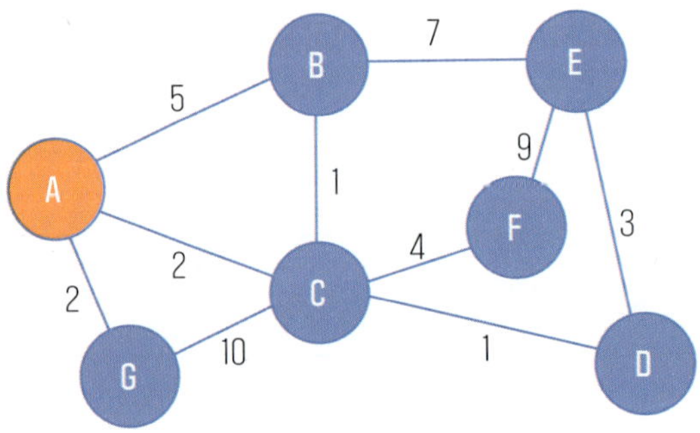

	A	B	C	D	E	F	G
A	0	5	2	∞	∞	∞	2
B	5	0	1	∞	7	∞	∞
C	2	1	0	1	∞	4	10
D	∞	∞	1	0	3	∞	∞
E	∞	7	∞	3	0	9	∞
F	∞	∞	4	∞	9	0	∞
G	2	∞	10	∞	∞	∞	0

	A	B	C	D	E	F	G
A	0	5	2	∞	∞	∞	2
B	5	0	1	∞	7	∞	7
C	2	1	0	1	∞	4	4
D	∞	∞	1	0	3	∞	∞
E	∞	7	∞	3	0	9	∞
F	∞	∞	4	∞	9	0	∞
G	2	7	4	∞	∞	∞	0

A 노드 선택 - A 노드를 경유 노드로 선택

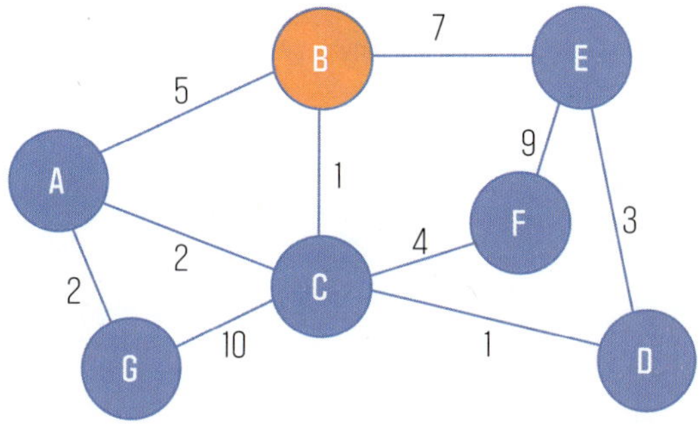

	A	B	C	D	E	F	G
A	0	5	2	∞	∞	∞	2
B	5	0	1	∞	7	∞	7
C	2	1	0	1	∞	4	4
D	∞	∞	1	0	3	∞	∞
E	∞	7	∞	3	0	9	∞
F	∞	∞	4	∞	9	0	∞
G	2	7	4	∞	∞	∞	0

	A	B	C	D	E	F	G
A	0	5	2	∞	12	∞	2
B	5	0	1	∞	7	∞	7
C	2	1	0	1	8	4	4
D	∞	∞	1	0	3	∞	∞
E	14	7	8	3	0	9	14
F	∞	∞	4	∞	9	0	∞
G	2	7	4	14	14	∞	0

B 노드 선택 - B 노드를 경유 노드로 선택

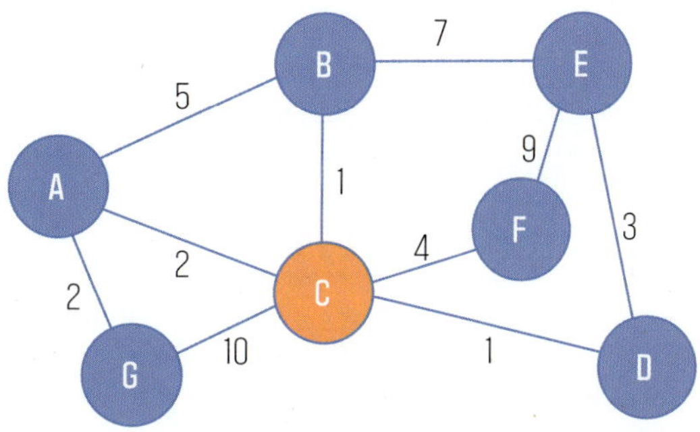

	A	B	C	D	E	F	G
A	0	5	2	∞	12	∞	2
B	5	0	1	∞	7	∞	7
C	2	1	0	1	8	4	4
D	∞	∞	1	0	3	∞	∞
E	14	7	8	3	0	9	14
F	∞	∞	4	∞	9	0	∞
G	2	7	4	14	14	∞	0

	A	B	C	D	E	F	G
A	0	3	2	3	10	6	2
B	3	0	1	2	7	5	5
C	2	1	0	1	8	4	4
D	3	2	1	0	3	5	5
E	10	7	8	3	0	9	12
F	6	5	4	5	9	0	8
G	2	5	4	5	12	8	0

C 노드 선택 - C 노드를 경유 노드로 선택

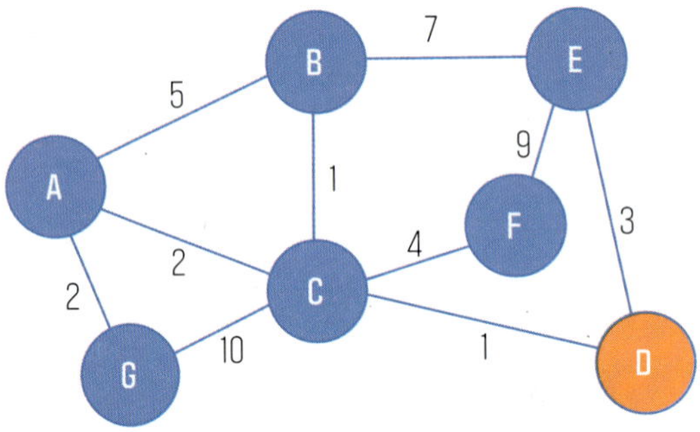

	A	B	C	D	E	F	G
A	0	3	2	3	10	6	2
B	3	0	1	2	7	5	5
C	2	1	0	1	8	4	4
D	3	2	1	0	3	5	5
E	10	7	8	3	0	9	12
F	6	5	4	5	9	0	8
G	2	5	4	5	12	8	0

	A	B	C	D	E	F	G
A	0	3	2	3	6	6	2
B	3	0	1	2	5	5	5
C	2	1	0	1	4	4	4
D	3	2	1	0	3	5	5
E	6	5	4	3	0	8	8
F	6	5	4	5	8	0	8
G	2	5	4	5	8	8	0

D 노드 선택 - D 노드를 경유 노드로 선택
E, F, G 선택 후에는 바뀌는 값 없음

플로리드–워셜 과정

이번에는 이 과정을 직접 코드로 표현해 보자.

실습 예제

플로이드–워셜

```
#플로이드–워셜
INF = int(1e9) #무한을 의미하는 값으로 10억 설정
node = 7   #그래프 노드 수, A~G까지
```

```
#최단 거리 테이블을 2차원 리스트(그래프)로 표현, 노드 간 인접 행렬 표시
#      A      B      C      D      E      F      G
D = [[0,5,2,INF,INF,INF,2],[5,0,1,INF,7,INF,INF],[2,1,0,1,INF,4,10], [INF,INF,1,0,3,INF,INF],[INF,7,INF,3,0,9,INF],[INF,INF,4,INF,9,0,INF],[2,INF,10,INF,INF,INF,0]]

#점화식에 따라 플로이드 워셜 알고리즘 수행
for i in range(node):
  for j in range(node):
    for k in range(node):
      D[j][k] = min(D[j][k], D[j][i]+D[i][k])

#수행된 결과 출력
print("***** 최종결과값 *****")
print("  A  B  C  D  E  F  G")
print("="*22)
for j in range(node): #최단 경로 출력
  for k in range(node):
    if D[j][k]==INF:
      print("INF", end=" ")
    else:
      print('%3d'% D[j][k], end='')
  print()
```

〈실행 결과 예〉

```
***** 최종결과값 *****
 A B C D E F G
======================
 0 3 2 3 6 6 2
 3 0 1 2 5 5 5
 2 1 0 1 4 4 4
 3 2 1 0 3 5 5
 6 5 4 3 0 8 8
 6 5 4 5 8 0 8
 2 5 4 5 8 8 0
```

연습 문제

연습 01

편의점 알바를 처음 하게 된 승현이는 물건을 산 손님에게 거스름돈을 돌려줘야 할 때 "어떻게 하면 물건을 구매한 손님에게 최소한의 동전을 거슬러줄 수 있을까?"를 고민했다. 그러던 중 '프로그래밍을 통한 문제 해결' 시간에 배웠던 그리디 문제 해결 방법 중에서 "동전 거스름돈 문제"를 이에 적용해 보기로 했다. 승현이를 도와 이 문제를 같이 해결해 보자.

〈제시조건〉

- 물건의 가격은 다음과 같다.
  예) 아이스크림 100원, 과자 300원, 컵라면 330원
- 거스름돈 종류는 다음과 같다.
  예) coins = [500, 100, 50, 10] #거스름돈 종류
- 고객으로부터 받은 돈을 입력받고 물건의 차액을 계산해 이를 돌려주도록 하자.
  예) 고객으로부터 받은 돈은 얼마입니까? 1000
  어떤 물건을 구매했나요? 컵라면
  고객에게 거슬러줘야 하는 금액은 670원입니다.
- 거스름돈 종류별 각각 몇 개를 지불하면 되는지 보여준다.
  예) 거스름돈은 동전별 각각 {500: 1, 100: 1, 50: 1, 10: 2}개 지불하면 됩니다.

〈코드〉

연습 문제

연습 02 **정렬되지 않은 값들을 합병 정렬을 이용하여 출력하시오.**

[27,10,12,20,96,17,22,15]

〈제시조건〉

- 합병 정렬을 통해 분해와 병합하는 과정을 보여보자.
  예) [27,10,12,20] [96,17,22,15] 등과 같이 분해와 병합 과정 보이기

〈코드〉

연습 문제

연습 03

[연습 2]에서 다뤘던 문제를 이번에는 퀵 정렬을 이용해 다음과 같이 정렬하는 과정들이 나타날 수 있도록 해보자.

〈실행 결과 예〉

```
정렬 전 상태: [27,10,12,20,96,17,22,15]
작은 데이터와 큰 데이터 위치 변경:  96 15 => 15 96
피벗과 작은 데이터 위치를 변경:  22 27 => 27 22
피벗과 작은 데이터 위치를 변경:  17 22 => 22 17
작은 데이터와 큰 데이터 위치 변경:  20 15 => 15 20
피벗과 작은 데이터 위치를 변경:  15 17 => 17 15
피벗과 작은 데이터 위치를 변경:  12 15 => 15 12
피벗과 작은 데이터 위치를 변경:  10 12 => 12 10
최종 정렬된 상태: [10, 12, 15, 17, 20, 22, 27, 96]
```

〈코드〉

연습 문제

연습 04 다음 그림과 같은 구조가 있다. 이를 플로이드-워셜을 이용해 최단 경로를 구해보자.

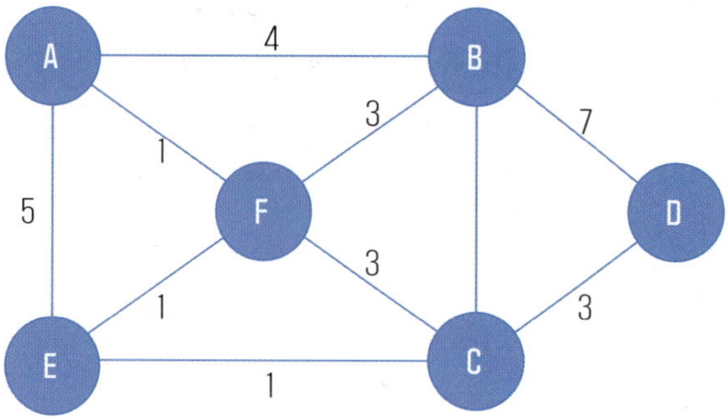

〈실행 결과 예〉

```
**** 최종결과값 ****
 A  B  C  D  E  F
==================
 0  4  3  6  2  1
 4  0  2  5  3  3
 3  2  0  3  1  2
 6  5  3  0  4  5
 2  3  1  4  0  1
 1  3  2  5  1  0
```

〈코드〉

도전 문제

도전 01

배낭 문제와 동적 할당 문제를 응용한 문제이다. 그리디 문제 해결 방법 중 배낭 문제와 같은 비슷한 형태의 교실 할당을 배정하려고 한다. 한정된 공간에서 최대한 수업을 배정하여 학생들이 수업을 듣는 데 지장이 없도록 하고 싶어 종료 시간을 기준으로 1개 강의실에 수업을 배정하려고 한다. 가장 빠른 수업을 먼저 배정하면 가용 시간은 최대가 되기에 이를 이용해 겹치지 않는 상황에서 남은 수업을 배치해 최대한 활용하려고 한다. 다음과 같이 수업 시간이 공개되었다.

수업	1	2	3	4	5	6	7	8
시작 시간	1	3	5	2	6	8	12	10
종료 시간	3	5	8	7	10	11	15	14

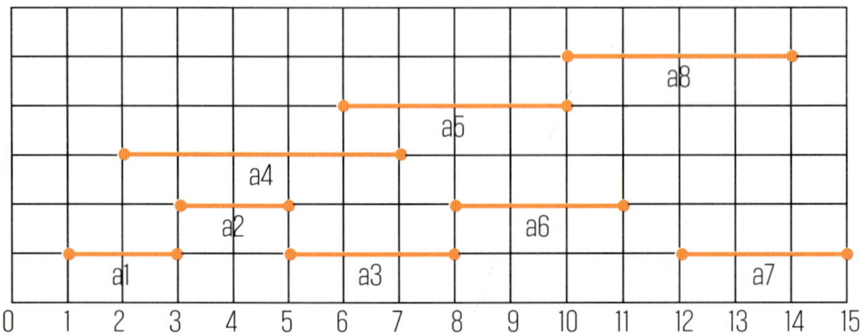

이 상황들을 보고 교실 할당을 최대 활용할 수 있도록 나타내 보자.

〈실행 결과 예〉

```
교실할당 문제
다음과 같이 선택되었습니다
수업1,수업2,수업3,수업6,수업7
```

〈코드〉

찾아보기

LEARN IT

길벗 캠퍼스의 교육교재 시리즈를 소개합니다.

길벗 캠퍼스는 교수님과 학생 여러분의 소중한 1초를 아껴주는
IT전문 분야의 교양 및 전공 도서를 Learn IT라는 브랜드로 출간합니다.

전공 교재 시리즈

파이썬의 정석

조용주, 임좌상 지음 | 552쪽 | 29,800원
2023년 1월 출간

프로그래밍 입문자를 위한
파이썬의 완벽 가이드

데이터사이언스를 위한 기초수학 with 파이썬

박민서 지음 | 352쪽 | 27,000원
2023년 1월 출간

인공지능의 시작, 데이터사이언스를
위한 수학적 메타인지를 강화한다!

교양 교재 시리즈

자료구조와 알고리즘 with 파이썬

김현정, 황숙희 지음 | 416쪽 | 28,000원
2023년 1월 출간

누구나 쉽게 다양한 예제로
자료구조와 알고리즘을 학습한다!

유니티를 활용한 메타버스 교과서

김영일, 임상국 지음 | 480쪽 | 29,000원
2023년 1월 출간

메타버스를 이해하고 유니티로
코딩 실습하며 가상 콘텐츠 만들기

팅커캐드&아두이노

최훈 지음 | 548쪽 | 29,800원
2022년 11월 출간

키트 없이 따라 배우는
아두이노 프로그래밍

컴퓨팅 사고 with 파이썬

김현정, 황숙희 지음 | 412쪽 | 25,000원
2022년 6월 출간

예제를 대폭 강화한
'컴퓨팅 사고' 최신판